I libri di Viella

318

Carlo De Maria

Una famiglia anarchica

La vita dei Berneri tra affetti, impegno ed esilio nell'Europa del Novecento

viella

Prima edizione: marzo 2019
ISBN 978-88-3313-122-1

Questo volume viene pubblicato con un contributo del Ministero per i beni e le attività culturali, Direzione generale biblioteche e istituti culturali. La pubblicazione è realizzata in collaborazione con l'Istituto storico della Resistenza e dell'Età contemporanea di Forlì-Cesena.

viella
libreria editrice
via delle Alpi, 32
I-00198 ROMA
tel. 06 84 17 758
fax 06 85 35 39 60
www.viella.it

Indice

A Paolo e Ada,
che ne possano trarre un esempio
di libertà responsabile.

Abbreviazioni

ABC Archivio Famiglia Berneri-Aurelio Chessa, Biblioteca Panizzi, Reggio Emilia
Colonia MLB: Fondo Colonia «Maria Luisa Berneri»
FCB: Fondo Camillo Berneri
FGB: Fondo Giovanna Caleffi Berneri
FSS: Fondo Serge Senninger
FVR: Fondo Vernon Richards

ACS Archivio centrale dello Stato, Roma
MI: Ministero dell'Interno
GA: Gabinetto, Archivio generale, Fascicoli permanenti
PP: Partiti politici, 1944-1966
PS: Direzione generale della pubblica sicurezza
DAGR: Divisione affari generali e riservati
AG: Archivio generale
CPC: Casellario politico centrale
GDS: Governo del Sud, 1943-1944
UCP: Ufficio confino di polizia, 1926-1943
URG: Ufficio rapporti con la Germania, 1936-1943
DPP: Divisione polizia politica
UCI: Ufficio centrale investigazioni
RF: Regime fascista-Archivi degli organi e delle istituzioni
TSDS: Tribunale speciale per la difesa dello Stato

ASUE Archivi storici dell'Unione europea, Firenze
FER: Fondo Ernesto Rossi

BIM Biblioteca comunale di Imola
FAC: Fondo Andrea Costa

FFT Fondazione di studi storici Filippo Turati, Firenze
FIS: Fondo Ignazio Silone

FGF Fondazione Giangiacomo Feltrinelli, Milano
FAT: Fondo Angelo Tasca

IISH International Institute of Social History, Amsterdam
VRP: Vernon Richards Papers

ISRT Istituto storico della Resistenza in Toscana, Firenze
AFS: Archivio Fernando Schiavetti
AGL: Archivi di «Giustizia e Libertà»
FCR: Fondo Carlo Rosselli (sezione I di AGL)
FAT: Fondo Alberto Tarchiani (sezione II di AGL)
FGL: Fondo «Giustizia e Libertà» (sezione III di AGL)
AGS: Archivio Gaetano Salvemini
FPC: Fondo Piero Calamandrei

Introduzione

Il tema delle vite globali (*global lives*) è ormai un campo di indagine consolidato nella storiografia internazionale, e appare in ulteriore espansione. Il riferimento è a quelle biografie individuali o di famiglia caratterizzate dalla mobilità tra varie parti del mondo. Percorsi esistenziali ai quali si accompagna solitamente, soprattutto nel caso di esuli e profughi politici, una circolazione transnazionale di idee e pratiche. Reti di scambi e di contaminazioni reciproche che fanno ben comprendere come ogni vita e ogni luogo da essa attraversato siano, per così dire, spazi aperti, la cui singolarità deriva da un processo continuo di relazioni personali e trans-locali «che mettono in gioco, che sfidano, gli stessi elementi identitari».[1]

L'intreccio di biografie e luoghi costituisce l'elemento essenziale di questo libro. Un lavoro che a partire dalla vicenda umana e politica di Camillo Berneri, l'esponente più importante del movimento anarchico italiano del Novecento, intende allargare compiutamente lo sguardo alle protagoniste femminili – Adalgisa Fochi, Giovanna Caleffi, Maria Luisa e Giliana Berneri – di una *family biography* che affonda le proprie radici negli ambienti democratici risorgimentali e che si intreccia poi in modo profondo con le passioni e le ombre che percorrono l'Europa nel XX secolo: dalla Prima guerra mondiale all'avvento del fascismo, dall'esilio in Francia alla guerra di Spagna, dall'avanzata dell'esercito nazista su Parigi all'esperienza della deportazione nei campi di concentramento tedeschi, fino al difficile ritorno in Italia.

1. Cfr. Christian G. De Vito, *Verso una microstoria translocale (micro-spatial history)*, in «Quaderni storici», 3 (2015), pp. 818-819. Si veda, poi, *Biografie, percorsi e networks nell'Età contemporanea. Un approccio transnazionale tra ricerca, didattica e Public History*, a cura di Eloisa Betti e Carlo De Maria, Roma, Bradypus, 2018.

Alla famiglia spetta una rilevanza politica e per comprenderlo basta richiamare la stretta relazione che passa tra storie e vicende familiari, da una parte, e scelte di appartenenza politica e di impegno pubblico, dall'altra. La questione storiografica che qui si solleva è quella dei rapporti tra sfera pubblica e sfera privata, con la consapevolezza – sempre più presente nella recente produzione sull'età contemporanea – di come gli studi storici spesso non siano riusciti a superare la dicotomia tra una prospettiva quasi esclusivamente politica e istituzionale, e un'attenzione privilegiata nei confronti degli individui e delle loro soggettività.[2]

Il metodo di indagine scelto è quello che consiste nel "fare la spola" tra dimensione pubblica e dimensione privata, con rimandi frequenti tra le corrispondenze epistolari e le carte personali, da un lato, e l'attività politica e militante, dall'altro, basando la ricostruzione storica sull'uso intensivo e simultaneo di archivi pubblici e privati. Solo in questo modo, infatti, è possibile restituire al lettore la trama dei rapporti che intercorrono tra affetti familiari, reti amicali e attività pubblica. Una scelta metodologica che si presenta quanto mai opportuna in due ordini di casi, entrambi compresi all'interno della famiglia Berneri.

Primo, quando si tratti di biografie al femminile, poiché le zone di confine tra sfera privata e sfera pubblica (tra i lavori di cura e l'impegno sociale) sono solitamente più estese e complesse nell'esperienza delle donne che non in quella degli uomini. Secondo – questa volta al di là dell'appartenenza di genere –, nel caso dei percorsi esistenziali di individualità «singole», refrattarie a organizzazioni e apparati, per comprendere le quali non è possibile fare storia politica *sub specie* di storia dei partiti, ma bisogna invece allargare l'indagine alle reti informali di solidarietà, adesione e sostegno, disegnando la geografia cangiante delle minoranze critiche che le vedono protagoniste.

A partire dal passaggio tra anni Novanta e Duemila, con il tramonto dell'approccio politico-partitico e l'affermarsi di nuove angolature nella lettura del passato, molto si è fatto in queste direzioni di ricerca.[3]

2. È stata apprezzabile da questo punto di vista l'esperienza editoriale della rivista «Snodi pubblici e privati nella storia contemporanea», 2007-2017.

3. Un forte impulso è venuto dalla storia delle donne: Simonetta Soldani, *L'incerto profilo degli studi di storia contemporanea*, in *A che punto è la storia delle donne in Italia*, a cura di Anna Rossi Doria, Roma, Viella, 2003, pp. 63-80; Tiziana Noce, *La storia politica delle donne in Italia. Un tentativo di ricostruzione*, in *Percorsi di storia politica delle donne*, Annale dell'Istituto romano per la storia d'Italia dal fascismo alla Resistenza, Milano, Fran-

In questo contesto, una nuova attenzione verso le cosiddette fonti "autonarrative", come carteggi, diari e memorie, consente di illuminare la dimensione quotidiana della politica e dei sentimenti, dove entrano in gioco il peso delle tradizioni ereditate, delle culture familiari, ma anche l'importanza dello scarto tra le generazioni, verso nuove autorappresentazioni sociali. Il fatto che soprattutto negli ultimi decenni gli istituti culturali pubblici e privati abbiano profuso un impegno crescente nell'ordinamento e nella valorizzazione di archivi e biblioteche relativi a famiglie e a singole personalità conferma il collegamento imprescindibile tra fonti d'archivio e tendenze storiografiche.[4]

Proprio gli studi su Camillo Berneri hanno mostrato, nel corso degli anni Duemila, una importante «transizione» metodologica: dall'uso già collaudato del metodo biografico per ricostruire un movimento collettivo (in questo caso l'anarchismo) si è passati all'uso della biografia per ricostruire una comunità più ampia e trasversale: quella degli antifascisti all'estero, con attenzione crescente agli «studi di rete» e alla *network analysis*.[5]

Il percorso di Camillo Berneri, del resto, invita a questo cambio di prospettiva, trattandosi di una figura peculiare di pensatore anarchico e di militante antifascista.[6] La sua dimensione privilegiata fu probabilmente

coAngeli, 2009, pp. 24-47. Sia Soldani che Noce mettono nel giusto rilievo il suggerimento metodologico formulato, all'inizio degli anni Novanta, da Mariuccia Salvati a orientare gli studi verso la «contrapposizione pubblico/privato». Negli stessi anni, la Società italiana delle storiche pubblicava il volume *Discutendo di storia. Soggettività, ricerca, biografia*, Torino, Rosenberg & Sellier, 1990, nel quale si veda soprattutto l'intervento di Paola Di Cori.

4. Cfr. Carlo De Maria, *Tra pubblico e privato. Carte personali, legami affettivi e impegno politico*, in «Storica», 32 (2005), pp. 215-239, con particolare riferimento allo studio della storia politica attraverso il metodo biografico e la valorizzazione degli archivi personali.

5. Cfr. Mariuccia Salvati, Prefazione a Carlo De Maria, *Camillo Berneri. Tra anarchismo e liberalismo*, Milano, FrancoAngeli, 2004, p. 9. Si veda, poi, Mariuccia Salvati, Conclusioni, in *Maria Luisa Berneri e l'anarchismo inglese*, a cura di Carlo De Maria, Reggio Emilia, Biblioteca Panizzi, Archivio Famiglia Berneri-Aurelio Chessa, 2013, p. 176.

6. I suoi testi principali sono ormai da tempo a disposizione degli studiosi, anche se hanno sempre scontato una circolazione limitata e di nicchia. Nel corso degli anni, ad esempio, sono state pubblicate alcune buone antologie dedicate a Berneri. Tra queste ricordiamo: Camillo Berneri, *Pietrogrado 1917 Barcellona 1937. Scritti scelti*, a cura di Pier Carlo Masini e Alberto Sorti, Milano, Sugar, 1964; Camillo Berneri, *Il federalismo libertario*, a cura di Patrizio Mauti, Ragusa, La Fiaccola, 1992; Id., *Umanesimo e anarchismo*, a cura di Goffredo Fofi, Roma, e/o, 1996; Id., *Anarchia e società aperta. Scritti editi e inediti*, a cura di Pietro Adamo, Milano, M&B Publishing, 2001, quest'ultima con un ricco apparato critico e introduttivo del curatore, Adamo, uno dei principali studiosi di

quella del «critico sociale», libero da disciplina di partito e tendenzialmente isolato tra le parti.[7] Questa condizione lo accomunò ad altri intellettuali ugualmente refrattari alle parti costituite (ai partiti): si pensi, ad esempio, a Gaetano Salvemini, a Piero Gobetti, a Carlo Rosselli, a Fernando Schiavetti, a Silvio Trentin, a Nicola Chiaromonte, ad Angelo Tasca. Tutti autori di cui Berneri, con diversa intensità, fu interlocutore diretto, mostrando una propensione all'apertura antidogmatica e allo scambio culturale che caratterizza tutta la sua biografia.

Nato sul finire dell'Ottocento, Berneri assorbe dalla madre, Adalgisa Fochi, le istanze e le memorie di una cultura politica mazziniana e garibaldina. Giovanissimo, si forma nel contesto ideale del socialismo riformista di Camillo Prampolini a Reggio Emilia; città nella quale conosce la sua futura moglie, Giovanna Caleffi. Si avvicina all'anarchismo negli anni del primo conflitto mondiale, quando approfondisce il suo impegno nel movimento antimilitarista. Dopo la guerra vive a Firenze, dove incontra Carlo Rosselli e studia con Gaetano Salvemini, con il quale si laurea all'inizio degli anni Venti. Il grande storico pugliese diventa per Berneri anche maestro di critica politica, e si può essere d'accordo con Alberto Cavaglion che considera Berneri tra «i migliori allievi della scuola salveminiana».[8] Attraverso la figura di Salvemini, Berneri entra in contatto con il giovane antifascismo radicale di ascendenza antigiolittiana. Conosce Piero Gobetti

Berneri. Utili, benché largamente incompleti, i due volumi dell'*Epistolario inedito* (vol. I, a cura di Aurelio Chessa e Pier Carlo Masini; vol. II, a cura di Paola Feri e Luigi di Lembo), Pistoia, Archivio Famiglia Berneri, 1980 e 1984. Sempre preziosa la bibliografia degli scritti compilata, a metà degli anni Ottanta, da Francisco Madrid Santos e Giovambattista Carrozza, e pubblicata in appendice a Francisco Madrid Santos, *Camillo Berneri. Un anarchico italiano (1897-1937). Rivoluzione e controrivoluzione in Europa (1917-1937)*, Pistoia, Archivio Famiglia Berneri, 1985, pp. 408-525. Dello stesso Carrozza si veda anche l'Appendice bio-bibliografica a Camillo Berneri, *Scritti scelti*, Milano, Zero in Condotta, 2007, pp. 289-327.

7. Il riferimento è alla tesi di Michael Walzer, *The Company of Critics. Social Criticism and Political Commitment in the Twentieth Century*, New York, Basic Books, 1988 (trad. it. *L'intellettuale militante. Critica sociale e impegno politico nel Novecento*, Bologna, il Mulino, 1991), che attraverso una galleria di intellettuali impegnati ha approfondito temi quali: l'isolamento tra le parti costituite del critico «per vocazione» (interprete, a differenza del «funzionario», di un impegno libero da disciplina di partito); la «distanza critica» tra l'intellettuale e il suo pubblico; il radicamento del critico nella comunità in cui agisce.

8. Alberto Cavaglion, Introduzione a Camillo Berneri, *Mussolini grande attore. Scritti su razzismo, dittatura e psicologia delle masse*, a cura di Alberto Cavaglion, Santa Maria Capua Vetere, Spartaco, 2007, pp. 7-23, p. 12.

e scrive alcuni articoli sulla «Rivoluzione Liberale». Parallelamente, milita nell'Unione anarchica italiana di Errico Malatesta, segnalandosi come l'elemento di spicco della nuova generazione del movimento anarchico.[9] Nella primavera 1926 prende la via dell'esilio dirigendosi in Francia. A Parigi viene presto raggiunto da Giovanna Caleffi, dalle figlie Maria Luisa e Giliana, allora bambine, oltre che dalla madre.

I successivi dieci anni lo vedono impegnato nell'attività di studio e propaganda dell'antifascismo in esilio e dell'anarchia, ma anche oggetto di oscure manovre spionistiche da parte della polizia politica fascista. Un esilio vissuto intensamente, «senza requie», attraverso una generosa militanza fatta di «facchinaggio» giornalistico e di incontri affascinanti, ma anche di nostalgia verso la propria terra, di lavori umili e malpagati, di decreti di espulsione e brevi permessi di soggiorno, mentre il regime di Mussolini si consolidava fino alle conquiste coloniali, vanificando l'opposizione degli esuli.

All'inizio del 1936, Berneri era ormai oppresso dalla propria impotenza e parlava apertamente di sconfitta dell'antifascismo, quando improvvisa – in estate – si accese la speranza rappresentata dalla guerra civile spagnola e da una possibile rivoluzione libertaria in quel paese. Partito immediatamente per Barcellona, vi morì nel maggio 1937. Il suo brutale assassinio venne rivendicato dalla stampa comunista: era stato eliminato un «controrivoluzionario», dal momento che Berneri si era permesso di pubblicare alcuni articoli fortemente polemici contro l'intervento sovietico nella penisola iberica.

Dopo la morte, la vicenda di Berneri rischiò di essere subito dimenticata. Nella tendenza a rimuovere il suo destino vanno cercati, almeno in parte, anche i motivi della successiva sfortuna storiografica; un silenzio che, con poche eccezioni, si è trascinato a lungo, fino agli ultimi due o tre decenni, quando in Italia si è aperta una stagione di studi più libera che in precedenza da condizionamenti ideologici.[10]

9. Cfr. Giampietro Berti, *Il «revisionismo» di Berneri nella storia dell'anarchismo italiano*, in *Camillo Berneri singolare/plurale*, Atti della giornata di studi (Reggio Emilia, 28 maggio 2005), Reggio Emilia, Biblioteca Panizzi, Archivio Famiglia Berneri-Aurelio Chessa, 2007, pp. 15-24.

10. Per una messa a punto storiografica sulla vicenda della famiglia Berneri, si veda *L'anarchismo italiano. Storia e storiografia*, a cura di Giampietro Berti e Carlo De Maria, Milano, Biblion, 2016, con particolare riferimento alla sezione "Le biografie e le generazioni" e agli interventi di Elena Bignami (*La terza generazione: la Prima guerra mondiale, i totalitarismi*) ed Emanuela Minuto (*Assenze. Giovani anarchici negli anni Cinquanta*).

Affinché la figura di Berneri emergesse in tutto il suo valore è stato necessario problematizzare il paradigma interpretativo basato sulla semplice contrapposizione «fascismo/antifascismo», prestando cioè ulteriore attenzione al secondo termine – antifascismo – per sottolinearne fino in fondo la pluralità (*antifascismi*). In mancanza di questa maturazione storiografica risultava inevitabilmente ostico collocare, senza attriti, la biografia di Berneri nella storia dell'opposizione al regime, dal momento che egli fu antifascista e anticomunista con la stessa radicalità e convinzione.

A proposito di quanto si sta dicendo, risulta illuminante una pagina di Aldo Garosci, che vale la pena rileggere con attenzione. Ricostruendo la condotta di Giustizia e Libertà in Spagna, Garosci ricordava alla lettera le non banali considerazioni compiute da Carlo Rosselli nella primavera 1937: «Certo l'Urss interviene in Spagna al di là del giusto e del necessario. Ma senza l'Urss esisterebbe oggi ancora una Spagna repubblicana?» – dopodiché, però, sceglieva di citare con rara onestà intellettuale la difficile eredità lasciata dall'esempio di Berneri: «Certo, Rosselli non era un cinico», e tuttavia «non scrisse dell'assassinio di Berneri». Per poi chiosare in questo modo: «Non si poteva d'altronde ancora prevedere in che misura quei fatti accelerassero la stalinizzazione della Spagna».[11]

A Berneri, invece, era già tutto molto chiaro, come si vedrà leggendo il libro. A rendere giustizia al valore di fondo della sua critica sociale fu, meglio di altri, Ernesto Rossi, amico degli anni giovanili passati a Firenze alla "scuola" di Gaetano Salvemini: «La notizia della morte di Berneri m'ha molto addolorato», scriveva Rossi in una lettera dell'agosto 1937. «Contro l'uniformità, la regolamentazione dall'alto, il meccanismo», persone come Berneri avevano il merito di rivendicare «il valore dell'individuo» e delle scelte controcorrente. «E se sembra spesso ch'esagerino, bisogna tener conto che non si può arrestare un masso che precipita lungo una china contrapponendogli una forza che sarebbe stata solo sufficiente a tenerlo fermo».[12]

Anche in virtù di questa radicale lucidità, il percorso biografico di Berneri è in grado di portare un contributo significativo alla riflessione sul rapporto tra cultura e militanza politica nella prima fase del Novecento.

11. Aldo Garosci, *Le diverse fasi dell'intervento di Giustizia e Libertà nella guerra civile di Spagna*, in *Giustizia e Libertà nella lotta antifascista e nella storia d'Italia. Attualità dei fratelli Rosselli a quaranta anni dal loro sacrificio*, Firenze, La Nuova Italia, 1978, pp. 367-397: 392-393.

12. Ernesto Rossi, *Elogio della galera. Lettere 1930/1943*, a cura di Manlio Magini, Bari, Laterza, 1968, pp. 385-387.

Berneri appartiene alla generazione di coloro che, giovanissimi nella Prima guerra mondiale, si trovarono nel dopoguerra di fronte a scelte epocali e decisive. Il suo anarchismo mostra affinità con il socialismo liberale di Rosselli e con il liberalismo radicale di Gobetti. L'ideale di rivolta morale alla "presa" del fascismo lo pone in sintonia con Giustizia e Libertà. Berneri è intellettuale vicino al suo tempo, attento ai grandi temi della modernità, sensibile ai problemi del diritto quale prezioso strumento di difesa contro la pressione delle ideologie.

Ma la storia della famiglia Berneri è molto di più della singolarità di Camillo. Nel corso degli anni Trenta, ad esempio, la narrazione biografica si arricchisce di temi, voci e sfumature grazie a un appassionante dialogo epistolare che ci restituisce la via alla politica compiuta da Maria Luisa e Giliana. Ancora una volta il gruppo familiare svolge una funzione di «ponte» nel passaggio delle donne all'impegno politico, grazie al ruolo di un «mediatore» interno.[13] In questo caso Camillo Berneri, che è in grado di avviare e assecondare le figlie lungo il cammino che conduce alla militanza, attraverso un intervento di tipo culturale, fatto cioè di letture e di studi suggeriti e consigliati.

Se Giliana dedicherà le sue migliori energie agli studi di medicina (condotti dapprima alla Sorbona, poi all'università di Rennes), attraverso i quali poté sviluppare quella passione per la psichiatria che avrebbe poi coltivato per tutta la vita, fu Maria Luisa (o Marie Louise, come amava firmarsi) ad acquisire una notevole statura all'interno degli ambienti libertari europei e nordamericani degli anni Quaranta.

La giovane Berneri si affacciò con piena coscienza alla vita pubblica intorno alla metà degli anni Trenta, un frangente drammatico per l'Europa, nel quale imparò immediatamente a prendere posizione e a interrogarsi sul destino dell'umanità. Dopo aver studiato al Lycée Victor Hugo di Parigi, iniziò a frequentare un corso di studi psico-pedagogici alla Sorbona. Nel 1937 si sposò con l'intellettuale anarchico italo-britannico Vernon Richards e si trasferì a Londra. In quegli anni svolse una intensa attività nel giornalismo politico. Marie Louise e Vernon, entrambi ventenni, riuscirono ad attirare verso il movimento anarchico molti giovani radicali, segnando con la loro attività una intera stagione dell'anarchismo inglese, quella compresa tra gli anni Trenta e gli anni Cinquanta.

13. Giovanni De Luna, *Donne in oggetto. L'antifascismo nella società italiana. 1922-1939*, Torino, Bollati Boringhieri, 1995.

Seguì un percorso in parte diverso l'impegno di Giovanna Caleffi, che sceglierà la militanza attiva solamente dopo l'assassinio del marito: un impegno, innanzi tutto, a tenerne viva e a difenderne la memoria. Lei, che non aveva mai svolto, in precedenza, attività militante, cominciò a partecipare alle riunioni degli anarchici italiani e fu protagonista, nel 1939-1940, delle reti di solidarietà e reciproco sostegno che coinvolsero, sul territorio francese, gli esuli e i rifugiati politici in fuga dalla Spagna franchista e stretti dall'avanzata dell'esercito tedesco sul territorio francese.

Il suo impegno politico si dispiegò in modo compiuto nel secondo dopoguerra e, più precisamente, nel periodo 1946-1962, quando fu, nel complesso, la principale animatrice della rivista anarchica «Volontà», una esperienza editoriale e politico-culturale in grado di attirare l'attenzione e la collaborazione di molte delle correnti anticonformiste italiane ed europee, attraverso i temi del federalismo, della critica degli apparati, dell'emancipazione femminile, della pedagogia d'avanguardia e dei metodi educativi.[14]

Oltre a dirigere la rivista, Caleffi scrive sul «Mondo» di Pannunzio, sul «Lavoro nuovo» di Fancello e si confronta – attraverso articoli e lettere – con Gaetano Salvemini, Ernesto Rossi, Ignazio Silone, Anna Garofalo, Piero Caleffi, Lamberto Borghi e molti altri (da Capitini a Olivetti, da Tasca a Camus). Lungo gli anni Cinquanta, la sua critica politica e il suo impegno sociale furono capaci di esprimere una forte spinta innovativa e, nello stesso tempo, una sicura aderenza ai problemi della vita popolare, segnando un periodo di grande vitalità della cultura e delle pratiche libertarie. Si pensi, ad esempio, alla campagna di informazione sul «controllo delle nascite» e i metodi contraccettivi (che costò a lei e al nuovo compagno, Cesare Zaccaria, un procedimento giudiziario di due anni, a partire dal 1949) e all'esperienza pedagogica della Colonia «Maria Luisa Berneri».

Il suo percorso biografico, attraverso il quale è possibile allargare lo sguardo a tutta una galassia di piccoli gruppi anarchici, liberalsocialisti, liberali radicali, che esistevano in Italia negli anni Cinquanta e che si conoscevano, avevano contatti tra di loro, operavano in alcune situazioni

14. Giovanna Caleffi Berneri, *Un seme sotto la neve. Carteggi e scritti: dall'antifascismo in esilio alla sinistra eretica del dopoguerra (1937-1962)*, a cura di Carlo De Maria, prefazione di Giampietro Berti, nota conclusiva di Goffredo Fofi, Reggio Emilia, Biblioteca Panizzi, Archivio Famiglia Berneri-Aurelio Chessa, 2010.

congiuntamente,[15] fu capace di traghettare nell'Italia del secondo dopoguerra i temi, le intuizioni e i problemi irrisolti di una tradizione ereticale e riformatrice mai del tutto spenta nonostante le mille sconfitte.

In circa vent'anni di lavoro sulla famiglia Berneri ho accumulato debiti di riconoscenza verso alcune persone che, in tempi diversi, mi hanno fornito spunti di lavoro fondamentali. Li ricordo così: Mariuccia Salvati e le biografie di "frontiera"; Fiamma Chessa e le carte dell'Archivio Famiglia Berneri; Goffredo Fofi e le minoranze etiche; Gino Bianco e il ricordo di Giovanna Caleffi Berneri; Giampietro Berti e i classici dell'anarchismo; Pino Ferraris e le "scuole" del socialismo; Gianni Saporetti e l'altra tradizione; Patrizia Dogliani e le carte personali; Patrizia Gabrielli e l'antifascismo al femminile; Emanuela Minuto e le biografie di famiglia; Eloisa Betti e le vite globali...

15. Goffredo Fofi, *La vocazione minoritaria. Intervista sulle minoranze*, a cura di Oreste Pivetta, Roma-Bari, Laterza, 2009, p. 148. Dello stesso Fofi, si vedano anche *Pasqua di maggio. Un diario pessimista*, Genova, Marietti, 1988, e *Da pochi a pochi. Appunti di sopravvivenza*, Milano, Elèuthera, 2006.

1. Le radici risorgimentali e i primi decenni postunitari: repubblicanesimo, mutualismo ed emancipazione

> Di fuori, quale appare, la mia vita è senza colore, sbiadita come il mio aspetto, che non ha più nulla di attraente, neppur gli occhi, un giorno intensi di espressione, e che avevano quella tinta mutevole che tanto mi piace, perché è quella degli occhi di mio figlio.[1]

1. *Una custode impegnata della memoria: Adalgisa Fochi Berneri*

Alla fine degli anni Venti, nella casa di Montreuil, a nord-est di Parigi, dove da alcuni anni viveva insieme alla famiglia di suo figlio, quel Camillo Berneri che si era velocemente affermato come esponente di punta della nuova generazione del movimento anarchico italiano, Adalgisa Fochi decise di intraprendere la stesura delle proprie memorie, destinandole a un semplice quaderno di scuola. Nonostante, infatti, la sua attività pubblicistica, di fertile autrice di novelle e racconti per l'infanzia, fosse continuata anche in esilio – è proprio del 1929 la collaborazione con le edizioni «Italia Libera» di Marsiglia, testimoniata da una lettera di Fernando Schiavetti[2] – queste memorie non erano destinate al pubblico, ma solo alla lettura

1. Adalgisa Fochi, *Mie memorie*, quaderno ms., 1929-1933, in Archivio Famiglia Berneri-Aurelio Chessa (d'ora in poi ABC), Biblioteca Panizzi di Reggio Emilia, Fondo Vernon Richards (FVR), Carte varie relative ad Adalgisa Fochi Berneri. Se non diversamente indicato, le citazioni presenti nel capitolo sono tratte da questo testo inedito.

2. Lettera di Fernando Schiavetti ad Adalgisa Fochi Berneri, Marsiglia, 17.2.1929, con una nota conclusiva di Giulia Schiavetti, in ABC, Fondo Serge Senninger (FSS), Epistolario di Adalgisa Fochi Berneri. Sulla carta è presente l'intestazione «E.S.I.L.-Edizioni della Sala "Italia Libera"». Per la piccola casa editrice marsigliese, Adalgisa Fochi pubblicò alcune novelle e racconti, tra i quali – sotto lo pseudonimo di Nul Dalombre – *Les voleurs de pain*, Marseille, ESIL, s.d. In quel periodo Schiavetti era in stretto contatto con Camillo Berneri, che proprio nel 1929 pubblicava per ESIL il suo *Lo spionaggio fascista all'estero*. Sul gruppo repubblicano-socialista di Marsiglia guidato da Schiavetti, si veda Elisa Signori, Marina Tesoro, *Il verde e il rosso. Fernando Schiavetti e gli antifascisti nell'esilio fra repubblicanesimo e socialismo*, Firenze, Le Monnier, 1987.

privata delle nipoti, Maria Luisa e Giliana, che avevano allora una decina d'anni, e stavano crescendo lontane dall'Italia e da quelle tradizioni e memorie familiari di cui Adalgisa voleva garantire la continuità:

> Scrivo per me, per non morire nel ricordo delle mie nipoti. Sparire per sempre, avere inutilmente sofferto, lottato, mi dispiace, però più ancora mi contrista l'idea di portare nella tomba gli esseri che ho amati, che vivono tuttora nel mio pensiero [...]. Pochi, credo, hanno avuto una vita più singolare, fin dalla nascita, ed a coronarla, ecco l'esilio, nell'ultima tappa. C'è chi m'ha trovato una donna «*tragica*» chi «indecifrabile», e davvero sono un impasto, molto informe, di contraddizioni e fino a pochi anni fa ero eccessiva in tutto. Confesso che mi sono sempre giudicata un essere interessante.

L'autrice si presenta fin dall'inizio come una custode impegnata della memoria. Il riferimento è alla valenza anche politica di alcune manifestazioni di custodia ed edificazione della memoria che vedono spesso le donne protagoniste tra Otto e Novecento, a partire da figure come Jessie White Mario, la «miss uragano» del Risorgimento italiano, custode e interprete della cultura garibaldina, passando attraverso i primi passi del movimento femminista e suffragista, fino ad arrivare ai decenni tra le due guerre mondiali profondamente segnati dalla dimensione dell'esilio e dall'esperienza dei profughi politici.[3]

1.1. *La prima formazione e il culto di Garibaldi*

Nata a Parma nel 1865, Adalgisa Fochi crebbe in una famiglia di solide tradizioni repubblicane e democratico-radicali. Non conobbe la madre, che venne internata – lei ancora piccola – in un manicomio. La allevarono i nonni, più assidui e attenti nei suoi confronti di quanto non riuscisse a essere il padre, che si unì presto con un'altra donna.

L'importanza dell'eredità politica e spirituale del nonno, Luigi Fochi (1806-1896), «mazziniano puro e ardente», fondatore a Parma della Società di mutuo soccorso tra i medici e di altre forme associative, fu notevole nella formazione di Adalgisa, che lo ricordò «suscitatore non solo di ilarità,

3. Cfr. Ivo Biagianti, *Jessie White Mario e la cultura garibaldina*, in *Garibaldi e il socialismo*, a cura di Gaetano Cingari, Roma-Bari, Laterza, 1984, pp. 231-247; Patrizia Gabrielli, *Tempio di virilità. L'antifascismo, il genere, la storia*, Milano, FrancoAngeli, 2008, p. 111 e sgg. Si vedano, anche, *In viaggio per una "causa"*, a cura di Patrizia Gabrielli, Roma, Carocci, 2010; Sarah Moore Grimké, *Poco meno degli angeli. Lettere sull'eguaglianza dei sessi*, a cura di Thomas Casadei, Roma, Castelvecchi, 2016.

di bontà, ma di quanto di meglio è nelle anime» e tornò sulla sua figura a più riprese:

> L'ingiustizia atroce della vita mi apparve di buon'ora e avevo la visione quotidiana delle miserie. Il nonno, Luigi Fochi, aveva fondato le cucine economiche. [...]. Una folla di poveri veniva dalle 8 a mezzogiorno a prendere le medaglie, che erano i buoni per le minestre, ad un soldo.

Si tratta di vicende familiari che invitano a rileggere la storia sociale del XIX secolo con la dovuta attenzione alle forme di «economia sociale» o «economia popolare», cioè all'incontro tra iniziativa economica e spirito di associazione.[4] Diventa così possibile recuperare un patrimonio straordinario di generosità di intenti e di inventiva istituzionale, espressione dell'agire quotidiano di uomini e donne che avevano come risorsa principale la fiducia nel «far da sé, insieme».[5] Il mutualismo nacque in ambienti liberali e si sviluppò in modo ampio e trasversale interessando la storia del repubblicanesimo e del socialismo, ma anche quella del cattolicesimo sociale.[6] Attraverso il personalismo associativo, la società civile (luogo della solidarietà) riuscì a dare sostanza a una propria autonomia dalla società politica (luogo dell'autorità), prima che le articolazioni dello Stato – a partire dal modello bismarckiano – la colonizzassero progressivamente concedendo alcune sicurezze ma sequestrando libertà, capacità di agire in proprio.[7] Autonomia, volonta-

4. Si veda, ad esempio, la panoramica europea che su questi temi condusse il liberale Aristide Ravà, seguace di Marco Minghetti, su «La rivista della beneficenza pubblica e delle Istituzioni di previdenza», che si stampava a Milano. Mi limito qui a ricordare tre suoi interventi: *L'economia popolare e gli operai*, vol. XVI, fasc. 11 (novembre 1888), pp. 887-893; *L'assistenza alle classi rurali nel XIX secolo*, vol. XVII, fasc. 10 (ottobre 1889), pp. 741-752; *L'insegnamento delle scienze sociali nelle scuole industriali*, vol. XVIII, fasc. 8 (agosto 1890), pp. 680-682.

5. Cfr. Pino Ferraris, *Far da sé, insieme*, in «Almanacco delle buone pratiche di cittadinanza», 1 (2004), pp. 397-405. Dello stesso Ferraris si veda, anche, *Ieri e domani. Storia critica del movimento operaio e socialista ed emancipazione dal presente*, Roma, Edizioni dell'Asino, 2011.

6. Cfr. Carlo De Maria, *Spirito liberale e tradizioni comunitarie. Storia e ordinamenti del mutuo soccorso nel Forlivese-Cesenate e nel Riminese (1840-1915)*, Bologna, Clueb, 2008; Id., *Un aspetto del «paese reale». Casse rurali e mutualismo cattolico nell'Italia di fine Ottocento*, in «Parolechiave», 42 (2009), pp. 103-120; Id., *Gli ordinamenti del mutualismo cattolico dalla* Rerum novarum *alla Prima guerra mondiale*, in *Religione e politica in Italia. Dal Risorgimento al Concilio Vaticano II*, a cura di Sara Alimenti e Francesca Chiarotto, Torino, Aragno, 2013, pp. 101-112.

7. Ferraris, *Far da sé, insieme*, p. 401.

rietà, territorialità, piccole dimensioni e semplicità amministrativa erano le caratteristiche essenziali di forme di intervento sociale che erano praticate più che essere teorizzate.[8]

Lo stesso Luigi Fochi insegnò ad Adalgisa a leggere («non so quale metodo avesse adottato») e uno dei primi libri sui quali indirizzò la nipote fu niente meno che *Parole di un credente* del Lamennais, proprio il testo che nel 1834 aveva sancito la rottura con la Chiesa dello scrittore francese e il suo deciso avvicinamento agli ambienti repubblicani e socialisti. Adalgisa ebbe presto tra le mani anche i manoscritti del nonno, il quale «scrisse pagine molto forti, poesie patriottiche dedicate a Garibaldi, e l'aveva a morte contro i proprietari delle risaie, i quali sfruttavano, arricchendosi, la povera gente».

I sentimenti di patriottismo e di lotta contro l'oppressione la riportavano con la memoria anche al padre, Camillo Fochi, che partì «medico volontario con Garibaldi» nel 1860, poi di nuovo sei anni più tardi. È probabile che sia proprio sul filo di queste esperienze di volontarismo democratico che Adalgisa avrebbe scelto, più tardi, il nome del figlio, riprendendolo esattamente da quello del padre.[9]

Dopo le avventure risorgimentali, Camillo Fochi si stabilì a Colorno insieme alla seconda moglie, Isabella Freshing, mentre la piccola Adalgisa completava l'istruzione elementare in un convitto a Parma:

> Dopo qualche mese di quinta elementare, dovemmo subire un esame, perché proprio in quell'anno istituirono il corso preparatorio di due classi, avanti di entrare nella Normale, alla quale fin allora si accedeva dalla 5ª e anche, con un esame, dalla 4ª.

La scelta delle magistrali e, quindi, dell'insegnamento nelle scuole primarie corrispondeva, all'epoca, a uno dei pochi lavori al quale le donne potessero accedere senza disturbare la morale comune, che diffidava della

8. Cfr. Dora Marucco, *Sfera politica e sfera sociale nell'esperienza del mutualismo postunitario*, in «Almanacco delle buone pratiche di cittadinanza», 2 (2007), pp. 263-269 (in part., p. 269); David Bidussa, Introduzione a *Istituzioni e pratiche sociali del risparmio. Reti di sociabilità economica nell'Italia del secondo Ottocento (1840-1900). Le raccolte della Fondazione Feltrinelli*, a cura di David Bidussa, Milano, Fondazione Feltrinelli, 1999, pp. 11-12.

9. Su storia, cultura e tradizioni del volontarismo democratico, si veda *Il volontarismo democratico dal Risorgimento alla Repubblica*, a cura di Carlo Spagnolo, Milano, Unicopli, 2013.

donna indipendente e lavoratrice. Inoltre, Adalgisa aveva un esempio in famiglia, quello della zia Clelia, che da tempo lavorava come maestra elementare a Roma.

La giovane Fochi conseguì con voti brillanti il diploma di maestra elementare. Tra i ricordi più vivi di quegli anni di scuola emergeva, tuttavia, una notizia che era giunta all'improvviso, tra le studentesse del convitto, il 2 giugno 1882:

> Ero in un giardino davanti un'alta siepe di mirto che formava come una parete. Una voce femminile disse: «È morto Garibaldi». Avevo allora il culto di quel grande e mi parve che tutto, l'aria, la luce, scolorissero e fui presa dalla voglia di piangere. Mi sentii molto sola, estranea quasi, tra le compagne, che non mi parvero penetrate dal senso acuto di tristezza, di vuoto, che provavo. Quasi sempre, fin da allora, ho avuto l'impressione di isolamento nei momenti di commozione.

La prima esperienza di lavoro arrivò nel 1885, quando a vent'anni si ritrovò a insegnare in un paese dell'Appennino emiliano, abitato per lo più da boscaioli e «segantini», lavoratori che si occupavano della produzione di tavole di legno o che ricavavano legna da ardere a partire dai fusti degli alberi abbattuti:

> Mi posero a dormire in casa del sindaco; nella mia camera aveva dormito un maestro che era morto di colera nell'agosto; era un bevitore, a quanto seppi. Le pareti non erano state disinfettate…
> Avevo tale concetto della missione educativa, che facevo lezioni la domenica e la scuola serale. Avevo adulti e giovani, entravano in classe, accanto a me sedeva il sindaco, padre di numerosa prole; si levavano il cappello, ma alcuni avrebbero preteso di tener la pipa tra i denti, se il sindaco non li avesse redarguiti.
> Stavo molto nella cucina immensa, affumicata; non gradivo affatto il vitto di quella gente, riso cotto nel latte. Piangevo, perché avevo dovuto lasciare i nonni, perché mi sentivo come separata dal mondo, in quel paese dove non si vedeva che neve e neve. Masticavo di continuo nocciole, bevevo qualche uovo e mangiavo un po' di tonno in scatola, [cose] delle quali mi avevano provvisto. E che cassone alto [e] lungo avevo portato! C'era dentro fin un secchio, e ci fu non poco da fare per caricarlo sulla carrozza che ci portò in montagna!… Il dottore non veniva che ogni 15 giorni quando la neve era alta. Il parroco era un grosso uomo, abbastanza istruito, poco premuroso. In complesso regnavano nel paesino, che d'estate doveva essere bellissimo e divenne più tardi luogo di villeggiatura, una grande ignoranza e la superstizione. Per andare a messa, la neve era alta fino 60 centimetri, mi lasciai portare

in braccio. Non pesavo molto del resto, ché mi rodevo dentro, mi sfiatavo a spiegare e per di più le nocciole erano quasi il mio solo cibo!
Speravo, per mezzo della zia, di andare in un educatorio regio; intanto cominciavo con ardore il mio apostolato. Visitavo i malati, mi occupavo di una zoppina intelligente, [che] aveva perduto la gamba per trascuranza della mamma. Una sera d'inverno, quando la bambina aveva un anno, la lasciarono nella stalla sotto la finestra; l'aria gelida le congelò una gamba, che le dovettero amputare...
Ricevetti lettera di nomina per l'educatorio, allora il sindaco d'accordo con l'ispettore del circondario non voleva concedermi di andarmene. In paese, si sparse la notizia. Io dissi che andavo a casa per il carnevale e presi con me la figlia del sindaco, per le vacanze di carnevale. Ma non mi credettero, penso; perché quando partimmo (da un mese ero maestra) c'era mezzo paese ad accompagnarmi, a supplicarmi di tornare. Chi sa che le mie aspirazioni ad opera di evangelica carità non fossero fallite più tardi, se fossi rimasta. Quel mese ero stata una vera maestra, una suora di carità.

1.2. *Donne che viaggiano e lavorano*

L'educatorio al quale era stata assegnata, come istitutrice, era quello statale di Napoli, città nella quale Adalgisa si sarebbe fermata due anni.[10] Si dischiuse, allora, ai suoi occhi un universo femminile fatto di insegnanti, che – senza avere doti eccezionali – si spostavano per l'Italia con naturalezza, perché legate al proprio mestiere e impegnate in una difficile carriera. Il viaggio professionale si delineava, insomma, come una scelta dettata dalla passione per il proprio lavoro; una strada che, d'altra parte, portava spesso alla rinuncia a una vita affettiva stabile e a condizioni di frequente solitudine e smarrimento. Lo confermano importanti fonti «autonarrative» come i diari delle maestre conservati presso l'archivio diaristico di Pieve Santo Stefano.[11] Indubbiamente, come stiamo per vedere, dalle pagine di Adalgisa Fochi esce intaccato quello stereotipo della stanzialità femminile i cui limiti ormai evidenti sono già stati rilevati in sede storiografica.[12]

10. Sugli istituti di istruzione femminile pubblici e privati, si veda il volume *Gli istituti femminili di educazione e di istruzione (1861-1910)*, a cura di Silvia Franchini e Paola Puzzuoli, Roma, Ministero per i beni e le attività culturali, 2005.

11. Riccardo Pieracci, *Diario di una vagabonda. Maestre, maestri e mobilità nei diari dell'Archivio di Pieve Santo Stefano*, in *In viaggio per una "causa"*, pp. 65-80.

12. Patrizia Gabrielli, *Introduzione. Viaggiare con la politica nella valigia e nella cappelliera*, in *In viaggio per una "causa"*, pp. 13-42.

La direttrice dell'educatorio partenopeo era «una nobile piemontese con una larga faccia grassa», vedova d'un magistrato. A Napoli, Adalgisa strinse amicizia con una collega toscana, Giulia,

> e fu gran ventura per me, poiché ero così timida, ritrosa, così *diversa* dalle colleghe e dal tipo che poteva imporre [la disciplina] a quelle ragazze dell'educatorio, da correr rischio di venire messa in burletta. Ah, come fui canzonata nei primi giorni dalle signorine delle classi medie e le bambine della classe che presi, la 3ª, non mi ubbidivano... Per ottenere la disciplina ricorsi alle narrazioni, che inventavo a bella posta; ma mi attirai per un po' le canzonature, anche per il mio aspetto, per le mie vesti antiquate, la mia goffaggine, e le cameriere, che servivano con entusiasmo la Giulia, non mi servivano con piacere.

Nonostante le emicranie che la tormentavano di continuo, riuscì a gustarsi alcuni episodi «comici». Ad esempio, i duelli ricorrenti tra «padre Pacifico, che insegnava religione», e la maestra Lini, «un tipo curioso di donna, molto emancipata, che parlava bene, piena di spirito, ma che, parlando, spruzzava saliva».

Alla fine dell'anno scolastico – che si concluse per le allieve più grandi con una prova d'esame sul tema: *Studiate studiate sarete mediocri, amate amate sarete grandi* – la direttrice piemontese cedette il posto a una più giovane collega lombarda, «donna di 37 anni, signorina, alta molto fuori dell'ordinario, con foltissimi capelli castani, seducente e molto abile e piena d'intelligenza».

Nel tempo libero, Adalgisa andava spesso a passeggio per la città con l'insegnante di francese, «seria, bella, religiosissima e ghiotta all'accesso». Ebbe così modo di scoprire Napoli: «Una visione di luce, di molta luce, di canti, di bambini ignudi, di fiori, mi rimase di quel tempo».

Ad anno inoltrato, una maestra dell'istituto, «una certa Ughi», sparì all'improvviso, suscitando scandalo. Si scoprì che «stava per diventare madre!». Occorreva supplirla e fu fatto «una specie di esame *interno* dei titoli di studio e, mi pare, una prova scritta». Sta di fatto che Adalgisa venne nominata al suo posto:

> Credo che, come insegnante, valessi meglio che come istitutrice, ma erano ragazze indisciplinate e precoci. Una, corrotta, ne aveva corrotte altre; nel nuovo anno infatti mi scrisse la Giulia, che vi rimase ancora un anno, che una quarantina furono rinviate alle famiglie, o passate in altro educatorio per gli scandali avvenuti, anche tra le educande delle prime classi.

Prima di lasciare l'istituto napoletano, verso la fine del secondo anno, il nuovo ruolo di maestra avrebbe imposto ad Adalgisa di partecipare a una festa degli educatori in onore della regina Margherita. Il programma era rigorosamente fissato:

> Avrei dovuto presentarmi con alcune educande; fortuna volle che nel medicare una bambina che aveva un orzaiolo, me ne venisse uno. Intervenni, ma, naturalmente fui lasciata in disparte. Vidi sfilare le signorine dei due altri educandati. Tutte portavano una margherita, e tutto il corpo insegnante era in nero. Tutte quelle cerimonie, quello sfarzo, quelle pompose adulazioni mi annoiavano, mi rendevano triste. Oh, esser maestra, umile maestra di campagna, ma libera, dopo le ore di scuola, di andare e venire!

In effetti, alla fine di quell'anno scolastico, Adalgisa lasciò Napoli. Non tornò però nelle campagne emiliane, come ipotizzato, ma decise di riprendere gli studi e frequentare il Magistero superiore di Firenze, per «diventare professoressa».

All'esame di ammissione passò circa un terzo delle candidate, 16 su poco meno di cinquanta studentesse. Dopo quattro anni di studi, nel luglio 1890 la giovane maestra parmense ottenne il diploma superiore. Per non allontanarsi troppo dalla famiglia, rifiutò due posti governativi, uno a Cagliari e l'altro ad Agrigento, e andò a insegnare in una scuola complementare pareggiata a Lodi, dove si fermò otto anni.

1.3. *L'attività letteraria tra pubblico e privato*

Nel corso dell'ultimo decennio del Novecento, Adalgisa Fochi cominciò a pubblicare romanzi a puntate e novelle umoristiche sul periodico letterario ed educativo «La Missione della donna», che usciva a Torino dalla metà degli anni Settanta:

> La direttrice, Marcati Mencato, mi dedicò un sonetto, mi riteneva «una scrittrice». Cominciai con la Gianelli, con la Jolanda (che più tardi conobbi) e con la Aganoor. Esse conquistarono fama, io, con la morte della rivista, smisi di scrivere. Mi era stata fatta dalla nuova direttrice, che pure morì poco dopo, la proposta di prendere la direzione, ricusai; non so bene perché. Dopo scrissi articoli femministi nell'«Alleanza», la direttrice era a Pavia. Scrissi nel «Giovedì» della casa Speirani di Torino.
>
> Tutti quegli scritti avevano, più o meno, carattere mistico, ma man mano che scrivevo nell'«Alleanza» i miei scritti si scostarono molto dai precedenti. Al nome dopo sostituii pseudonimi. Rammento che il mio primo (ma

per i romanzi presi subito uno pseudonimo) fu Ada Montebianco, poi Fedele, poi Fiamma [...].

Nel flusso dei ricordi, Adalgisa saltava dagli anni Novanta al primo decennio del nuovo secolo. Infatti, «L'Alleanza», settimanale politico letterario animato da donne di orientamento democratico e socialista, si pubblicò a Pavia dal 1906 al 1911.[13] Una buona parte della produzione letteraria della scrittrice parmense era, poi, riconducibile a quel «vasto panorama della letteratura infantile» nel quale un ruolo di decisiva importanza spettò proprio alle donne.[14] Si pensi alle fiabe, che Adalgisa ricordò di aver pubblicato in abbondanza.[15]

Arrivarono i primi contatti epistolari con pubbliciste repubblicane e socialiste. Rapporti che si interruppero in corrispondenza di un ripiegamento nel privato vissuto da Adalgisa – il matrimonio con Stefano Berneri nel 1896 e la nascita, nel 1897, di Camillo, poi la crisi coniugale iniziatasi l'anno successivo –, ma che ripresero più tardi.

Originario della Valcamonica, Stefano Berneri era più vecchio di lei e aveva due figlie da un matrimonio precedente. Era una figura di vivace autodidatta, noto in ambito locale per una non comune cultura giuridica. Lavorava come segretario comunale e, «probabilmente in buona fede», aveva fatto credere ad Adalgisa in un imminente trasferimento in una grande città.

Nel 1898, cioè un anno dopo la nascita di Camillo, Adalgisa Fochi lasciò il marito e si trasferì a Milano. Per un paio d'anni il figlio rimase a Lodi, affi-

13. Sono disponibili, a questo proposito, gli studi di Tiziana Pironi, che ha dedicato molta attenzione alla collaborazione di Adalgisa Fochi. Cfr. Tiziana Pironi, *L'educazione alla pace in due riviste delle donne in età giolittiana: «L'Alleanza» e «La Difesa delle lavoratrici»*, in *Donne e pedagogia politica nel primo '900*, numero monografico di «Storia e problemi contemporanei», 49 (2008), pp. 57-69; Antonella Cagnolati, Tiziana Pironi, *Cambiare gli occhi al mondo intero. Donne nuove ed educazione nelle pagine de* L'Alleanza *(1906-1911)*, Milano, Unicopli, 2006.

14. Cfr. Davide Montino, *Tra emancipazione e pedagogia nazional-popolare. Donne e letteratura per l'infanzia tra XIX e XX secolo*, in *Donne e pedagogia politica nel primo '900*, pp. 25-40.

15. Si tratta di materiale bibliografico minore, difficile da censire e reperire. Cfr., ad esempio, Adalgisa Fochi Berneri, *Uno stratagemma da... affamate. Commediola in un atto*, Rocca S. Casciano, Cappelli, 1914, pp. 14 (pubblicata nella collana «Sul palcoscenico – Commedie per fanciulli»); Adalgisa Fochi Berneri, *Orecchie... d'artista*, con acquarelli in cromo-litografia del Pittore Fornari, Milano, Trevisini, s.d., pp. 16 (pubblicata nella collana «Bibliotechina settimanale illustrata-Api dorate»); Adalgisa Fochi Berneri, *Le stelle fatate*, Palermo, Industrie riunite editoriali siciliane, s.d., pp. 15 (pubblicata nella collana «Primule dorate-Collezione per i piccini diretta da G.E. Nuccio»).

dato a una balia, ma a partire dal 1900 la madre decise di tenerlo stabilmente con sé. Da allora in poi, Stefano Berneri non sarebbe quasi più comparso nella loro vita, se non per visite estive e villeggiature in montagna.

1.4. *Milano e il «femminismo pratico»*

A Milano, Adalgisa visse probabilmente il periodo più intenso e ricco di soddisfazioni della sua vita. Viveva in casa di amici, la famiglia Tamburini:

> La mia amica Antonietta aveva due bambine Gina e Maria che accolsero come un fratello il mio Camillo. Il signor Enrico, il marito della mia amica, lo amò come un figliuolo. [...]. Quel primo anno del 98 a Milano, che anno!... Quanto girare inutilmente da una all'altra scuola privata! E andavamo insieme io ed Antonietta e però non perdevamo il buon umore.

Alla fine, Adalgisa trovò un posto da vicedirettrice in un asilo privato, in via Caminadella, dove avrebbe poi iscritto anche il suo bambino. La direttrice, che non aveva titoli magistrali, era «una certa Alessandri, una bella donna, molto singolare». Non era stato, comunque, facile per lei e Antonietta quel periodo vissuto come «insegnanti a spasso» nelle strade di Milano:

> Delle peregrinazioni in cerca di occupazione ricorderò sempre quella a Porta Romana, verso la periferia. Non prendevamo il tram per risparmiare soldi; arrivammo ad una scuola dalla quale partiva un fracasso assordante... La classe dove entrammo era ampia, bene illuminata, la maestra pareva una furia, e gli scolari tanti diavoli scatenati... Essi ci guardavano con una espressione attonita ed insolente; la maestra alzando la voce, per farsi capire da noi, ci disse: «ho la patente inferiore ed è questa la mia disgrazia». Nel 1899 pareva già ben strano il sentire che sopravviveva questo titolo, che da una quindicina d'anni non si usava più; quel poco che potemmo capire del suo metodo ci confermò che era proprio una maestra del vecchio stampo, infatti ci disse «ho preso la patente nel 1860».

Per riuscire a essere autonoma e a mantenere il figlio, lavorava anche come redattrice in un giornale didattico e, non appena aveva tempo, dava lezioni nell'appartamento dei Tamburini a studentesse privatiste che aspiravano a diventar maestre:

> Quante allieve sono passate nella stanza da pranzo lunga, stretta, con due finestre verso il cortile. Avevo trovato lezioni di matematica per Antonietta e scienze, storia, pedag[ogia] ecc. per me. [...]. Fra quelle allieve ve ne erano di carine, di intelligenti, di zuccone. Alcune vivevano in misere case di pensione per riuscire ad entrare nelle scuole pubbliche, per strappare una licenza nor-

male... Ricordo una certa Artioli che era nipote d'un grande fiorista e che mi portava anche nel cuor dell'inverno, dei magnifici fiori... E quando cominciai ad andar supplente nelle scuole di Milano... quanti fiori ebbi in dono!... Mi pareva di essere un artista di teatro...
Il periodo in cui ebbi tante lezioni e tante occupazioni fu molto buono. Tutte le fisime svanirono dal mio pensiero come per incanto... Mi dicevo: «Sono un'insegnante omnibus». Avevo dell'audacia. Accettai di tener conferenze, così ad esempio feci quella sulla «suggestione» e poi «deficienti morali». E ne ebbi grandi soddisfazioni... Ero elegante? Non credo; ma vestivo seriamente, e nelle conferenze avevo una camicetta di seta nera ed il colletto bianco... Quell'inseparabile colletto alla militare, che mi stringeva il collo, fu una delle mie manie.

L'acquisizione di visibilità attraverso il proprio lavoro fu la premessa a un ingresso più deciso nella sfera pubblica grazie alle conferenze su temi legati alla pedagogia e alle «miserie sociali».

In quel periodo, Adalgisa conobbe Alessandrina Ravizza, una delle principali rappresentanti di quel «femminismo pratico» che si sviluppò a Milano tra Otto e Novecento, contribuendo alla modernizzazione dell'assistenza pubblica.[16] Sono gli anni in cui il comune milanese è retto dalle giunte democratiche di Mussi e Barinetti, e nei quali entra concretamente in attività la Società Umanitaria, che pochi anni più tardi avrebbe dedicato parte importante dei suoi sforzi proprio al mondo del lavoro femminile, allora in una fase di importante transizione. Le donne tradizionalmente destinate al lavoro a domicilio cominciavano, invece, a far registrare una presenza sempre più consistente nel settore dei servizi.[17]

2. *In viaggio con il figlio*

Alla fine del 1903, Adalgisa decise di riprendere l'insegnamento nelle scuole governative. Il vantaggio di uno stipendio sicuro era evidente e

16. Cfr. la voce di Emma Scaramuzza, in *Dizionario biografico delle donne lombarde. 568-1968*, a cura di Rachele Farina, Milano, Baldini&Castoldi, 1995, pp. 716-717. Sull'ingresso delle donne nelle istituzioni municipali durante il primo quindicennio del Novecento, si veda Fiorella Imprenti, *Riformiste. Il municipalismo femminile in età liberale*, Soveria Mannelli, Rubbettino, 2012.

17. Cfr. *La casa per le impiegate. Sotto il patrocinio della Società Umanitaria*, Milano, Tip. Operai, 1907; Carlo De Maria, *Alessandro Schiavi. Dal riformismo municipale alla federazione europea dei comuni. Una biografia: 1872-1965*, Bologna, Clueb, 2008, p. 105.

dopo la morte del nonno e del padre (deceduto nel 1900) non c'erano più ragioni forti che la trattenessero nell'Italia del Nord. I diversi incarichi che si susseguirono la portarono a viaggiare, insieme al figlio, lungo l'intera penisola. Spesso si trovò sola con Camillo in «città sconosciute» e, nonostante la forza che le dava la presenza del piccolo («il mio figliuolo, così bello, così caro, così mio»), presto si rese conto di quanto la vita delle insegnanti, «sbalzate da un capo all'altro dell'Italia», potesse essere dura.[18] Per l'inizio del 1904, le venne assegnata una supplenza a Palermo.

Durante il viaggio da Milano si fermò a Napoli, dove – in attesa di imbarcarsi per la Sicilia – volle rivedere l'educatorio nel quale era stata in servizio più di quindici anni prima:

> La direttrice mi trovò cambiata in meglio, certo è che l'essere una signora, una mamma e professoressa mi dava un senso nuovo di disinvoltura, nella coscienza di essere qualcuna. E poi avevo una camicetta di pizzo nero, con un trasparente di un giallino oro (allora di moda) e tutto insieme, dato che a Milano ci serviva allora una bravissima sarta, era abbastanza elegante. Non so come non abbia ripreso la corrispondenza con la Carrera [la direttrice], penso che forse sarà stata abbonata alla «Cordelia»[19] e che avrà visto miei scritti.

Nel 1905, dopo un momentaneo riavvicinamento al marito e una vacanza passata tutti insieme a Corteno, in Valcamonica, Adalgisa rimase incinta di una bambina, Maria Luisa. La secondogenita, però, morì a poco più di un anno e la dolorosa vicenda segnò la madre in modo indelebile, allontanandola definitivamente da Stefano Berneri. Ne è testimonianza anche una lettera scritta, ormai in tarda età, a Ernesto Rossi, che era stato amico del figlio.[20]

Dopo la tragedia, Adalgisa e Camillo si stabilirono in Romagna, nuova assegnazione del provveditore. Ancora nel 1910 abitavano a Forlì, dove Camillo cominciò a frequentare il Ginnasio. In quel periodo, la madre allacciò

18. Cfr. Adalgisa Fochi Berneri, *Con te, figlio mio!*, [introduzione di Piero Jahier], Parma, Freshing, 1948, pp. 41, 54, 65-66.

19. «Giornale per le giovinette», questo il sottotitolo, si pubblicò tra Firenze e Rocca San Casciano dal 1881 al 1942. È stato censito nel volume di Silvia Franchini, Monica Pacini e Simonetta Soldani, *Giornali di donne in Toscana. Un catalogo, molte storie (1770-1945)*, 2 voll., Firenze, Olschki, 2007.

20. Si veda la lettera di Adalgisa Fochi Berneri a Ernesto Rossi, Reggio Emilia, 19.1.1951, in Archivi storici dell'Unione europea (ASUE), Fondo Ernesto Rossi (FER), Corrispondenza, fasc. 39.

una corrispondenza con Sibilla Aleramo, una delle pioniere del femminismo in Italia, probabilmente conosciuta durante la collaborazione a «L'Alleanza».[21]

Profondamente a disagio nella provincia romagnola, Adalgisa chiese il trasferimento e nell'aprile 1911 scriveva a Sibilla Aleramo dalla nuova sede, Reggio Emilia. Continuavano le periodiche minacce del marito («di prendermi il figlio») e non molto sembrava essere mutato nel passaggio dalla Romagna all'Emilia. Rimaneva un distacco incolmabile rispetto all'apertura e alla modernità respirata a Milano: «Mi pare affondare in un abisso, e vorrei essere ancora a Milano, in relazione con la Ravizza [...]. Questa piccola città di provincia è così meschina».[22]

Il figlio era spesso a letto malato e le gravi preoccupazioni per la sua salute si riversavano, insieme alla «solitudine dell'anima» e a un senso di «abbandono» e «stanchezza», nella sua corrispondenza:

> Se dovessi adesso comporre un romanzo, non ne ho il tempo, farei davvero *una* cosa viva, dolorante, umana per mostrare che cosa siano certi uomini che il mondo giudica buoni, perché non conosce la perversità brutale verso la moglie ed i figli.
> Chi sa, in una lontana ora, quando non potrò più essere così alacre nel lavoro, che possa scrivere per isfogo mio almeno; sì, io *dico* delle cose che sono terribili (dentro di me le dico) mentre attendo alle faccende, mentre studio l'Iliade e il Parini col mio ragazzo, o correggo componimenti, o faccio lezione. Anche la Scuola, nel suo retroscena, dove appaiono, nella loro veste vera, gli insegnanti, m'indigna, mi fa soffrire, perché vi manca la coscienza, parlo in generale, che dovrebbe accendere chi educa a istruire.
> Io le invidio il potere di scrivere con arte, il tempo di scrivere; ho così d'uopo, la frase è brutale, *di guadagnare* perché al mio ragazzo malaticcio non manchi niente, da non poter esimermi dal dar lezioni private che estenuano.[23]

Nella città emiliana, si apre il capitolo più noto della vicenda di Adalgisa Fochi, quello legato alla biografia politica del figlio.[24] Infatti, Camillo Berne-

21. Lettera di Adalgisa Fochi Berneri a Sibilla Aleramo, Forlì, s.d. [ma 1910-1911], in Fondazione Gramsci, Roma (FGR), Fondo Sibilla Aleramo (FSA), Corrispondenza, Sezione cronologica: 1910-1919, unità archivistica 330.

22. Lettera di Adalgisa Fochi Berneri a Sibilla Aleramo, Reggio Emilia, 2.4.1911 (timbro postale), ivi, unità archivistica 334.

23. Lettera di Adalgisa Fochi Berneri a Sibilla Aleramo, Reggio Emilia, 18.12.1911 (timbro postale), ivi, unità archivistica 342.

24. Tra gli studiosi di Berneri, è stato Giorgio Sacchetti il primo a dedicare attenzione alla figura di Adalgisa Fochi, a partire da *La giovinezza di Camillo Berneri*, in «Il Calenda-

ri compì a Reggio Emilia le prime esperienze di militanza, prima nel campo socialista, poi in quello anarchico. Nella stessa città, si fidanzò con una allieva della madre, Giovanna Caleffi, che presto sarebbe diventata sua moglie. Talvolta, Camillo si allontanava dall'Emilia per andare a trovare il padre, Stefano, che lavorava ora in un piccolo paese della provincia di Bergamo.

Nel 1916, Adalgisa fu assegnata alla scuola normale di Arezzo. Dopo il matrimonio del gennaio 1917, anche Giovanna si trasferì in Toscana, nella casa di Adalgisa Fochi, mentre Camillo veniva chiamato alle armi. Prima di partire, riuscì a portare a termine il liceo e a iscriversi all'ateneo fiorentino, dove però sarebbe riuscito a dare i primi esami solo nel 1919, al termine del servizio militare. I mesi trascorsi in zona di guerra furono allietati dalla notizia della nascita, nel marzo 1918, ad Arezzo, della prima figlia, Maria Luisa; mentre nell'ottobre 1919, a Firenze, nacque Giliana, concepita durante un periodo di convalescenza concesso a Camillo nel gennaio di quell'anno.

Dopo essersi laureato, Berneri insegnò nei licei di Montepulciano, Cortona e Camerino. Ora era la madre a seguirlo negli spostamenti, insieme alla moglie e alle figlie. Proprio a Camerino, nel 1925, Adalgisa cominciò a pensare alla scrittura delle proprie memorie, stendendo alcuni appunti, dai quali sarebbe ripartita quattro anni più tardi. Continuava, intanto, a scrivere novelle per l'infanzia, pubblicandole sul settimanale milanese «La voce delle maestre d'asilo».[25]

Nel 1926, quando in Italia vennero meno gli ultimi residui di libertà di opposizione, Berneri decise di espatriare e si stabilì a Parigi, dove fu presto raggiunto dall'intera famiglia. Successivamente all'assassinio del figlio, avvenuto a Barcellona nel maggio 1937, Adalgisa Fochi lasciò Parigi e si trasferì a vivere presso dei conoscenti a Bordeaux, città nella quale si fermò anche nell'immediato dopoguerra, prima del ritorno in Italia.

Nella seconda metà degli anni Quaranta, si stabilì a Reggio Emilia e, ormai ottuagenaria, coltivò una frequente corrispondenza con Gaetano

rio del popolo», 1988, pp. 12328-12332. Si veda, poi, Giorgio Sacchetti, *Le culture politiche del giovane Berneri. Un intellettuale fra Arezzo, Firenze e Cortona (1916-1926)*, in *Un libertario in Europa. Camillo Berneri: fra totalitarismi e democrazia*, Atti del convegno di studi storici (Arezzo, 5 maggio 2007), a cura di Giampietro Berti e Giorgio Sacchetti, Reggio Emilia, Biblioteca Panizzi, Archivio Famiglia Berneri-Aurelio Chessa, 2010, pp. 29-50. Infine, Carlo De Maria, *Attraversamenti. Adalgisa Fochi Berneri: tra impegno pedagogico, scrittura e questione sociale*, in *In viaggio per una "causa"*, pp. 111-126.

25. Cfr. Adalgisa Fochi Berneri, *La fata... vivente*, in «La voce delle maestre d'asilo», a. XXI, n. 27 (3.5.1925), pp. 154-155.

Salvemini, che era stato maestro del figlio all'università di Firenze e si era poi dimostrato vicino alla famiglia Berneri nei difficili anni dell'esilio. Scrivendogli, Adalgisa parlava spesso di «nostalgia» per la Francia.[26] Ora, si sentiva «più isolata che a Bordeaux» e, del resto, aggiungeva, «l'esilio mi ha resa antiprovinciale!».[27] E ancora, in un'altra lettera:

> Strano, in Francia mi trovavo più a mio agio spiritualmente, benché vecchia e straniera, povera, oscura. Il «Quotidien» mi pubblicò due novelle, ed in «Giustizia e Libertà» apparve un articolo del Garosci. Ebbi amici, veri scrittori, di valore, potei lavorare ad opere di beneficenza a Bordeaux.[28]

All'iniziale formazione repubblicana, si era aggiunta in Adalgisa, grazie al figlio, una esplicita venatura libertaria. Come spiegava a Salvemini, era «non anarchica», perché considerava l'anarchia «troppo sovrumana», ma si sentiva «libertaria», «perché adoro la libertà, morale, patriottica, etc. nemica della tirannia».[29] Proprio queste posizioni non conformiste la facevano sentire spesso a disagio a Reggio Emilia, «in una città dove occorre o essere rosso comunista, o demo cristiani o almeno socialisti mezzo comunisti, per poter trovarsi bene».[30]

Adalgisa Fochi morì nel 1957, a 92 anni. Più tardi, la nipote Giliana Berneri, che aveva conservato il quaderno di «memorie» riempito dalla nonna in esilio, lo tradusse pazientemente in francese,[31] affinché anche i suoi figli, Hélène e Franck, nati a Parigi dall'unione con Serge Senninger, esponente di spicco della federazione anarchica francese, potessero comprendere le origini di quel lungo viaggio.

26. Cfr. lettera di Adalgisa Fochi Berneri a Gaetano Salvemini, Reggio Emilia, 12.3.1952, in Istituto storico della Resistenza in Toscana (ISRT), Archivio Gaetano Salvemini (AGS), Corrispondenza, scatola 93, fasc. "Adalgisa Fochi Berneri".

27. Lettera di Adalgisa Fochi Berneri a Gaetano Salvemini, Reggio Emilia, 9.1.1951, ivi.

28. Lettera di Adalgisa Fochi Berneri a Gaetano Salvemini, Reggio Emilia, 28.6.1950, ivi. Il riferimento è a una recensione che Aldo Garosci, con lo pseudonimo Magrini, dedicò alla raccolta di brevi racconti *Les voleurs de pain*, già citata in apertura: *Grandeur et misères de l'émigration politique*, in «Giustizia e Libertà», Parigi, 20.8.1937.

29. Lettera di Adalgisa Fochi Berneri a Gaetano Salvemini, [Reggio Emilia], «fine d'anno 1954», in ISRT, AGS, Corrispondenza, scatola 93, fasc. "Adalgisa Fochi Berneri".

30. Lettera di Adalgisa Fochi Berneri a Gaetano Salvemini, [Reggio Emilia], 30.12.1949-1.1.1950, ivi.

31. La traduzione è conservata, come l'originale, in ABC, FVR, Carte varie relative ad Adalgisa Fochi Berneri.

2. Dalla Grande guerra all'esilio antifascista: il problema del totalitarismo

Quanta vita in questi anni![1]

1. *L'incontro tra Giovanna Caleffi e Camillo Berneri*

Nata a Gualteri nel 1897, Giovanna Caleffi crebbe in una famiglia di «contadini ignoranti ma intelligenti». Così ricordava a distanza di tempo la sua casa, un ambiente di sani lavoratori che avevano fatto «di tutto per creare un'esistenza migliore ai loro figli».[2]

Prima che lei venisse al mondo, suo padre, Giuseppe, era stato per due lunghi periodi negli Stati Uniti a lavorare in miniera, come tanti altri emigranti italiani, in quei decenni a cavallo del 1900. Giovanna e la sorella minore, Maria, di tre anni più giovane, nacquero dopo il suo ritorno definitivo a Gualtieri. Una forte differenza di età separava le due bambine dai tre fratelli maggiori (due maschi e una femmina). Uno di questi non lasciò in loro nessun ricordo diretto, poiché emigrò a sua vola Oltreoceano, senza fare più ritorno in Emilia («morì in America dov'era anche lui andato per ragioni di lavoro»).

Se tra Giovanna e Maria si stabilì una forte affinità che durò negli anni, del fratello e della sorella maggiori, Celso ed Emma, resistevano nella memoria ricordi legati soprattutto all'infanzia:

1. Cartolina di Camillo Berneri a Cesare Zaccaria, Vienne (Francia), s.d. [periodo dell'esilio], in ABC, documento non catalogato.

2. Giovanna Caleffi Berneri, Note autobiografiche indirizzate a Ugo Fedeli, s.l., s.d. [ma, Parigi, marzo-aprile 1954] in ABC, FSS, Epistolario di Giovanna Caleffi Berneri, fasc. «Lettere di G. Caleffi». Si tratta di una minuta incompleta, scritta durante una visita alla figlia Giliana, a Parigi. Luogo e data approssimativa si evincono dal testo.

> So che [Emma] partecipava alle leghe operaie, che alla sera andava alle riunioni, che era socialista – mentre mio fratello era moderato. Ricordo che in occasione delle elezioni e della non elezione di Prampolini, mi pare, mio fratello si burlava affettuosamente di mia sorella che sembrava triste per il fiasco elettorale di Prampolini.[3]

Contrariamente a quanto era capitato con i fratelli più grandi, che non avevano potuto studiare, i due genitori fecero di tutto per dare alle più piccole una buona istruzione. Infatti, dopo tanti sacrifici e il ritorno dall'America di Giuseppe, le condizioni economiche della famiglia potevano dirsi migliori.[4] Così, a 14 anni, Giovanna lasciò il suo paese sulla riva sinistra del Po per raggiungere il capoluogo, Reggio Emilia, dove cominciò a frequentare la scuola normale: «mi trovai in un ambiente socialista», così riassumeva – a tanti anni di distanza – il significato di quel trasferimento.

Era a pensione nella casa del direttore didattico, proprio nello stesso palazzo dove abitava Giovanni Zibordi, e ben presto diventò amica della figlia del deputato socialista. Non senza discussioni con i genitori, smise di andare in chiesa:

> Andavo alle conferenze del circolo socialista, a qualche comizio di Prampolini e mi sentivo anch'io socialista. A 15 anni perdetti la fede nella religione cattolica e nonostante su questo punto dovetti sostenere parecchie lotte in famiglia (debbo riconoscere, però, che i miei genitori furono abbastanza comprensivi) non andai più in Chiesa da allora e non ebbi mai più ritorni verso la religione.[5]

Nel 1915 si diplomò maestra elementare. Tra le sue insegnanti c'era la madre di Camillo Berneri, Adalgisa Fochi, che avvicinò i due giovani. Berneri studiava, allora, al liceo classico di Reggio Emilia e militava nella federazione giovanile del PSI. Proprio durante l'ultimo anno delle magistrali, Giovanna cominciò a seguirne l'attività. Berneri si appassionava sempre più alla militanza politica e proprio sul finire del 1915 – nel contesto dei drammatici avvenimenti di quegli anni (lo scoppio della guerra mondiale e la partecipazione al conflitto dell'Italia) – maturò la decisione di lasciare

3. *Ibidem.*

4. Comunicazione della prefettura di Reggio Emilia, 28.2.1935, in Archivio centrale dello Stato (ACS), Casellario politico centrale (CPC), b. 948, Caleffi Giovanna.

5. Caleffi Berneri, Note autobiografiche indirizzate a Ugo Fedeli.

la federazione socialista per approdare all'anarchismo, radicalizzando dunque le sue posizioni antimilitariste e antisistema.[6]

Con la cesura della Grande guerra stava finendo un'epoca, ma in quel frangente era ancora possibile che Camillo Prampolini, uno dei «pionieri» del socialismo e sicuramente il principale ispiratore e protagonista dell'esperienza socialista nell'area rurale padana,[7] commentasse la decisione di un giovane militante del PSI che stava per passare nel campo anarchico con queste parole: «Dunque ci lascia, ma resta sempre nel socialismo».[8] Il giovane era Camillo Berneri e Prampolini, evidentemente, alludeva a una visione larga e non settaria del socialismo, a una radice comune che trovava la propria espressione, innanzi tutto, in termini morali, in un'idea di società basata sulla fraternità e la cooperazione.[9] Quelle parole di commiato esprimevano in estrema sintesi la vicenda profonda della sinistra italiana ed europea, i tanti filoni di pensiero e di azione sociale che l'avevano animata nell'Ottocento e nei decenni a cavallo del Novecento, rendendola un universo plurale,[10] prima che l'avvento dei fascismi e la rivoluzione d'Ottobre, con la nascita del totalitarismo sovietico, ne scompaginassero le fila.

6. Pier Carlo Masini, *Camillo Berneri alla scuola di Prampolini*, in appendice a Camillo Berneri, *Mussolini, psicologia di un dittatore*, a cura di Pier Carlo Masini, Milano, Azione Comune, 1966, pp. 105-117.

7. Alessandro Schiavi, *I pionieri nelle campagne. Camillo Prampolini. Nicola Badaloni. Gregorio Agnini. Nullo Baldini*, Roma, Opere Nuove, 1955; *Prampolini e il socialismo riformista*, Atti del Convegno (Reggio Emilia, ottobre 1978), 2 voll., Roma, Mondo Operaio-Edizioni Avanti!, 1979-1981; Silvia Bianciardi, *Camillo Prampolini costruttore di socialismo*, Bologna, il Mulino, 2013.

8. Masini, *Camillo Berneri alla scuola di Prampolini*, p. 116.

9. Il modello socialista reggiano venne definito efficacemente da Meuccio Ruini come «cooperazione integrale». Si veda, a questo proposito, Meuccio Ruini, *Camillo Prampolini* [1957], in Id., *Profili di storia. Rievocazioni, studi, ricordi*, Milano, Giuffrè, 1961, pp. 138-146.

10. Mutualismo, cooperazione, camere del lavoro, leghe sindacali, case del popolo, circoli democratici e socialisti riportano a una fase storica – quella che si aprì nella seconda metà dell'Ottocento – caratterizzata da una forte creatività sociale e da importanti espressioni di responsabilità e protagonismo dei ceti popolari. Si tratta di aspetti che, nel corso del Novecento, sarebbero stati spesso circoscritti dalla crescita del potere pubblico e degli apparati politici di massa. Cfr. Pino Ferraris, *Politica e società nel movimento operaio. Appunti per una traccia storica*, in «Alternative per il socialismo», 5 (2008), pp. 47-62; Pino Ferraris, *Ieri e domani. Storia critica del movimento operaio e socialista ed emancipazione dal presente*, Roma, Edizioni dell'Asino, 2011, pp. 47-62, ora ricompreso nel già citato volume di Ferraris, *Ieri e domani*.

Nel 1916, Giovanna cominciò a insegnare nelle scuole elementari del Reggiano, prima a Gualtieri, poi a Montecchio, mentre un nuovo incarico di insegnamento portava Adalgisa Fochi a trasferirsi ad Arezzo, insieme al figlio. Nella città toscana Camillo si avviava a completare gli studi liceali con la prospettiva di iscriversi, l'anno successivo, all'università di Firenze. I due giovani, comunque, non persero contatto e, con l'accordo dei genitori, dopo un anno di fidanzamento, decisero di sposarsi ancora minorenni, all'inizio del 1917.

Pensando al matrimonio Berneri-Caleffi, che si celebrò a Gualtieri, il paese di lei, nel gennaio 1917, viene da chiedersi come quel giovane anarchico, dal futuro ancora incerto, fosse stato accettato dai Caleffi, famiglia di solidi contadini, dai vivi sentimenti religiosi e senz'altro lontani da un impegno politico rivoluzionario. Con ogni probabilità furono gli studi compiuti e la futura preparazione universitaria a conferire prestigio a Camillo. Si trattava, pur sempre, del figlio della professoressa Fochi, destinato a sua volta a diventare insegnante. Del resto, nella memoria dei Caleffi – come ha mostrato anche una conversazione avuta da chi scrive con una anziana nipote di Giovanna –, Berneri sarebbe rimasto sempre «il professore»; non il militante anarchico, l'esule antifascista, il combattente in Spagna, ma «il professore», parente acquisito.

Dopo le nozze, Giovanna si trasferì ad Arezzo, nella casa della suocera. Se nel primo periodo trascorso in Toscana, riuscì a insegnare a scuola, con la nascita delle due bambine, Maria Luisa nel 1918 e Giliana l'anno successivo, si dedicò esclusivamente ai lavori di cura domestica. Nel 1919, al termine del servizio militare del marito, poté finalmente andare a vivere con lui a Firenze. Berneri trovò il tempo di dedicarsi agli studi e sostenne con successo i primi esami, tra i quali Storia moderna con Gaetano Salvemini. A distanza di tempo, Giovanna Caleffi avrebbe continuato a ricordare Salvemini non solo come «storico», ma anche come «educatore».[11] Un episodio particolarmente simpatico le tornava spesso in mente:

> Mi ricordo che nei primi anni della nostra unione il prof. Salvemini, che era il prof. di Camillo all'università di Firenze, chiese a Camillo se anch'io ero anarchica. Camillo rispose: non è anarchica nel senso di essere una militante, però accetta le mie idee e le condivide in gran parte. Salvemini rispose: per fortuna, perché se c'è uno che rompe i piatti, bisogna che l'altro li incolli.

11. Cfr. Giovanna Caleffi Berneri a Gaetano Salvemini, Napoli, 20.6.1955, in ISRT, AGS, Corrispondenza, scatola 93, fasc. «Berneri Giovanna».

Ed è stata questa la mia funzione presso Camillo. Mai feci pressioni su di lui per la minima rinuncia alle sue idee, però sentivo le responsabilità della famiglia ed ho fatto di tutto perché le mie figlie non soffrissero troppo né moralmente, né materialmente delle persecuzioni contro il padre, della situazione economica in cui ci trovavamo, dato la vita randagia che Camillo condusse dal 26 fino alla sua morte.[12]

2. *Un giovane anarchico di fronte al suo tempo*

Due città: Reggio Emilia e Firenze. Sono questi i luoghi significativi nella formazione di intellettuale impegnato di Camillo Berneri. In particolare, Firenze, l'«Atene d'Italia», capitale della cultura critica anti-giolittiana.[13]

A Reggio Emilia iniziò il suo impegno politico. Nel 1914, studente liceale, militava nella Federazione giovanile socialista della città emiliana.[14] La sua esperienza nelle file socialiste fu breve. Nell'autunno del 1915, passò all'anarchismo e, pochi mesi dopo lasciò anche il luogo di quella sua prima militanza.[15] A Reggio Emilia, comunque, poté osservare da vicino l'azione politica di Camillo Prampolini e del leader riformista conservò un

12. Caleffi Berneri, Note autobiografiche indirizzate a Ugo Fedeli. La battuta di Salvemini è ricordata da Giovanna Caleffi anche nello scritto commemorativo *Gaetano Salvemini*, in «Volontà» (Napoli), X, n. 11, 30 settembre 1957, pp. 613-617, ora in Giovanna Caleffi Berneri, *Un seme sotto la neve. Carteggi e scritti: dall'antifascismo in esilio alla sinistra eretica del dopoguerra (1937-1962)*, a cura di Carlo De Maria, prefazione di Giampietro Berti, nota conclusiva di Goffredo Fofi, Reggio Emilia, Biblioteca Panizzi, Archivio Famiglia Berneri-Aurelio Chessa, 2010, pp. 489-493.

13. Cfr. Laura Cerasi, *Gli ateniesi d'Italia. Associazioni di cultura a Firenze nel primo Novecento*, Milano, FrancoAngeli, 2000.

14. Cfr. Camillo Berneri, Nota autobiografica, in ABC, Fondo Camillo Berneri (FCB), cassetta I. È un testo incompleto, collocabile nel periodo dell'esilio, successivamente al 1932 (riguarda quell'anno l'ultimo riferimento temporale).

15. La notizia delle dimissioni di Berneri dalla FIGS e del suo passaggio all'anarchismo venne data il 14 novembre 1915 da «L'Avanguardia» (Roma), giornale della gioventù socialista italiana. Circa due mesi prima, nel settembre, in occasione del «convegno provinciale giovanile socialista», Berneri era stato nominato al comitato centrale, «composto di 7 membri invece di cinque (in vista della probabile chiamata alle armi di qualcuno di essi)». Nota della Prefettura di Reggio Emilia per lo Schedario associazioni, 13.10.1915, in ACS, Ministero dell'Interno (MI), Direzione generale della pubblica sicurezza (PS), Divisione affari generali e riservati, Archivio generale (DAGR-AG), Categorie permanenti, G1 (Associazioni), b. 160, fasc. 434, s.fasc. 12 (Reggio Emilia, Federazione giovanile socialista).

vivo ricordo. Nel 1930, leggendo, in esilio, della sua morte, ne scrisse un profilo biografico.[16] Prampolini non era stata una figura verso la quale egli sentisse di avere affinità. Il suo socialismo, secondo le parole di Berneri, era «un populismo sentimentale», «un populismo cristianeggiante»:

> Il *cristianesimo socialista* anteposto e contrapposto al *cattolicismo conservatore*: questo fu uno dei tasti sui quali il Prampolini batté maggiormente nel suo giornale e questo fu il tema più frequente delle sue conferenze sui sagrati, all'uscita dei fedeli. [...] Una delle ragioni della grande diffusione della «Giustizia» fu quel suo accogliere le più umili collaborazioni. Egli correggeva, pazientemente, le corrispondenze e gli articoletti dei più umili. E sapeva fare quella propaganda piana, del tutto aderente alla mentalità e profondamente penetrante nel cuore dei più semplici uditori e lettori. Aveva una tecnica particolare nel fare il giornale, sì che anche quando *La Giustizia* uscì quotidiana permase, la Domenica, la sua "Giustizietta", che lui soltanto poteva fare.

I predicatori socialisti della fine dell'Ottocento – e Prampolini è il più noto e il più efficace fra essi – parlavano spesso con le parole del Vangelo, e insegnavano nelle campagne che Gesù era un vero socialista, e che a tradire il suo insegnamento erano quei preti che stavano dalla parte dei padroni.[17]

Berneri si era allontanato decisamente da questo atteggiamento,[18] sviluppando una forma di *elitarismo morale* che lo aveva avvicinato a intellettuali come Gobetti e i Rosselli e a quella loro «elaborazione minoritaria del concetto di élite» – basata più sul «carattere *morale* dello strato eletto», che sulle sue «funzioni strettamente politiche» – posta all'attenzione da Mariuccia Salvati.[19] Una componente dell'elitarismo morale di Berneri fu un deciso elitarismo culturale. A questo proposito – e prima di dimenticare la descrizione dell'attività redazionale di Prampolini – è interessan-

16. Camillo Berneri, *Camillo Prampolini*, [1930], in ABC, FCB, cassetta VIII. Alcuni passi furono pubblicati in Camillo Berneri, *Pensieri e battaglie*, Parigi, Comitato Camillo Berneri, 1938, pp. 39-42. In generale, salvo diversa indicazione, rendiamo con il corsivo le sottolineature presenti nei manoscritti.

17. Cfr. Renato Zangheri, *Socialismo*, Bologna, Clueb, 2000, p. 24.

18. A molti anni di distanza, ricordava ancora il periodo in cui «laggiù, nelle pianure emiliane», divorava chilometri «per giungere a un circolo vinicolo e spiegare il socialismo» (Camillo Berneri, *Avanti i giovani!*, in «L'Adunata dei Refrattari», New York, XIII, n. 28, 14.7.1934, p. 4).

19. Mariuccia Salvati, *Cittadini e governanti. La leadership nella storia dell'Italia contemporanea*, Roma-Bari, Laterza, 1997, pp. 65-66.

te citare, brevemente, la *Presentazione* della rivista «Vita Nova»;[20] rivista progettata da Berneri durante il periodo dell'esilio, ma mai realizzata. Egli annunciava, seccamente: «Non ci impegniamo ad essere *elementari*. La rivista è, per natura propria, rivolta ad un pubblico colto». Torniamo, ora, al testo su *Camillo Prampolini*:

> Imprigionato nel suo tolstoianismo, [Prampolini] fu sempre a predicare la resistenza pacifica. Durante la guerra libica, durante l'agitazione interventista, ai primi attacchi fascisti, la sua propaganda non mutò tono. Contro la guerra, contro la reazione, ma *nervi a posto, calma, piuttosto vittime che peccare di violenza*, ecc. Prampolini fu, con Turati, Matteotti e tanti altri socialisti riformisti di grande carattere, uno dei maggiori responsabili della non sufficiente resistenza al fascismo squadrista, e, prima, al colonialismo e all'interventismo.

Da parte sua, Berneri fu intellettuale amante dell'azione, dell'azione diretta – ponendosi, in questo, in piena continuità con la tradizione dell'anarchismo. Azione diretta che egli associava, però, al programma minimo, «autonomista e federalista», del suo «anarchismo *attualista*».[21] Berneri fu, cioè, intellettuale radicale ma non intellettuale utopista.

Il testo su Prampolini ha permesso di svolgere, per opposizione, una parziale presentazione dell'autore. Analizzandone, nel capitolo quarto, la figura di intellettuale impegnato e il pensiero politico, approfondiremo (e chiariremo) i temi qui accennati.

Il periodo reggiano offre un ultimo spunto. Nell'autunno 1915, al momento del passaggio all'anarchismo, Berneri scrisse la *Lettera aperta ai giovani socialisti di un giovane anarchico*.[22] A molti anni di distanza, la figlia primogenita, Maria Luisa, si interessò al testo giovanile del padre e lo informò di questo per lettera. La lettera di Maria Luisa è andata, probabilmente, persa, ma non la risposta di Camillo, che scrisse: «La lettera aperta di un giovane anarchico ecc. [...] era il testo delle mie dimissioni dal circolo giovanile socialista. Poiché vi era la consuetudine di leggere all'assemblea le lettere di dimissioni pensai di farne una che servisse alla propaganda».[23]

20. ABC, FCB, cassetta IV.

21. Camillo Berneri, *Sul Comunalismo*, [1926], in ABC, FCB, cassetta IV.

22. Camillo da Lodi, *Lettera aperta ai giovani socialisti di un giovane anarchico*, Firenze 1920. Era già stata pubblicata, nel 1916, in «L'Avvenire Anarchico» (Pisa), VII, nn. 18 e 19.

23. Lettera di Camillo Berneri a Maria Luisa Berneri, s.l., s.d. [ma, Barcellona, 1936-1937], in ABC, documento non catalogato.

Soffermiamoci su questo testo. Il giovane Berneri abbandonava la Federazione giovanile socialista perché sgomento «di fronte all'abisso che separa[va] il pensiero dall'azione», l'abisso tra «le dottrine socialiste» e l'agire di «politicanti obliqui», di «girella della tribuna e del parlamento». Egli si scagliava contro coloro che avevano cambiato «il fucile dell'insurrezione con la medaglietta del Parlamentarismo». Passando all'anarchismo, Berneri andava alla ricerca di «un nuovo campo di lotta», dove poter raggiungere l'unità di pensiero e azione.

A distanza di vent'anni, rivolgendosi a Maria Luisa, poteva commentare così quel suo testo giovanile: «una cosina molto modesta che scrissi a diciott'anni», che esprimeva un atteggiamento «molto vago e terribilmente "sentimentale", come ero allora». Berneri era passato attraverso gli anni dell'esilio, durante i quali proprio la consapevolezza della tensione insanabile tra pensiero e azione, tra ordine concettuale e realtà, tra il proprio essere ideale e se stessi, era stata la premessa della sua scoperta religiosa. Nel 1929, aveva scritto alla moglie: «Quante volte sarei stato ancor più debole nella carne o nello spirito, se a me stesso non avessi opposto il mio *uomo* ideale. Questo anteporre, questo sovrapporre noi a noi, è religione. E Dio non scende in noi, allora, ma si accresce in noi».[24]

La militanza socialista di Berneri e il periodo di residenza a Reggio Emilia terminarono a poca distanza l'una dall'altro: nel 1916, il giovane anarchico si trasferì ad Arezzo, al seguito della madre che lì aveva ottenuto un nuovo incarico di insegnamento. Nell'ottobre, la Prefettura di Reggio Emilia ne informava Roma.[25] Proprio nel corso del 1916, presso il Casellario politico centrale, era stata inaugurata la sua scheda biografica. La precisa motivazione la forniva una nota manoscritta del direttore generale della pubblica sicurezza:

> Nel Luglio u.s. [1916] il Prefetto [di Reggio Emilia] informò che il Berneri aveva abbandonato il partito socialista per passare nella setta anarchica, mo-

24. Camillo Berneri a Giovanna Caleffi Berneri, s.l., [agosto 1929], in ABC, documento non catalogato. Lettera pubblicata parzialmente in Berneri, *Pensieri e battaglie*, pp. 77-79, dove si trova la datazione che adottiamo (il Comitato Camillo Berneri – che curò, nel 1938, l'edizione di questo volume commemorativo – comprendeva la stessa Giovanna Caleffi, moglie di Berneri, che, probabilmente, datò la lettera in base a un ricordo).

25. Notizie per il prospetto biografico di Berneri Camillo, 12.10.1916, inviate dalla Prefettura di Reggio Emilia, in ACS, CPC, b. 537, Berneri Camillo, fasc. I.

tivo pel quale era stata redatta in suo confronto la scheda biografica, in considerazione anche che aveva iniziata propaganda delle teorie libertarie.[26]

Il primo «cenno biografico» del prefetto di Reggio Emilia preludeva in qualche modo al prossimo trasferimento in Toscana. Berneri, infatti, aveva tentato di costituire in quella città «un gruppo giovanile anarchico», ma con scarsa efficacia dal momento che nel Reggiano il movimento di emancipazione aveva «in massima parte coscienza ed educazione socialista».[27]

Lasciata la terra del gradualismo socialista, il giovane militante intensificò la collaborazione con alcune testate libertarie a partire da «L'Avvennire Anarchico» di Pisa. Nel novembre 1917, proveniente dal liceo di Arezzo, Berneri si iscrisse alla Facoltà di Lettere e Filosofia di Firenze.[28] Poté, però, sostenere il primo esame solo nel luglio 1919, a causa del servizio militare. Era stato chiamato alle armi nel marzo 1917, «assegnato al deposito del 2° Genio a Casal Monferrato»; la Prefettura di Arezzo ne aveva informato la Direzione generale della pubblica sicurezza, assicurando di avere già segnalato Berneri all'autorità militare.[29]

Le notizie sui primi mesi di servizio militare sono frammentarie e contraddittorie. Sicuramente, Berneri beneficiò di licenze, portò a termine il liceo e si fece notare come propagandista anarchico a Firenze, all'inizio di ottobre. A questo proposito, la Prefettura di Firenze scriveva:

> [Camillo Berneri], studente, qui abitante in via Alessandro Volta 13, che recentemente diramò una circolare programma ai Gruppi anarchici e ai più noti correligionari di parecchie città del Regno, per annunziare che col 1° Gennaio p.v. avrebbe qui pubblicato un periodico dal titolo «La Giovane Internazio-

26. Nota ms., 24.12.1916, del direttore generale della pubblica sicurezza, ivi. Già nel marzo 1916, Berneri era stato indicato come «molto attivo per propaganda contro la guerra» a Reggio Emilia. Cfr. nota ms. su carta intestata del Ministero dell'Interno, marzo 1916, in ACS, MI, PS, DAGR-AG, Categorie permanenti, G1, b. 160, fasc. 434, s.fasc. 12.

27. Cenno biografico della Prefettura di Reggio Emilia, 20.7.1916, in ACS, CPC, b. 537, Berneri Camillo, fasc. I. Da allora in avanti, il controllo sul giovane anarchico fu davvero meticoloso. Il 28 luglio, Reggio Emilia informava Roma che Berneri era «partito per Bagni della Porretta»; era già stato segnalato alla Prefettura di Bologna «per la vigilanza» (cfr. notizie per il prospetto biografico di Berneri Camillo inviate dalla Prefettura di Reggio Emilia, 28.7.1916, ivi).

28. Cfr. Certificato di laurea ed elenco degli esami sostenuti da Camillo Berneri, rilasciato dalla Università degli Studi di Firenze nel 1982, in ABC, FCB, cassetta I.

29. Cfr. comunicazione della Prefettura di Arezzo, 15.3.1917, in ACS, CPC, b. 537, Berneri Camillo, fasc. I.

> nale», è anarchico schedato [...] Egli, durante la sua permanenza in Firenze, ha condotto vita ritirata, però la Prefettura di Arezzo, dove precedentemente risiedeva presso la madre insegnante d'Italiano in quelle Scuole Normali, informa che il Berneri risultò in corrispondenza con altri anarchici pericolosi e si dimostrò attivo propagandista. Il 17 corrente partì da qui alla volta di Casale Monferrato, per prestare servizio nel 2° Regg. Genio. Di ciò è stata informata quella Sottoprefettura.[30]

In novembre (1917), lo troviamo a frequentare la scuola militare di Modena, impegnato in un corso che avrebbe dovuto trattenerlo all'Accademia fino al gennaio successivo.[31] Ne fu, però, cacciato, verso la fine del 1917.[32] Anche come allievo ufficiale, infatti, aveva continuato a scrivere sulla stampa anarchica.[33] Probabilmente, fu «la lettera d'un compagno» a indurre, infine, le autorità militari a trasferirlo «dall'Accademia al reggimento Genio Zappatori a Casal Monferrato», e poco più tardi, all'inizio del 1918, al fronte.[34]

«Debole e malaticcio», fu a lungo ricoverato in ospedali da campo. Vediamo, in dettaglio, attraverso le cartoline dalla zona di guerra alla moglie

30. Nota della Prefettura di Firenze, 30.10.1917, in ACS, MI, PS, DAGR-AG, Categorie permanenti, F1 (Stampa italiana sovversiva), b. 12, fasc. «Firenze, *La Giovane Internazionale*». Il giornale in oggetto, che si proponeva come il portavoce della gioventù anarchica, non fu mai pubblicato (si vedano, nel fascicolo citato, la nota, 2.2.1918, della Prefettura di Firenze e quella, ottobre 1917, della Prefettura di Bologna). Berneri si fece notare come attivista anarchico anche dall'Ufficio centrale investigazioni. Presentato come «direttore del periodico "La Giovane Internazionale"», veniva segnalato a fianco del più noto Armando Borghi, «segretario generale della Unione Sindacalista e Direttore del giornale "Guerra di Classe"». Cfr. la nota ms., 8.4.1918, e quella ds., 6.4.1918, in ACS, MI, PS, Ufficio centrale investigazioni (UCI), b. 69, fasc. 1873, Movimento insurrezionale.

31. Cfr. cartolina postale di Camillo Berneri ad Adagisa Fochi Berneri, timbro postale: Modena, 14 novembre 1917, in ABC, documento non catalogato: «Il Corso durerà fino a gennaio, press'a poco». «Sono uscito stamattina dall'infermeria con cinque giorni di riposo. Sono giallo, patito e non credo impossibile un ritorno all'infermeria. [...] Penso con rassegnazione ad una non improbabile continuazione del Corso. Da qui in licenza non mandano e per andare all'Ospedale bisogna essere gravemente malati».

32. Berneri, Nota autobiografica.

33. Cfr. Giovanna Caleffi Berneri, Profili biografici di Camillo Berneri, in ABC, FCB, cassetta I. Giovanna Caleffi scrisse questi profili tra il 1937 e il 1938, successivamente alla morte del marito.

34. Si tratta della testimonianza di un anarchico amico di Berneri, citata in Luce Fabbri, *Sui diversi fronti. Camillo Berneri, Carlo Rosselli, Libero Battistelli*, in «Studi sociali» (Montevideo), VIII, s. II, n. 6, 20 settembre 1937, pp. 4-6: p. 5.

e alla madre, il tormentato periodo gennaio-giugno 1918.[35] Alla fine di febbraio, Berneri si trovava già ricoverato all'Ospedale da campo 238: «Sono sempre in attesa della visita del Colonnello o del maggiore. Non spero nulla. Sono certo, ritornando in Compagnia, di non rimanervi a lungo. [...]. Stamattina avevo 35,3 di temperatura, ieri sera 36,9. Questi squilibri sono indici di debolezza. E sì che non ho mai mangiato tanto come in questi giorni!» (22 febbraio 1918). Quei giorni furono caratterizzati dall'apprensione e, poi, dalla gioia per la nascita di Maria Luisa, la sua prima figlia: «Sono ancora sotto l'impressione, profonda e complessa, dell'annuncio, tanto atteso! Che sollievo sapere che Giovanna ha superato il pericolo e le sofferenze della maternità! Le scriverò, oggi, a lungo. Baciala per me e bacia Maria Luisa» (4 marzo 1918). Alla fine di marzo, in procinto di lasciare l'ospedale da campo, rassicurava la madre: «Non preoccuparti eccessivamente per quanto leggi nei giornali. Qui siamo lontani dal Fronte e al di fuori del pericolo aereo, siamo al sicuro. Tornando in compagnia vado incontro a molte incognite ma spero che non sarò tanto sfortunato da trovarmi in qualche pasticcio, proprio alla vigilia di venire a casa». «È tanto bella la prospettiva di rivedervi, di vedere Maria Luisa» (25 marzo 1918). Il giorno seguente, pregustando la licenza: «Venendo potrò prendere i libri che mi sono necessari, potrò informarmi dai colleghi [su] che cosa si fa all'Un.[iversità] e potrò poi, ritornando al Fronte studiare e prepararmi bene per quest'altra sessione» (26 marzo 1918). Verso la fine di aprile, rientrato dalla licenza, scriveva: «Qui continuo a vegetare, spiritualmente e cerebralmente. In carcere potrei trovare un conforto nella filosofia [...] qui il pensiero è chiuso nei reticolati della realtà» (26 aprile 1918). Verso la metà di maggio, lo troviamo nuovamente ricoverato, questa volta all'Ospedale da Campo 071:

> Sto un po' meglio e spero di rimettermi presto. Ma dovrò ritornare in Compagnia per ammalarmi di nuovo? Moralmente sono un po' abbattuto. Non vedo una via d'uscita. Gli studi trascurati, le persone più care lontane, debole e malaticcio sballottato di qua e di là senza mai un po' di riposo, di calma. Quanto durerà questa vita? [...] Non mi scrivere qui. Me ne vado in un altro Ospedale (12 maggio 1918, timbro postale).

Già il giorno successivo, un poco sollevato, scriveva: «Sono finalmente a posto nell'Ospedale 053. Qui ci starò finché sarò guarito dell'in-

35. Tutte conservate in ABC, non catalogate. In quei mesi, Adalgisa Fochi e Giovanna Caleffi vivevano insieme ad Arezzo.

fezione intestinale, se non accade un cambiamento [...] La febbre è diminuita, mi sento un po' meglio. Solo ho un'enorme debolezza, questa passerà appena potrò nutrirmi» (13 maggio 1918, timbro postale). Verso la metà di giugno, Berneri si era oramai ristabilito: «La febbre non è tornata ed ora ho la minestrina, oltre il latte [...] Il Cap.[itano] ha parlato anche l'altro ieri di Pistoia: "Be' professò qui bisogna guarire p'andà a Pistoia". È un buon uomo, per fortuna [...] Tra una quindicina di giorni spero di andarmene di qui» (13 giugno 1918, timbro postale). Il giorno 15, poteva, finalmente, annunciare alla madre: «A giorni, e fors'anche domani, partiremo per l'interno. Forse non vado a P.[istoia] ma vicino, a pochi chilometri, in un paese che è sulla linea di Firenze. Saremmo ancor più vicini» (15 giugno 1918).

In effetti, nella seconda metà di giugno, veniva retrocesso in Toscana. In settembre, però, lo ritroviamo in zona di guerra, ma la sua salute continuava a essere precaria. Due mesi più tardi, in novembre, a guerra appena conclusa, era stato spostato in meridione, ad Aversa, da dove scriveva alla madre:

> Spero di non rimanere a lungo qui, dove, del resto, non si sta molto male [...] Ho speranza nel congedo per gli studenti un.[iversitari] [...]. Non è impossibile una licenza di convalescenza. La febbre non mi è più ritornata. I giornali continuano ad offrire buone notizie. Meno male! Che sollievo l'idea di non ritornare al fronte per tutti! E che sollievo per le famiglie dei combattenti![36]

Nel gennaio 1919, Berneri era a casa, ad Arezzo, in licenza di convalescenza.[37] Dopo avere percorso il suo servizio militare – peraltro, come vedremo, non ancora terminato – vogliamo fermare l'attenzione su alcune parole scritte alla moglie dalla zona di guerra:

> Basta avere un saldo circolo di affetti ed avere la gioia di essere amati e di amare le persone care. Il resto è nulla! La società attuale è detestabile; bisogna amare la minoranza, la parte eletta.[38]

36. Cartolina postale di Camillo Berneri a Giovanna Caleffi Berneri, 2° Reggimento Genio ecc., Zona di guerra, 12 settembre 1918, in ABC, documento non catalogato; espresso di Camillo Berneri ad Adalgisa Fochi Berneri, Aversa, 13 novembre 1918, ivi.

37. Cfr. cartolina postale del sergente maggiore G. Uberti-Bona a C. Berneri, Zona di guerra, 10 gennaio 1919, ivi. Si veda anche la comunicazione, in data 12.3.1919, della Prefettura di Arezzo, in ACS, CPC, b. 537, Berneri Camillo, fasc. I. Il prefetto assicurava di avere disposto «attiva vigilanza».

38. Cartolina postale di Camillo Berneri a Giovanna Caleffi Berneri, 2° Reggimento Genio ecc., Zona di guerra, 29 aprile 1918, in ABC, documento non catalogato.

Non pensarmi triste. Sono molto più sereno di quello che fossi prima di venire in licenza. Ho il cuore pieno di speranza, la mente gravida di progetti per il dopo-guerra. Vivo nell'attesa febbrile con la calma che mi dà la mia volontà resa forte, temprata dalle lunghe tensioni, dai continui sforzi, dal dominio sul mio *io* che è il sostegno di ogni giorno.[39]

Per contestualizzare compiutamente questo peculiare elitarismo morale, che abbiamo già introdotto nelle pagine precedenti e sul quale torneremo in seguito, occorre aver presente il significato periodizzante della Prima guerra mondiale nella storia della contemporaneità. La Grande guerra è la vera apertura del Novecento, la sua «cifra simbolica».[40] Gli storici sono sostanzialmente concordi su questo, ma non sembra superfluo ripercorrere i motivi che stanno alla base di questa affermazione.

La Grande guerra è cifra simbolica del Novecento per diverse ragioni. Essa rivela, infatti, in maniera traumatica alcune caratteristiche fondamentali del XX secolo. Tanto per cominciare, si tratta della prima guerra industriale e tecnologica della storia. Si tratta, inoltre, della prima guerra di massa; infine, da un punto di vista prettamente culturale, la Grande guerra è l'evento che fa naufragare definitivamente l'idea – tutta ottocentesca e positivista – di un progresso lineare della società. L'idea, cioè, che grazie allo sviluppo della scienza e della tecnica ci si avviasse verso una età felice per l'intera umanità. I 13 milioni di morti del conflitto si incaricarono di smentire questa convinzione. Tra il 1914 e il 1918 trovarono conferma quei nuovi orientamenti culturali che, a partire dal passaggio tra Otto e Novecento, avevano rivelato la dimensione "notturna" e irrazionale dell'uomo (la psicoanalisi freudiana) o avevano puntato il dito contro la mentalità piattamente produttivistica, e degradante dei valori umani e spirituali, che si imputava alla civiltà borghese e capitalistica: si pensi a poeti come Arthur Rimbaud e Paul Verlaine, tra i primi.

Nelle prospettive espresse dalla cultura europea dopo la cesura del 1914-1918, sia da un punto di vista cognitivo, che narrativo, che artistico, il frammento, il particolare, l'esperienza individuale prendono il posto del disegno compiuto, della grande narrazione.[41] L'Europa che esce dalla Grande

39. Cartolina postale di Camillo Berneri a Giovanna Caleffi Berneri, 2° Reggimento Genio ecc., Zona di guerra, 20 aprile 1918, ivi.

40. Cfr. Mariuccia Salvati, *Il Novecento. Interpretazioni e bilanci*, Roma-Bari, Laterza, 2001.

41. Cfr. Guido Guglielmi, *La prosa italiana del Novecento II. Tra romanzo e racconto*, Torino, Einaudi, 1998.

Guerra è una Europa *in frantumi*. Così come è in frantumi, sul piano politico, la civiltà liberale, che viene messa prepotentemente in discussione dall'ingresso delle masse sulla scena politica. La Prima guerra mondiale accelera, infatti, in maniera imprevista il processo di democratizzazione.

Se è vero che tra la fine dell'Ottocento e la vigilia della Grande guerra, sotto la spinta delle trasformazioni socio-economiche di quei decenni, quasi tutti i paesi dell'Europa occidentale avevano approvato leggi che allargavano il corpo elettorale fino a comprendervi la totalità o la stragrande maggioranza dei cittadini maschi maggiorenni, prefigurando, in Italia come altrove, il progressivo passaggio dallo Stato liberale alla democrazia di massa, è altrettanto vero che tra il 1914 e il 1918 tale processo subì una accelerazione traumatica. In molti casi, i ceti popolari, specie quelli provenienti dalle campagne, cominciarono a entrare nella politica, a conoscere la politica e ad appassionarsi ad essa, attraverso la guerra, con il suo carico di sofferenze (l'esperienza del fronte vissuta da milioni di giovani europei) ma anche di speranze di palingenesi sociale: pensiamo alla Rivoluzione russa dell'ottobre 1917.

Si trattò di una forma «patologica» di democratizzazione,[42] proprio perché legata al clima della guerra, profondamente segnato dalla militarizzazione, dai rapporti gerarchici di comando e subordinazione, e da molteplici contrapposizioni: a quella tra "amici" e "nemici" sul fronte militare, si aggiungeva, nel contesto italiano,[43] quella tra interventisti e neutralisti sul fronte interno, mentre si acuivano in seno alla società fratture e divisioni.

Nonostante l'età giolittiana avesse rappresentato un periodo di crescita economica e sociale del paese, l'Italia arrivava alla vigilia della Prima guerra mondiale in condizioni particolarmente arretrate rispetto alle maggiori potenze europee e con forti squilibri interni. Quasi il 40% della popolazione era costituito da analfabeti e il 50% viveva di agricoltura, soprattutto nelle forme del bracciantato, della colonia, della mezzadria, della piccola e della piccolissima proprietà. La più larga fetta sociale del paese era ancora rappresentata dalle grandi masse contadine, le quali in maggioranza erano estranee alla vita politica, così come all'idea della guerra.

42. François Furet, *Il passato di un'illusione. L'idea comunista nel XX secolo*, Milano, Mondadori, 1995, cap. II, "La prima guerra mondiale".

43. Cfr. Antonio Varsori, *Radioso maggio. Come l'Italia entrò in guerra*, Bologna, il Mulino, 2015; Mario Isnenghi, *Convertirsi alla guerra. Liquidazioni, mobilitazioni e abiure nell'Italia tra il 1914 e il 1918*, Roma, Donzelli, 2015.

Ma a essere scaraventato sul fronte alpino fu proprio il popolo contadino, che si trovò costretto a scoprire un mondo severo e ignoto. Molti soldati si accorsero solo allora, all'improvviso, che tra Italia e Austria c'erano le montagne, che lassù passavano i confini delle nazioni.[44]

È in questo quadro che, specie dopo Caporetto,[45] il clima della guerra pervade l'intera comunità nazionale, determinando, tra le altre cose, una evidente virata delle posizioni dell'interventismo democratico e del liberalismo moderato verso il nazionalismo.[46]

Nel corso del 1917 si raggiunge l'apice del disagio sociale, acuito dagli effetti del contingentamento. Il malcontento delle campagne – ad esempio, nella Pianura Padana – raggiunse punte sempre più significative e si intrecciò con le rivolte cittadine: nelle fabbriche del Centro-Nord, le agitazioni delle maestranze operaie crebbero di intensità e spesso si saldarono con le manifestazioni spontanee che si attivarono al loro esterno. Si trattava di lotte che contestavano le politiche di mobilitazione civile, annonaria, industriale e che traevano spinta dalle rivendicazioni per la terra e il lavoro, ricevendo ulteriore stimolo dalle speranze di cambiamento suscitate dalle notizie provenienti dalla Russia, dove in febbraio era iniziato il processo rivoluzionario che si sarebbe compiuto in autunno. Parallelamente, come detto, le classi medie urbane si spostavano su posizioni sostanzialmente antidemocratiche, anche nelle roccaforti socialiste come la Bologna di Francesco Zanardi.[47]

Dal punto di vista politico-istituzionale, l'Italia di quegli anni si trova nel pieno di un passaggio decisivo: il definitivo esaurirsi della stagione liberale, caratterizzata dal sistema notabilare e dal voto uninominale, e il prorompente affermarsi di quella democratica, fondata sui partiti politici, sulla mobilitazione delle masse e sul sistema proporzionale. Sappiamo bene che i moderni sistemi di rappresentanza sono costruiti a partire dalla piena accettazione di

44. Si vedano le bellissime pagine di Enrico Camanni, *Il fuoco e il gelo. La Grande Guerra sulle montagne*, Roma-Bari, Laterza, 2014.

45. Cfr. Giovanna Procacci, *L'Italia nella Grande Guerra*, in *Storia d'Italia*, vol. 4, *Guerre e fascismo, 1914-1943*, a cura di Giovanni Sabbatucci e Vittorio Vidotto, Roma-Bari, Laterza, 1998, pp. 3-99.

46. Significativo, da questo punto di vista, il caso di studio regionale *Grande Guerra e fronte interno: la "svolta" del 1917 in Emilia-Romagna*, a cura di Carlo De Maria, prefazione di Giovanna Procacci, Bologna, Pendragon, 2018.

47. Cfr. Mirco Carrattieri, *Le forze politiche di fronte al 1917*, in *Grande Guerra e fronte interno*, pp. 83-115.

uno schema a tre classi della società, quindi sul ruolo di una classe media sempre più estesa a misura che cresce la modernizzazione del paese. Ci riferiamo agli strati intermedi prodotti dall'industrializzazione e agli impiegati dei servizi pubblici e privati. Gruppi sociali, questi, che si muovono prevalentemente nel panorama urbano. Come ha messo in evidenza Mariuccia Salvati,[48] nel passaggio dal parlamentarismo notabilare al governo dei partiti furono cruciali le modalità con le quali, in ciascun paese europeo, le classi medie si sostituirono alle vecchie reti notabilari nel costruire nuove forme di rappresentanza e partecipazione. In Italia, l'insuccesso in questo compito fu causa determinante per la crisi del sistema rappresentativo; una crisi dalla quale emerse non la democrazia dei partiti ma il regime fascista.

L'atmosfera politica del dopoguerra è caratterizzata dal rapporto demagogico tra leader e massa, con il suo corollario di fanatismo, obbedienza e conformismo. E questo meccanismo prima di essere usato dal fascismo fu adoperato, durante il «biennio rosso» postbellico, dai rivoluzionari di sinistra. Ci viene in soccorso la testimonianza dello stesso Berneri, che – scrivendo a distanza di una decina di anni dagli avvenimenti – ricordava di aver assistito nel primo dopoguerra a un comizio di uno dei capi del massimalismo italiano, Nicola Bombacci, nativo di Civitella di Romagna, che più tardi si avvicinò al fascismo. Berneri ricordava un suo discorso pubblico:

> in cui si vaticinava la rivoluzione italiana come opera di un orso russo che sarebbe ruzzolato giù dalle Alpi [...] Ma quattromila persone applaudivano a tutto spiano e Bombacci intanto, riavviatosi col pettine delle cinque dita della destra la chioma lunga ed ondata che faceva la sua forza politica, si avventurava in nuove immagini [...]. A forza di seminare sciocchezze a piene manciate, a forza di provocare diarree di entusiasmo senza pensiero, a forza di lanciare delle trovate da ciarlatani invece che delle idee nette e ferme, siamo giunti al fascismo. [...] Oggi è costume ridere della retorica fascista. Ma siamo delle scimmie che ridono davanti ad uno specchio.[49]

La cronologia di quel biennio è significativa. Nel marzo 1919 nascono i Fasci italiani di combattimento capeggiati da Benito Mussolini. Lo stesso anno, nelle prime elezioni politiche con il sistema proporzionale, i due partiti di massa, quello socialista guidato dai massimalisti e quello popo-

48. Mariuccia Salvati, *Cittadini e governanti. La leadership nella storia dell'Italia contemporanea*, Roma-Bari, Laterza, 1997.

49. Camillo Berneri, *L'oratoria onesta... e l'altra*, in «L'Adunata dei Refrattari» (New York), XV, n. 9, 7 marzo 1936, p. 7.

lare recentemente fondato da Sturzo, ottengono importanti successi, indebolendo la leadership liberale. In quei mesi, si costituisce l'Associazione nazionale combattenti, il più vasto e popolare movimento di reduci nato con l'intento di incarnare l'ideale, o se si vuole il mito, di un rinnovamento della vita nazionale a partire dall'esperienza di guerra: una sorta di «partito dei combattenti», alternativo sia alla classe dirigente liberale sia ai partiti di massa, socialista e cattolico. Al momento dell'armistizio, il 4 novembre 1918, i cittadini italiani sotto le armi erano oltre tre milioni, senza contare i prigionieri in mano nemica, circa 600 mila. La scommessa di conservare in campo democratico il cameratismo e la solidarietà cresciuti nelle trincee – approccio che caratterizzò inizialmente l'ANC – fu rapidamente persa.[50] Pesò, indubbiamente, la scarsa attenzione verso il fenomeno del reducismo da parte della classe dirigente liberale, soprattutto, mancò un efficace intervento governativo a favore del reinserimento civile e lavorativo dei reduci. Anche per questo, gli ex combattenti cominciarono gradualmente a confluire nel nascente movimento fascista.

Nel 1920 agitazioni bracciantili e operaie, scioperi e occupazioni, si diffondono nel paese, coinvolgendo soprattutto le grandi fabbriche del Nord e i campi della Pianura Padana. Sotto l'impulso dell'esperimento sovietico in Russia si diffondono speranze rivoluzionarie, e oltre ai socialisti intransigenti si rinforzano il movimento anarchico e il sindacalismo rivoluzionario. Il PSI a guida massimalista registra un grande successo elettorale nelle elezioni amministrative dell'autunno 1920 conquistando circa 2.000 comuni a livello nazionale. Ma si trattò di una tornata svoltasi in un'atmosfera «fatta di esasperazione e di aspettazione» e le nuove amministrazioni socialiste risultavano «formate di elementi deboli e non omogenei, senza una direttiva per una azione positiva». Sempre secondo le parole di Alessandro Schiavi, esponente di spicco della tradizione riformista, già assessore nella giunta Caldara che aveva amministrato Milano nel periodo bellico, il Partito socialista si era trovato ad occupare «oltre duemila Comuni», ma «in condizioni di evidente debolezza interna».[51] Sul finire

50. Cfr. Patrizia Dogliani, *Il fascismo degli italiani. Una storia sociale*, 2ª edizione, Torino, Utet, 2014, p. 22.

51. Alessandro Schiavi, *Dopo Rimini*, in «Critica sociale», XXXI, n. 8, 16 aprile 1921, pp. 125-126. In questo articolo Schiavi commentava l'assemblea degli amministratori socialisti tenutasi a Rimini. Sulla figura di «intellettuale-tecnico» di Alessandro Schiavi (un «uomo di cultura» capace, cioè, di misurarsi con i problemi concreti dell'amministrazione

di quell'anno le squadre fasciste attaccano le amministrazioni comunali socialiste di Bologna e Ferrara.

Come si snoda il percorso di Berneri in quel decisivo passaggio d'epoca? Nella primavera 1919, il giovane anarchico si trasferì da Arezzo a Firenze, per riprendere gli studi universitari.[52] A Firenze, nonostante il servizio di «scritturale presso il locale Distretto militare»,[53] trovò finalmente il tempo di dedicarsi agli studi: in luglio sostenne con successo due esami, tra i quali Storia moderna con Gaetano Salvemini.[54] Superò entrambe le prove il giorno 18 (o, almeno, in quella data vennero entrambe verbalizzate), e poche ore dopo venne arrestato nel contesto dello sciopero generale del 20-21 luglio.[55] Essendo ancora militare, fu confinato, per qualche tempo, all'isola di Pianosa.[56]

Il 22 dicembre, lo ritroviamo a Firenze, a sostenere l'esame di Letteratura italiana.[57] Durante gli studi universitari – pur molto intensi, dal momento che diede nove esami nel corso del 1920 e sette nel corso dell'anno successivo – Berneri non venne, comunque, meno all'attività di militanza: «Nel 1919-1920 – scriveva in una nota autobiografica – compilai, a Firenze, un giornale di battaglia (*Il Grido della Rivolta*)».[58] Fu, inoltre, «un semi-compilatore» del quotidiano anarchico «Umanità Nova» (Milano, poi Roma) nel periodo 1920-1922.[59] E partecipò ai convegni nazionali

pubblica), si rimanda a Carlo De Maria, *Alessandro Schiavi. Dal riformismo municipale alla federazione europea dei comuni. Una biografia: 1872-1965*, Bologna, Clueb, 2008.

52. Cfr. Notizie per il prospetto biografico di Berneri Camillo, 29.4.1919, inviate dalla Prefettura di Arezzo, in ACS, CPC, b. 537, Berneri Camillo, fasc. I. Il prefetto di Arezzo comunicava di avere già informato la Questura di Firenze.

53. Notizie per il prospetto biografico di Berneri Camillo, 26.6.1919, inviate dalla Prefettura di Firenze, ivi.

54. Cfr. Certificato di laurea ed elenco degli esami sostenuti.

55. Cfr. Berneri, Nota autobiografica.

56. Cfr. Caleffi Berneri, Profili biografici di Camillo Berneri. Si veda, anche, Berneri, *Pensieri e battaglie*, pp. 57-58, dove sono pubblicate due lettere da Pianosa, datate luglio 1919 e agosto 1919. Nella lettera del luglio, Berneri scriveva: «Sono all'isola di Pianosa dove passerò qualche giorno in quarantena. Siamo parecchi di tutte le armi e quasi tutti mandati qui per caso, requisiti a casaccio». In quella dell'agosto: «Passeggio dalla colonia penale al porto su e giù, segnando col passo annoiato il monotono ritmo di queste serata estive».

57. Cfr. Certificato di laurea ed elenco degli esami sostenuti.

58. Cfr. Berneri, Nota autobiografica. Il primo numero del giornale uscì, in realtà, nell'aprile 1920: si veda la nota della Prefettura di Firenze, 18.4.1920, in ACS, MI, PS, DAGR-AG, Categorie permanenti, F1, b. 12, fasc. «Firenze, *Il Grido della rivolta*».

59. Cfr. Berneri, Nota autobiografica. «Umanità Nova», fondata e diretta da Errico Malatesta, uscì dalla fine del febbraio 1920 all'inizio del dicembre 1922, ma fu quotidiano

anarchici dell'aprile 1919 a Firenze, dell'agosto 1920 sempre nella città toscana e del novembre 1921 ad Ancona.[60] In quel periodo era membro del consiglio nazionale dell'Unione Anarchica Italiana (UAI), nata proprio al congresso di Firenze del 1919 dall'esigenza di rendere «più diretti e frequenti i rapporti tra i singoli gruppi», secondo un indirizzo generale fissato in una dichiarazione di principi formulata da Errico Malatesta.[61]

Ma la sua attività non si limitò al campo anarchico. Berneri entrò, infatti, nella sezione fiorentina dell'Italia Libera. Esperienza politica e culturale che ebbe Firenze come centro, non solo geografico, ma anche sentimentale, per le tante amicizie durature qui allacciate.

L'approdo nell'Italia Libera fu il risultato di un percorso di impegno negli ambienti salveminiani. Abbiamo già detto dell'inizio degli studi universitari e del primo esame, Storia moderna, sostenuto con Salvemini, nell'estate del 1919. La vivacità intellettuale dello studente anarchico non era passata inosservata. L'anno successivo, Berneri fu invitato a entrare nel Circolo di cultura di Firenze; l'associazione nata, nel 1920, «intorno a Salvemini», per iniziativa, tra gli altri, dei fratelli Rosselli, allora studenti, di Ernesto Rossi e di Piero Jahier, con l'obiettivo di «invogliare i giovani, al di sopra di ogni partito, allo studio concreto e sereno delle questioni politiche».[62] Proprio Jahier – ritornando, nel secondo dopoguerra, alla sua amicizia con Berneri – annoverò anche il giovane anarchico tra i fondatori: «Ci incontrammo [con Camillo], sospinti da naturale affinità ed assillati dagli stessi problemi, nel dopoguerra 1918 e con Carlo Rosselli ed un

solo fino alla metà dell'agosto 1922, per poi diventare settimanale (cfr. Leonardo Bettini, *Bibliografia dell'anarchismo. Vol. I, tomo I. Periodici e numeri unici anarchici in lingua italiana pubblicati in Italia (1872-1971)*, Firenze, Crescita Politica, 1972, pp. 289-290).

60. Cfr. relazione della Questura di Firenze, 15.4.1919, in ACS, MI, PS, DAGR-AG, Categorie annuali, 1919, K1 (Movimento anarchico), b. 99, fasc. «Firenze, Convegno nazionale anarchico»; telegramma-espresso di Stato della Prefettura di Firenze, 18.8.1920, ivi, 1920, K1, b. 106, fasc. «Firenze»; elenco degli anarchici congressisti e nota della Prefettura di Ancona, 15.11.1921, ivi, 1921, K1, b. 114, fasc. «Congresso nazionale anarchico».

61. Camillo Berneri, *A proposito dell'Unione Anarchica Italiana*, in «L'Adunata dei Refrattari» (New York), I, n. 10, 30 agosto 1922, p. 3.

62. Si vedano alcuni appunti autografi di Piero Calamandrei, conservati in ISRT, Fondo Piero Calamandrei (FPC), filza 1, fasc. 2 (Circolo di cultura, Firenze). Cfr., anche, Piero Calamandrei, *Il manganello, la cultura e la giustizia*, in *Non Mollare (1925)*, a cura di Gaetano Salvemini, Ernesto Rossi e Piero Calamandrei, Firenze, La Nuova Italia, 1955, pp. 71-112: 72.

gruppo nel quale emergevano Salvemini, Calamandrei, Rossi ed altri fondammo il circolo di cultura».[63]

Senza dubbio, Berneri «fu uno degli assidui»[64] e tenne, all'inizio del 1921, uno dei primi interventi programmati, svolgendolo sul tema: «L'atteggiamento del partito anarchico di fronte alla dittatura del proletariato».[65] A ogni riunione un relatore affrontava un tema pretabilito, intorno al quale si apriva poi la discussione.[66] In quel periodo, sulla stampa anarchica, Berneri aveva riflettuto a più riprese sulla Rivoluzione russa come vasto laboratorio sociale che meritava la più viva attenzione.[67] In particolare, a interessarlo era il sistema dei soviet («sovietismo»), che egli interpretava come «una derivazione dell'autonomia federalista», da porre «in antitesi con la tendenza accentratrice del socialismo di Stato».[68] Come vedremo nell'ultimo capitolo, la netta divaricazione tra «sovietismo» e «bolscevismo» verrà tematizzata con chiarezza da Berneri dopo la rivolta di Kronštadt del marzo 1921.

L'intervento di Berneri seguiva a uno di Salvemini sul tema delle autonomie regionali. Nei primi due anni di attività – secondo il ricordo di Calamandrei –, si ebbero, oltre a una serie di relazioni sui vari partiti e movimenti e sulla Rivoluzione russa, anche degl'interventi «sull'opera di scrittori particolarmente significativi, come Proudhon e Pareto».[69] Significativi i nomi di Proudhon e Pareto lo sono davvero, dal momento che l'attenzione per il loro pensiero nelle riunioni del Circolo di cultura sembra far emergere, anche in

63. Si tratta di una lettera alla madre di Berneri, citata in Fochi Berneri, *Con te, figlio mio!*, pp. 138-139. Adalgisa Fochi citò anche un altro brano della lettera di Jahier: «Quando un funzionario della P.S. […] mi contestò, tra l'altro, di essere amico di Camillo Berneri e di essere in corrispondenza con lui. Gli replicai: – È una delle più nobili anime che abbia incontrato – E quando mi disse che aveva ricevute lui lettere sequestrate di Camillo a me dirette, ebbi un moto di profonda gioia nel sentire che l'amico non mi aveva dimenticato».

64. Gaetano Salvemini, *Donati e Berneri*, in «Il Mondo» (Roma), IV, n. 18, 3 maggio 1952, pp. 9-10.

65. Volantino del Gruppo di cultura politica, Firenze, 15 aprile 1921, in ABC, FCB, cassetta I. Documento pubblicato in appendice a Camillo Berneri, *Epistolario inedito. Vol. II*, a cura di Paola Feri e Luigi di Lembo, Pistoia, Archivio Famiglia Berneri, 1984, p. 253.

66. Cfr. Amelia Rosselli, *Memorie*, a cura di Marina Calloni, Bologna, il Mulino, 2001, p. 171.

67. Camillo Berneri, *Città e campagne nella Rivoluzione Russa. Il fallimento della politica di requisizione*, in «Umanità Nova» (Roma), II, n. 196, 3 dicembre 1921, p. 2.

68. Camillo Berneri, *L'autodemocrazia*, in «Volontà» (Ancona), I, n. 6, 1 giugno 1919, pp. 6-7.

69. Calamandrei, *Il manganello, la cultura e la giustizia*, pp. 72-73.

quel contesto, il tema del diffuso elitarismo riscontrabile, al di là delle differenti posizioni politiche, nell'intellettualità italiana dei primi anni Venti.[70]

Rimanendo concentrati sulla figura di Berneri, possiamo ricordare, a questo proposito, la sua attenzione per il «liberalismo alla Gobetti»;[71] Gobetti che – annotava Berneri – «si richiama a Pareto, a Einaudi, ecc. ben più che ai liberali inglesi». Per quanto riguarda, poi, Proudhon, Berneri ne trascriveva alcune parole, nell'ambito delle ricerche per la realizzazione di uno dei suoi scritti più significativi, *L'operaiolatria* del 1934: «Ce qu'il y a de plus arriéré, de plus rétrograde, en tout pays, c'est la masse». E ancora: «Les masses, dans ce qu'elles ont accompli de passable, ont toujours été poussées, sollicitées, ostensiblement ou secrètement, par des esprits d'élite formés dans leur sein».[72]

A più riprese, Berneri dedicò attenzione anche alla dottrina aristocratica di Nietzsche, che del resto fu a partire dalla fine dell'Ottocento, «il profeta ispirato della nuova generazione d'Europa».[73] Berneri scrisse ripetutamente sul filosofo tedesco,[74] sempre con intento militante, cioè *portandolo a sé*, al proprio tempo, al proprio contesto e alle sue polemiche. Insistette, in particolare, sul «profondo moralismo» che «l'immoralismo virulento di Nietzsche» nascondeva ai superficiali. «Non vi è dubbio possibile: Nietzsche è un moralista», scriveva alla metà degli anni Trenta.[75]

Da Nietzsche all'elitarismo morale, questo il percorso interpretativo di Berneri. A questo proposito, conviene prendere in considerazione anche

70. Su questo tema, indichiamo due saggi di Mariuccia Salvati: oltre al già citato *Cittadini e governanti*, anche *Da piccola borghesia a ceti medi*, in *Il regime fascista*, a cura di Angelo Del Boca, Massimo Legnani e Mario G. Rossi, Roma-Bari, Laterza, 1995, pp. 446-474.

71. Cfr. Camillo Berneri, *Il nazional-anarchismo* («Appunti 1935»), in ABC, FCB, cassetta I. Si tratta di appunti sparsi in attesa di elaborazione.

72. In ABC, FCB, cassetta X.

73. George Barraclough, *Guida alla storia contemporanea*, Roma-Bari, Laterza, 1998, p. 245. Cfr., anche, Gianni Vattimo, *Introduzione a Nietzsche*, Roma-Bari, Laterza, 1999, pp. 128, 129 e n, 130 e n.

74. Si tratta di tre testi. Il primo in ordine cronologico apparve, nel 1924, sulle pagine della rivista «Pensiero e Volontà» (Roma): C.B., *Nietzsche e l'anarchismo*, I, n. 1, 1 gennaio 1924, pp. 14-17; n. 2, 15 gennaio 1924, pp. 8-10. Il secondo venne pubblicato, tra la fine del 1934 e l'inizio del 1935, sulle pagine de «L'Adunata dei Refrattari» (New York): C. Berneri, *Nietzsche come anti-Nietzsche*, XIII, n. 49, 22 dicembre 1934, p. 4; n. 50, 29 dicembre 1934, pp. 4-5; XIV, n. 1, 5 gennaio 1935, p. 4; n. 3, 19 gennaio 1935, pp. 7-8. Il terzo – anch'esso intitolato *Nietzsche come anti-Nietzsche* – è una nuova stesura, rielaborata e arricchita, del testo apparso sull'«Adunata». Rimase inedito ed è conservato in ABC, documento non catalogato.

75. Berneri, *Nietzsche come anti-Nietzsche*, in ABC, documento non catalogato.

il suo primo testo su Nietzsche: *Nietzsche e l'anarchismo* del 1924. Nella prima parte, l'autore osservava: «Aristocrazia, per lui, vale "élite"».[76] Nella seconda parte, poi, a partire dalla lettura di Nietzsche, Berneri fissava alcuni punti di una sorta di statuto dell'élite morale:

> Le aristocrazie sono una legge della storia. [...]. Ma aristocrazia significa superiorità reale, non gerarchia di esterno dominio. Le aristocrazie che, superato lo sforzo di affermazione, si consolidano esternamente, cioè col privilegio e la violenza, hanno nel loro seno il germe dissolvitore.[77]

Nei passaggi appena citati, il termine aristocrazia sembra evocare Pareto. E questo per le componenti di dinamismo e vitalismo interno che caratterizzano la teoria delle élite paretiana;[78] componenti che emergono nelle parole di Berneri. Quest'ultimo auspicava – e siamo all'inizio del 1924 – l'avvento di una nuova aristocrazia, eminentemente morale e slegata dal potere politico. In quel torno di tempo, Camillo Pellizzi, giovane intellettuale imbevuto di Pareto, teorizzava l'avvento di una nuova aristocrazia fascista, che creasse uno Stato; e sono gli anni in cui la lettura di Pareto è comune anche a Gobetti e alla sua «rivoluzione liberale».[79] Un elitarismo diffuso, dunque, come già si diceva, che sembra richiamarsi spesso alla teoria paretiana delle *élites*, trascendendo e superando il concetto di classe.

Ma torniamo a Firenze. Alla fine del 1924, il Circolo di cultura fu devastato dai fascisti. Venne, poi, sciolto («motivi d'ordine pubblico») da un decreto, 5 gennaio 1925, del prefetto di Firenze.[80] Alcuni componenti

76. C.B., *Nietzsche e l'anarchismo*, in «Pensiero e Volontà», n. 1, 1 gennaio 1924, p. 16.

77. C.B., *Nietzsche e l'anarchismo*, in «Pensiero e Volontà», n. 2, 15 gennaio 1924, p. 8.

78. Cfr. Luisa Mangoni, *Gli intellettuali alla prova dell'Italia unita*, in *Storia d'Italia. 3. Liberalismo e democrazia. 1887-1914*, a cura di Giovanni Sabbatucci e Vittorio Vidotto, Roma-Bari, Laterza, 1999, pp. 443-527, p. 466.

79. Cfr. Salvati, *Cittadini e governanti*, pp. 87-89; Camillo Pellizzi, *Una rivoluzione mancata*, introduzione di Mariuccia Salvati, Bologna, il Mulino, 2009.

80. Cfr. Calamandrei, *Il manganello, la cultura e la giustizia*, p. 76. Si veda, anche, il telegramma della Prefettura di Firenze, 5.1.1925, in ACS, MI, PS, DAGR-AG, Categorie annuali, 1925, G1 (Associazioni), b. 110, fasc. «Gruppo Italia Libera, Firenze»: «Notte scorsa eseguite oltre 40 perquisizioni aderenti Italia Libera rinvenendo tessere, giornali, opuscoli ma nessun documento importante. [...]. Disposto scioglimento sezioni Italia Libera, socialista massimalista, socialista unitaria e repubblicana [...] nonché chiusura e scioglimento circolo cultura del noto Prof. Salvemini. Operazioni continuano ed estendonsi provincia».

del circolo, tra i quali Berneri, militavano anche nell'associazione segreta Italia Libera.[81] «Cominciammo – sono parole di Ernesto Rossi – col non essere più che una cinquantina a Firenze. [...] Provvedevamo alla pubblicazione e alla distribuzione dei fogli clandestini, verniciavamo le scritte sui muri, affiggevamo la notte i manifesti, mandavamo ai giornali di opposizione tutte le notizie che riuscivamo a raccogliere sugli atti criminali dei fascisti, tenevamo nascoste le armi, che avrebbero potuto servire in caso di crisi rivoluzionaria».[82]

Dall'esperienza dell'Italia Libera scaturì, all'inizio del 1925, quella del foglio clandestino «Non Mollare», nato in casa Rosselli. Per la distribuzione – secondo il ricordo di Salvemini –, aiutava anche Berneri, insegnante «in una scuola normale dell'Umbria».[83] La vita del giornale durò solamente pochi mesi: «Molti, che nel 1925 furono i distributori del "Non Mollare", entrarono, dopo il 1929, nelle file di "Giustizia e Libertà", il movimento diretto da Carlo Rosselli. E li ritroveremo, poi, nella Resistenza del 1943-1944».[84] Come vedremo, lo stesso Berneri – senza abbandonare il campo anarchico – dialogò, a metà degli anni Trenta, con Carlo Rosselli e il suo movimento.

Attraverso le vicende di Italia Libera e «Non Mollare», abbiamo visto una parte significativa dell'attività clandestina svolta da Berneri nella prima metà degli anni Venti. Ma occupandoci della sua "dimensione segreta", abbiamo trascurato quella palese. Sul finire del 1922, Berneri si laureò in Filosofia. Il suo relatore fu Salvemini:

> Berneri venne a trovarmi nel 1919, cioè nell'immediato dopoguerra, vestito da soldato. Poche volte ho visto un soldato più scalcinato di quello. Pallido, magro, timido, parlava a bassa voce. [...]. Era iscritto all'università, e desiderava fare la tesi di laurea in pedagogia.
> Io ho sempre avuto scarso rispetto per la pedagogia, ma se Berneri desiderava fare la tesi in pedagogia, aveva il diritto di perdere il tempo in quel modo [...]. Solamente poteva perdere il suo tempo più o meno utilmente. Gli consigliai perciò un soggetto, che, pur trattando di pedagogia, potesse avere un

81. «Associazione assai vicina al Partito repubblicano, ma certo senza esserne un'emanazione pura e semplice e senza mai identificarsi con esso, almeno a livello di base». Luciano Zani, *Italia Libera. Il primo movimento antifascista clandestino (1923-1925)*, Roma-Bari, Laterza, 1975, p. X.

82. Ernesto Rossi, *L'«Italia Libera»*, in *Non Mollare*, pp. 45-67: 45-46.

83. Cfr. Gaetano Salvemini, *Il «Non Mollare»*, in *Non Mollare*, pp. 3-42: 7.

84. Ivi, p. 42.

interesse storico e attuale: la campagna dei clericali piemontesi per la «libertà della scuola» dal 1848 al 1859, cioè dopo che i clericali piemontesi avevano perduto il monopolio scolastico; bisognava confrontare la campagna clericale in Piemonte con la campagna clericale in Francia dal 1831 fino alla legge Falloux del 1852.
Berneri trovò che il soggetto era di suo gusto, e si mise con fervore al lavoro. Raccolse molto materiale interessante, che meriterebbe anche oggi di essere utilizzato da qualcuno. Aveva il gusto dei fatti precisi.[85]

Laureatosi, Berneri fu docente in scuole secondarie superiori a Montepulciano, Cortona e Camerino.[86] Benché il lavoro lo trattenesse a lungo lontano da Firenze, preferì, nei primi due anni di insegnamento, non abbandonare la sua abitazione fiorentina di viale Volta.[87] Nel gennaio 1923, lo troviamo già a Montepulciano (Siena).[88] Per l'anno scolastico successivo, 1923-1924, Berneri poté contare su un incarico annuale al liceo classico di Cortona, in provincia di Arezzo.[89] A Cortona, si sottopose agli straordinari: all'impegno della cattedra di storia e filosofia al classico, aggiunse quello di insegnante di pedagogia in un corso libero di preparazione all'abilitazione magistrale; corso organizzato dall'Amministrazione di Cortona accanto all'attività del liceo. Con una famiglia a cui pensare, nonostante il forte impegno lavorativo, Berneri si trovava continuamente in difficoltà economiche. È di questi anni (1923-1925) la sua collaborazione a «La Rivoluzione Liberale» e proprio dalla sua corrispondenza con Gobetti emergono stanchezza e rammarico per il poco tempo a disposizione e per le forzate economie.[90] All'inizio del settembre 1924, Berneri era Firenze, da dove, nell'incerta attesa di un nuovo incarico d'insegnamento, così scriveva a Gobetti: «Pancrazi mi informa: 1° che hai aperto una libreria; 2° che hai intenzione di accrescerne il personale. Io sono disoccupato. Se potessi es-

85. Salvemini, *Donati e Berneri*. In ABC, FCB, cassetta XIII, è conservata la minuta della tesi di laurea.

86. Cfr. Berneri, Nota autobiografica.

87. Cfr. Camillo Berneri, *Epistolario inedito. Vol. I*, a cura di Aurelio Chessa e Pier Carlo Masini, Pistoia, Archivio Famiglia Berneri, 1980, p. 24.

88. Cfr. Berneri, *Epistolario inedito. Vol. II*, p. 20.

89. La Giunta municipale di Cortona, nella seduta del 13 ottobre 1923, in ansia per l'imminente inizio dei corsi liceali, nominava d'urgenza gli insegnanti per l'anno scolastico 1923-1924: tra loro Camillo Berneri, alla cattedra di storia e filosofia (cfr. Fotocopie di documenti relativi alla nomina di C. Berneri presso il liceo classico comunale di Cortona, 1923-1924, in ABC, FCB, cassetta I).

90. Cfr. Berneri, *Epistolario inedito. Vol. I*, pp. 24-25.

serti utile tienmi presente: anche per un lavoro modesto».[91] Con ogni probabilità, non se ne fece nulla.

Salvemini continuò a fare da maestro al giovane anarchico, anche dopo che quest'ultimo aveva portato a termine i suoi studi universitari. In particolare, nel corso del 1924, Berneri si consultò con Salvemini riguardo al problema della libertà d'insegnamento, l'argomento della sua tesi sul quale, evidentemente, continuava a lavorare nei ritagli di tempo. Di questo dialogo è rimasta traccia in una lettera di Salvemini all'allievo, nella quale Berneri è richiamato al rigore della ricerca. Raccomandava Salvemini:

> Occorre sopprimere ciò che non si riferisce strettamente al tema. Il libero esercizio delle professioni ha niente da vedere con la libertà d'insegnamento. [...] Le due questioni sono del tutto distinte: e formano argomenti di studi diversi. [...]. Comprendere insieme le due discussioni non è né logicamente corretto, né utile al lavoro. Insomma, la mia idea è sempre la stessa: non distrarsi a nessun patto, mai, dal tema; mettersi i paraocchi, e andare avanti! Solo così si conchiude qualcosa; e si mostra di avere una intelligenza maschia, che non si lascia deviare dal soggetto, ma lo tiene ben fermo per il collo. [...]. Sono incantato di aiutarti coi miei consigli; [...] è il mio dovere d'insegnante.[92]

Nell'anno scolastico 1924-1925, Berneri insegnò al liceo di Camerino. Qui iniziò anche gli studi di diritto all'Università.[93] A questo punto, è il caso di ricordare il riferimento, già citato, di Salvemini al ruolo di Berneri nell'impresa clandestina del «Non Mollare», e siamo proprio nel 1925: «fuori di Firenze» aiutava, tra gli altri, «Camillo Berneri, che insegnava in una scuola normale dell'Umbria». Il ricordo di Salvemini, approssimativo per quanto riguarda la collocazione geografica, è in qualche modo rivelatore nell'indicare il tipo di scuola in cui insegnava Berneri. Infatti, nell'autunno 1925, la cattedra del liceo – a cui aveva pieno diritto, essendo primo tra i concorrenti – gli fu negata, per un provvedimento prefettizio.[94] A Berneri venne assegnato un incarico meno prestigioso

91. Cartolina postale di Camillo Berneri a Piero Gobetti, Firenze, 7 settembre 1924 (timbro postale), fotocopia dell'originale autografo in ABC, FCB, cassetta II.
92. Lettera (frammento) di Gaetano Salvemini a Camillo Berneri, Firenze, 9 gennaio 1924, in ABC, FCB, cassetta III.
93. Cfr. Berneri, Nota autobiografica.
94. Cfr. Caleffi Berneri, Profili biografici di Camillo Berneri.

e «con stipendio molto minore» all'Istituto tecnico di Camerino.[95] Egli iniziò, così, l'anno scolastico 1925-1926, che comunque non concluse, raggiungendo la Francia nell'aprile del 1926:

> Nel 1926 decisi di emigrare, clandestinamente poiché la sorveglianza accanita della polizia, i precedenti arresti, un'istruttoria sospesa ma non chiusa, ecc. mi facevano pensare impossibile l'ottenere il passaporto. Passai la frontiera a Ventimiglia, nell'aprile, coadiuvato da due compagni. Dopo quattro mesi passavano il confine clandestinamente mia moglie e le mie due bambine. Le ragioni dell'espatrio furono le seguenti: 1° un'aggressione subita, da parte dei fascisti di Camerino, [...] mi aveva data l'impressione di un completo isolamento; 2° la sorveglianza della polizia si faceva così stretta che ogni mio passo era segnalato e seguito; 3° la non-iscrizione alla corporazione, la decisione presa di non giurare, il veto prefettizio ad una nomina a cui avevo pieno diritto essendo primo fra i concorrenti, le continue complicazioni disciplinari create dal mio atteggiamento interamente refrattario alle nuove disposizioni (cerimonie, saluto romano, ecc).[96]

Prontamente il prefetto di Macerata, il 30 aprile 1926, ne informava la Direzione generale della pubblica sicurezza:

> L'anarchico schedato Prof. Berneri Camillo [...] la sera del 17 corrente si è allontanato dal detto Comune per ignota destinazione. In seguito però ad accurate indagini ed accertamenti esperiti dalla Sottoprefettura di Camerino, per mio ordine, è risultato che il suddetto ha varcato clandestinamente la frontiera ed attualmente trovasi a Nice (Francia), come rilevasi da una lettera inviata alla sua famiglia in Camerino, e che accludo in copia.[97]

Il 25 aprile, da Ventimiglia, Berneri aveva scritto una cartolina all'amico Cesare Zaccaria, anch'egli militante anarchico.[98] Il luogo era così significativo, che il testo poté essere altrettanto stringato: Berneri si limitò a scrivere, al centro dello spazio bianco, il suo nome, «Camillo». E niente altro.

In agosto, varcavano la frontiera anche Giovanna Caleffi e le bambine, che avevano così potuto terminare l'anno scolastico a Camerino e prepararsi

95. Cfr., oltre ai documenti appena citati, la copia di una lettera della Prefettura di Macerata, 29.12.1929, in ACS, CPC, b. 537, Berneri Camillo, fasc. II.

96. Berneri, Nota autobiografica.

97. Nota della Prefettura di Macerata, 30.4.1926, in ACS, CPC, b. 537, Berneri Camillo, fasc. I.

98. Cfr. cartolina di Camillo Berneri a Cesare Zaccaria, timbro postale: Ventimiglia, 25 aprile 1926, originale autografo in ABC, documento non catalogato.

con più calma alla partenza.[99] Il ricordo fissato da Caleffi in alcune pagine di memorie ci riporta a quel passaggio clandestino dall'Italia alla Francia:

> Come tutto pare facile, una volta che egli ostacoli sono stati sormontati. Con una gioia grande che cantava dentro di me guardavo il mare e trovavo che non poteva essercene uno più bello di quello che stava sotto di me; che non poteva esserci un angolo della terra più incantevole di quello che stava davanti ai miei occhi; ed era Menton subito dopo la frontiera italiana. Il fascismo aveva obbligato tutti a giocare d'astuzia con le autorità, le leggi, ed a fuggire dall'Italia traversando clandestinamente la frontiera. Era quello che avevo fatto io in quella fine di giornata del primo agosto 1926. Avevo con me le mie due figlie che inconsapevolmente avevano collaborato a meraviglia a convincere il carabiniere di guardia a farmi passare senza passaporto. Ma anche la fortuna ci aveva aiutato perché all'inizio sembrava che tutto dovesse naufragare.
> – Ah! Sì, lei vuol andare a Nizza a salutare degli amici. Ma chi può garantirmi che lei non voglia raggiungere suo marito in Francia (Povera me, che sia già al corrente della mia storia? C'era da aspettarselo). – E poi, poi, aggiunse, tutti vogliono passare, tutti hanno un motivo. Come quella giovane che ieri sera insisteva insisteva per passare. Infine ebbi la buona idea di farla perquisire. Si trattava di una cameriera che fuggiva con dei gioielli della propria padrona. Portava la conversazione su un terreno che non era il mio. Mi feci coraggio e con grande calma e quasi con indifferenza gli dissi: Le ho chiesto un piacere, d'andare a salutare i miei amici Ferri (chi erano? mai visti né conosciuti!). Mi trovo a S. Remo in villeggiatura con le mie bambine e non ho pensato prima di venirci di farmi un passaporto. Ma se lei non vuole, me ne ritornerò, vuol dire che un po' di Francia l'ho già vista di qui.
> Smontato da questo mio tono cambiò discorso: Scusi, ma di che paese è lei? – Di Gualtieri, risposi. – Guardi che combinazione, io sono di Boretto. [...].
> La partita era vinta. Parlammo di conoscenze comuni, del podestà di Gualtieri che (secondo lui e con ragione) si dava delle arie, dei figli del dottore ecc. ecc. Forse prolungando la conversazione ci saremmo trovati parenti. Ma le 18 stavano per suonare ed gli finiva il servizio.
> – Veda, mi disse, se anche io avessi intenzione di lasciarla passare, dopo, quando ritornerà, c'è il mio collega che è severissimo e così mi dovrei prendere un rimprovero da lui. – Se è per questo, gli risposi, posso dormire questa sera a Nizza e ripassare domani quando lei sarà di nuovo in servizio. Un piacere ne vale bene un altro. – Benissimo a queste condizioni lei può andare.

99. In ABC sono conservate alcune pagelle scolastiche di Maria Luisa Berneri, che frequentò la seconda e la terza elementare, negli anni 1924-1925 e 1925-1926, nel comune di Camerino.

Partendo, salutandolo confusamente, quasi quasi mi tradivo. – Spero, gli dissi, che potrò invitarla a Gualtieri a bere un bicchiere di buon lambrusco. – Ma di questo ne parleremo domani, mi rispose.
Sapevo che domani io non l'avrei visto, ma imprudentemente avevo finito con un poco di anticipo la mia finzione.
Ero in Francia, con le mie figlie. Fra 24 ore avrei raggiunto mio marito a Parigi, che era espatriato anche lui clandestinamente, qualche mese prima.[100]

3. *Una famiglia in esilio*

A partire dalla Prima guerra mondiale la «grande Storia» piombò nella vita individuale in misura precedentemente sconosciuta e lasciando tracce indelebili. Una novità la cui drammatica portata si può misurare anche attraverso la sorte dei rifugiati politici. La «caccia all'uomo» a cui essi vennero sottoposti, «indesiderati ovunque, sospinti da frontiera a frontiera», è infatti da annoverare – secondo la lettura dell'anarchica russa Emma Goldman – fra gli orrori che la guerra del 1914-1918 produsse con il suo scatenarsi e che, negli anni Venti e Trenta, bolscevismo, fascismo e nazismo non fecero che accrescere.[101]

Un caso esemplare è quello della famiglia Berneri, la cui vicenda sembra confermare come alla famiglia spetti «uno *status politico*».[102] L'esperienza dell'esilio, negli anni Venti e Trenta, coinvolse interi nuclei familiari e fece emergere per la prima volta in maniera consistente una militanza al femminile, dal momento che, di fronte alla disgregazione dei loro nuclei familiari, molte donne vicine agli ambienti antifascisti e di opposizione iniziarono un nuovo percorso e si assunsero responsabilità pubbliche prima riservate ai rispettivi compagni.[103]

100. Giovanna Caleffi Berneri, Pagine di diario e memorie, [Genova-Nervi, maggio-giugno 1958], in ABC, FSS, Carte di Giovanna Caleffi Berneri.

101. Cfr. Emma Goldman, prefazione a Berneri, *Pensieri e battaglie*, p. 15.

102. Paul Ginsborg, Ilaria Porciani, Introduzione a *Famiglia, società civile e Stato tra Otto e Novecento*, a cura di Paul Ginsborg e Ilaria Porciani, numero monografico di «Passato e presente», 57 (2002), pp. 5-7, dedicato ai nessi tra individui, nuclei famigliari e sfera pubblica

103. Cfr. Patrizia Gabrielli, *La solidarietà tra pratica politica e vita quotidiana nell'esperienza delle donne comuniste*, in «Rivista di storia contemporanea», 1 (1993), pp. 34-56: 46-47.

Se concentriamo la riflessione nel campo anarchico, la generazione di Berneri – quella composta dai militanti nati negli anni Novanta del XIX secolo, che si ritrovarono in trincea a vent'anni e, quando ne uscirono, vissero i decenni successivi nell'Europa segnata dalla crisi delle liberal-democrazie e dall'ascesa dei totalitarismi – mostra elementi di forte novità e originalità rispetto alla precedente storia del movimento anarchico, nel senso che a emergere, in queste biografie, è proprio la dimensione familiare: il riferimento esemplare è a due grandi coppie di militanti, quelle composte da Camillo Berneri e Giovanna Caleffi, e da Ugo Fedeli e Clelia Premoli. Non è questo un caso, bensì il frutto di un'epoca segnata dall'esilio come esperienza individuale, familiare e collettiva.[104]

Tale consapevolezza concorre a rafforzare gli studi sul rapporto tra donne e antifascismo, cioè sui caratteri della presenza femminile in un movimento che è stato descritto per lungo tempo, in maniera parziale e limitativa, come fosse un «tempio di virilità».[105] Una particolare attenzione per le «fonti autonarrative» (carteggi, diari, memorie, autobiografie) prodotte da donne consente, anzi, di svelare prospettive diverse, fatte di eventi quotidiani grandi e piccoli, di cure familiari e di lavoro, di reti informali di mutuo appoggio. La scelta del metodo biografico implica il passaggio dalle «strutture» agli «attori»,[106] così come dall'antifascismo ideologico e retorico si passa a quello «esistenziale», con riferimento a uno stile di vita

> che investe il modo in cui ci si rapporta agli altri, siano essi i compagni di lavoro, i fratelli, la madre, il fidanzato/a. Un mondo fatto di moralità, coerenza, coraggio, tenacia. […]. Il concetto di «antifascismo esistenziale» implica il passaggio dai grandi ai piccoli eroi, dalle grandi giornate alla vita quotidiana, dall'individuo alla famiglia, dal gesto isolato alla routine, dalle piazze e

104. Cfr. Carlo De Maria, *Metodo biografico e scansioni generazionali nello studio del socialismo anarchico italiano*, in *L'anarchismo italiano. Storia e storiografia*, a cura di Giampietro Berti e Carlo De Maria, Milano, Biblion, 2016, pp. 91-108: 99-100.

105. Patrizia Gabrielli, *Tempio di virilità. L'antifascismo, il genere, la storia*, Milano, FrancoAngeli, 2008, pp. 7-8: «Sebbene – come è noto – si tratti più di una galassia che di una formazione compatta, per cui è complesso se non addirittura arduo individuare un comune denominatore pure in queste aree di indagine, l'antifascismo sembra però riconoscersi su un elemento, il suo profondo carattere virile». Per contro, le donne «restano invisibili in quello che può essere definito un tempio di virilità».

106. Cfr. *Biografie*, a cura di Simonetta Soldani e Gabriele Turi, in «Passato e presente», 49 (2000), pp. 141 e sgg.

officine alle cucine, ai cortili, ai campi. Il mondo della sfera privata. E qui entrano in scena le donne.[107]

Benché la figura dell'esule, del rifugiato politico, si fosse imposta all'attenzione dell'opinione pubblica europea già nel corso dell'Ottocento, con la lotta delle correnti liberali e democratiche contro le monarchie assolute della Restaurazione, tuttavia il fenomeno dell'esilio acquistò una dimensione di massa solo nel corso del Novecento, con la fuga da guerre di massa e regimi totalitari.

Gli studi sull'emigrazione sono stati a lungo materia di demografi e geografi. C'erano i flussi e non le persone.[108] Un discorso a parte, però, merita proprio l'emigrazione politica, a partire della *Storia dei fuorusciti* di Aldo Garosci (1953), opera capostipite della ricostruzione storica dell'emigrazione antifascista, che suggerisce la necessità fin dal titolo di prendere in esame una pluralità di destini individuali (e con riferimento non solo ai grandi leader, ma anche ai protagonisti cosiddetti minori), andando dunque ben al di là della dimensione strettamente partitica. Un libro che si inserisce in una stagione estremamente feconda della storiografia italiana, quella che va dalla fine degli anni Quaranta ai primi anni Cinquanta, piena di spunti che verranno a volte frustrati negli anni successivi, quando si assistette a un irrigidimento politico-partitico degli studi storici. Non a caso, negli anni Cinquanta e Sessanta, non sarebbero stati gli storici, bensì i ricercatori impegnati nel lavoro di inchiesta sociale, relativo soprattutto alle migrazioni interne del «miracolo economico»,[109] a prestare attenzione ai percorsi individuali attraverso il metodo dell'intervista e la raccolta di fonti orali.

«L'esilio è un'antica istituzione dell'Italia», annotava nel 1953 Aldo Garosci.[110] Già in età liberale, la condizione di "sovversivo" in cui si

107. Mariuccia Salvati, *Esistenze antifasciste* (recensione a Giovanni De Luna, *Donne in oggetto. L'antifascismo nella società italiana, 1922-1939*, Bollati Boringhieri, Torino 1995), in «L'Indice dei libri del mese», 8 (1996), p. 23.

108. Lo osservava Mariuccia Salvati nel corso di un seminario, *Italie "altre". Immagini e comunità italiane all'estero*, organizzato a Bologna, il 19 maggio 2011, presso il Dipartimento di Discipline storiche, antropologiche e geografiche, dalla rivista «Diacronie. Studi di Storia contemporanea».

109. Goffredo Fofi, *L'immigrazione meridionale a Torino*, Milano, Feltrinelli, 1964, ora in una nuova edizione: Torino, Aragno, 2009.

110. Patrizia Audenino, Maddalena Tirabassi, *Migrazioni italiane. Storia e storie dall'Ancien régime a oggi*, Milano, Bruno Mondadori, 2008, p. 107, dove le autrici partono

trovavano i militanti del movimento socialista e dei gruppi anarchici li avevano spesso costretti alla fuga all'estero. Durante la stretta repressiva del 1898, molti dirigenti del Partito socialista ripararono in Francia, in Svizzera, negli Stati Uniti. Il loro arrivo nelle comunità degli emigranti fu di regola all'origine della nascita delle società di mutuo soccorso, delle sezioni italiane delle associazioni di mestiere, dei giornali. La loro opera era stata quindi determinante nei processi di sindacalizzazione e di edificazione delle principali istituzioni degli emigranti, proseguendo quella iniziata dagli esuli risorgimentali. L'affermazione del fascismo, prima con le violenze squadriste che caratterizzarono gli inizi, poi con il varo della legislazione repressiva di ogni forma di dissenso politico, diede una nuova dimensione quantitativa alla pratica dell'esilio. Circa 60 mila risulta che siano stati i fuorusciti durante il fascismo, le partenze si infittirono con l'inasprimento autoritario del 1925-1926, quando tutti i partiti, tranne quello fascista, vennero posti fuorilegge, insieme ai loro organi di stampa.

La maggior parte degli esuli si diresse clandestinamente in Francia. Perché in tanti scelsero di dirigersi in quel paese? In primo luogo in Francia viveva la più folta comunità di italiani all'estero, e questo appariva una garanzia per le connessioni indispensabili a trovare lavoro, abitazione e per reinserirsi in una comunità. In secondo luogo, la vicinanza geografica permetteva sia di sperare nella possibilità di condurre delle attività di propaganda rivolte all'Italia, sia di tenersi pronti a rientrare nel proprio paese quando le condizioni lo avessero permesso. Infine, contava nella scelta la tradizionale politica di accoglienza praticata dallo Stato francese, che appariva incarnazione di quegli ideali di libertà che erano negati in patria.

Uno degli aspetti che colpisce di più affrontando le vite degli esuli è la grande apertura dei loro destini biografici: all'insegna del viaggio, come espressione di necessità (la fuga dall'oppressione politica o dalla miseria) ma anche come possibilità di scoperta e novità e come spirito d'avventura. Un viaggio moderno che apre l'esperienza a qualcosa di nuovo.[111]

da questa importante osservazione di Garosci, contenuta nella sua *Storia dei fuorusciti*, Bari, Laterza, 1953.

111. Si legga il volume di Eric J. Leed, *La mente del viaggiatore. Dall'Odissea al turismo globale*, Bologna, il Mulino, 1992. Si veda, poi, il numero monografico della rivista «Snodi pubblici e privati nella storia contemporanea», 3 (2009), dedicato a *Il viaggio tra esperienza e narrazione*.

Ai primi di maggio 1926, Camillo Berneri era già a Parigi.[112] In Archivio Famiglia Berneri è conservato un breve manoscritto di Gaetano Salvemini,[113] nel quale l'autore delineava il suo rapporto con Berneri tra Italia e Francia. Ne citiamo un brano, come introduzione all'intricato periodo dell'esilio:

> Comme c'était la première fois que j'avais un anarchiste parmi mes élèves, je m'interessais à lui d'une façon particulière. Il devint un de ces élèves qui venaient souvent passer leurs soirées avec moi, en causant de leurs études, de leur avenir, des questions du jour, de tout ce que pouvait nous intéresser. Après avoir achevé ses études à Florance, il continua à entretenir avec moi des rapports affectueux. Sa femme devint l'amie de ma femme. Lorsqu'il dut s'expatrier, comme tant d'autres, comme moi-même, il vint me trouver à Paris. Lui et Madame Berneri ont beaucoup travaillé pour moi en faisant des recherches très fatigantes – et hélas très modestement retribuées – dans les collections du Musée de la guerre et d'autres bibliotheques de Paris. Je connais la vie bien difficile de sa petite famille.[114]

Nel corso del 1927, l'Ambasciata d'Italia a Parigi informò Roma riguardo ad alcuni aspetti della vita quotidiana di Berneri: egli abitava con la famiglia a Saint-Maur-des-Fossés, nei dintorni di Parigi, e risultava mantenersi con quanto gli veniva corrisposto per l'«attività di propaganda» («compilazione di opuscoli di propaganda e di articoli nei giornali sovversivi»).[115] Insieme alla moglie, svolgeva poi delle ricerche storiche e bibliografiche alla Biblioteca nazionale di Parigi e al Musée de la Guerre di Vincennes per conto di Salvemini. Un lavoro, quest'ultimo, che Berneri presto lasciò interamente nelle mani di Giovanna Caleffi, che

112. Nota dell'Ambasciata d'Italia a Parigi, 16.9.1926, in ACS, CPC, b. 537, Berneri Camillo, fasc. I.

113. Il documento è datato 13 agosto 1930. Quell'estate, infatti, come vedremo meglio, Berneri stava subendo le conseguenze – in termini giudiziari e in termini di credibilità all'interno del fuoruscitismo – del fatto di essere caduto vittima delle abili manovre della spia fascista Ermanno Menapace. Fu in quel frangente che Salvemini si impegnò a redigere questa memoria in difesa dell'allievo.

114. Dichiarazioni in favore di C. Berneri: Gaetano Salvemini, 13 agosto 1930, in ABC, FCB, cassetta VIII. Si veda, anche, Gaetano Salvemini, *Memorie e soliloqui. Diario 1922-1923*, a cura di Roberto Pertici, Bologna, il Mulino, 2001, dove vi sono alcuni accenni a conversazioni con Berneri a Firenze.

115. Telegramma dell'Ambasciata d'Italia a Parigi, 3.3.1927, in ACS, CPC, b. 537, Berneri Camillo, fasc. I. Si veda anche la Nota dell'Ambasciata d'Italia a Parigi, 26.11.1927, ivi.

ancora alla fine del 1930 era impegnata a leggere la stampa italiana per schedare le notizie riguardanti le violenze dei fascisti contro i popolari e l'atteggiamento della Chiesa verso il governo Mussolini.[116] Attraverso questo oscuro lavoro, Giovanna ebbe modo di avviare e consolidare il suo rapporto di stima e collaborazione reciproca con Salvemini, che sarebbe durato negli anni.

Sul finire del 1927, Berneri si associò all'Unione giornalisti italiani «Giovanni Amendola», sorta a Parigi quello stesso anno e presieduta da Filippo Turati.[117] Alcuni mesi prima, in marzo, si era costituita, nella capitale francese, la Concentrazione di azione antifascista, che raccoglieva il partito socialista massimalista (PSI), quello socialista riformista (PSU-LI), il partito repubblicano (PRI), la Confederazione generale del lavoro (CGdL) e la Lega italiana dei diritti dell'uomo (LIDU). I numi tutelari e i principali ispiratori della coalizione erano gli anziani dirigenti del socialismo riformista come Turati, che fu di fatto il capo politico e morale della Concentrazione, e Treves. Almeno fino alla fine degli anni Venti, la Concentrazione nutrì la speranza di un'imminente crisi del regime; crisi che sarebbe stata determinata da intrinseca fragilità. Impegnata, di preferenza, ad agire sull'opinione pubblica straniera attraverso la stampa, i libri, le manifestazioni e le mostre antifasciste, la Concentrazione non riuscì, di fatto, a rappresentare un punto di riferimento per l'organizzazione della lotta clandestina al regime.[118]

Era questo il principale limite che le veniva imputato da Berneri, che condannava la tattica della Concentrazione, proprio perché basata sulla fiducia nella debolezza del regime, mentre a suo parere era necessario prendere piena coscienza della forza del regime di Mussolini, lanciando «una nuova fase di lotta antifascista». Verso la metà del 1928, giungeva a Roma un'informazione confidenziale particolarmente interessante. Con grande acume l'informatore della polizia politica italiana tratteggiava la «nuova

116. Cfr. lettera di Giovanna Caleffi Berneri a Gaetano Salvemini, [Parigi], 5 dicembre 1930, in ISRT, AGS, sez. II, b. 12, fasc. 7, s.fasc. 3, ins. A).

117. Si vedano, a questo proposito, due appunti, Roma 15.9.1927 e Roma 17.12.1927, della Divisione polizia politica per la Divisione affari generali e riservati, in ACS, MI, PS, DAGR-AG, Categorie permanenti, G1, b. 246, fasc. 557 (Parigi, Unione giornalisti «G. Amendola»).

118. Cfr. Emilio Gentile, *Fascismo e antifascismo. I partiti italiani fra le due guerre*, Firenze, Le Monnier, 2000, pp. 280, 284, 346; Santi Fedele, *Storia della Concentrazione antifascista. 1927-1934*, Milano, Feltrinelli, 1976, pp. 28, 53.

situazione» che si andava creando «nei partiti antifascisti». Di fronte al tramonto dei «vecchi» dirigenti di partito raccolti nella Concentrazione, sorgevano «uomini nuovi»:

> È in questo senso che bisogna orientare, oggi, tutto il servizio. Vigilare questi uomini da vicino [...] Certo i tipi non sono nuovi. Sono conosciuti ma fin ora erano in secondo piano mentre oggi prendono la testa e cercano aggruppare intorno a loro energie fattive. E senza timore di sbagliarmi dico che il Berneri bisogna seguirlo, studiarlo, sorvegliarlo. Costui si è rivelato, diremo così, d'un tratto e rappresenta, in questo momento, una figura pericolosa perché è convincente e positivo. Egli finirà per [...] formare un nucleo assai forte intorno a lui; [un nucleo] che va dal repubblicano di azione fino al sindacalista anarchico. Schiavetti, che è oggi anima e corpo con Berneri, mena una lotta nuova incardinata sull'azione.[119]

Leader del gruppo repubblicano-socialista di Marsiglia, Fernando Schiavetti aveva militato, come Berneri, nei gruppi di Italia Libera e condivideva con l'intellettuale anarchico anche la posizione di rifiuto nei confronti della Concentrazione.[120] Di pochi anni più vecchio di Berneri – era nato a Roma nel 1892 –, Schiavetti è una di quelle figure politiche "di confine" (tra gli schieramenti partitici) con il quale lo stesso Berneri riuscì a stabilire un autentico rapporto di confronto e di scambio che contribuì ad arricchire il difficile percorso dell'esilio.

All'inizio del 1928, insieme a un'altra figura autonoma e indipendente, il socialista Alberto Jacometti,[121] Berneri aveva firmato e diffuso negli ambienti dei fuorusciti italiani un manifesto politico. L'obiettivo era «la formazione di un gruppo di giovani staccati dai partiti», che ponendosi in alternativa «alla Concentrazione e ai comunisti», cercassero «una nuova base per la lotta antifascista». Tutto questo senza fissare «restrizioni programmatiche» e ponendosi al «al di fuori dei vecchi schemi». Secondo Berneri e Jacometti, infatti, era necessaria «una nuova elaborazione d'idee» per impostare efficacemente «i vari problemi della rivoluzione

119. Informazione confidenziale, Parigi 30.5.1928, in ACS, MI, PS, DPP, Fascicoli per materia, b. 10, fasc. 4 (Parigi, Fuorusciti).

120. Si veda il cenno biografico della Questura di Roma, in data 31.7.1937, in ACS, CPC, b. 4688, Schiavetti Fernando, fasc. IV.

121. Alberto Jacometti, nato nel 1902 in provincia di Novara, era dottore in scienze agrarie (si veda la relazione della Prefettura di Novara, 18.1.1941, in ACS, CPC, b. 2608, Jacometti Alberto, fasc. II).

italiana». L'orientamento ideale di fondo avrebbe dovuto condurre a «una nuova corrente federalista rivoluzionaria».[122]

Dal manifesto nacque, in marzo, una rivista, «L'Iniziativa». L'impatto del nuovo periodico fu tale da infastidire gli anarchici italiani de «La Lotta umana» (Parigi). Si rivelò necessario un chiarimento di cui Roma venne informata:

> Colloquio svoltosi fra gli anarchici Fabbri Luigi e Parenti Giuseppe della direzione del giornale «La Lotta Umana» e i noti Jacometti e Berneri della direzione del giornale «L'Iniziativa». Si è voluto in detto colloquio precisare la linea di condotta dei due organi dissipando i malintesi che erano sorti. Gli anarchici della «Lotta Umana» avevano elevato dei sospetti sulle intenzioni dei dirigenti dell'«Iniziativa» che avevano lanciato nel giornale un appello agli antifascisti per la formazione dei gruppi rivoluzionari. [...] Il colloquio si è chiuso nell'accordo seguente: «La Lotta Umana» continuerà la sua propaganda anarchica e antifascista come organo degli anarchici organizzati. «L'Iniziativa» tenterà di far comprendere a tutti gli antifascisti che, per raggiungere il fine propostosi, occorrerà agire con qualunque mezzo e non limitarsi a fare delle «battaglie cartacee».[123]

A «L'Iniziativa» si avvicinarono anche Fernando Schiavetti e Francesco Volterra, che guidavano la minoranza anticoncentrazionista del Partito repubblicano.[124] Il periodico riuscì a mantenere una certa vitalità per alcuni mesi, per poi esaurirsi nel corso del 1929 a causa di problemi finanziari.[125]

Mentre dialogava con personalità «singole» al di fuori del campo anarchico, Berneri continuò, comunque, a coltivare il legame con la tradizione e gli ambienti dell'anarchismo. Una continuità esemplificata dalla corrispondenza con Errico Malatesta, che viveva sorvegliato dalla polizia a Roma. In una lettera del 1928 sequestrata dalle forze di pubblica sicurezza, Malatesta scriveva a Berneri:

122. Informazione confidenziale, Parigi, 24.2.1928, in ACS, MI, PS, DPP, Fascicoli per materia, b. 10, fasc. 4. Si veda anche la *Dichiarazione*, in «L'Iniziativa» (Parigi), I, n. 1, 15 marzo 1928, p. 1. Il sottotitolo della rivista era, semplicemente, «Rassegna politica mensile».

123. Nota del Ministero degli Affari esteri, Roma, 31.8.1928, in ACS, MI, PS, DAGR-AG, Categorie permanenti, F4 (Stampa estera sovversiva), b. 55, fasc. «*La Lotta anarchica*, Parigi» (questo fascicolo raccoglie anche carte relative a «La Lotta umana»).

124. Il gruppo Schiavetti uscì dal PRI nel luglio 1929, per rientrarvi, momentaneamente, nel 1932 (cfr. Gentile, *Fascismo e antifascismo*, pp. 288-289).

125. Si veda la nota informativa, 9.1.1929, pervenuta al Casellario politico centrale, in ACS, CPC, b. 597, Bettini Silvio. Il repubblicano Bettini era uno degli animatori della rivista.

> Non posso fare più nulla perché sono vecchio; non potrei fare diversamente anche lo volessi perché sono sottoposto ad una tale sorveglianza da non poter fare un passo senza essere accompagnato da agenti.[126]

Berneri, intellettuale pienamente novecentesco, irrequieto rispetto ai "dogmi" della stessa dottrina anarchica, stava cercando un confronto con Malatesta sul *che fare*. Era un confronto suggestivo, ma difficile, perché a confrontarsi erano generazioni assai lontane tra loro.

Malatesta, nato nel 1853 a Santa Maria Capua Vetere, era stato nei decenni postunitari tra i primi e più importanti seguaci di Michail Bakunin. Quando, nel 1867, Karl Marx pubblicava in Germania il primo libro del *Capitale*, già da alcuni anni Bakunin era impegnato a porre le basi (libertarie) del movimento socialista italiano. A distanza di tempo, Malatesta ricordò un curioso tratto di psicologia popolare:

> [Nel 1872] andammo a Saint-Imier, dove i ragazzi accolsero Bakunin al grido di Viva Garibaldi! Naturalmente, essendo Garibaldi l'uomo che più avevano sentito celebrare, quei ragazzi pensavano che egli doveva essere un uomo colossale. Bakunin era colossale, lo videro circondato e festeggiato e pensarono che non poteva essere che Garibaldi.[127]

Emerge da questa immagine, assai significativa e perfino emozionante, quell'intreccio tra istanze democratiche risorgimentali (deluse e sconfitte) e nascita del primo socialismo anarchico italiano già tematizzato altrove.[128] Nelle stesse note autobiografiche, risalenti al 1926, Malatesta aggiungeva altre osservazioni di estremo interesse:

> Il gran valore di Bakunin [fu] dar la fede, dar la febbre dell'azione e del sacrifizio a tutti quelli che avevano la ventura di avvicinarlo. Egli stesso soleva

126. Si veda l'appunto della Divisione polizia politica per la Divisione affari generali e riservati, Roma 9.5.1928, in ACS, CPC, b. 2952, Malatesta Enrico, fasc. 8. Su Malatesta, si veda la grande opera di Giampietro Berti, *Errico Malatesta e il movimento anarchico italiano e internazionale, 1872-1932*, Milano, FrancoAngeli, 2003.

127. Errico Malatesta, *Autobiografia mai scritta. Ricordi (1853-1932)*, a cura di Piero Brunello e Pietro Di Paola, Santa Maria Capua Vetere, Spartaco, 2003, p. 93.

128. Cfr. Carlo De Maria, *La prima generazione: il magistero di Bakunin, i tentativi insurrezionali e le scelte successive*, in *L'anarchismo italiano. Storia e storiografia*, pp. 109-125; Id., *Generazioni, biografie e luoghi della Prima Internazionale in Italia (1864-1883)*, in *Sulla storia del socialismo, oggi, in Italia. Ricerche in corso e riflessioni storiografiche*, a cura di Id., Bologna, Bradypus, 2015, pp. 15-29; Id., Patrizia Dogliani, *La Première Internationale en Italie (1864-1883)*, in «Cahiers Jaurès», 215/216 (2015), pp. 19-34.

dire che bisogna avere il diavolo in corpo (*le diable au corps*); ed egli l'aveva davvero, nel corpo e nello spirito, il Satana ribelle della mitologia, che non conosce dèi, non conosce padroni e non si arresta mai nella lotta contro tutto ciò che inceppa il pensiero e l'azione. Io fui bakunista, come lo furono tutti i miei compagni di quelle, ahimè! ormai lontane generazioni. Oggi – e già da lunghi anni – non mi direi più tale. Le idee si sono sviluppate e modificate.[129]

Questa presa di distanza, dello stesso Malatesta, nei confronti di Bakunin è molto importante per comprendere gli sviluppi del movimento di emancipazione negli ultimi decenni dell'Ottocento. Un peso fondamentale è sicuramente da attribuire al fallimento dei tentativi insurrezionali degli anni Settanta del XIX secolo, che costituirono la prova del fuoco per quella prima generazione del socialismo italiano, formata da militanti nati alla metà dell'Ottocento. Fu, cioè, l'esperienza che determinò scelte fondamentali e divergenti per i giovani protagonisti di quegli anni: Andrea Costa, Carlo Cafiero, lo stesso Malatesta.

Per quanto riguarda Costa, l'intensa esperienza di organizzatore[130] contribuì a far sì che egli, dopo il fallimento dei tentativi del 1874 e del 1877, decidesse di abbandonare la lotta clandestina e di puntare invece sullo sviluppo graduale delle autonomie sociali e territoriali, avvicinandosi agli ambienti del mutualismo e della cooperazione.[131] Nel 1882, la scelta di entrare in parlamento, primo deputato socialista, avvenne in maniera tormentata e sofferta da parte di un ex anarchico come lui, ma percepita ormai come indispensabile per l'avanzamento della lotta poli-

129. Malatesta, *Autobiografia mai scritta*, p. 100.

130. Di fatto, fu il romagnolo Costa, segretario della commissione di corrispondenza della Federazione italiana ed elemento di punta del movimento internazionalista in Italia e in Europa, a spostare l'epicentro dell'Internazionale da Napoli e dal meridione, dove si era insediata alla fine degli anni Sessanta con Bakunin, all'asse Bologna-Firenze e all'area policentrica della Romagna (Rimini, Ravenna, Cesena, Forlì e Imola), dove si sviluppò lungo gli anni Settanta del XIX secolo. Da allora in poi (e fino ad oggi, se vogliamo) l'insediamento del movimento socialista e, più in generale, della sinistra in Italia si è concentrato soprattutto nell'area mediana della penisola. Cfr. Romeo Galli, *Andrea Costa. Biografia*, in *Andrea Costa. Episodi e ricordi della vita di un rivoluzionario*, Milano, Avanti, 1919, p. 5-39; Pier Carlo Masini, *Andrea Costa ai congressi internazionali (1872-1881)*, in *Andrea Costa nella storia del socialismo italiano*, a cura di Aldo Berselli, Bologna, il Mulino, 1982, p. 77-87.

131. Andrea Costa, *Ai miei amici di Romagna* (1879), in appendice a Gastone Manacorda, *Il movimento operaio italiano attraverso i suoi congressi. Dalle origini alla formazione del Partito socialista (1853-1892)*, Roma, Rinascita, 1953, pp. 335-339.

tica.[132] Un passo che, dopo aspre polemiche, finì per essere appoggiato perfino da Cafiero, che era stato probabilmente il giovane rivoluzionario italiano più vicino a Bakunin.[133]

Negli anni successivi anche l'anarchismo di Malatesta, pur rimanendo seccamente ostile alla partecipazione al voto e al parlamentarismo, imboccherà la via di un «socialismo anarchico» (per usare la sua terminologia)[134] più attento al lavoro organizzativo, educativo e propagandistico che non a violente spallate o a repentini gesti dimostrativi.

Sia Costa che Malatesta, benché in maniera diversa, abbandonarono l'approccio settario e di totalizzante opposizione all'esistente che aveva caratterizzato il nascente movimento socialista italiano fino alla fine degli anni Settanta del XIX secolo.

Sono questioni che si possono ripercorrere alla luce di una ricca storiografia; un patrimonio di studi assai consistente, sedimentatosi dal dopoguerra a oggi, nel quale tuttavia spiccano nettamente, pur in momenti diversi, le ricerche di Pier Carlo Masini e Giampietro Berti. Il primo pubblicò i suoi lavori principali tra gli anni Sessanta e Settanta, il secondo tra i Novanta e il Duemila. A questi due nomi, va aggiunto quello di Renato Zangheri con particolare riferimento, in questa sede, agli approfondimenti da lui forniti sulla figura di Andrea Costa e sulla vicenda dell'Internazionalismo romagnolo.[135]

Per ogni generazione di militanti anarchici è possibile individuare un banco di prova fondamentale, il passaggio di una «linea d'ombra» che de-

132. Luciano Forlani, *Andrea Costa e gli anarchici: un decennio di polemiche (1882-1892)*, in *Ravenna 1882. Il socialismo in parlamento*, a cura di Ennio Dirani, Longo, Ravenna, 1985, pp. 139-194.

133. È ben nota agli studiosi di Cafiero – ampiamente citata e più volte pubblicata – la lettera indirizzata ad Andrea Costa il 1° novembre 1882, per sostenerne con piena convinzione l'ingresso in Parlamento. L'originale è conservato presso la Biblioteca comunale di Imola (BIM), Fondo Andrea Costa (FAC), Carteggio, b. 2. Cfr. Carlo De Maria, Nota conclusiva, in Carlo Cafiero, *Compendio del Capitale*, Roma, Edizioni dell'Asino, 2009, pp. 175-189.

134. Luigi Fabbri, *Malatesta. L'uomo e il pensiero*, Napoli, RL, 1951, p. 237.

135. Pier Carlo Masini, *Storia degli anarchici italiani da Bakunin a Malatesta*, Milano, Rizzoli, 1969; Pier Carlo Masini, *Cafiero*, Milano, Rizzoli, 1974; Giampietro Berti, *Francesco Saverio Merlino: dall'anarchismo socialista al socialismo liberale, 1856-1930*, Milano, FrancoAngeli, 1993; Id., *Errico Malatesta e il movimento anarchico italiano e internazionale, 1872-1932*, Milano, FrancoAngeli, 2003; Renato Zangheri, *Storia del socialismo italiano. Volume primo. Dalla Rivoluzione francese a Andrea Costa*, Torino, Einaudi, 1993.

termina maturazioni, ripensamenti e nuove traiettorie politiche ed esistenziali. La seconda generazione dell'anarchismo italiano, quella dei militanti nati intorno agli anni Settanta del XIX secolo, riconobbe come passaggio cruciale le esperienze politiche vissute nel 1894-1898, rispetto alle quali si misurarono motivazioni e ideali. Insieme al sempre fondamentale Masini,[136] lo studioso che si è misurato con maggiore continuità ed efficacia con queste biografie è Maurizio Antonioli.[137] Sono due gli esponenti più studiati di questa generazione: Luigi Fabbri (1877) e Armando Borghi (1882). Ai quali aggiungere Luigi Galleani (1861) e Pietro Gori (1865), le cui biografie rappresentano, più precisamente, un «ponte» tra la prima e la seconda generazione. Con riferimento non solo e non tanto a queste figure di primo piano, bensì ai numerosi protagonisti cosiddetti «minori» che animarono il movimento anarchico di fine secolo, è possibile tratteggiare un quadro complessivo assai mosso, fatto di «slanci» e «riflussi». Il clima di piena reazione che scuoteva l'Italia costrinse molti giovani attivisti all'esilio, mentre altri – scottati dalla violenta repressione – rinunciarono alla politica attiva.[138]

Fino ad arrivare alla generazione più drammatica, la terza, i cui giovani protagonisti, usciti dalla Grande guerra – una guerra vissuta in prima linea o anche solo «respirata nascendo»[139] –, sono costretti a percorsi labirintici negli anni Venti e Trenta,[140] facendo i conti con il successo europeo del fascismo e con il venir meno delle garanzie liberali (nel contesto delle quali, nella fase precedente, il movimento anarchico era comunque riuscito a crescere e rafforzarsi insieme a tutto il mondo operaio e socialista); infi-

136. Uno dei primi studi dedicati a Luigi Fabbri è racchiuso nel volume di Pier Carlo Masini, *Storia degli anarchici italiani nell'epoca degli attentati*, Milano, Rizzoli, 1981.

137. Maurizio Antonioli, *Armando Borghi e l'Unione sindacale italiana*, Manduria, Lacaita, 1990; *Da Fabriano a Montevideo: Luigi Fabbri vita e idee di un intellettuale anarchico e antifascista*, a cura di Maurizio Antonioli e Roberto Giulianelli, Pisa, BFS, 2006.

138. Dopo il Novantotto, almeno nelle file anarchiche, si registrò un riflusso soprattutto tra i giovani militanti, contrariamente a quanto farebbe pensare lo sviluppo organizzativo del sindacalismo rivoluzionario e, più in generale, del movimento operaio nella prima fase del Novecento. Cfr. Carlo De Maria, *Socialisti e anarchici nel '98 milanese*, in *«Nel fosco fin del secolo morente». L'anarchismo italiano nella crisi di fine secolo*, a cura di Giorgio Sacchetti, Milano, Biblion, 2013, p. 77-87.

139. Per usare la bella espressione di Piero Gobetti, *La Rivoluzione Liberale. Saggio sulla lotta politica in Italia*, a cura di Ersilia Alessandrone Perona, Torino, Einaudi, 1995 (1ª ed. 1924), pp. 3 e 80.

140. Cfr. Marco Revelli, *Oltre il Novecento. La politica, le ideologie e le insidie del lavoro*, Torino, Einaudi, 2001.

ne, misurandosi tragicamente nella contrapposizione mortale con il movimento comunista in Russia e in Spagna. L'esponente principale di questa generazione è Camillo Berneri, che di fronte alla crisi dell'anarchismo e all'esito totalitario dello Stato moderno dimostra la capacità, più unica che rara, di decodificare la dottrina altrui mettendo in gioco la propria.[141]

È il Berneri inquieto che abbiamo già imparato a conoscere nei primi anni dell'esilio; l'intellettuale che si muove in direzione ostinata e contraria rispetto alla propria epoca, sentendosi sempre più soffocato «tra Roma e Mosca», tra il fascismo e il comunismo,[142] perfettamente consapevole che l'immediato futuro avrebbe riservato all'Europa lotte feroci e altre guerre,[143] mentre perfino le democrazie si chiudevano davanti alle richieste di aiuto di esuli e profughi.

Egli stesso, del resto, poteva vivere a Parigi solo attraverso permessi di soggiorno provvisori.[144] Già nel corso del 1926 era stato minacciato da un provvedimento di espulsione («refoulement»), per aver partecipato a una riunione, a Bourg-la-Reine, del movimento maknovista; aveva ottenuto però una sospensiva («sursis»).[145] Nel 1927, veniva nuovamente diffidato dalla polizia parigina per la sua attività politica.[146] In generale, i fuorusciti erano di imbarazzo alle autorità francesi, come ha scritto con chiarezza Pierre Milza:

> La prétendue bienveillance des autorités françaises envers les émigrés antifascistes – incontestable mais de courte durée à l'époque des gouvernements

141. Cfr. Giampietro Berti, Carlo De Maria, Introduzione, in *L'anarchismo italiano. Storia e storiografia*, pp. 5-17: 10.

142. L'Orso [Camillo Berneri], *Rilievi*, in «L'Adunata dei Refrattari» (New York), XIV, n. 27, 6 luglio 1935, pp. 7-8.

143. Così scriveva alle figlie negli anni Trenta: «Vous êtes de **[sic o des?]** jeunes filles, mais la vie d'aujourd'hui est cruelle et le demain sera obscur et plein de luttes farouches. Il faut s'habituer à vivre à l'ombre de l'epée et pas à celle de l'olivier. Ce qui est arrivé à moi ne serait rien, s'il n'était pas le signe d'un aveuglement général et le resultat d'une lachêté collective. Je ne proteste, donc, pas contre mon cas particulier, mais je suis révolté contre l'époque». Lettera di Camillo Berneri ai famigliari («Chère Maman, je viens de recevoir...»), s.l., s.d. [ma, dal carcere, anni trenta], in ABC, documento non catalogato; Berneri indirizzava le parole citate alle figlie («Chères petites...»).

144. Raccolta di materiale sugli arresti e le espulsioni di C. Berneri, in ABC, FCB, cassetta I.

145. Camillo Berneri, Note autobiografiche discontinue, in ABC, FCB, cassetta I.

146. Nota della Divisione polizia politica per la Divisione affari generali e riservati, Roma 26.9.1927, in ACS, MI, PS, DAGR-AG, Categorie annuali, 1927, J4 (Movimento sovversivo, Estero), b. 162, fasc. «Francia».

cartellistes – était, pour le reste de la période, très largement un mythe. De 1926 à la fin des années vingt, les équipes ministérielles qui se sont succédé ont en effet pratiqué à l'égard des *fuorusciti* une politique de rigueur, ponctuée de perquisitions, d'expulsions (par example Berneri et Miglioli en 1928), d'interdiction contre les journaux antifascistes [...], dans le but de ne pas troubler le cours des négociations engagées avec le gouvernement italien, ce qui ne pouvait que renforcer dans leur désillusion les dirigeants et les troupes de l'antifascisme en exil.[147]

L'instancabile attivismo lo portava poi a imboccare dei pericolosi vicoli ciechi. Nel dicembre 1927, Berneri conobbe Ermanno Menapace; quest'ultimo – ex legionario fiumano, corridore motociclista e commerciante[148] – gli veniva presentato e garantito dal giornalista Alberto Giannini, che allora aveva ancora una certa credibilità negli ambienti antifascisti.[149] Due anni più tardi, come vedremo, Menapace fu smascherato come spia del regime; non prima, però, di aver provocato quella che fu – in particolare, tra il dicembre 1929 e il luglio 1931 – l'odissea giudiziaria di Berneri. Ma, andiamo per ordine.

Il 14 marzo 1928, il repubblicano Alvise Pavan, in stretto contatto con Berneri, uccideva a Parigi la spia fascista Angelo Savorelli, che aveva cercato di «entrare nei piani» dello stesso Berneri.[150] Pavan fu condannato a dieci anni da un tribunale francese e morì in carcere. Ma le prove che Savorelli era una spia erano state fornite da un altro provocatore, Ermanno Menapace. Costui riuscì «con quella denuncia» ad acquistare la piena fiducia di Berneri, che aveva sollecitato Pavan all'azione.[151]

147. Pierre Milza, *L'influence de la politique et de la culture françaises sur le premier antifascisme italien*, in *Piero Gobetti e la Francia*, Atti del colloquio italo francese (25-27 febbraio 1983), Milano, FrancoAngeli, 1985, pp. 27-44: 42-43.

148. Cfr. Camillo Berneri, *Lo spionaggio fascista all'estero*, Marseille, ESIL, [1929], pp. 29-30. Al momento della stesura di questo libro, Berneri era ancora ignaro dell'attività spionistica di Menapace, che credeva essere un fuoruscito.

149. Secondo le parole di Salvemini, Alberto Giannini era allora «antifascista spaccato», mentre «alcuni anni dopo passò armi e bagagli al servizio dei fascisti» (Salvemini, *Donati e Berneri*).

150. Berneri, *Lo spionaggio fascista all'estero*, pp. 42-43. Suggestiva la descrizione di Pavan fatta da Berneri: «Pavan, che fu bandito da Treviso, che ebbe la casa devastata, che perse il braccio destro nell'eroica, disperata difesa del giornale repubblicano *La Riscossa*, era stato fino allora quasi un simbolo. Unico profugo mutilato, di quelli a Parigi» (p. 43).

151. Garosci, *Storia dei fuorusciti*, p. 52. Si veda anche la testimonianza di Franca Schiavetti Magnani, *Una famiglia italiana*, Milano, Feltrinelli, 1991, pp. 42-43.

I particolari del delitto Savorelli, qui, non interessano. Importa mettere in evidenza le conseguenze che la vicenda ebbe per Berneri. Quasi inevitabilmente, egli fu «oggetto di un mandato di cattura della giustizia francese che lo designava complice di Pavan».[152] Prevedendo questi sviluppi, Berneri si era allontanato per alcuni giorni dal suo domicilio («temendo di essere arrestato») e aveva trovato ospitalità presso Fernando Schiavetti a Marsiglia.[153] Quest'ultimo conservò una lettera che Berneri scrisse in quei giorni agli organi di stampa:

> Dans ces jours la presse française a répandu [...] nombre d'inexactitudes au sujet du prétendu rôle joué par moi dans l'affaire Savorelli. Je me propose – aussitôt que j'aurai achévé des recherches pour lesquelles j'ai encore besoin de quelques jours de travail – de me mettre à la disposition de la magistrature française pour qu'elle puisse, à l'aide des documents e des indications que j'ai recueillis et que je suis en train de recueillir, présenter sous son vrai jour les dessous d'une oeuvre infame de provocation qui ne peut pas ne pas repugner, au delà de toute opinion politique, à tout homme généreux et intelligent. A présent je me borne à declarer que, sans avoir eu aucune part dans l'exécution de l'agent Savorelli, je suis fier d'avoir accompli, en collaboration avec les élements les plus sérieux de l'antifascisme italien à l'étranger, une oeuvre sacrosainte de défense rendue nécessaire par les manigances abjectes du plus abject des régimes.[154]

In quelle settimane così convulse, con Camillo ricercato dalla polizia e lontano da casa, fu Giovanna Caleffi a garantire alle due bambine una dimensione domestica sufficientemente tranquilla, cercando di evitare che i ricorrenti problemi giudiziari del marito destabilizzassero la vita quotidiana dell'intera famiglia. Le memorie manoscritte di Giovanna ci riportano a quel marzo 1928 nell'interno domestico del modesto *pavillon* di Saint-Maur-des-Fossés, vicinissimo alla Marna, la prima abitazione dei Berneri in Francia. «Rientro a casa – ricorda Giovanna – e non dico niente alle mie figlie (una di dieci e un'altra di otto anni)». L'indomani mattina era certa una perquisizione della polizia. Per combattere l'angoscia il suo pensiero corse all'imminente festa di carnevale:

152. Caleffi Berneri, Profili biografici di Camillo Berneri.

153. Si vedano ad esempio: Cenno biografico della Questura di Roma, 31.7.1937, in ACS, CPC, b. 4688, Schiavetti Fernando, fasc. IV; telegramma dell'Ambasciata d'Italia a Parigi, 12.5.1928, in ACS, CPC, b. 537, Berneri Camillo, fasc. I.

154. Lettera di Camillo Berneri a «Monsieur le Directeur», s.l., s.d., dattiloscritto con firma autografa, in ISRT, Archivio Fernando Schiavetti (AFS), sez. I (Corrispondenza), b. 3, fasc. 11 (Berneri Camillo).

Trovo nel baule delle nostre ricchezze di profughi, i vestitini da maschera delle mie bambine. Non hanno mai servito dacché siamo così sbattuti tra tante tempeste. Hanno bisogno di essere allungati e allargati. Preparo la mia macchina da cucire: m'è costata 100 lire al mercato delle pulci. Eppure come le voglio bene. È lei che mi permette di mandare sempre decenti le mie figlie.[155]

La precarietà economica ed esistenziale nella quale si trovavano i Berneri a Parigi fu alleviata, proprio nel corso del 1928, da un prestito provvidenziale del padre di Giovanna Caleffi. Infatti, nonostante la forte distanza, sia geografica che nelle scelte di vita,[156] Giovanna era riuscita a mantenere solidi legami con i familiari di Gualtieri. Quella somma di denaro rese presto possibile l'acquisto di una casetta nella *banlieue* est di Parigi (comune di Montreuil-sous-Bois) e successivamente permise a Giovanna – come vedremo – di aprire, alla periferia della capitale (rue Terre Neuve), un piccolo negozio di alimentari.

Circa un mese dopo lo scoppio del caso Pavan, il 12 aprile 1928 vi fu un attentato dinamitardo alla Fiera internazionale di Milano. A questo proposito Berneri scriveva:

Gli arresti numerosi e l'istruttoria inquisitoriale non valendo a scoprire l'autore o gli autori dell'attentato di Milano, la polizia era frenetica, e ogni funzionario agognava di aver per sé la preda, da offrire al Tribunale Speciale, in cambio di onori, di promozioni, di aumenti di paga, di gratificazioni. Alla frenesia dei segugi partecipava la genia degli spioni ed agenti provocatori all'estero, sì che doveva avvenire che qualche innocente fosse accusato, e si montasse all'uopo qualche cinica macchinazione.[157]

Berneri ebbe, subito, il sospetto che la polizia italiana manovrasse per implicarlo nell'attentato.[158] Sicuramente, in luglio, il console italiano

155. Caleffi Berneri, Pagine di diario e memorie.

156. A Gualtieri risiedevano i seguenti parenti di Giovanna: il padre Giuseppe Caleffi, ormai ottuagenario, il fratello Celso Caleffi, iscritto al Partito nazionale fascista dal 1924; la sorella Maria Caleffi, anch'essa insegnante, iscritta al Fascio femminile e addetta all'Opera nazionale Balilla; i nipoti Celestino Caleffi, capomanipolo della milizia volontaria e iscritto al PNF dal 1921, e Noemi Caleffi, iscritta al Fascio femminile. Cfr. comunicazione della prefettura di Reggio Emilia, 28.2.1935, in ACS, CPC, b. 948, Caleffi Giovanna.

157. Berneri, *Lo spionaggio fascista all'estero*, p. 53.

158. Berneri, Nota autobiografica. I sospetti di Berneri sulle manovre compiute da Rizzo per implicarlo nell'attentato di Milano trovano conferma dalla lettura di alcune carte della polizia politica. Si tratta, più precisamente, di «relazioni fiduciarie» che la Divisione polizia politica trasmetteva (in copia) alla Divisione affari generali e riservati con nota del 9.7.1928, in ACS, CPC, b. 4693, Schicchi Paolo (anarchico), fasc. II.

a Marsiglia tentò di accusarlo «d'un affare di bomba» per appoggiare una domanda di estradizione del governo italiano. Questo tentativo fallì, ma compromise «definitivamente» il suo soggiorno in Francia.[159]

Cerchiamo, con Berneri, di vedere più chiaro in questi loschi affari. Falliti i tentativi del commissario Rizzo, vicequestore di Milano,[160] per coinvolgerlo nell'attentato del 12 aprile, bisognava – secondo le parole di Berneri:

> cercare di implicarmi in un qualsiasi affare di bombe, per valorizzare la denuncia alla polizia francese. Quando, l'11 dicembre 1928, mi fu notificata l'espulsione dalla Francia, mi recai alla sede parigina della *Ligue des Droits de l'homme* per sapere quale motivo dava la polizia francese alla mia espulsione. Mi fu risposto che si trattava di «bombe ad orologeria». Il decreto ministeriale di espulsione risaliva all'agosto di quell'anno e seguiva, quindi, di pochi giorni l'«affare di Marsiglia».[161]

Di che cosa si trattava? «Menapace, venuto a conoscenza di un mio viaggio a Marsiglia, aveva, d'accordo con Rizzo, incaricato il console Barduzzi, suo amico, di preparare delle bombe».[162] Nell'ambito di questo complotto, il 12 luglio 1928, l'operaia italiana Rina Belloni venne arrestata, a Marsiglia. Ecco la versione che di quell'affare dava il giornale «La Libertà», organo della Concentrazione antifascista:

> Rina Belloni è stata fermata alle ore 7.10, mentre andava al lavoro. Portata in automobile alla sede del Fascio, nel medesimo locale del Consolato, interrogata dal console e dal vice console, se essa conosceva il Berneri, minacciata a più riprese, accusata di avere dato ricovero al Berneri, si è tentato con la violenza di farle firmare una dichiarazione nella quale risultasse che il Berneri fu alloggiato da lei e che ebbe in consegna una cassa di bombe. [...] Dovette intervenire il commissario francese Grisoni, il quale prese energicamente le

159. Caleffi Berneri, Profili biografici di Camillo Berneri.

160. Vediamo come Berneri lo descriveva in *Lo spionaggio fascista all'estero*: «Rizzo è un Mussolini della polizia. Poco si cura di essere nel vero. Egli mira ai grandi colpi. Vuole il successo. [...]. Rizzo è ricco di espedienti. A Milano esordì sorprendendo una banda di borsaioli che operava nell'ambiente dei pederasti, simulando la pederastia. [...]. Si trasforma, truccandosi abilmente. È bene sapere com'è: è sui 42-43 anni, statura media, corporatura solida, bruno, quasi completamente calvo. È siciliano, ma parla correttamente l'italiano. Abitualmente parla a bassa voce, con frequenti pause» (pp. 56-57).

161. Camillo Berneri, *Menapace, Rizzo e il console Barduzzi*, in ABC, FCB, cassetta VIII. Il testo, senza data, è comunque successivo al 1930.

162. *Ibidem*.

difese dell'imputata, affermando che essendo essa stata arrestata dalla polizia francese, di conseguenza solo essa era responsabile.[163]

La mattina successiva il console provava anche la via della corruzione, promettendo alla Belloni diecimila franchi, l'immediata partenza per l'Italia e la possibilità di aprire un negozio. «Ma la Belloni, che non mi conosceva e che non era donna da vendersi, tenne duro: e il colpo mancò. Il console Barduzzi fu trasferito a Tunisi».[164]

Ma non era tutto. In quello stesso periodo, e precisamente alla fine di giugno (1928), Rizzo aveva denunciato Berneri anche al Tribunale speciale per la difesa dello Stato, con un'altra accusa: «concorso prestato al Lucetti» nell'attentato del settembre 1926 contro Mussolini.[165] La denuncia coinvolgeva non solo Berneri, «fuoruscito», ma anche altri due anarchici, Gino Bibbi e Libero Molinari, che vennero arrestati. Il 28 giugno, da Milano, il «questore in missione» Giovanni Rizzo così scriveva al Tribunale speciale (Roma): «Poiché dalle dichiarazioni rese dal Bibbi appare in modo indubbio il concorso prestato al Lucetti, da parte di esso Bibbi, di Molinari Libero e di Berneri Camillo, per commettere, come è stato commesso, nel settembre 1926, l'attentato contro S.E. il Capo del Governo, denunzio quanto sopra a codesto Ecc/mo Tribunale Speciale per ogni effetto di legge».[166]

Rizzo venne smentito. Il 4 settembre 1928, il pubblico ministero del Tribunale speciale, giudicando gli elementi raccolti non sufficienti per procedere, ordinava «l'archiviamento degli atti e la immediata scarcerazione del Molinari e del Bibbi».[167]

In seguito all'*affaire* di Marsiglia arrivò comunque il decreto di espulsione dalla Francia a carico di Berneri. Una sera del dicembre 1928 un nugolo di poliziotti bloccava le tre strade attigue alla sua casa nella *banlieue* parigina: «Si trattava, semplicemente, del mio arresto. La legge che impedisce alla polizia di entrare nelle abitazioni private dopo la calata del sole e prima dell'alba, inchiodò i tutori del così detto ordine pubblico nella fredda e umida lunghezza di un'intera notte. [...] Mi si domandò da quale

163. «La Libertà» (Parigi), 29 luglio 1928.

164. Berneri, *Menapace, Rizzo e il console Barduzzi*. Sul console Barduzzi si veda anche Gaetano Salvemini, *Memorie di un fuoruscito*, a cura di Gaetano Arfé, Milano, Feltrinelli, 1965 (1ª ed. 1960), p. 98.

165. Si veda il procedimento penale contro: 1) Bibbi Gino; 2) Molinari Libero; 3) Berneri Camillo, in ACS, Tribunale speciale per la difesa dello Stato (TSDS), b. 73, fasc. 1155.

166. Ivi, p. 12 (le pagine del fascicolo processuale sono numerate).

167. Ivi, p. 86.

frontiera preferivo uscire dalla Francia. Scelsi il Belgio».[168] Venne, allora, accompagnato da due agenti fino alla frontiera belga, a Mons:

> Là è il passaggio, clandestino. Mi si fa passare nel vagone restaurant, si spia il momento in cui i poliziotti belgi salgono sul treno, per il controllo di passaporti. E mi fanno scendere. «Mettetevi dietro a noi» mi dicono, mentre il treno si rimette in moto. Poi vengono le istruzioni: «Prendete il treno in formazione a Mons, sul quale non c'è controllo... Non entrate nel buffet della stazione...». Così la polizia francese mi faceva entrare nel Belgio. Andai a Bruxelles, prima tappa degli espulsi dalla Francia. Nel salone-restaurant della Casa del Popolo fu un succedersi di sorprese e di abbracci. L'inverno era rigido, il lavoro scarso, le paghe misere. Ma avevo un romanzo da tradurre. Affittai una soffitta, a Scaerbeek [Schaerbeek].[169]

La traduzione del romanzo gli era stata commissionata, ancora a Parigi, da Giuseppe Prezzolini.[170] A Bruxelles, Berneri incontrò per strada Menapace, che evidentemente continuava a seguirlo. Con grande abilità

168. Camillo Berneri, *L'esilio senza requie*, in ABC, FCB, cassetta XII. Testo pubblicato in Berneri, *Pensieri e battaglie*, pp. 65-75. Il Comitato Camillo Berneri lo datò «Berlino, 1930» (l'originale è privo di datazione).

169. Berneri, *L'esilio senza requie*. In ABC, FCB, cassetta I, è conservata la dichiarazione di arrivo di Camillo Berneri a Schaerbeek, rilasciata al competente Ufficio della popolazione, Servizio stranieri, il 22 dicembre 1928. A Berneri venne accordato un permesso di soggiorno di solamente qualche mese. Sulla difficile situazione degli esuli italiani a Bruxelles, nell'inverno 1928-1929, leggiamo alcune righe di una lettera del repubblicano Pietro Montasini (in quel periodo, vicesegretario generale della Concentrazione) a Fernando Schiavetti: «Ti annuncio che Padovani è moribondo nel Belgio. Me lo ha annunciato Berneri. La disoccupazione, la fame, le malattie preesistenti, il clima freddo e – forse – l'isolamento in cui è venuto a trovarsi, lo hanno rovinato. Seguendo il consiglio di Berneri, gli abbiamo mandate alcune centinaia di franchi e delle parole d'augurio». Lettera di Pietro Montasini a Fernando Schiavetti, Parigi, 5 febbraio 1929, in ISRT, AFS, sez. III (Raggruppamenti e partiti politici), b. 29, fasc. 71 (Concentrazione d'azione antifascista), s.fasc. 1 (Corrispondenza), ins. 6.

170. A questo proposito, si legga la corrispondenza di Berneri con Prezzolini del periodo dicembre 1928-gennaio 1929, in Berneri, *Epistolario inedito. Vol. II*, pp. 34-35. I due si erano conosciuti a Parigi, nel 1927 (cfr. Giuseppe Prezzolini, *Ricordo di Camillo Berneri*, 1962, in Id., *Prezzolini alla finestra*, Milano, Pan, 1977, pp. 157-161). Ha scritto Prezzolini: «Certamente appariva nella conversazione di una cultura non comune, come poi mi son accorto dalle sue citazioni negli scritti che ho letto di lui». «Siccome la parola di anarchico può metter spavento nel cuore o nella mente di più di una persona, debbo dire che nella storia dei tempi nostri non si è fatta la parte giusta e sufficiente al contributo degli anarchici; e soprattutto si son mescolati anarchici ed anarchici sotto una comune etichetta, che ha proibito il riconoscimento dei loro spiriti, appunto perché anarchici, differenti uno dall'altro» (pp. 158-159).

la spia fascista ne colse subito l'aria avvilita e depressa, e pensò di approfittare di quel momento di debolezza: «Ebbi l'immediata sensazione che potevo giuocarmi l'uomo».[171] Poco dopo, Berneri lasciò l'alloggio a Schaerbeek, per stabilirsi a Laeken, ma ben presto, in marzo, lasciò definitivamente Bruxelles, disperando di potervisi stabilire con la famiglia a causa dei continui fastidi che gli dava la polizia belga.

Aveva intenzione di andare in Svizzera. A Bruxelles, riuscì comunque a completare un libro a cui stava lavorando da alcuni mesi, *Lo spionaggio fascista all'estero*, che venne pubblicato nel 1929 dalla edizioni ESIL di Marsiglia, la piccola casa editrice che ruotava intorno al gruppo repubblicano-socialista guidato da Schiavetti.[172] Berneri presentava il suo lavoro come «il taccuino di un combattente, sul quale ho segnato, per alcuni mesi, quel che via via ho avuto occasione di leggere e di conoscere intorno all'attività degli informatori e degli agenti provocatori del fascismo».[173] Ironia della sorte, egli scriveva queste parole proprio mentre stava cadendo nella rete di Menapace. A libro appena uscito, scriveva a Schiavetti:

> Vorrei vederti, e invece, chissà quando ci potremo incontrare. In questi tempi sono molto nervoso. C'è una fiacca, una malavoglia, una rassegnazione intorno a me, che mi spaventano. E in me non abbastanza energia per fare da solo. [...]. Non ho ancor visto il libro. Il buffo è che tutti ne parlano. Credo andrà. Quanto prima procederò alla liquidazione di varî elementi del mio movimento. E così rimarrò solo, con gli amici.[174]

In queste parole troviamo ulteriore conferma della vicinanza che si stabilì, nei primi anni d'esilio, tra Berneri e Schiavetti. Riprendiamo, ora, a seguire il tortuoso percorso di Berneri fuori dalla Francia. Ad aprile era a Ginevra dove incontrò Sandro Pertini,[175] il quale era intenzionato a rientrare clandestinamente in Italia; ricordando l'incontro con Berneri, scrisse:

171. Ermanno Menapace, *Tra i «fuorusciti»*, Paris, Les Imprimeries Générales, [1932], p. 86.

172. L'acronimo ESIL stava per Edizioni della Sala di lettura «Italia Libera». La casa editrice era naturalmente controllata dalla polizia italiana: ACS, MI, PS, DAGR-AG, Categorie permanenti, F4, b. 102, fasc. «Edizioni sala Italia libera, Marsiglia».

173. Berneri, *Lo spionaggio fascista all'estero*, p. 5.

174. Cartolina postale di Camillo Berneri a Fernando Schiavetti, timbro postale: Bruxelles, 20.3.1929, in ISRT, AFS, sez. I, b. 3, fasc. 11.

175. Nota della Divisione polizia politica per la Divisione affari generali e riservati, Roma 13.4.1929, in ACS, CPC, b. 537, Berneri Camillo, fasc. II. Si veda anche il corriere

«Aveva progettato anch'egli, per suo conto, di rientrare clandestinamente in patria, ma a Losanna si accorse di essere pedinato e rinunciò al suo progetto, ritornando in Francia».[176]

All'inizio di giugno, prima di lasciare Ginevra, Berneri completò il numero unico «La Verità», che uscì a Parigi il 10 giugno.[177] Fu l'artefice di questa pubblicazione,[178] da lui fortemente voluta per rispondere alle polemiche che il suo libro sullo spionaggio, pubblicato immediatamente prima, aveva sollevato nell'ambiente del fuoruscitismo parigino. Particolarmente duro fu lo scontro tra Berneri e il popolare Giuseppe Donati.[179] Salvemini li conosceva bene entrambi e, sotto la scorta del suo giudizio, si è parlato giustamente di «un'amicizia mancata che avrebbe potuto dare notevoli frutti», tra il cattolico liberale Donati e l'anarchico di "frontiera" Berneri.[180] Scrisse Salvemini: [181]

> Mentre Donati cadeva nella rete di Carlo Bazzi, Berneri cadde nelle reti di Ermanno Menapace. Furono ben pochi i fuorusciti che non incapparono prima o poi in qualche rete di spionaggio. [...] Le spie lavoravano a compartimenti

urgente della Divisione polizia politica al console generale d'Italia a Ginevra e, per conoscenza, alla Divisione affari generali e riservati, Roma 10.4.1929, ivi.

176. *Sandro Pertini: sei condanne, due evasioni*, a cura di Vico Faggi, Milano, Mondadori, 1970, pp. 106-107 (ma si vedano, più in generale, le pp. 97-139).

177. «La Verità» (Parigi), numero unico, 10 giugno 1929. Berneri firma il primo, lungo, articolo (*Don Basilio Donati, diffamatore e denunciatore*) datandolo: «Ginevra, giugno 1929».

178. Cfr. Leonardo Bettini, *Bibliografia dell'anarchismo*, vol. I, tomo 2, *Periodici e numeri unici anarchici in lingua italiana pubblicati all'estero (1872-1971)*, Firenze, Crescita Politica, 1976, p. 128.

179. A questo proposito, si veda anche il fascicolo «La Verità» (Parigi), numero unico, 1929, in ACS, MI, PS, DAGR-AG, Categorie permanenti, F4, b. 94.

180. Cfr. Sauro Mattarelli, Paola Morigi, *Appunti sui rapporti tra Donati, Bergamo e Berneri*, in *Giuseppe Donati tra impegno politico e problema religioso*, Atti del Convegno Nazionale di Studi (Faenza, 2-4 ottobre 1981), a cura di Roberto Ruffilli e Pietro Scoppola, Milano, Vita e Pensiero, 1983, pp. 203-209: 206.

181. Salvemini, *Donati e Berneri*. Sulle «polemiche feroci» tra Berneri e Donati, si vedano anche: Salvemini, *Memorie di un fuoruscito*, pp. 98-104; Mimmo Franzinelli, *I tentacoli dell'Ovra. Agenti, collaboratori e vittime della polizia politica fascista*, Torino, Bollati Boringhieri, 1999, pp. 143-144. Dello scontro Berneri-Donati giunse notizia anche al Casellario politico centrale, il 7.4.1930, grazie ad informazioni pervenute dall'Ambasciata d'Italia a Parigi, aventi per oggetto proprio la «polemica Berneri-Donati» (in ACS, CPC, b. 537, Berneri Camillo, fasc. II). A causa dello scontro con Berneri, Donati fu espulso dall'Unione giornalisti italiani «Giovanni Amendola»: cfr. informazione confidenziale, Parigi 25.11.1929, in ACS, MI, PS, DAGR-AG, Categorie permanenti, G1, b. 246, fasc. 557.

stagni, e l'uno non sapeva dell'altro che era spia. Perciò avveniva talvolta che chi era accusato da una spia d'essere spia, era spia davvero. Savorelli aveva accusato pubblicamente Menapace di essere «agente di Mussolini»; Menapace si vendicò dando ai suoi amici le prove che Savorelli era lui la spia. Così fece un viaggio e due servizi: provocò la morte del suo denunciatore, e dimostrò di essere proprio un antifascista di quei buoni. Dopo che Savorelli fu ammazzato, Menapace soccorse in carcere l'uccisore, Pavan, con denaro e indumenti di lana. Berneri poteva, dunque, segnare a favore di Menapace non solo le garanzie di Miglioli e di Giannini, e questa opera di crocerossina, ma anche la testimonianza, diciamo così, negativa di Savorelli. Può essere spia un uomo che è accusato di essere spia da una spia, sulla quale non c'è nessun dubbio? Ecco perché Berneri diventò amico di Menapace e non fece mai pubblicamente mistero di quella amicizia.[182]
Visto che Donati frequentava il gruppo Bazzi-Savorelli-Rocca e C., Berneri accusò pubblicamente Donati se non di essere spia, di prestarsi inconsapevolmente al gioco di quelle spie. E visto che Berneri era amico di Menapace, Donati restituiva a Berneri accuse e insinuazioni a misura di carbone. Menapace stava dietro a Berneri, e Bazzi a Donati, aizzandoli l'uno contro l'altro [...]. Per essere giusti, Berneri aveva più ragione per fidarsi di Ermanno Menapace [...], che non ne avesse Donati per far comunella con un avventuriero ben conosciuto, quale era Carlo Bazzi.

Berneri tornò clandestinamente in Francia.[183] A Parigi viveva una condizione di inattività forzata: «Non posso andare a conferenze, non posso entrare in una biblioteca, non posso studiare né scrivere seriamente. Debbo vivere quasi isolato, affliggendomi dell'impossibilità di condurre a termine le ricerche che mi appassionano».[184] In una lettera dell'agosto 1929, Carlo Rosselli provava a rassicurarlo: «Stai tranquillo quanto al segreto della tua dimora. Mi sono allenato a funzionare da tomba».[185] Il mese precedente Rosselli e Lussu erano riusciti a fuggire dal confino di Lipari e – agli occhi di Berneri – il loro arrivo a Parigi migliorò subi-

182. La stessa giustificazione della fiducia accordata da Berneri a Menapace venne data da Fernando Schiavetti in un articolo intitolato *Menapace*, apparso in «Le Petit provençal» (Marseille) del 14 gennaio 1930 (lo si trova ritagliato in ACS, CPC, b. 4688, Schiavetti Fernando, fasc. II).

183. Nota della Divisione polizia politica per la Divisione affari generali e riservati, Roma, 11.6.1929, in ACS, CPC, b. 537, Berneri Camillo, fasc. II.

184. Berneri, *L'esilio senza requie*.

185. Lettera di Carlo Rosselli a Camillo Berneri, Parigi, 20 agosto 1929, in ABC, FCB, cassetta III.

to, e notevolmente, la situazione dell'antifascismo all'estero.[186] Proprio nel 1929, in Francia, Rosselli fondò Giustizia e Libertà, che si impose immediatamente come la formazione politica più nuova e originale del panorama antifascista italiano, dimostrandosi capace di coinvolgere e amalgamare personalità della tradizione socialista e di quella liberale.[187] In quei mesi, Berneri visse «clandestino» prima presso un amico pittore a Joinville Le Pont (Seine et Marne) e poi in casa sua.

In estate, «stanchi di vivere sotto l'incubo di avere la polizia alle calcagna», Camillo e Giovanna partirono con Menapace per una vacanza nel Lussemburgo. «Così affittammo per conto nostro due camerette presso dei contadini in un villaggio delle colline lussemburghesi, dove la vita meno cara che a Parigi ci avrebbe ricompensato delle spese di viaggio».[188]

Dopo la breve parentesi lussemburghese, i Berneri tornarono a Montreuil e Camillo diventò nuovamente «clandestino» in casa sua. Menapace passava qualche volta a trovarlo, fino a quando riuscì, in ottobre, a fargli accettare l'ospitalità in casa sua a Versailles.[189] Berneri finì, in questo modo, nella tela del ragno: «Menapace rendait à Berneri bien de petits services amicaux: par exemple il mettait à la poste de Paris les lettres que Berneri écrivait dans sa cachette de Versailles».[190]

Il documento appena citato, che fu preparato da Gaetano Salvemini insieme a Giovanna Caleffi, fornisce, nel suo complesso, una ricostruzione delle vicende da libro giallo che portarono Berneri a scontare diversi mesi di prigione nel periodo dicembre 1929-luglio 1931 (prima a Bruxelles, poi a Parigi). Più esattamente, fu redatto in vista del processo a Berneri svoltosi a Parigi il 15 ottobre 1930. Difficilmente un avvocato francese avrebbe potuto orientarsi nel «campo insidioso ed abietto dello spionaggio fascista all'estero» e dunque la moglie e il "maestro" di Berneri si adoperarono per

186. Lettera di Camillo Berneri a Luigi Fabbri, s.l., s.d., [ma, Parigi, seconda metà del 1929], in ABC, documento non catalogato.

187. Si veda *Carlo e Nello Rosselli (1937-2017)*, recente numero monografico della «Rivista storica del socialismo», 1 (2017).

188. Giovanna Berneri, *Una spia tra i fuorusciti. Il delatore viaggiante*, in «Il Mondo» (Roma), XIV, n. 5, 30 gennaio 1962, pp. 11-12.

189. Camillo Berneri, Appunti vari su Serracchioli, Menapace, Savorelli, in ABC, FCB, cassetta VIII.

190. [Gaetano Salvemini], testo dattiloscritto, in ABC, FCB, cassetta I. Per l'attribuzione del testo, si veda Giovanna Berneri, *Una spia tra i fuorusciti. Il Console poliziotto*, in «Il Mondo» (Roma), XIV, n. 4, 23 gennaio 1962, pp. 11-12.

raccogliere e organizzare la preziosa documentazione utile per la difesa dell'intellettuale anarchico.[191]

Un documento del genere – come diverrà evidente affiancandolo ad altri – presentava naturalmente una versione "di parte". Esso risulta, comunque, per molti versi affidabile, poiché offre delle fonti precise e si colloca coerentemente con gli altri documenti che riguardano questo periodo della vita di Berneri. Ricostruendo, a nostra volta, quelle intricate vicende, lo prendiamo allora in considerazione fin dall'inizio.

Il 2 gennaio 1930, la stampa italiana e quella francese furono narratrici di una clamorosa vicenda poliziesca. Una cospirazione dinamitarda era stata scoperta grazie alla sorveglianza della polizia italiana. Il 13 gennaio, una bomba sarebbe stata, altrimenti, lanciata a Ginevra contro il Ministro degli Esteri italiano Grandi, durante una riunione della Società delle Nazioni. Uno dei cospiratori aveva visitato Ginevra qualche settimana prima, ispezionando il palazzo della Società delle Nazioni: era l'anarchico Camillo Berneri. Lo stesso Berneri, comunque, era già stato arrestato a Bruxelles il 20 dicembre (1929).[192] Aveva con sé un passaporto falso, una rivoltella e una collezione di fotografie di Rocco, Ministro della Giustizia italiano: si sospettava che stesse preparando un altro attentato. Stavolta contro Rocco, che, il 27 dicembre, doveva fare una conferenza a Bruxelles.

La polizia italiana – proseguiva la stampa – aveva potuto intuire la preparazione dell'attentato di Ginevra grazie all'intercettazione di alcune lettere dell'anarchico italiano. In particolare, in una di queste egli invitava il corrispondente a tenere il «bimbo» in un luogo freddo e secco. La lettera era stata fotografata prima che fosse impostata.

Il 30 dicembre 1929, infine, la polizia francese, su suggerimento di quella italiana, aveva perquisito, a Parigi, la casa di Alberto Cianca, il corrispondente di Berneri, e, come previsto, era stato scoperto dell'esplosivo. Ecco il «bimbo» che bisognava tenere al sicuro. Con Cianca, erano stati arrestati Alberto Tarchiani e Giuseppe Sardelli. Si trattava di tre arresti illustri: Tarchiani era stato redattore del «Corriere della sera», Cianca direttore

191. Lo stesso Salvemini dedicò alcune pagine delle sue *Memorie di un fuoruscito* alle vicende che videro protagonista Berneri nel periodo 1929-1931 (pp. 126-135).

192. Si vedano anche il telegramma dell'Ambasciata d'Italia a Bruxelles al Ministero dell'Interno, 20.12.1929, e quello del console a Bruxelles all'Ambasciata d'Italia a Parigi, 21.12.1929, nei quali si informava dell'arresto di Berneri (li si legga entrambi in ACS, CPC, b. 537, Berneri Camillo, fasc. II).

del «Mondo» e Sardelli deputato socialista. I primi due erano elementi di spicco del movimento Giustizia e Libertà, fondato pochi mesi prima a Parigi da Carlo Rosselli. In un primo tempo, veniva fermato anche lo stesso Rosselli, subito rilasciato.[193]

Berneri era stato incastrato da Ermanno Menapace e, cadendo nella trappola, aveva, involontariamente, trascinato con sé i tre di Parigi. Quando, in carcere a Bruxelles, fu informato dal suo avvocato del fatto che una spia aveva fotografato le sue lettere e che una di queste aveva causato l'arresto di Cianca, Tarchiani e Sardelli, Berneri non poté che cadere in uno stato di stupore disperato. Comprese, finalmente, di essere stato ingannato da Menapace e, non appena gli fu possibile, scrisse una lettera al giudice istruttore di Parigi. Si dichiarò il solo responsabile della cheddite trovata nella casa di Cianca; cheddite avuta dal Menapace e collocata presso Cianca in custodia temporanea.

Naturalmente, era stato Menapace a fotografare le lettere di Berneri (sappiamo come) e sempre lui aveva condotto, con la sua automobile, Berneri a Ginevra, per creare – secondo la linea difensiva – delle prove a proposito di un attentato dell'anarchico alla Società delle Nazioni. Dopo essere tornati a Parigi, i due erano, poi, partiti, il 18 dicembre, per Bruxelles.

Il 20 dicembre 1929, la situazione era questa: Berneri veniva arrestato, a Bruxelles, «nei pressi della stazione Nord», dove attendeva Menapace che lì gli aveva fissato «l'appuntamento della partenza»;[194] la spia si allontanava, invece, dal Belgio con l'intenzione di raggiungere al più presto l'Italia. Quel giorno Berneri fu interrogato dalla polizia belga. Leggiamo un passo della sua dichiarazione che la *police judiciaire* trasmise al *juge d'instruction*: «Je ne projette aucun attentat en Belgique, mais je me propose de le faire éventuellement en Italie. Je n'avais encore rien précisé à ce sujet, d'ailleurs je l'ai déjà écrit dans des articles signés par moi».[195]

Effettivamente, già alla fine del 1927, Berneri era stato uno dei promotori di un comitato anarchico italo-svizzero finalizzato al compimento

193. A questo proposito, si veda l'informazione confidenziale, Bruxelles, 28.6.1930, in ACS, MI, PS, DPP, Fascicoli per materia, b. 68, fasc. 1 (Complotto Berneri per attentato alla Società delle Nazioni). Si veda, anche, Salvemini, *Memorie di un fuoruscito*, pp. 126-127.

194. Camillo Berneri, *Storia di un «complotto»*, in ABC, FCB, cassetta XXV, fasc. 20.

195. Police judiciaire, Interpellation de Berneri Camillo, Bruxelles le 20 décembre 1929, transmis à Monsieur le Juge d'Instruction, in ACS, MI, PS, DPP, Fascicoli per materia, b. 68, fasc. 1.

di attentati in Italia contro la persona di Mussolini o, eventualmente, contro i suoi luogotenenti.[196]

Tuttavia, nei mesi di clandestinità a Parigi, Berneri aveva raggiunto l'intendimento di colpire personalità del regime fascista anche all'estero. All'inizio del novembre 1929, in un'informazione confidenziale diretta a Roma, Ermanno Menapace aveva trascritto parte di una lettera di Berneri alla moglie:

> È con uno sforzo di volontà che mi decido a scriverti. Vorrei non pensar mai al dolore tuo, a quello della mamma, delle bimbe poiché è questo che mi rattrista. Rompere le mie abitudini di lavoro intellettuale, che sono così gran parte della mia vita da ormai non pochi anni; rinunciare alla vita e alla libertà che ne è il sangue; rinunciare al tepore degli affetti, tutto questo è un grande sacrificio, ma non è che ben poco di fronte al vostro dolore. Mai come ora rimpiango per te di averti accomunata al mio destino. [...] Non potevo veder nel domani. E credo che il ricordo dei momenti di gioia, dei periodi di calma, ed il pensiero dei comuni sogni di libertà e di giustizia varranno a compensarti un poco del ricordo delle tristezze, dei timori, delle disillusioni della nostra vita in comune. [...]. Non pensare a me, ma a coloro che esulteranno, vedendo una luce nel buio di una notte della quale dubitano vedere l'aurora. [...]. Pensa che delle madri che piangono ogni giorno sul figlio sepolto vivo per anni ed anni in un carcere avranno un sollievo di speranza.[197]

Alcuni giorni dopo, in una lettera a Cianca affidata a Menapace per la spedizione, Berneri scriveva:

> Il mio proposito è fermo più che mai. Ma la passione mi ha fatto trascurare il problema dei miei doveri verso i miei. Mia madre, vecchia, debole, sarà schiantata dalla bufera; mia moglie in un periodo di debolezza nervosa, dovuta al *surmenage* quotidiano, è meno pronta di altre volte a sostenere l'urto. Ma sono abbastanza forte per essere crudele. Quello che ho trascurato, anzi al quale non ho neppur pensato, è la rovina economica della mia famiglia. [...]. Ecco come stanno le cose.
>
> Mia moglie, per sgravare il magro bilancio di casa nostra dal peso dell'affitto, ha accettato dai suoi genitori l'offerta di un «prestito amichevole» per

196. Nota della Divisione polizia politica per la Divisione affari generali e riservati, Roma, 17.12.1927, in ACS, MI, PS, DAGR-AG, Categorie annuali, 1929, K1-A (Movimento anarchico), b. 195, fasc. «Belgio». Questo documento pur essendo del 1927 si trova nella categoria annuale 1929 K1-A.

197. Informazione confidenziale [di E. Menapace], Parigi, 4.11.1929, in ACS, MI, PS, DPP, Fascicoli per materia, b. 68, fasc. 1.

costruirsi una casetta. Per le leggi francesi sono stato obbligato a firmare il contratto di acquisto sul terreno. Sono quindi comproprietario della casa. Una condanna, avendo una proprietà, implicherebbe, per il risarcimento dei danni, la vendita e relativa confisca della mia parte. Per evitare questo occorre un atto notarile di cessione a favore di mia moglie e delle bambine [...]. Lo farò più presto che mi sarà possibile, ma dovrò, se le spese sono un po' forti, fare un debito. E non so, ora, a chi potrò rivolgermi. In casa siamo al verde. [...] Potrebbe trovar chi (ho la possibilità di assicurare la restituzione) mi potesse imprestare la somma occorrente per questa pratica notarile?[198]

Come emerge da una ricostruzione successiva della stessa Giovanna Caleffi, Berneri si era procurato l'esplosivo autonomamente, negli ambienti anarchici, e lo aveva affidato in custodia a Cianca.[199] Anche Tarchiani e Rosselli erano informati del piano d'azione, che aveva come obiettivo i delegati italiani alla Società delle Nazioni e che sarebbe stato messo in atto in occasione della seduta del 13 gennaio 1930.[200]

Sulla consonanza creatasi tra movimento anarchico e movimento giellista in nome di azioni audaci ed atti esemplari, non escluse azioni terroristiche dimostrative e attentati alla vita di esponenti del regime, esistono già importanti riferimenti storiografici.[201] Questa vicinanza si manifestò, ad esempio, nella comune reazione favorevole di fronte all'attentato di Fernando De Rosa al principe Umberto di Savoia in visita a Bruxelles (ottobre 1929), a poche settimane di distanza dalla nascita di GL. E De Rosa era un grande amico di Camillo Berneri.[202] A distanza di tempo, a proposito dei legami tra GL e le azioni terroristiche, Alberto Tarchiani ammise che Giustizia e Libertà ebbe responsabilità in alcuni attentati «ed in altri che, in via di studio, di preparazione o esecuzione, non ebbero seguito e non se

198. Lettera di Camillo Berneri ad Alberto Cianca, [Versailles, 15 novembre 1929], copia dattiloscritta da una spia [E. Menapace], ivi.

199. Cfr. Giovanna Berneri, *Una spia tra i fuorusciti. «L'homme à la gabardine»*, in «Il Mondo» (Roma), XIV, n. 6, 6 febbraio 1962, pp. 11-12.

200. Informazione confidenziale [di E. Menapace], Parigi 16.11.1929, in ACS, MI, PS, DPP, Fasciscoli per materia, b. 68, fasc. 1. Si veda, ivi, anche la nota della Direzione generale della pubblica sicurezza per il Ministero degli Affari esteri, [Roma, metà dicembre 1929].

201. Si veda, ad esempio, Santi Fedele, *Carlo Rosselli e gli anarchici italiani*, in Id., *Il retaggio dell'esilio. Saggi sul fuoruscitismo antifascista*, Soveria Mannelli, Rubbettino, 2000, pp. 95-108: 95-99.

202. Cfr. Berneri, *Una spia tra i fuorusciti. Il delatore viaggiante*.

ne seppe mai nulla».[203] Accennando, peraltro, al caso Berneri-Menapace, Tarchiani parlò di una «montatura» da parte della spia; confermando la tesi difensiva che gli imputati avevano sostenuto nei tribunali francesi.[204]

L'arresto di Berneri – che la polizia politica di Roma aveva pensato di provocare, per la fine di dicembre, a Parigi – avvenne, a causa della repentina partenza di Berneri per il Belgio, a Bruxelles[205] e mandò, effettivamente, all'aria il complotto per l'attentato alla Società delle Nazioni.[206]

Se – come d'altra parte emerge con chiarezza dalle carte di polizia – il complotto di Bruxelles fu, in realtà, una messinscena funzionale all'arresto di Berneri, ci sembra, invece, credibile – sempre sotto la scorta delle carte della polizia politica – il fatto che il complotto di Ginevra fosse effettivamente in atto.

Le azioni contro il regime fascista a cui pensava Berneri, «anima dannata dell'antifascismo», erano, secondo la polizia politica, due: quella contro i delegati italiani alla Società delle Nazioni e un'altra che intendeva colpire un nodo ferroviario italiano.[207] A questo punto non resta che occuparsi delle conseguenze giudiziarie di quanto accadde in quei mesi.

A Parigi, in seguito alla lettera di Berneri al giudice istruttore, Sardelli e Tarchiani erano assolti in camera di consiglio,[208] mentre Cianca (il

203. Alberto Tarchiani, *«Giustizia e Liberta» a Parigi*, introduzione a *Quaderni di «Giustizia e Libertà»*, ristampa fototipica, Torino, Bottega d'Erasmo, 1975, 1ª ed. 1959, pp. 1-18: 7 e 8. «[GL] adottò la regola di non indurre nessuno a quel tipo di imprese con la predicazione specifica o con la personale suggestione; dette modo a chi fortemente volesse, per sua libera risoluzione, di compiere gesti che egli considerava doverosi, necessari, fine stesso della sua vita. [...]. Quei pochi uomini che s'immolarono stoicamente per la riconquista della libertà italiana erano animati da un irrefrenabile spirito di rivolta e dalla convinzione fermissima di aver diritto a colpire, sentimenti che agitavano ed esasperavano molti emigrati, e soprattutto i gruppi anarchici che, in quel campo, dettero la più alta prova di coraggio e di sacrificio».

204. Ivi, pp. 14-15.

205. Informazione confidenziale [di E. Menapace], Bruxelles 20.12.1929, in ACS, MI, PS, DPP, Fasciscoli per materia, b. 68, fasc. 1.

206. Informazione confidenziale, Ginevra 24.1.1930, in ACS, MI, PS, DAGR-AG, Categorie annuali, 1930-1931, K1-A, b. 403, fasc. «Svizzera».

207. Nota della Divisione polizia politica per il Ministero degli Affari esteri, Roma, 27.12.1929, in ACS, MI, PS, DPP, Fasciscoli per materia, b. 68, fasc. 1.

208. Sardelli era stato arrestato perché compagno di appartamento di Cianca. Tarchiani non era stato trovato in possesso di esplosivo e non c'erano altre prove contro di lui. Per organizzare la difesa dei tre imputati di Parigi (in particolare quella di Tarchiani), si adoperò anche Gaetano Salvemini: si veda la lettera di Gaetano Salvemini ad Alberto Tarchiani,

solo a essere stato trovato in possesso di esplosivo) sopportò tre mesi e mezzo di detenzione, prima di essere messo in libertà provvisoria, sempre in attesa del processo.[209]

Il 22 febbraio ebbe luogo a Bruxelles il processo di Berneri. Il giudice lo condannò a 5 mesi di prigione (7 per Menapace, già in Italia). Durante l'udienza intervenne come teste per la difesa anche il giurista cattolico-liberale Francesco Luigi Ferrari,[210] che in quel periodo collaborava a «Le Soir», uno dei più importanti giornali di Bruxelles, dove redattore capo era August D'Arsac (pseudonimo di August Cauvin), giornalista italofrancese decisamente antifascista e «nemico giurato» di Mussolini, con un passato caratterizzato da simpatie anarchiche e antimilitariste.[211]

Il 4 giugno si svolse a Parigi il processo contro Cianca, Berneri e Menapace: il giudice condannava Cianca a tre mesi di prigione con so-

Cambridge, Mass., 5 marzo 1930, in ISRT, Archivi di «Giustizia e Libertà» (AGL), Fondo Alberto Tarchiani (FAT), b. 5, fasc. 1 (Carteggi), s.fasc. 55 (Gaetano Salvemini).

209. Teleposta dell'Ambasciata d'Italia a Parigi, 10.4.1930, in ACS, CPC, b. 537, Berneri Camillo, fasc. II.

210. Cfr. Francesco Luigi Ferrari, *Scritti dell'esilio. Vol. I*, a cura di Maria Cristina Giuntella, Roma, Edizioni di Storia e Letteratura, 1991, p. 65. Sotto lo pseudonimo di L. Seurre, nel numero di «Le Soir» del 15 luglio 1931, Ferrari fece riferimento al complotto Menapace (cfr. ivi, p. 144). Proprio in occasione di quelle vicende processuali, Berneri approfondì la conoscenza di Ferrari, di cui apprezzava le qualità umane e di studioso. All'inizio del 1930, dalla prigione belga di Forest, scriveva alla moglie: «Moi aussi j'ai une bonne opinion de Ferrari. Lorsque je l'ai connu, dans l'hiver passé, je me suis dit: "Voilà une figure ouverte"» (lettera di Camillo Berneri ai famigliari, «Ma chère Jeanne, moi aussi ...», prigione di Forest, [gennaio 1930], in ABC, documento non catalogato). In un articolo della primavera del 1929, Berneri aveva citato un'importante opera di Ferrari, *Le régime fasciste italien*, definendolo un «bel libro» (Camillo Berneri, *Interventismo e fascismo*, in «Il Risveglio anarchico», Ginevra, n. 771, 1929, p. 8). Tra Ferrari e Berneri poté rivelarsi, crediamo, una certa affinità morale. Basti leggere, infatti, alcune scomode parole di Ferrari sull'esperienza dell'esilio: «Gli emigrati politici sono dei vinti che, nell'esilio, patiscono la pena degli errori commessi, del loro difetto di comprensione, delle piccole rivalità di clan e di partito» (cit. in Gabriele De Rosa, Presentazione a Francesco Luigi Ferrari, *Il regime fascista italiano*, a cura di Giuseppe Ignesti, Roma, Edizioni di Storia e Letteratura, 1983, pp. VII-X: X). Berneri avrebbe immediatamente sentito come sue queste parole e, del resto, si espresse in maniera molto simile nel corso degli anni Trenta: «Soltanto i nauseati dell'esilio possono intendersi tra loro. Soltanto possono unirsi in pattuglia di punta coloro che considerano l'esilio come un peccato che bisogna scontare, come una vergogna della quale bisogna redimersi ...». Camillo Berneri, *Prefazione* (di *Esilio*), in ABC, FCB, cassetta XII.

211. Relazione sul processo Berneri-Menapace inviata in data 24.2.1930 dal Consolato d'Italia a Bruxelles, in ACS, CPC, b. 537, Berneri Camillo, fasc. II.

spensiva, Berneri, contumace (incarcerato in Belgio), a 6 mesi, e Menapace, anch'egli assente, a due anni. A sostegno di Cianca intervenne l'ex ambasciatore a Parigi ed ex ministro degli Esteri Carlo Sforza, già vicino all'Unione nazionale delle forze liberali e democratiche di Giovanni Amendola, mentre la posizione di Berneri venne quantomeno trascurata dalla difesa.[212] Con un'amara lettera indirizzata a Carlo Rosselli, Giovanna Caleffi ci consente di fare luce sui retroscena del processo.

Come si è detto, in quei primi mesi del 1930 Caleffi si era impegnata per organizzare la difesa del marito, in stretto contatto con Gaetano Salvemini. Berneri non aveva alle spalle un partito organizzato, era sostanzialmente una personalità singola e indipendente, e proprio la rete di sostegno formata dagli affetti familiari e dal soccorso degli amici risultò fondamentale – negli anni spesso drammatici dell'esilio – per rendere possibile la sua stessa attività politica. Proprio in occasione dei processi di Bruxelles e di Parigi, Giovanna esplicitò per la prima volta la volontà di difendere la memoria pubblica del marito, un ruolo che sviluppò, in circostanze ancora più dolorose, negli anni successivi.

> Ho riflettuto che, benché io non abbia ragione alcuna per rifiutare la somma di danaro offertami da una persona per la quale io ho la più grande stima, è bene che prima di accettare io aspetti l'uscita di Camillo il quale potrà rendersi conto della nuova situazione creatasi intorno a lui. Questa ragione, spero, non offenderà la persona, che animata certamente dal solo desiderio di aiutarci, ci ha fatto l'offerta e non vorrei che il mio rifiuto venisse interpretato come ingratitudine.
> E giacché ci siamo due parole sul processo: sono stata felicissima dell'esito e Camillo, pure, ne sarà contento. Ò capito, anche, che la presenza di questi sarebbe stata inopportuna, non per l'interesse personale, ma per quello di Cianca e, forse, della causa antifascista poiché, con la presenza di Camillo, sarebbe venuto a mancare un testimonio del valore e dell'importanza di Sforza. Camillo si considera già un morto [(non parla e non parlerà)], ma penso che alla moglie è permesso difenderne la memoria, tanto più quando questa difesa è fatta nei limiti dell'onestà e delle necessità politiche.
> Lei sa che Camillo voleva venire, che per convincerlo del contrario si è fatto intercedere il conte Sforza, si è mandato M.[ontasini] fino a Bruxelles, si sono fissati colloqui con noi ecc. ecc. Ora mi era stato assicurato

212. Un resoconto del processo parigino del 4 giugno è contenuto nel telegramma-posta dell'Ambasciata d'Italia a Parigi, 5.6.1930, avente per oggetto il «Processo Cianca Alberto», in ACS, CPC, b. 537, Berneri Camillo, fasc. II.

con una lettera di P.[ietro] M.[ontasini] 15-5-1930 che Torres [(Henry Torrès, l'avvocato di Cianca)], amici e testimoni avrebbero spiegato il motivo dell'assenza di Camillo. Questo non è stato fatto: non muovo rimproveri a nessuno per la promessa venuta meno, ma faccio notare che Torrès avrebbe potuto dire una parola che mettesse Camillo in una luce migliore senza, per questo, danneggiare la difesa del suo cliente. Al contrario ha gettata una nuova ombra definendo singolare la personalità di mio marito [...] ne sono rimasta ferita [...].
Camillo è contento della condotta che si è imposta; condotta che avrebbe seguito, anche, se l'unica prova di amicizia che gli è stata data, quella di non dubitare della sua buona fede, fosse venuta meno. Avrebbe scontato un po' più amaramente, di quello che non abbia fatto, un errore nel quale anche altri potevano cadere.
E quando, e questo sono io a dirlo, certi errori si scontano con un coraggio morale ed una generosità non comuni, tanto da permettere con grande *gioia nostra*, il trionfo delle proprie vittime, si può ancora essere contenti di noi stessi. Pretendiamo troppo, forse? No, poiché Camillo sarà ben contento, di pagare da solo le spese morali e materiali del suo errore.
Dopo questo il silenzio da parte nostra continuerà.
Coi migliori auguri per lei, per i suoi amici, che con noi partecipano alla lotta antifascista.[213]

Rispondendo a Giovanna Berneri, Rosselli chiudeva la questione tracciando un bilancio generale che vedeva nel processo appena conclusosi «una netta vittoria per l'antifascismo ed una perfetta riaffermazione della purità delle intenzioni di Cammillo». Una frase più, una frase meno non contavano. Era, invece, importante, secondo Rosselli, che Berneri prendesse «una decisione radicale», togliendosi dalla mischia, e trovando una «sistemazione» stabile per lui e per la famiglia: «Finché i tempi non matureranno in Italia e non sorgerà anche per lui la possibilità di fare e di sacrificare, egli dovrebbe avere il coraggio di abbandonare la lotta attiva, in primo piano, in cui incontrerebbe troppe diffidenze e troppi ostacoli, per darsi ad una attività prevalentemente intellettuale. Occorre che si renda conto che, almeno qui in Francia, per lui non rimane *nessuna* possibilità di azione».[214]

213. Lettera di Giovanna Caleffi Berneri a Carlo Rosselli, Montreuil s/Bois (Seine), 6 giugno 1930, in ISRT, AGL, Fondo Carlo Rosselli (FCR), b. 1, fasc. 1 (Carteggi), fasc. 12 (Giovanna Berneri).

214. Lettera di Carlo Rosselli a Giovanna Caleffi Berneri, Parigi, 17 giugno 1930, in ABC, Fondo Giovanna Caleffi Berneri (FGB), cassetta XX.

Le nette parole di Rosselli erano effettivamente giustificate considerando l'atteggiamento che si era diffuso nei confronti di Berneri nell'ambiente del fuoruscitismo. «Tutte le ire» degli elementi della Concentrazione erano rivolte «contro quel "*cretino*"» di Berneri: «Durante la riunione – informava una spia – non si è parlato d'altro che della turlupinatura di Menapace».[215] Addirittura, poi, negli ambienti comunisti Berneri veniva accusato di essere «un agente provocatore del Regime Fascista».[216]

Al di là delle facili offese e delle calunnie, le considerazioni più interessanti sulla disavventura di Berneri sono quelle che si leggono in una lettera di Luigi Fabbri a Errico Malatesta. Dalle affettuose parole di Fabbri emerge la distanza tra generazioni diverse: «Ho ricevuto finalmente lettere dall'Europa, e da tutte le parti mi si scrive che Camillo è un gran ingenuo, cascato nella prima buca che ha trovato sul suo cammino, e cascatoci proprio a capo fitto malgrado avvertimenti vari, ma che è sempre un buon figliuolo, in piena buona fede, sincero e disinteressato. [...] Ciò che fa più torto, secondo me, a Camillo è l'essere stato in passato sempre un po' troppo severo con gli altri e di non aver seguito lui stesso i consigli dati tante volte agli altri. Ma questo è il solito difetto dei giovani, di credersi più furbi degli altri, e quindi esonerati dal seguire i buoni consigli... compresi i propri. Speriamo che gli giovi, ma che non si abbatta (cosa che non credo)».[217]

Il 16 maggio 1930, scontati i 5 mesi di prigione, Berneri venne espulso dal Belgio, verso l'Olanda. Il 19 maggio fu arrestato sul treno Roosendaal-Rotterdam. Andava a Rotterdam per ottenere, dal console di Francia, un salvacondotto («sauf-conduit»), che gli permettesse di essere presente, a Parigi, al processo del 4 giugno. Berneri avrebbe voluto, infatti, confermare le sue dichiarazioni a proposito della cheddite, chiarire ulteriormente la sua condotta e fare conoscere i maneggi loschi («agissements louches») di Menapace. Fu costretto, invece, dalla polizia olandese a salire sul treno diretto Roosendaal-Anversa, con un foglio di *refoulement*. Il 22 maggio,

215. Informazione confidenziale, Parigi, 13.1.1930, in ACS, MI, PS, DPP, Fasciscoli per materia, b. 68, fasc. 1. Puntualizzava la spia: «Ma... la cheddite presso Cianca esiste e sussiste e non si può negare».

216. Informazione confidenziale, Parigi, 3.1.1930, ivi.

217. Lettera di Luigi Fabbri a Errico Malatesta, Montevideo, 21 marzo 1930, in ACS, CPC, b. 2952, Malatesta Enrico, fasc. 10. Malatesta e Fabbri continuarono a preoccuparsi della sorte del «giovane» Berneri: si vedano, nel fascicolo appena citato, le lettere di Fabbri a Malatesta del 1.5.1930, del 3.7.1930 e del 18.8.1930. Si tratta di copie ds. trasmesse dalla Divisione polizia politica alla Divisione affari generali e riservati.

veniva arrestato dai gendarmi belgi: automaticamente, scattò per lui una condanna a un mese di prigione per infrazione al decreto di espulsione («rupture du band d'expulsion»).[218] «E così, la sera stessa, dormivo in prigione. Nel cortile, all'aria, ritrovo una vecchia conoscenza: un ladruncolo spagnolo che, uscito di prigione a Bruxelles, vi è rientrato ad Anversa. Mi strizza l'occhio con l'aria di dire: "anche tu hai poca fortuna"».[219]

Nuovamente incarcerato in Belgio, Berneri manifestò più volte il desiderio di presentarsi alle autorità francesi per affrontare il processo con Cianca. Quest'ultimo, però, come si è visto, preferì non avere in aula l'anarchico. E ciò convinse Berneri a rinunciare.[220]

Scontato il mese di prigione (per la maggior parte nel carcere di Bruxelles), il 22 giugno 1930 Berneri fu espulso dal Belgio, questa volta verso il Lussemburgo. Meditava di andare presto in Francia per opporsi alla sentenza («faire opposition au jugement») che lo aveva, intanto, condannato a 6 mesi di prigione, ma, sentiva, prima, il bisogno di rimettersi in salute. Era, infatti, indebolito dai mesi passati dentro le prigioni belghe e dai numerosi viaggi di traduzione.[221] La gendarmeria lussemburghese, però, precipitò la sua entrata in Francia, impedendogli anche di entrarvi con un salvacondotto.

Il 12 luglio, Berneri veniva costretto a passare la frontiera francese: «A soli cinquanta metri di distanza, vengo arrestato da due gendarmi francesi».[222] Berneri fu processato per infrazione al decreto di espulsione e assolto il giorno 22 luglio; a questa data ottenne, dal procuratore della repubblica di Briey, un salvacondotto per recarsi a Parigi e presentarsi al procuratore della repubblica della Seine.

Proprio perché contumace, Berneri aveva diritto al riesame del suo caso.[223] Il 31 luglio, la tredicesima Camera correzionale («Chambre correctionnelle») rinviava tutto al 15 ottobre. «Rimandato il processo, credevo

218. Berneri, Note autobiografiche discontinue. Si vedano anche due serie di informazioni confidenziali provenienti da Bruxelles trasmesse dalla Divisione polizia politica al Casellario politico centrale (dove giunsero il 7.6.1930 e il 27.6.1930), in ACS, CPC, b. 537, Berneri Camillo, fasc. II.

219. Berneri, *L'esilio senza requie.*

220. Informazioni confidenziali da Parigi trasmesse dalla Divisione polizia politica al Casellario politico centrale (vi giungono il 27.6.1930), in ACS, CPC, b. 537, Berneri Camillo, fasc. II.

221. Berneri, Note autobiografiche discontinue.

222. Berneri, *L'esilio senza requie.*

223. Si veda un'informazione confidenziale del 20.7.1930, in ACS, MI, PS, DPP, Fasciscoli per materia, b. 68, fasc. 1.

poter rimanere in Francia fino al 15 ottobre. Il giorno seguente a quello del rinvio due ispettori di polizia mi arrestavano in casa mia e mi conducevano alla stazione dell'Est, al treno per Berlino».[224] Si trattò di un abuso da parte della polizia, come emergeva dalla lettera che, il 2 agosto 1930, Robert Lazurick, l'avvocato di Berneri, indirizzò al ministro dell'Interno:

> Je viens d'apprendre avec stupéfaction que mon client le professeur italien Bernieri, qui est actuellement l'objet de poursuites devant une juridiction correctionnelle française, vient d'être expulsé de France.
> Il s'agit là d'une mesure de police sans précédent [...]. Mon client avait comparu, jeudi dernier, devant la 13ª chambre correctionnelle du tribunal de la Seine comme prévenu libre. Sans qu'il ait sollicité, le tribunal, après avis du ministère public, a décidé le renvoi de son affaire au 15 octobre prochain et, persuadé que Bernieri se représenterait à cette date, l'a laissé en liberté provisoire.
> Mais hier, vos services, se plaçant au-dessus de la justice, ne pouvant arrêter mon client, l'ont refoulé hors de notre territoire.
> Une telle mesure, que n'hésite pas à qualifier d'illégale, porte atteinte au droit le plus sacré dont dispose, en France, tout prévenu: celui de rester en relation directe avec son défenseur. [...] Il n'est donc pas possible, monsieur le ministre, que vous mainteniez, après examen du cas Bernieri, une décision qui, si elle était confirmée, entraverait le cours de la justice et constituerait un véritable attentat contre la liberté individuelle.
> Je me joins à Mme Bernieri pour vous demander de rapporter la décision prise contre son mari au mépris du Droit.[225]

Berlino, dunque. D'altra parte, non c'era più molta scelta: il 1° agosto 1930, invitato a lasciare la Francia («invité à quitter la France»), a Berneri non rimanevano che due frontiere: la Germania e la Spagna. Berneri poté ritornare in Francia, con un breve permesso, in occasione del suo processo, fissato per il 15 ottobre 1930. Nei due mesi precedenti, Giovanna Caleffi e Gaetano Salvemini si erano adoperati per organizzare l'azione legale.

224. Berneri, *L'esilio senza requie*.

225. Questa lettera di Lazurick (Parigi, 2 agosto 1930) fu pubblicata in «L'Oeuvre» (Paris), 3 agosto 1930. Si trova ritagliata in ACS, CPC, b. 537, Berneri Camillo, fasc. II. Anche la Lega francese dei diritti dell'uomo protestò per l'espulsione di Berneri, chiedendo gli fosse concessa un'autorizzazione di soggiorno per potere preparare la sua difesa: cfr. telespresso del Ministero degli Affari esteri, Roma, 9.9.1930, in ACS, MI, PS, DAGR-AG, Categorie annuali, 1930-1931, I4-1 (Movimento antifascista all'estero), b. 387, fasc. «Italiani espulsi da Stati esteri, 1929-1931».

Così l'avvocato di Berneri ne informava il suo assistito in una lettera del 16 settembre:

> Depuis votre départ précipité, vous savez que je me suis employé à obtenir votre réintégration en France, mais malheureusement mes efforts n'ont pas encore abouti.
> Je crois qu'ils parviendront seulement à vous faire obtenir un sauf-conduit qui vous permettra de venir en France quelques jours avant votre procès.
> Au sujet de celui-ci, j'ai eu de fréquents entretiens avec votre vaillante femme et je suis sûr, comme vous, que nous en ferons un grand et utile procès.
> Je me suis également mis en rapport avec le professeur S.[alvemini] qui m'a fourni de très intéressants renseignements, qui vous seront sans doute communiqués et sur lesquels vous pourrez m'écrire vos reflexions.[226]

Una relazione fiduciaria del 10 ottobre 1930[227] informava Roma del ritorno di Berneri a Parigi. Era rientrato da un paio di giorni con regolare salvacondotto e aveva raggiunto la famiglia a Montreuil-sous-Bois. Si era impegnato a rimanere «tranquillo» e a non fare politica attiva. Dopo il processo del 15, intendeva fare appello e sperava di poter rimanere in Francia tutto il periodo che sarebbe passato in attesa dell'appello.

Proprio la sera del 10 ottobre era previsto a Parigi un comizio in suo favore, che si inseriva all'interno di una campagna di agitazione pro-Berneri promossa dal settimanale anarchico «Le Libertaire», nelle pagine del quale già durante l'estate precedente era stata dedicata molta attenzione alla vicenda giudiziaria che vedeva coinvolto l'anarchico italiano.[228] Duemila manifesti erano stati affissi nella capitale, in parte rimossi e stracciati dalla polizia parigina.[229] Nella sala «des Sociétés Savantes», in rue Danton, si radunarono

226. Lettera di Robert Lazurick a Camillo Berneri, Paris, 16 septembre 1930, in ABC, FCB, cassetta III. Si veda, anche, la lettera di [Alceste De Ambris] al Segretario generale della Ligue Française des Droits de l'Homme, Parigi, 7 ottobre 1930, in ABC, FCB, cassetta XXV, fasc. 14. De Ambris era il presidente della Lega italiana dei diritti dell'uomo (LIDU), associazione aderente alla Concentrazione antifascista.

227. Proveniente da Parigi, in ACS, CPC, b. 537, Berneri Camillo, fasc. II.

228. L'intera prima pagina del 30 agosto 1930 era stata dedicata dal «Libertaire» al caso Berneri.

229. Due esemplari del manifesto sono conservati in ACS, MI, PS, DAGR-AG, Categorie annuali, 1930-1931, K1-A, b. 401, fasc. «Francia». Vi si legge: Berneri, «antifasciste militant», «a été expulsé de France, de Belgique, de Hollande, du Luxembourg, la Suisse lui est interdite et l'Allemagne le tolère jusqu'au 15 Octobre, date à laquelle il doit rentrer en France se défendre devant les tribunaux». I manifesti sono accompagnati da un telespresso del Ministero degli Affari esteri, Roma, 7.11.1930, che trasmetteva un rapporto dell'Ambasciata

comunque 400 persone, fra cui una cinquantina d'italiani, per la maggior parte anarchici. Balzava agli occhi l'assenza dei vertici dei partiti della Concentrazione antifascista. Presero la parola, tra gli altri, l'avvocato Robert Lazurick e l'intellettuale e pedagogista anarchico Sébastien Faure. Gli oratori biasimarono la condotta della polizia e del governo francese, che di fatto avevano reso un servizio al fascismo italiano, espellendo Berneri, «vittima di agenti provocatori fascisti».

Il 16 ottobre, l'Ambasciata d'Italia a Parigi rendeva conto del processo Berneri del giorno precedente.[230] Davanti alla 13ª Camera correzionale del Tribunale della Senna l'anarchico italiano affermò che, nell'affare degli esplosivi, era stato ingannato da Menapace. Tra i testimoni in sua difesa, era arrivata da Marsiglia l'operaia Rina Belloni che spiegò come l'ex Console d'Italia in quella città, Barduzzi, fosse arrivato a offrirle 10.000 franchi affinché essa dichiarasse che Berneri trasportava delle bombe. Su questa linea, intervenne anche il deputato socialista Ernest Lafont affermando che in Francia esisteva tutta una rete di agenti fascisti impegnati a sorvegliare i fuorusciti e a provocare disordini. Nella sua arringa, infine, l'avvocato Lazurick stigmatizzava l'operato dei consoli italiani in Francia, che denunciavano gli antifascisti eseguendo di fatto un servizio di polizia. Nonostante questo impianto difensivo, il Tribunale confermava la precedente condanna del Berneri a sei mesi di prigione e 500 franchi d'ammenda, senza beneficio di sospensione.

Berneri venne autorizzato a risiedere in Francia in attesa del giudizio di Appello.[231] Il ricorso venne discusso il 12 novembre.[232] La condanna da sei mesi fu portata a un anno (mantenendo l'ammenda di 500 franchi), ma Berneri non venne arrestato immediatamente: con ogni probabilità, i giudici speravano in questo modo di spaventarlo e di indurlo a fuggire, rendendo un servizio alla polizia. Berneri tenne duro e rimase a Parigi. In una lettera a Luigi Fabbri, scriveva:

d'Italia a Parigi circa lo svolgimento del comizio indetto dal Comité du Droit d'Asil per il 10 ottobre. Sulla campagna di agitazione pro-Berneri promossa da «Le Libertaire», si veda anche la nota della Divisione polizia politica per la Divisione affari generali e riservati, Roma, 28.10.1930, in ACS, MI, PS, DAGR-AG, Categorie permanenti, G1, b. 292, fasc. 789 (Comitato internazionale libertario per l'assistenza ai prigionieri politici, Comitato anarchico).

230. Telegramma-posta dell'Ambasciata d'Italia a Parigi, 16.10.1930, in ACS, CPC, b. 537, Berneri Camillo, fasc. II.

231. Telegramma-posta dell'Ambasciata d'Italia a Parigi, 31.10.1930, ivi.

232. Stralcio del telegramma-posta dell'Ambasciata d'Italia a Parigi, 13.11.1930, ivi.

Mi hanno lasciato fuori e mi lasceranno fino alla Cassazione, dalla quale non c'è nulla da sperare, trattandosi di una formalità. Dato che l'agitazione per il diritto d'asilo è stata fatta in mio nome, abbiamo deciso che farò la prigione. Saprai che m'hanno, in appello, raddoppiata la pena. Ora ho un anno, cioè otto o nove mesi, poiché il regime cellulare comporta una riduzione.[233]

Il 14 dicembre, ancora in attesa dell'esito del ricorso, Berneri venne nuovamente arrestato ed espulso dalla Francia. Fu accompagnato alla frontiera tedesca.[234] La polizia francese non riuscì, però, a sbarazzarsene. A distanza di poche ore dall'arresto, da Strasburgo, Berneri scriveva una cartolina alla moglie: «In seguito mio rifiuto passare di nascosto in Germania, oggi si sono decisi, su istruzioni di Parigi, a lasciarmi qui».[235] Grazie all'«attivo interessamento» dell'avvocato Lazurick, ottenne un nuovo *sursis* di quindici giorni alla sua espulsione, a condizione però di restare a Strasburgo.[236] Successivamente, gli fu concesso di tornare in famiglia. Alla fine di gennaio, «secondo attendibili informazioni fiduciarie», era ancora a Montreuil: «Per una tacita convenzione con le Autorità locali, egli sarà tollerato sul territorio francese sino al responso della Cassazione. Strettamente sorvegliato dal Commissariato di Montreuil, ha promesso non frequentare nessuno e non ricevere visite. Non si muove infatti da casa».[237]

Come previsto dallo stesso imputato, il ricorso in Cassazione fu respinto. Il 14 febbraio 1931, Berneri venne arrestato nel suo domicilio e rinchiuso nelle carceri di Fresnes (Seine-et-Marne), a scontare l'anno di prigione.[238]

233. Lettera di Camillo Berneri a [Luigi Fabbri], s.l., s.d. [ma, Parigi, novembre 1930], in ABC, documento non catalogato. Lettera pubblicata in *Pensieri e battaglie*, pp. 91-96, ma con una datazione sbagliata (luglio 1930).

234. Telegramma-posta dell'Ambasciata d'Italia a Parigi, 20.12.1930, in ACS, CPC, b. 537, Berneri Camillo, fasc. III.

235. Cartolina di Camillo Berneri a Giovanna Caleffi Berneri, Strasburgo, 15 dicembre 1930 (timbro postale), in ABC, documento non catalogato.

236. Nota della Divisione polizia politica per la Divisione affari generali e riservati, Roma, 7.1.1931, in ACS, CPC, b. 537, Berneri Camillo, fasc. III.

237. Nota della Divisione polizia politica per la Divisione affari generali e riservati, Roma, 27.1.1931, ivi.

238. Si vedano due note, Roma 25.2.1931 e Roma 19.3.1931, della Divisione polizia politica per la Divisione affari generali e riservati, ivi.

Restò in carcere fino al 7 luglio,[239] potendo poi beneficiare dell'amnistia del 14 luglio, festa nazionale francese.[240] La dinamica degli eventi si chiarisce grazie a un'informazione pervenuta a Roma da «fonte fiduciaria attendibile» di Parigi:

> Il Presidente del Consiglio attuale Mr. Laval avrebbe promesso al [...] presid. della Lega diritti uomo francese di far beneficiare dell'amnistia del 14 luglio il Berneri Camillo e di permettergli di soggiornare a Parigi sotto il regime dei «sursis» trimestrali sul suo impegno di onore di non occuparsi più di politica.[241]

Dal luglio 1931 al settembre 1934, la vita di Berneri fu relativamente libera da problemi giudiziari. E nonostante quanto promesso alle autorità francesi non fu certo tra i «dormienti».[242]

Risale alla fine del 1932, ad esempio, il tentativo di parte anarchica di ridare vita, in esilio, a «Umanità Nova»;[243] pochi mesi prima a Roma era morto, ormai ottuagenario, Errico Malatesta, il fondatore della testata nel 1920. Berneri fu uno degli artefici dell'effimera rinascita. Il 20 ottobre 1932, a Puteaux (Seine) usciva il primo numero della nuova serie. Si prevedeva una periodicità quindicinale. Nel gennaio 1933, stampato il sesto numero, il giornale venne soppresso dalla polizia francese.[244] Durante questa breve avventura editoriale Berneri scrisse a Luigi Fabbri, esprimendo tutto il suo malessere per la scarsa propensione del movimento anarchico verso l'approfondimento e la ricerca politico-culturale:

> Io non sono il compilatore, ma un collaboratore, ma per coloro che non sono al corrente delle nostre cose, le critiche vanno a me, poiché si suppone che il

239. Telespresso del Ministero degli Affari esteri, Roma, 7.8.1931, ivi. Il telespresso appena citato trasmetteva notizie che erano giunte al Ministero degli Affari esteri grazie ad un telegramma, 27.7.1931, dell'Ambasciata d'Italia a Parigi.

240. Nota della Divisione polizia politica per la Divisione affari generali e riservati, Roma, 11.7.1931, ivi.

241. Ivi.

242. Informazione confidenziale, Parigi, 27.6.1932, in ACS, MI, PS, DPP, Fascicoli per materia, b. 23, fasc. 19 (Francia, Fuorusciti e sovversivi).

243. A questo proposito, cfr. Franco Schirone, *Umanità Nova in esilio. Francia 1932-1933*, in «Rivista storica dell'anarchismo», 1 (1997), pp. 95-111. La breve vita dell'«Umanità Nova» di Puteaux (ne uscirono sei numeri) fu, in qualche modo, prolungata di tre mesi, fino all'aprile, da «La Protesta», tre numeri in tutto, e da «La Vecchia Umanità Nova», un solo numero.

244. Si veda il fascicolo «*Umanità Nova*, Puteaux», in ACS, MI, PS, DAGR-AG, Categorie permanenti, F4, b. 92.

giornale lo faccia io. Ho, quindi, diritto di precisare che il comitato redazionale è responsabile di come è fatta U.[manità] N.[ova], dato che non sono libero di farla a modo mio. Ed è in questa libertà che consiste l'opera del *compilatore*. Ora tutto questo è risolto. Io farò quel che potrò per il giornale, quale collaboratore. Della compilazione non mi occuperò affatto; naturalmente la collaborazione ne risentirà, ma tutto andrà bene lo stesso, dato che il 95% dei compagni non è in grado di distinguere un giornale *fatto bene* da un giornale *passabile*. Può darsi che il giornale piaccia di più; anzi è probabile.[245]

Altrettanto critica era in quel periodo la collaborazione di Berneri a «Lotta anarchica» (Parigi), giornale dell'Unione comunista-anarchica. In un memoriale raccolto dalla polizia politica italiana, una voce interna alla redazione descriveva efficacemente la posizione eccentrica di Berneri rispetto alla linea politica del giornale e il suo desiderio di mantenere una personale libertà di azione.[246]

In Berneri, l'elitarismo culturale si amalgamava con la tensione alla ricerca sul terreno. Il desiderio, come vedremo ricorrente, di fondare una «rivistina» tutta sua, capace di andare oltre gli schieramenti codificati, facendo da "ponte" tra personalità e posizioni diverse, era funzionale ad affrontare uno dopo l'altro i nodi politici e sociali del presente con lo sguardo aperto sul mondo. Ne aveva scritto a Luigi Fabbri nel 1930, mentre era in prigione a Parigi:

Quando uscirò, fonderò una rivistina mia, nella quale esporrò tutte le mie idee. E così, finalmente, saprò che cosa sono. Non capisco più niente. Più leggo la nostra stampa e più mi pare di sognare. [...] Il mio sogno è di suscitare l'esame di una grande serie di problemi, poi arrivare ad un programma per il 1932 o il 1933, da presentare come programma di un gruppo di anarchici, che lasciano vivere in pace gli altri ma che vogliono marciare per una strada propria. Per far questo bisognerà che mi dedichi per vario tempo a studiare cinque o sei problemi, poi altri cinque o sei, e, così via. [...] Fino a che si continuerà a par-

245. Lettera di Camillo Berneri a [Luigi Fabbri] («Carissimo, capisco benissimo...»), s.l., s.d. [ma Parigi, novembre 1932-gennaio 1933], in ABC, documento non catalogato.

246. Si veda il memoriale conservato in ACS, MI, PS, DAGR-AG, Categorie permanenti, G1, b. 265, fasc. 693 (Francia, Unione Comunista-Anarchica), dove si legge: «L'U.[nione] A.[anarchica] non aveva nulla di comune con Berneri Camillo. È vero che costui collaborava con articoli, ma questo era considerato come una collaborazione teorica che serviva a rendere il giornale vario e più interessante. Il Berneri, come ebbe pure ad affermarlo lui stesso ad alcuni compagni suoi intimi [...], non condivideva tutti i nostri punti di vista dal lato teorico [...]. Il Berneri pure dichiarava che egli non intendeva legarsi a questo movimento, poiché voleva essere libero nelle sue azioni».

lare di problemi da risolvere come risolti e si parlerà dell'Anarchia invece che dell'Italia, dell'Emilia, di Bologna, del problema edilizio, di quello sanitario, di quello scolastico, ecc. e nell'anno 1933 o 1934, io continuerò a strillare. [...] Quando avrò studiato i miei problemi salterò fuori armato e blindato e allora spero che riuscirò a farmi discutere non solo, ma a persuadere altri a trattare i loro problemi. [...]. Quando mi fanno delle domande sul nostro programma non so più cosa dire. Mi tocca dire: io... a me pare... direi che... Ed è una cosa un po' buffa.[247]

Non a caso, qualche anno più tardi, Berneri, nel tratteggiare il suo «nazional-anarchismo», segnalava tra i suoi riferimenti culturali il *problemismo* di Salvemini.[248] Il riferimento esplicito è alla lezione antidogmatica di Salvemini, al suo peculiare razionalismo, nel quale la ragione dubita di sé e rinuncia alla pretesa delle grandi costruzione teoriche, politico-ideologiche, per concentrarsi in una battaglia civile condotta su singole questioni ritenute dirimenti. Siamo qui nel solco del radicalismo, del pensiero liberale radicale, che ha indubbiamente rapporti di scambio con le grandi dottrine politiche otto-novecentesche (repubblicanesimo, anarchismo, socialismo) ma da loro si distingue proprio per una questione di metodo e di analisi: la libertà da discipline di parte.

Il nazional-anarchismo – che abbiamo citato poco sopra – è un flusso di annotazioni fissate da Berneri all'inizio del 1935, durante un nuovo periodo di carcere. A questi appunti – forse si ricorderà – avevamo già fatto riferimento, citando un passaggio riguardante Gobetti. Si tratta, complessivamente, di un testo stimolante e criptico, allo stesso tempo. Lo prenderemo attentamente in esame nell'ultimo capitolo.

Torniamo al 1932 e alla vita quotidiana di Berneri. Nel corso di quell'anno, l'anarchico italiano alternò periodi di disoccupazione a brevi impieghi manuali: come muratore, ad esempio.[249] Continuò ad avere periodici problemi per quanto riguarda il permesso di soggiorno in Francia. Un esempio lo abbiamo all'inizio del 1933. In questa occasione, riferendosi al rinvio del provvedimento di espulsione, poteva scrivere: «Ho ottenuto *un mese*. Non vedo la possibilità di liquidare radicalmente la mia situazione. Vorrebbero non mi occupassi di politica: ma, allora,

247. Lettera di Camillo Berneri a [Luigi Fabbri], s.l., s.d. [ma, Parigi, novembre 1930].

248. Camillo Berneri, *Il nazional-anarchismo* («Appunti, 1935»).

249. A questo proposito, si veda la corrispondenza tra Berneri e il repubblicano Mario Bergamo della fine del 1932, in Berneri, *Epistolario inedito* (*Volume primo*, pp. 58-59, e *Volume secondo*, pp. 78, 80).

tanto valeva rimanere in Italia, senza fare della miseria e serbando più di un'illusione».[250]

Il provvedimento di espulsione del gennaio era infatti scattato come diretta conseguenza dell'avventura editoriale di «Umanità Nova». Secondo notizie fiduciarie trasmesse a Roma, Berneri era riuscito a ottenere una proroga al provvedimento d'espulsione grazie all'intervento di parlamentari francesi.[251]

In marzo e, poi, ancora in agosto, otteneva nuove autorizzazioni di soggiorno, sempre per pochi mesi.[252] Una tale condizione di precarietà non toccava solamente a lui: nello stesso periodo anche l'amico repubblicano Pietro Montasini viveva una situazione simile se non peggiore.[253]

Ma è specialmente dagli archivi di donne che emergono alcune delle riflessioni più acute, complesse e disincantate sulla realtà dell'esilio. Nelle biografie al femminile le zone di confine tra sfera privata e sfera pubblica (tra lavori di cura e impegno sociale) sono solitamente più estese che non nel caso degli uomini; da qui probabilmente una maggiore franchezza e profondità di percezione. In una lettera all'anarchico Stefano Vatteroni, Giovanna Caleffi sarebbe tornata con il ricordo alle speranze e alle disillusioni legate al passaggio clandestino compiuto nel 1926, con le figlie, dall'Italia alla Francia, scrivendo:

> Tu sapessi quante volte in esilio ci siamo detti, anche noi, che sarebbe stato meglio affrontare la galera od il confino piuttosto che di abbandonare l'Italia. L'esilio ha contato ben poco nella lotta contro il fascismo: certo che chi partiva portava con sé un sacco di buone speranze e credeva di poter ancora essere utile e di contribuire maggiormente alla caduta del dittatore. Sono esperienze

250. Lettera di Camillo Berneri a Mario Bergamo, Montreuil-sous-Bois, 17 gennaio 1933 (timbro postale), in ABC, FCB, cassetta I.

251. Nota del Ministero dell'Interno per la Prefettura di Milano, Roma, 17.2.1933, in ACS, CPC, b. 537, Berneri Camillo, fasc. III. Si vedano anche, nello stesso fascicolo, il telegramma dell'Ambasciata d'Italia a Parigi, 31.1.1933, e l'appunto della Divisione polizia politica per la Divisione affari generali e riservati, Roma, 20.1.1933.

252. Si vedano i due appunti, Roma 4.3.1933 e Roma 29.8.1933, della Divisione polizia politica per la Divisione affari generali e riservati, ivi. Questi appunti trasmettevano informazioni confidenziali provenienti da Parigi.

253. Alla fine di ottobre, in una lettera a Schiavetti, Pietro Montasini scriveva: «A Camillo hanno rifiutato il rinnovo trimestrale della Carta; a me, idem. Ora non faccio più la domanda e vivo, come quasi tutti quelli con i quali collaboro, senza la persuasione di "essere fregato"». Lettera di Pietro Montasini a Fernando Schiavetti, 23 ottobre 1933, in ISRT, AFS, sez. I, b. 7, fasc. 35 (Montasini Pietro).

che bisogna fare e delle quali solo quando sono compiute ci si accorge della loro inefficacia.[254]

Sorprende la consonanza con quanto scrisse la militante trotskista di origine fiumana Barbara Seidenfeld, nata nel 1901, cioè quasi coetanea di Giovanna Caleffi e accomunata a lei anche dallo stesso lutto familiare (l'assassinio del compagno Pietro Tresso ad opera dei comunisti stalinisti). Nel 1946, dunque, Seidenfeld scriveva all'amico Pierre Naville:

> Tu sais, je pense quelquefois que c'était une grande erreur l'émigration politique. Il était préférable de faire de la prison à l'intérieur du pays. Il y a un abîme réelle spirituelle et politique entre les émigrés et ceux qui sont restés au pays.[255]

Barbara scriveva queste parole da Rimini, città devastata dai bombardamenti e ancora piena di macerie, dove stava costruendo insieme a una delegazione del Soccorso operaio svizzero guidata da Margherita Zoebeli un centro sociale e un asilo d'infanzia (quello che diventerà il Centro educativo italo-svizzero, tutt'ora esistente). In effetti, il tema forse più rilevante, legato ai percorsi biografici di donne socialiste e anarchiche tra le due guerre mondiali (madri e figlie), è l'impegno "dal basso" – cioè, al di fuori o ai margini delle istituzioni pubbliche – nell'intervento educativo e nel lavoro di assistenza sociale. Di fronte all'affermarsi delle pedagogie utopistico-totalitarie, proprie dei fascismi e del comunismo sovietico, molte giovani militanti profusero crescenti energie in direzione di una educazione alla libertà. Sono temi sui quali avremo modo di tornare proprio seguendo la traiettoria di Giovanna Caleffi Berneri negli anni a cavallo della Seconda guerra mondiale.

Nonostante tutto, nel corso del 1933 la vita parigina dei Berneri, in qualche modo, si stabilizzò. Giovanna Caleffi riuscì ad aprire, anche in virtù di un prestito ricevuto negli anni precedenti dal padre, un piccolo negozio di «generi alimentari italiani» al numero 20 di Rue de Terre Neuve a Parigi.[256] I Berneri si trasferirono a vivere in un appartamento collocato

254. Caleffi Berneri, *Un seme sotto la neve. Carteggi e scritti*, p. 72.

255. Patrizia Dogliani, *«Une camarade de route»: Margherita e Rimini nel mondo di Barbara Seidenfeld*, in *Intervento sociale e azione educativa. Margherita Zoebeli nell'Italia del secondo dopoguerra*, Atti del convegno (Rimini, 7 maggio 2011), a cura di Carlo De Maria, Bologna, Clueb, 2012, pp. 39-58: 47.

256. Nota della Divisione polizia politica per la Divisione affari generali e riservati, Roma, 19.10.1933, in ACS, CPC, Berneri Camillo, fasc. III.

nello stesso stabile, lasciando l'abitazione di Montreuil. Grazie ai proventi della «botteghina», Maria Luisa e Giliana poterono completare gli studi liceali e iscriversi all'università, mentre Camillo ebbe modo di dedicarsi, con maggiore continuità, al lavoro intellettuale, anziché a lavori manuali come manovale o imbianchino, che la sua salute precaria mal sopportava.[257] A questo proposito, nel febbraio 1933, Berneri aveva scritto a Carlo Frigerio, intellettuale ed editore anarchico di Ginevra:

> La mia vita, da quasi un mese è questa: mi alzo alle cinque, rientro alle sette di sera, ceno e vado a letto. Il lavoro (manovale muratore) mi fiacca talmente che perfino tenere la penna in mano mi costa sforzo e pena. [...]. Stiamo, in famiglia, preparando una sistemazione finanziaria. Così non vado avanti. Disoccupato per mesi e mesi e massacrato dal lavoro quando lavoro io e Giovanna che fa una vitaccia. Se riusciremo, farò, tra l'altro, una rivista. E appena avrò un po' di respiro sono deciso a condurre a termine alcuni libri di carattere filosofico e scientifico. È un'idea melanconica, ma invecchiando mi vengono delle ambizioni.[258]

Gli inizi dell'attività commerciale furono difficili e, nel gennaio dell'anno successivo, Berneri doveva constatare: «Gli affari marciano male data la crisi e dato che abbiamo cominciato senza capitali».[259] Nonostante le difficoltà che incontrò, il negozio di alimentari resistette, e la famiglia Berneri riuscì effettivamente a mantenersi, «in prevalenza», con quanto ricavava dal commercio.[260]

Per quanto riguarda l'attività politica, nel corso del 1933, si aprì, netta, una frattura tra l'intellettuale e il movimento anarchico. Nei primi mesi di quell'anno, Berneri scriveva a un compagno residente in America, mettendolo al corrente sulla fine della breve esperienza di «Umanità Nova» in esilio:

> Qui tutto va male. Il giornale nostro è morto per beghe parigine che mi hanno così nauseato da decidermi a tenermi fuori dal così detto movimento. [...]. La

257. Per una efficace sintesi sulle difficoltà materiali legate alla vita degli esuli antifascisti, con particolare riferimento alla necessità di accettare «lavori più dequalificati di quelli che avevano lasciato» in patria, cfr. Audenino, Tirabassi, *Migrazioni italiane. Storia e storie dall'Ancien régime a oggi*, pp. 107-109.

258. Lettera di Camillo Berneri a Carlo Frigerio, s.l., [febbraio 1933], in ABC, FCB, cassetta I.

259. Cartolina postale di Camillo Berneri a N. Venturino, Parigi, gennaio 1934 (timbro postale), in ABC, FCB, cassetta II.

260. Questura di Reggio Emilia, verbale di interrogatorio di Caleffi Giovanna, 11.7.1941, in ACS, CPC, b. 948, Caleffi Giovanna.

confusione è tale che si è giunti all'incompatibilità morale, che è impossibile a risolversi, tra me e la generalità dei compagni. Sto scrivendo qualche "studio" e sto studiando: cosa che non facevo da tempo.[261]

Pochi anni prima, a proposito della sua posizione *critica* all'interno del movimento anarchico, Berneri aveva parlato di uno «sforzo di superare una posizione ideologica e di andare contro l'autorità, fortissima, dei maggiori teorici nostri», appartenenti alle generazioni precedenti. Egli poteva contare su «un piccolo numero di seguaci» e, per il resto, da parte della maggioranza del movimento, si sentiva semplicemente «sopportato»:

Il mio sogno sarebbe (dico sarebbe perché mi pare un mito) una concentrazione di socialisti, anarchici e repubblicani "sui generis". Escludo i comunisti, assolutamente.[262]

Tra 1933 e 1934, in Berneri si venne definendo una volontà d'isolamento. Proprio all'inizio del 1934, scriveva: «Le ragazze fanno il liceo, e appena potranno guadagnarsi da vivere liquideremo tutto e cercheremo un angolo dove piantare la tenda. Siamo stufi di Parigi, anche per il clima cattivo».[263]

Proprio nel contesto della famiglia, il dialogo tra Berneri e le sue due figlie, Maria Luisa e Giliana, presenta dei frammenti di grande interesse. Tra di loro si stabilì un confronto continuo a proposito di cultura, religione

261. Lettera di Camillo Berneri a Osvaldo Maraviglia, s.l., s.d. [ma, Parigi, febbraio-aprile 1933], in ABC, FCB, cassetta II. A proposito dei contrasti tra i vari gruppi anarchici a cui accennava Berneri, si veda una nota della Divisione polizia politica per la Divisione affari generali e riservati, Roma, 17.3.1933, in ACS, MI, PS, DAGR-AG, Categorie permanenti, G1, b. 260, fasc. 654 (Comitato di soccorso delle vittime e rifugiati politici).

262. Lettera di Camillo Berneri a Libero Battistelli, [Versailles, 7 dicembre 1929], copia dattiloscritta da una spia [E. Menapace], in ACS, MI, PS, DPP, Fascicoli per materia, b. 68, fasc. 1. Libero Battistelli – lo si vedrà anche più avanti – fu un importante corrispondente di Berneri. Nato a Bologna nel 1893, Battistelli si era laureato in legge e aveva combattuto nella guerra mondiale col grado di ufficiale. Repubblicano, nel 1927 emigrò all'estero. Nel 1929, fu segnalato dal Consolato d'Italia a Rio de Janeiro come antifascista. Nel 1930 si recò a Parigi, dove, nel maggio, tenne una conferenza sul tema *Italiani e antifascisti del Brasile* per iniziativa dell'Associazione giornalisti italiani «Giovanni Amendola». Successivamente, fece ritorno in America meridionale. Nella capitale francese, si era già parlato di lui come collaboratore de «L'Iniziativa» di Jacometti e Berneri. Nel 1935, collaborò, inviando articoli in Francia, con il movimento Giustizia e Libertà. Nel 1936, andò a combattere in Spagna nelle file di GL. Morì in ospedale a Barcellona nel giugno 1937, a causa di ferite riportate in battaglia (a proposito di Battistelli, si veda il fascicolo a lui dedicato in ACS, CPC, b. 411).

263. Cartolina postale di Berneri a Venturino, Parigi, gennaio 1934 (timbro postale).

e politica, che si sviluppò soprattutto negli ultimi, drammatici, anni di vita di Camillo (1936-1937), ma con alcune significative premesse nella prima metà degli anni Trenta.

In una lettera del dicembre 1934, durante un nuovo periodo di carcere, Camillo rispondeva a una domanda di Maria Luisa, che gli aveva espresso il desiderio di conoscere quale fosse il suo orientamento religioso. Non era semplice dare una spiegazione, in quanto la religiosità di Camillo era molto sfumata. Egli si opponeva tanto al teismo, quanto all'ateismo, che giudicava di «una presunzione enorme». Preferiva piuttosto parlare di agnosticismo: gli sembrava «il solo modo di essere *razionale*».[264] A Maria Luisa, in particolare, rispondeva così: «Je n'ai pas un systhème théologique, mais des idées qui se rattachent tout à fait au panthéisme».[265]

Agli occhi di Camillo, Maria Luisa e Giliana erano individui autonomi – che presto si sarebbero guadagnate da vivere conquistando una piena indipendenza dai genitori –, e non soggetti il cui ruolo e la cui identità si definissero in funzione di qualcuno (figlie, mogli, madri).[266] Del resto, Malù e Giliana rientravano a tutti gli effetti in quell'«universo giovanile» che negli anni Venti e Trenta si caratterizzò per un'accelerazione di ritmi e stili di vita, mettendo in crisi l'autorità dei genitori. Le figlie cresciute nel periodo tra le due guerre erano «diverse dalle madri, sideralmente lontane dai comportamenti delle nonne».[267]

Rispetto al rapporto con le figlie, era differente lo sguardo di Camillo su Giovanna Caleffi: lei continuava a ricoprire, essenzialmente, il ruolo di madre e moglie. Questo emerge da una lettera della fine del 1929, che abbiamo già citato. In quel frangente, come si ricorderà, Camillo si era determinato a compiere un rischioso attentato contro il regime fascista. Dopo aver espresso a Giovanna il proprio rimpianto per averla «accomunata» al proprio destino di militante e di esule, esprimeva la speranza che i «sogni

264. Camillo Berneri, *Irrazionalismo e Anarchismo*, [1936], in ABC, FCB, cassetta IV.

265. Lettera di Camillo Berneri a Maria Luisa Berneri, prigione di Fresnes (Francia), 30 dicembre 1934, in ABC, documento non catalogato.

266. Su questo tema, cfr. Roberta Baritono, *I movimenti delle donne*, in *Introduzione alla storia contemporanea*, a cura di Paolo Pombeni, Bologna, il Mulino, 2000, pp. 159-179: 159.

267. Michela De Giorgio, *Buone maniere in famiglia*, in *La famiglia italiana dall'Ottocento a oggi*, a cura di Piero Melograni, Roma-Bari, Laterza, 1988, pp. 259-286: 274, ma si veda tutto il cap. "Padri, madri, figli, figlie". Per una messa a punto storiografica, Patrizia Dogliani, *Storia dei giovani*, Milano, Bruno Mondadori, 2003.

di libertà e di giustizia» potessero valere come parziale ricompensa «delle tristezze, dei timori, delle disillusioni» della loro vita in comune. Chiudeva poi la missiva scrivendole, a suprema giustificazione del proprio atto: «Pensa che delle madri che piangono ogni giorno sul figlio sepolto vivo per anni ed anni in un carcere avranno un sollievo di speranza».[268]

Sulla madre, collocata al centro dello spazio familiare, si scaricavano evidentemente tutte le esigenze di continuità tra lo spazio della famiglia e quello della politica. Dunque, anche il modello della famiglia antifascista finiva col soggiacere in qualche modo – come ha osservato Giovanni De Luna – alla «riproduzione della figura materna in termini assolutamente tradizionali».[269]

La scelta militante di Giovanna, intervenuta solamente dopo la morte del marito, avrà modalità diverse rispetto a quella compiuta dalle sue figlie, Maria Luisa e Giliana, le quali si avvicinarono all'anarchismo ancora adolescenti, attraverso un confronto libero e continuo con il padre, e con amici e compagni di studio.[270]

Tra le due ragazze, a impegnarsi più a fondo all'interno del movimento anarchico sarebbe stata la maggiore, Maria Luisa, che si affacciò con piena coscienza alla vita pubblica intorno alla metà degli anni Trenta, mentre frequentava il Lycée Victor Hugo di Parigi; anni drammatici per l'Europa, nei quali imparò immediatamente a prendere posizione e a interrogarsi sul destino dell'umanità.

La fonte sicuramente più corposa per ripercorrere gli anni di formazione di Maria Luisa Berneri (o meglio, Marie Louise, secondo la versione francese da lei stessa adottata nel successivo lavoro di giornalista e militante) è sicuramente la cospicua corrispondenza con il quasi coetaneo Vernon Richards. Un appassionato e denso epistolario, del tutto inedito, che inizia nell'ottobre 1932.[271]

Vernon (il nome di battesimo era Vero Recchioni) abitava a Londra e aveva conosciuto Maria Luisa l'anno precedente, grazie al padre, l'anarchico romagnolo Emidio Recchioni, da oltre trent'anni residente in Inghilterra,

268. Informazione confidenziale, Parigi, 4.11.1929.

269. De Luna, *Donne in oggetto*, p. 191.

270. Cfr. Carlo De Maria, *Tra pubblico e privato. Carte personali, legami affettivi e impegno politico*, in «Storica», 32 (2005), pp. 215-239.

271. La corrispondenza di Maria Luisa Berneri con Vernon Richards è conservata nel Fondo Richards dell'Archivio Famiglia Berneri-Aurelio Chessa, a Reggio Emilia. Da questo nucleo documentario sono tratte le missive che seguono.

ma stabilmente in contatto con i fuorusciti anarchici in Francia e soprattutto con coloro che, come Camillo Berneri, erano particolarmente determinati a colpire, anche con azioni individuali, Mussolini e il regime fascista.

I due giovani si scrivevano alternando il francese e l'italiano. Anche grazie all'impulso di Vernon, Marie Louise stava cominciando allora a studiare l'inglese.[272] La giovane Berneri aveva appena quattordici anni, ma l'ambiente del fuoriuscitismo italiano compariva già tra le righe delle sue missive. Il primo cenno è del novembre 1932, quando raccontava a Vernon di aver partecipato con i genitori a una lotteria a favore delle vittime politiche.[273]

L'impegno culturale e politico di Marie Louise crebbe col tempo. All'inizio del 1934, inviava a Vernon un articolo pubblicato dal periodico anarchico italo-americano «L'Adunata dei Refrattari», di cui suo padre era collaboratore abituale. Si trattava di un toccante ricordo di Cesare Agostinelli, un vecchio militante anarchico morto letteralmente di fame ad Ancona, nell'aprile precedente. La città «rossa», che nel 1898 si era sollevata sotto l'impulso del «socialismo anarchico» di Malatesta, aveva lasciato morire un ottantenne da sempre impegnato nel movimento di emancipazione. Era uno degli ultimi compagni della prima ora (apparteneva alla generazione di Malatesta, Cafiero e Costa) e la sua morte provava, una volta di più, l'estrema solitudine degli antifascisti.[274]

Poche settimane dopo, nel febbraio 1934, fu presa contro Berneri una nuova misura di espulsione. Essa apparì incomprensibile, visto che, ormai da qualche tempo, egli si dedicava soprattutto alla sua famiglia, ai suoi studi e non frequentava più l'ambiente italiano.[275] Sempre senza passaporto, decise di rimanere presso la famiglia. Secondo le informazioni raccolte dall'Ambasciata d'Italia a Parigi, non risultava che Berneri si nascondesse: «ogni giorno lo si nota ai mercati centrali ove si reca per il suo modesto commercio».[276] Alla fine di agosto, così scriveva all'amico Carlo Frigerio: «Sono sempre vivo, abito sempre nella stessa casa, vivo su per giù la stessa vita, fino a che non mi acciufferanno».[277] E aggiungeva: «Vorrei consigliar-

272. Maria Luisa Berneri a Vernon Richards, Montreuil, 24.10.1932, in ABC, FVR.

273. Maria Luisa Berneri a Vernon Richards, Montreuil, 1.11.1932, ivi.

274. Maria Luisa Berneri a Vernon Richards, Paris, 28.1.1934, ivi.

275. Raccolta di materiale sugli arresti e le espulsioni di C. Berneri, in ABC.

276. Telegramma-posta dell'Ambasciata d'Italia a Parigi, 14.4.1934, in ACS, CPC, b. 537, Berneri Camillo, fasc. III.

277. Lettera di Camillo Berneri a Carlo Frigerio, [Parigi], 27 agosto 1934, in ABC, FCB, cassetta I.

mi con te per un progetto di rivista che sto ruminando. Il nostro movimento avrebbe bisogno di rinsanguarsi intellettualmente attirando nuovi elementi colti e concentrando le sparse attività di studio e ideazione». Pochi giorni più tardi, all'inizio di settembre, Berneri tornava sull'argomento sempre con Frigerio. Stava preparando la rivista, ma si trovava di fronte a un problema che gli pareva quasi insormontabile, quello delle collaborazioni: «bisogna riconoscere che la nostra miseria culturale è grande». Del resto, la rivista sarebbe uscita solo se Berneri avesse trovato qualcuno disposto a metterci la somma necessaria per farla partire:

> Voglio che viva di *abbonamenti* e di *rivendita* e di *pubblicità* (librerie, tipografie e roba del genere, naturalmente) e non sia del movimento ma mia. Soltanto così potrò sentirmi a mio agio. Conto sugli amici personali, compagni e non compagni, più che sul così detto *movimento*.[278]

Nella lettera appena citata, Berneri inviava al suo corrispondente una lista dei temi che avrebbe voluto fossero trattati nei primi numeri. Aveva previsto articoli di argomento storico, filosofico e letterario, articoli sul diritto penale fascista, articoli di medicina sociale e sulla questione sanitaria, eugenetica, sessuale, studi sul freudismo, articoli concernenti le scienze naturali, nonché le questioni morali ed economiche, la questione operaia e sindacale, il razzismo e l'antisemitismo. Nel secondo numero della rivista (mensile), previsto per il febbraio 1935, sarebbe dovuto apparire uno studio dello stesso Berneri su Carlo Cattaneo. In realtà, *Carlo Cattaneo, federalista* fu pubblicato soltanto nel 1936, a puntate, sulla rivista «Studi sociali» di Montevideo, fondata da Luigi Fabbri e diretta dalla figlia Luce.[279]

È possibile pensare che, in Berneri, l'interesse per Cattaneo si fosse sviluppato grazie alla lezione salveminiana. A questo proposito, notiamo che *Carlo Cattaneo, federalista* fu influenzato, in modo evidente, dall'introdu-

278. Lettera di Camillo Berneri a Carlo Frigerio, [Parigi], 3 settembre 1934, in ABC, FCB, cassetta I.

279. Nei numeri del 4 maggio, 15 agosto e 20 novembre (VII, nn. 2-4). Dopo la morte di Luigi Fabbri, nel giugno 1935, la direzione della rivista era passata a Luce. Così Berneri le scrisse: «Le mando, adattata ad articolo, una mia conferenza sul Cattaneo che piacque al nostro Gigi e che penso possa servirle per S.S. Che gioia ho avuto nel ricevere la rivista! Saperla nelle mani della migliore continuatrice dell'opera del nostro caro mi fa certo della sua linea direttiva e della sua serietà» (lettera di Camillo Berneri a Luce Fabbri, «Carissima Luce, le mando...», s.l., [novembre-dicembre 1935], in ABC, documento non catalogato). Luce Fabbri, nata nel 1908 a Roma, si era laureata in Lettere all'Università di Bologna (si veda il fascicolo Fabbri Luce, in ACS, CPC, b. 1906).

zione di Salvemini a *Le più belle pagine* di Cattaneo (editore Treves).[280] Saggio che Berneri considerava, infatti, «un vero gioiello»[281] e che era stato pubblicato nel 1922, l'anno in cui Berneri concludeva i suoi studi universitari.

La progettazione della rivista, intorno alla quale Berneri continuava a confrontarsi con Frigerio,[282] venne bruscamente interrotta da un nuovo arresto. Il 19 settembre 1934, Berneri veniva fermato per essere condannato due giorni dopo (il 21) a tre mesi di prigione, per infrazione al decreto di espulsione dalla Francia.[283] Il 16 novembre 1934, «Le Libertaire», in un articolo intitolato *Contre l'arbitraire*, comunicava che Berneri si era visto raddoppiare la pena in appello. La scontò nell'«orrida» prigione di Fresnes.[284]

Il 4 febbraio 1935, venne scarcerato. La sua situazione era descritta dalla polizia politica italiana: «Ha avuto 4 giorni di permesso allo scadere dei quali dovrebbe lasciare il paese; pare però che egli cercherà di trattenersi ancora in Francia clandestinamente nella fiducia che ulteriori interventi di amici gliene possano ottenere una regolare autorizzazione».[285] Soprattutto grazie a pressioni sul ministro degli esteri Laval da parte di Louis Lecoin,[286] animatore del «Libertaire» e ottimo amico di Berneri, nei

280. Si veda ora Carlo Cattaneo, *Le più belle pagine*, a cura di Gaetano Salvemini, Roma, Donzelli, 1993 (1ª ed. Milano, Treves, 1922).

281. Camillo Berneri, *Carlo Cattaneo, federalista*, Pistoia, RL, 1970, p. 9. Questa edizione si è basata sulla leggera revisione dello scritto effettuata da Berneri successivamente alla pubblicazione in «Studi sociali» (cfr. Camillo Berneri, *Carlo Cattaneo, federalista*, cc. 19 in parte ms., in parte con i tipi di «Studi sociali», in ABC, FCB, cassetta X).

282. Lettera di Camillo Berneri a Carlo Frigerio, [Parigi], 14 settembre 1934, in ABC, FCB, cassetta I: «Tutto mi conduce a concentrarmi sul lavoro strettamente culturale: la situazione personale, le assurdità ridicole del così detto movimento [...]. Tanto meglio, forse. A suo tempo, salterò fuori, agguerrito e spietato».

283. Berneri, Note autobiografiche discontinue.

284. L., *Camillo Berneri*, in «Il Risveglio anarchico» (Ginevra), 6 ottobre 1934.

285. Nota della Divisione polizia politica per la Divisione affari generali e riservati, Roma, 12.2.1935, in ACS, CPC, b. 537, Berneri Camillo, fasc. III.

286. All'inizio del 1935, Louis Lecoin si prodigò affinché a Berneri fosse permesso di continuare a soggiornare in Francia. Nel gennaio di quell'anno, Lecoin scrisse direttamente a Laval, sollecitandolo sul caso dell'esule italiano: «Berneri, en dépit de sa conduite irréprochable, fut à nouveau l'objet d'une mesure d'expulsion et arrêté pour n'avoir su dans quel pays se rendre. Il a été par la suite condamné à six mois d'emprisonnement; il est libérable le 4 février. Je vous demande, mon cher Laval, d'empêcher que mon camarade Berneri et sa famille subissent plus longtemps un sort aussi triste et aussi immérité, et vous prie d'intervenir afin qu'à sa sortie de prison Berneri soit autorisé – sous forme de sursis automatiquement renouvelables – à séjourner en France. Ne nous abandonnez pas, les

confronti del quale si era già adoperato per l'amnistia del 1931,[287] l'anarchico italiano ottenne un permesso di soggiorno di tre mesi, fino all'11 maggio.[288] In maggio, poi, il permesso venne prolungato di altri sei mesi, fino alla fine dell'anno.[289] In novembre, un informatore della polizia politica fascista osservava come Berneri stesse tornando «in auge dopo la lunga quarantena subita causa l'episodio Menapace».[290]

Fu proprio degli ultimi mesi del 1935 l'inizio della sua partecipazione, a Parigi, alle riunioni di Giustizia e Libertà; venne invitato da Carlo Rosselli, che, probabilmente, già a Firenze aveva imparato ad apprezzare gli interventi di Berneri.[291] All'inizio di ottobre 1935, inoltre, Berneri si faceva notare dagli informatori di Roma per l'intervento, a fianco di Rosselli e Cianca, a una «conferenza disfattista» dello stesso Rosselli, in occasione della presa di Adua da parte delle truppe italiane.[292] Tra i presenti (circa 200 persone), oltre ai giellisti, vi erano «due forti gruppi»: gli anarchici e i massimalisti.[293] Nel suo intervento, Berneri dichiarò la propria contrarietà alle sanzioni economiche contro l'Italia,[294] dimostrando la volontà di non perdere di vista le condizioni di vita della propria comunità nazionale. Emergeva qui, nonostante il lungo esilio, il tentativo di mantenere *radicata* la propria riflessione politica nel contesto italiano. Un tema che riprenderemo nel capitolo quarto.

conséquences de votre désintéressement seraient trop cruelles à toute une famille» (lettera di L. Lecoin a P. Laval, 20 gennaio 1935, in ABC, documento non catalogato).

287. A questo proposito, si veda la lettera di P. Poncet (député de la Seine) a L. Lecoin, Parigi, 4 maggio 1931, in ABC, FCB, cassetta XXV, fasc. 15.

288. Si vedano due note, Roma 2.3.1935 e Roma 11.3.1935, della Divisione polizia politica per la Divisione affari generali e riservati, in ACS, CPC, b. 537, Berneri Camillo, fasc. III.

289. Nota della Divisione polizia politica per la Divisione affari generali e riservati, Roma, 28.5.1935, in ACS, CPC, Berneri Camillo, fasc. III.

290. Informazione confidenziale, Parigi, 16.11.1935, in ACS, MI, PS, DPP, Fascicoli per materia, b. 30, fasc. 1 (Parigi, Fuorusciti e sovversivi).

291. Lettera di Carlo Rosselli a Camillo Berneri, Parigi, 11 ottobre 1935, in ABC, FCB, cassetta III. Rosselli assicurava Berneri: «Come saprai, la partecipazione non impegna menomamente».

292. Informazione confidenziale, Parigi, 9.10.1935, in ACS, MI, PS, DPP, Fascicoli per materia, b. 141, fasc. 9 (Francia, Propaganda contro la guerra in Abissinia da parte dei socialisti e antifascisti in genere).

293. Informazione confidenziale, Parigi, 7.10.1935, in ACS, MI, PS, DAGR-AG, Categorie annuali, 1935, J4-F (Agitazione sovversiva contro intervento italiano in Abissinia), b. 28, fasc. «Francia».

294. Informazione confidenziale, Parigi, 8.10.1935, ivi.

A Parigi era probabilmente il solo, tra gli anarchici italiani, che potesse parlare «in contraddittorio in adunanze miste, facendosi ascoltare dagli avversarî».[295] In particolare, i suoi buoni rapporti con Rosselli non sfuggirono alle autorità italiane, che lo annoveravano ad esempio tra i partecipanti alla riunione di GL tenutasi il 12 ottobre al numero 21 di rue Val de Grace.[296]A quella riunione – veniva poi puntualizzato – lo aveva invitato Rosselli, «perché apprezza la ideologia dei suoi discorsi».[297] La partecipazione alla riunione del 12 ottobre non rimase certo un caso isolato, anzi l'impegno di Berneri negli incontri di Giustizia e Libertà fu notevole, se – «stando a notizie fiduciarie» – quelle riunioni risultavano condotte, tra gli altri, dallo stesso Berneri.[298] Con la frequentazione di Giustizia e Libertà, allo scadere del precedente permesso di soggiorno, scattò ai suoi danni, precisamente nel novembre, un nuovo provvedimento di espulsione, che però rimase senza grosse conseguenze: «Questa ultima espulsione mi ha portato via due settimane e ha scosso ancora più la situazione finanziaria».[299] Vediamo, più in dettaglio, che cosa accadde.

Berneri venne espulso dalla Francia ed accompagnato da agenti di polizia alla frontiera spagnola, l'unica ancora disponibile per l'intellettuale italiano.[300] Fu però respinto dalle autorità di frontiera spagnole perché sprovvisto di regolari documenti. Tornò dunque a Parigi dove sperava di

295. Lettera di Camillo Berneri a N. Venturino («Carissimo, se tu sapessi...»), s.l., s.d. [ma, Parigi, prima metà del 1936], in ABC, documento non catalogato.

296. Telegramma-posta dell'Ambasciata d'Italia a Parigi, 21.10.1935, in ACS, CPC, b. 537, Berneri Camillo, fasc. III.

297. Nota della Divisione polizia politica per la Divisione affari generali e riservati, Roma, 22.10.1935, ivi.

298. Nota della Divisione affari generali e riservati per il Casellario politico centrale, Roma, 29.1.1936, ivi. La Divisione affari generali e riservati trasmetteva «notizie fiduciarie» pervenute dalla Divisione polizia politica.

299. Lettera di Camillo Berneri a Osvaldo Maraviglia, s.l., s.d. [ma, Parigi, novembre-dicembre 1935], in ABC, FCB, cassetta II.

300. Nota della Divisione polizia politica per la Divisione affari generali e riservati, Roma, 22.11.1935, in ACS, CPC, b. 537, Berneri Camillo, fasc. III. In ABC (Raccolta di materiale sugli arresti e le espulsioni di C. Berneri), è conservato un comunicato del Service de Presse de la Commission Internationale Antimilitariste, in cui si legge: «Le professeur Camillo Berneri, le libertaire italien bien connu, qui après avoir été expulsé de tous les pays, avait finalement pu obtenir la permission de rester en France avec sa femme et ses enfants, a reçu l'ordre de quitter le territoire français dans les 48 heures». La fonte era «Giustizia e Libertà», 15 novembre 1935.

ottenere un nuovo permesso di soggiorno.[301] In effetti, gli venne riconosciuta una proroga di alcuni giorni alla sua espulsione, in attesa di ottenere, «e pare probabile», una proroga di maggiore durata.[302] In quel frangente, sua figlia Maria Luisa si impegnò in prima persona nell'organizzazione di conferenze pubbliche a favore del diritto d'asilo per i rifugiati politici.[303] Occupatissima dalla militanza, il 21 novembre scriveva a Vernon Richards:

> Mais vite, que je te donne des nouvelles de Papa. Il a été expulsé d'Espagne et on lui a permis de revenir à Paris. Il est donc revenu et on lui a donné un permis de quatre jours qui finit aujourd'hui. Pendant ce temps là on fait des démarches un peu partout [...]. On doit avoir la réponse d'un moment à l'autre. Pour le meeting on va le faire parait-il, mais il faut assez des temps pour l'organiser, sans cela il risque d'échouer.

In una lettera a Luce Fabbri, Camillo scriveva così della sua precaria situazione: «Giorni or sono fui in Ispagna, ma anche là non mi vogliono. Ora spero di rimanere qui, fino a nuovo capriccio poliziesco. La situazione in Francia è disastrosa: per la disoccupazione e per le espulsioni, che infittiscono».[304] In quel delicato frangente Vernon Richards e la sua famiglia offrirono a Berneri la possibilità di riparare in Inghilterra. Questo dava l'occasione a Maria Luisa per un ritratto emotivo di suo padre:

> Ho detto al papà che volevi interessarti per lui, se voleva andare in Inghilterra. Andare a Londra... il suo viso è diventato tutto sorridente, i suoi occhi brillavano come quelli di un bambino quando gli si dice che andrà in treno. Era tutto contento, ha detto: «È proprio gentile Vero, è gentile e ringrazialo tanto». Sembrava tutto fiero che tu avessi fatto questa proposta. Delle volte trovo che il papà è proprio come un bambino. Chissà se lo capirò mai... Qualche minuto dopo era tutto furibondo pensando a quello che accade con

301. L'episodio di frontiera fu descritto simpaticamente da Gaston Delbourg in un suo profilo biografico di Berneri, pubblicato in «Grande Revue», maggio 1938, pp. 237-247 (le pagine della rivista sono conservate, in ABC, tra i Profili biografici di C. Berneri). Appena varcata la frontiera, Berneri sarebbe andato davanti alle guardie spagnole, dicendo: «Je suis Berneri l'anarchiste italien». Come conseguenza: «*Manu militari*, il repasse la frontière. L'atmosphère s'est détendue chez nous. Il peut rester près des siens».

302. Nota della Divisione polizia politica per la Divisione affari generali e riservati, Roma, 26.11.1935, in ACS, CPC, b. 537, Berneri Camillo, fasc. III.

303. Maria Luisa Berneri a Vernon Richards, Paris, 15.11.1935 e 21.11.1935, in ABC, FVR.

304. Lettera di Camillo Berneri a Luce Fabbri, s.l., [novembre-dicembre 1935].

l'Abissinia. Tutti sono dei cretini, non ci capisco un bel niente, gli operai dovrebbero fare questo e questo ecc. ecc.[305]

La primavera precedente Marie Louise aveva conseguito la maturità (*Baccalauréat*). In giugno sostenne esami di francese, fisica, matematica e lingue straniere (e in luglio avrebbe potuto annunciare a Vernon di essere stata promossa, «bachelière»),[306] ma in quel periodo si dava anche da fare per raccogliere soldi a favore di Gino Lucetti, che stava scontando trent'anni di reclusione per l'attentato a Mussolini del 1926, e ringraziava Richards che aveva inviato il suo contributo. Rispondendo a una battuta del fidanzato sul suo attivismo politico scriveva: «Penso che se vuole una donna può essere tanto indipendente quanto un uomo, può essere anche utile, solamente penso che una donna soffra di più perché è più sensibile».[307]

Tra il giugno e il luglio 1935, davanti alle scelte su come orientare il suo percorso universitario, cominciò a precisarsi nella Berneri la passione per gli studi psico-pedagogici e l'intervento educativo. «Vorrei avere una scuola. Sono sicura che non si può arrivare a qualche cosa che grazie all'educazione. Fare degli attentati, sollevare una folla, è molto bello… ma credo che non sia efficace, bisogna prima che il popolo sia educato. Anche se ammazzassero Mussolini in Italia [non cambierebbe molto]… è verso i bambini, i giovani che bisogna portare lo sforzo».[308] Marie Louise non pensava a una scuola tradizionale, «dove si viene per 5 o 6 ore al giorno», ma avrebbe voluto creare un «vero ambiente», una comunità educativa. A distanza di pochi giorni tornava sull'argomento, e i problemi pedagogici la portarono ad accennare una riflessione sul rapporto tra utopia e realtà:

> Non so se sia perché "invecchio" ma divento molto indulgente per gli altri, mi sembra che non essendo sicuri di essere noi nel vero, non abbiamo il diritto di distruggere quello che fanno. Vedo la lotta sotto la forma di concorrenza. Quando vedranno che la nostra scuola è superiore alle loro verranno da noi. È molto lunga, lo so, questa strada, ma quando si prende una scorciatoia si rischia di perdersi o di arrivare a un altro cammino.[309]

Fin da quei primi passi, il suo modo di concepire l'anarchismo era alieno da visioni astrattamente rivoluzionarie e si può dire, invece, che fosse le-

305. Maria Luisa Berneri a Vernon Richards, Paris, 12.12.1935, in ABC, FVR.
306. Maria Luisa Berneri a Vernon Richards, Paris, 1.4.1935 e 12.7.1935, ivi.
307. Maria Luisa Berneri a Vernon Richards, Sciotot, 17.4.1935, ivi.
308. Maria Luisa Berneri a Vernon Richards, Paris, 28.6.1935, ivi.
309. Maria Luisa Berneri a Vernon Richards, Paris, 1.7.1935, ivi.

gato a un impegno per l'ampliamento progressivo di sfere di azione libere. Si sentiva, qui, l'influsso dell'anarchismo di Malatesta, uno dei maestri del padre, più attento al lavoro organizzativo, educativo e propagandistico che non a violente spallate o a repentini gesti dimostrativi. Ma nelle posizioni espresse da Marie Louise c'era qualcosa di più: la si potrebbe definire una spontanea affinità – sicuramente favorita dalla corrispondenza con Vernon Richards – con le tendenze del movimento socialista e anarchico inglese, dove era stato sempre vivo l'impegno per lo sviluppo del mutualismo e di associazioni volontarie, di forme di decentramento sociale e politico e di reti di relazioni autogestite improntate a uno spirito cooperativo.[310]

Altrettanto importante fu il contatto quotidiano con gli ambienti del sindacalismo rivoluzionario francese, soprattutto per quanto riguardava l'elaborazione pedagogica d'avanguardia. Marie Louise stava crescendo in una Europa segnata dal trionfo delle pedagogie di tipo utopistico-totalitario, quelle del fascismo, del nazismo e del comunismo, caratterizzate dal progetto di costruire un «uomo nuovo» interprete ed esecutore della volontà di regime. E tuttavia, negli stessi anni, poteva trovare in Francia sperimentazioni di segno opposto, caratterizzate in senso democratico dall'impegno a connettere libertà ed educazione, autonomia e formazione.

Successivamente alla Prima guerra mondiale, infatti, si era rafforzata a Marsiglia e a Parigi l'esperienza della rivista «Ecole émancipée», vicina alle posizioni del sindacalismo rivoluzionario, alla quale aveva collaborato tra gli altri il pedagogista Célestin Freinet. Per reazione all'immane carneficina del 1914-1418, furono numerosi gli insegnanti che si avvicinarono a posizioni pacifiste, libertarie e anticapitaliste, riflettendo sui mezzi per promuovere una pedagogia popolare che permettesse di costruire una società più giusta e umana. Il sindacalismo rivoluzionario francese, del resto, aveva una tradizione di impegno pedagogico e sperimentazione educativa che risaliva agli anni precedenti il 1914, soprattutto grazie all'insegnamento di Sébastien Faure. Quella nuova leva di educatori e maestri francesi guardava anche alle molte esperienze che tra anni Venti e Trenta si stavano sviluppando in Svizzera (Adolphe Ferrière), in Belgio (Ovide Decroly) e negli Stati Uniti (John Dewey). Nel 1937, durante il Fronte popolare, sarebbero nati in Francia i CEMEA (Centres d'entraînement aux méthodes d'éducation active), che

310. Cfr. Colin Ward, *La pratica della libertà. Anarchia come organizzazione*, Milano, Elèuthera, 1996 [1973]. Importante era l'influenza ancora esercitata dal lascito ideale del socialismo di Robert Owen (1771-1858), cfr. Martin Buber, *Sentieri in utopia. Sulla comunità*, a cura di Donatella Di Cesare, Genova, Marietti, 2009.

avrebbero avuto un ruolo importante nel secondo dopoguerra alimentando all'interno degli ambienti laici, socialisti e anarchici, in Italia come in Francia, l'impegno per l'intervento pedagogico e l'azione educativa, con la speranza di suscitare un processo di alfabetizzazione democratica dei cittadini e dunque la costruzione di una società migliore.[311]

Alla metà degli anni Trenta, però, lo scenario europeo si faceva sempre più fosco, soprattutto agli occhi degli esuli italiani. Nel 1935 l'Italia attaccò l'Etiopia e, proprio con la guerra in Africa orientale, il regime iniziò una mobilitazione senza sosta degli apparati militari e civili che avrebbe portato, in pochi anni, il paese fino alla catastrofe della Seconda guerra mondiale.

La campagna d'Etiopia del fascismo si sviluppò come la grande avventura politico-militare di una intera generazione di gerarchi e accese nella popolazione civile tante speranze e aspettative (in realtà, ingiustificate) circa nuove possibilità di lavoro e di investimento produttivo. La Società delle Nazioni condannò l'aggressione e stabilì delle sanzioni economiche, di fronte alle quali il governo invitò gli italiani a dare «oro alla patria», donando la fede nuziale in cambio di un cerchietto di ferro. Fu probabilmente il momento di maggior consenso alla politica mussoliniana da parte del popolo italiano. Le sanzioni imposte dall'esterno ebbero l'effetto di rinsaldare ulteriormente il rapporto tra le masse e il capo.

Le conquiste imperiali del fascismo sembravano annichilire l'opposizione dei fuorusciti, rendendo ancor più difficile di quanto già non fosse la loro vita. L'esilio della famiglia Berneri continuava a essere accompagnato dallo stillicidio di decreti di espulsione e brevi permessi di soggiorno che riguardavano Camillo.

I segnali di sconfitta per l'antifascismo in esilio si moltiplicavano di settimana in settimana. La morte in Russia del repubblicano Pietro Montasini, che era stato in contattato con Berneri a Parigi prima di avvicinarsi al «fronte unico» social-comunista, e la condanna del socialista Fernando De Rosa, grande amico di Camillo, processato e imprigionato in Spagna dopo aver partecipato a un tentativo insurrezionale, venivano commentate con sconforto da Marie Louise che cercava sostegno nella corrispondenza con Vernon:

311. Goffredo Fofi, *Eretici degli anni Cinquanta*, in *Giovanna Caleffi Berneri e la cultura eretica di sinistra nel secondo dopoguerra*, Atti della giornata di studi (Reggio Emilia, 22 novembre 2008), a cura di Fiamma Chessa, Reggio Emilia, Biblioteca Panizzi, Archivio Famiglia Berneri-Aurelio Chessa, 2012, pp. 17-27; Carlo De Maria, *Lavoro di comunità e ricostruzione civile in Italia. Margherita Zoebeli e il Centro educativo italo-svizzero di Rimini*, Roma, Viella, 2015.

> Hai appreso la morte di Montasini? È morto in Russia, mezzo matto. Mi ha fatto male... era ancora giovane. Avrai visto che De Rosa è stato condannato a 2 anni di prigione e che ha ancora 2 processi. È terribile a 25 anni passare la propria vita in prigione. Capisci Vero quando penso a tutto questo non posso essere gaia, di buon umore. Le mie compagne mi dicono che non serve a niente di prendersela, di inquietarsi ma sono sicura che ti rivolti anche tu. Come sento il bisogno della tua amicizia, del tuo amore, in questo momento, più che mai. È da due giorni che non ho una lettera tua e mi sembra che è da tanto, tanto tempo. Chissà se domani mattina prima di partire per la scuola, non troverò sul tavolo una lettera tua. Vorrei che prendendola la trovassi pesante, pesante...[312]

Fortunatamente la dimensione dell'esilio non era fatta solamente di costrizione e dolore, ma riservava, soprattutto dal punto di vista culturale, anche opportunità di scoperta e arricchimento. «L'autre soir Papa m'a parlé assez longtemps de Freud», così scriveva Marie Louise nel gennaio 1936.[313] E i suggerimenti paterni la portarono a leggere con grande interesse l'*Introduzione alla psicanalisi* di Freud.[314]

Si era appena iscritta a un corso di studi psico-pedagogici presso l'Institut de Psychologie dell'Università di Parigi, dove seguiva lezioni di psicologia generale, psicologia applicata e pedagogia. Si recava spesso al complesso ospedaliero di St. Anne dove ascoltava lezioni di psicologia clinica e psichiatria. Per guadagnare qualche soldo insegnava italiano, a domicilio, a giovani studenti francesi.[315]

Dopo l'effimera ordinanza di espulsione del novembre 1935, Camillo Berneri aveva intanto ottenuto una proroga di 6 mesi.[316] In effetti, già all'inizio di dicembre, partecipava, a Parigi, a una conferenza indetta da GL per l'unità d'azione antifascista; conferenza alla quale si contarono 200-250 persone, con la presenza di repubblicani, socialisti, comunisti, bordighisti, trotzkisti e anarchici. Berneri si era fatto notare, non perdendo l'occasione di attaccare i comunisti e provocando, per questo, un'accesa polemica.[317] Era ormai un *habitué* delle riunioni di Giustizia e Libertà, alle quali veniva segnalato anche a fine dicembre:

312. Maria Luisa Berneri a Vernon Richards, Paris, 13.12.1935, in ABC, FVR.
313. Maria Luisa Berneri a Vernon Richards, Paris, 31.12.1935, ivi.
314. Maria Luisa Berneri a Vernon Richards, Paris, 14.1.1936, ivi.
315. Maria Luisa Berneri a Vernon Richards, Paris, 4.2.1936, ivi.
316. Nota della Divisione polizia politica per la Divisione affari generali e riservati, Roma, 30.12.1935, in ACS, CPC, b. 537, Berneri Camillo, fasc. III.
317. Nota della Divisione polizia politica per la Divisione affari generali e riservati,

> Era stato invitato anche Berneri Camillo che riferì in merito ad una lettera da lui inviata a Rosselli concernente il Federalismo. La discussione fu lunga ed animata in modo che si fece tardi, e Rosselli non ebbe tempo di tenere il «giornale parlato».[318]

Berneri partecipò anche alla successiva riunione del 28 dicembre, insieme a un folto gruppo di anarchici.[319] La discussione sul federalismo si inseriva nel contesto di un denso dibattitto tra Rosselli e Berneri svoltosi sulle pagine di «Giustizia e Libertà». Di fronte a riunioni e a scambi come questi trova ulteriore conferma la forte attenzione prestata dal movimento di Giustizia e Libertà e da Carlo Rosselli, in particolare, attorno alla metà degli anni Trenta, per un socialismo dalle spiccate connotazioni autonomiste e federaliste.[320]

Grazie alla frequentazione dell'ambiente giellista, Berneri entrò in contatto con Nicola Chiaromonte, raffinato intellettuale liberal-radicale che proprio nel dicembre 1935 giungeva alla rottura con GL.[321] In quei mesi, Berneri e Chiaromonte dialogarono ai margini delle parti costituite. Rimangono alcuni rapidi scambi epistolari, che comunque attestano corrispondenza e affinità tra i due. «Non so se ti ricordi di me: ci siamo conosciuti a G.L., io sotto specie di *Luciano*. Mi rivolgo a te su consiglio di Tasca».[322] «Desidererei molto vederti. Mi vuoi telefonare, una di queste mattine, per prendere un appuntamento?».[323]

Roma, 13.12.1935, in ACS, MI, PS, DAGR-AG, Categorie permanenti, G1, b. 284, fasc. 756-38, s.fasc. 4 (Francia, Giustizia e Libertà, 1935-1936).

318. Informazione confidenziale, Parigi, 24.12.1935, in ACS, MI, PS, DPP, Fascicoli per materia, b. 127, fasc. 1 (Giustizia e Libertà, Parigi), s.fasc. D: «Movimento di G. e L., Attività fino al 31 dicembre 1936».

319. Si veda nel sottofascicolo appena citato l'informazione confidenziale da Parigi dell'8.1.1936; si veda anche l'appunto, Roma 12.2.1936, della Divisione polizia politica per la Divisione affari generali e riservati, in ACS, MI, PS, DAGR-AG, Categorie permanenti, G1, b. 285, fasc. 756-38, s.fasc. 5 (Francia, Giustizia e Libertà, 1936).

320. Cfr. Fedele, *Carlo Rosselli e gli anarchici italiani*, p. 105.

321. Su questo frangente della vita di Chiaromonte, si vedano Paolo Bagnoli, *Rosselli, Gobetti e la rivoluzione democratica. Uomini e idee tra liberalismo e socialismo*, Firenze, La Nuova Italia, 1996, pp. 61-109 (il cap. «Di un dissidio in "Giustizia e Libertà"»); Gino Bianco, *Nicola Chiaromonte e il tempo della malafede*, Manduria, Lacaita, 1999; Cesare Panizza, *Nicola Chiaromonte. Una biografia*, Roma, Donzelli, 2017.

322. Lettera di Nicola Chiaromonte a Camillo Berneri [Parigi], 18.6.[1936], in International Institute of Social History (IISH), Vernon Richards Papers (VRP). Sul rapporto tra Berneri e Angelo Tasca, si veda Marco Gervasoni, *Il filo rosso della "inappartenenza": Berneri e Tasca*, in «Rivista storica dell'anarchismo», 1 (1997), pp. 85-94.

323. Lettera di Luciano [Nicola Chiaromonte] a Camillo Berneri [Parigi], s.d., in ABC, FCB, cassetta II. La breve lettera fu scritta sulla carta intestata di un hotel parigino.

La critica sociale di una figura *eretica* come Berneri si formò grazie a scambi e influenze reciproche tra singole personalità in grado di superare le barriere delle organizzazioni di appartenenza in nome dell'obiettivo: la lotta al fascismo e al fenomeno totalitario. I suoi interlocutori privilegiati furono intellettuali refrattari, come lui, alle organizzazioni di massa e ai partiti.

Come si è visto, Chiaromonte e Berneri si avvicinarono anche grazie al tramite di Angelo Tasca, con il quale lo stesso Berneri aveva avuto un interessante e arguto scambio epistolare nei mesi precedenti. Un dialogo, quello tra Berneri e Tasca, che conviene contestualizzare con attenzione, richiamando alcune linee di tendenza che caratterizzarono negli anni Trenta il dibattitto interno agli ambienti socialdemocratici europei.

Il drastico allargamento della sfera di intervento dello Stato in campo economico e sociale prodottosi con evidenza a partire dalla cesura della Prima guerra mondiale e il successivo affermarsi del fenomeno totalitario avevano sommerso di colpo quel modello autonomistico e decentrato che in Italia, come in altri paesi, era stato caratteristico del socialismo nei decenni a cavallo del 1900. Nell'Europa tra le due guerre mondiali, profondamente segnata dalla crisi economica del 1929-1931 e dalla successiva depressione, si era registrata la crescita vertiginosa degli apparati statali, secondo una varietà di soluzioni che andavano dal corporativismo fascista all'interventismo pubblico in campo sociale dei regimi democratici. Ne era una conferma il fatto che, negli anni Trenta, all'interno degli ambienti socialisti europei, si parlasse soprattutto di progetti e piani d'azione relativi a un'idea tecnocratica di socialdemocrazia.[324]

Il dibattito sulle prospettive della socialdemocrazia europea ruotava, dunque, intorno alla funzione economica dello Stato, all'idea di pianificazione e al concetto di interesse generale; tutti elementi che contenevano, indubbiamente, al loro interno una dimensione dirigista densa di implicazioni antilibertarie e autoritarie.[325] Del resto, il confronto internazionale sui problemi dell'economia mista traeva dichiaratamente ispirazione anche dagli esempi,

Per la partecipazione di Chiaromonte alle riunioni di GL, si veda, ad esempio, l'informazione confidenziale, Parigi, 24.10.1935, in ACS, MI, PS, DPP, Fascicoli per materia, b. 127, fasc. 1, s.fasc. D.

324. Rinvio alle considerazioni e alla bibliografia che ho già presentato in De Maria, *Alessandro Schiavi. Dal riformismo municipale alla federazione europea dei comuni*, pp. 222 e sgg.

325. Cfr. Alberto De Bernardi, *Discorso sull'antifascismo*, a cura di Andrea Rapini, Milano, Bruno Mondadori, 2007, pp. 125-126.

allora in primo piano, della pianificazione sovietica e del corporativismo fascista. Così, con la consueta ironia, Berneri scriveva all'amico Tasca:

> Deve essere una grande disgrazia essere socialista nel 1935. Ma è sempre meglio che comunista. Ma tu, forse, lo sei stato per un malinteso. Sono cose che succedono. Io sono diventato anarchico a forza di sentirmi trattare come tale dagli Zibordi di emiliana memoria. E avevano ragione.[326]

Tasca aveva cominciato a lavorare a quello che diventerà il suo *Nascita e avvento del fascismo*.[327] Lo spunto iniziale gli arrivava da una richiesta della «Nouvelle Revue française», rivista culturale di riferimento nella Francia tra le due guerre mondiali. Scriveva a Berneri: «Devo preparare per la N.R.F. uno studio di una quarantina di pagine per spiegare perché e come Mussolini è giunto al potere nell'ottobre 1922. Questo lavoro, ampliato e completato, diventerà poi, Giove permettendolo, un libro».[328] Stava andando regolarmente «al Musée di Vincennes», ma Berneri gli aveva promesso del materiale, soprattutto ritagli: «articoli sull'occupazione delle fabbriche, appunti sui moti del caro-vita, qualche manifestino, ecc.»[329] – e Tasca non vedeva l'ora di metterci le mani. «Io posso venir da te una di queste mattine, per prendere il materiale che tu vorrai lasciare a mia disposizione. Fammi sapere se questo è un modo comodo per te».[330] L'indirizzo, infatti, già lo conosceva – «*Rue Terre Neuve* 20 (tra il metro *Avron* e il metro *Bagnolet*)»[331] – e pensando all'occasione fornita da quella visita inviava a Berneri anche una lista di periodici di cui era alla ricerca: «Sto cercando di completare alcune collezioni di giornali dell'emigrazione. Te ne unisco l'elenco, qualora tu fossi in grado di darmi un colpo di mano. Son disposto, ben inteso, ad acquistare i numeri mancanti».[332]

326. Lettera di Camillo Berneri ad Angelo Tasca, Parigi, s.d. [febbraio-inizio marzo 1935], in Fondazione Giangiacomo Feltrinelli (FGF), Fondo Angelo Tasca (FAT), Corrispondenza, fasc. 35 «Camillo Berneri-Giovanna Berneri Zaccaria».

327. Angelo Tasca, *Nascita e avvento del fascismo. L'Italia dal 1918 al 1922*, Firenze, La Nuova Italia, 1950, poi nella riedizione curata da Sergio Soave (Firenze, La Nuova Italia, 1995). Come noto, l'edizione originale venne pubblicata a Parigi, in lingua francese, nel 1938.

328. Minuta di una lettera di Angelo Tasca a Camillo Berneri, Parigi, 5 marzo 1935, in FGF, FAT, Corrispondenza, fasc. 35 «Camillo Berneri-Giovanna Berneri Zaccaria».

329. Lettera di Berneri a Tasca, Parigi, s.d. [febbraio-inizio marzo 1935].

330. Minuta di una lettera di Tasca a Berneri, Parigi, 5 marzo 1935.

331. Lettera di Berneri a Tasca, Parigi, s.d. [febbraio-inizio marzo 1935].

332. Minuta di una lettera di Tasca a Berneri, Parigi, 5 marzo 1935.

Da quella densa corrispondenza del febbraio-marzo 1935 spuntava anche il nome di un altro intellettuale "inappartenente", Andrea Caffi, che possiamo ascrivere al campo (solo vagamente definibile) del socialismo libertario.[333] Berneri chiedeva a Tasca se aveva qualche notizia di lui. Tasca non rispondeva su quel punto, forse rimandando l'argomento al prossimo incontro in rue Terre Neuve.[334]

Mentre Tasca lavorava alla sua fondamentale opera sulle origini del fascismo, Berneri metteva mano in quei mesi a un libro «introspettivo»[335] che si doveva intitolare *Esilio*, di cui scrisse solamente qualche pagina: «Vi sarà anche l'elogio dell'Esilio nel mio *Esilio*. Non è che fuori d'Italia che ho scoperto questa, pur diventando europeo. Senza contare le esperienze di vita, le scoperte culturali (Freud, ecc.) le amicizie, ecc.».[336] In queste pagine autobiografiche della metà degli anni Trenta, Berneri riusciva a dare voce a una rottura psicologica tipica della propria epoca:

> Questo non è un libro, bensì un centone. Come è l'esilio, quello vero, vissuto da coloro che hanno spezzata la vita e non riescono a trovare la resina per incollarne i frammenti. Non sistema di ragioni, ma scoppio di sentimenti, ma confessione pubblica, che accenda un foco di simpatia chiamante i dispersi nella landa buia ed algente.

Così iniziava la prefazione di *Esilio*.[337] Dal suo alloggio alla periferia di Parigi, Camillo Berneri intendeva riflettere sul percorso compiuto negli ultimi dieci anni:

333. Cfr. Marco Bresciani, *La rivoluzione perduta. Andrea Caffi nell'Europa del Novecento*, Bologna, Il Mulino, 2009.

334. Lettera di Berneri a Tasca, Parigi, s.d. [febbraio-inizio marzo 1935]; minuta di una lettera di Tasca a Berneri, Parigi, 5 marzo 1935.

335. Lettera di Camillo Berneri a Mario Bergamo, timbro postale: Parigi, 1935, in ABC, FCB, cassetta I.

336. Lettera di Camillo Berneri a Mario Bergamo, s.l., s.d. [ma, Parigi, 1935], ivi. Anche Roma venne a sapere dell'interesse di Berneri per Freud, e fece gli opportuni controlli: «La Regia Legazione d'Italia a Vienna con lettera in data 9 dicembre 1929 informa che non risulta che il Prof. Freud Sigmund sia anarchico e non appare verosimile che sia in rapporti con Camillo Berneri» (si tratta di una nota in ACS, CPC, b. 537, Berneri Camillo, fasc. II).

337. Berneri non completò mai questo progetto editoriale. Ne sono giunte a noi solamente alcune pagine. In questa sede, si fa riferimento, soprattutto, a Camillo Berneri, *Prefazione* (di *Esilio*), in ABC, FCB, cassetta XII, dove si trovano anche degli appunti presi in preparazione del libro. La prefazione venne pubblicata, con alcune soppressioni e inesattezze, in Berneri, *Pensieri e battaglie*, pp. 157-162.

> Non ho ambizione di letterato, né presunzioni di sociologo o di filosofo, né vanità di politico. Non sono che un esasperato che grida e che piange, grida sfacciatamente e piange impudicamente. So di essere sull'orlo del ridicolo, ma so anche, per mistica certezza, che ho lanciato qualche zampillo verso le stelle del sublime. Ho una tempesta nel cervello ed un cuore indignato. Scrivere è predicare. Scrivere, per colui al quale è vietata la febbrile attività come è vietato il tranquillo costruire, è sfuggire ai dubbi, è lenire le amarezze, è trovare nella possibilità d'indignarsi e di scandalizzare l'illusione di essere qualche cosa nel mondo, in questo mondo così immenso nel quale gli uomini sono lontani l'uno dall'altro come lontani sono gli astri tra loro, nel quale anche coloro che si amano sono cuori che battono vicino come due orologi che segnino un'ora diversa.

Alla crisi dell'idea di un progresso lineare della società, indotta dalla cesura del 1914-1918, si accompagnò nei decenni tra le due guerre mondiali quella di una possibile interezza e razionalità dell'esperienza umana. Alle insidie di un razionalismo ormai in crisi, Berneri rispose aggrappandosi a un pensiero inteso come slancio morale. E qui il suo riferimento era Piero Gobetti, di cui conviene rileggere un passo: «Disprezzando i facili ottimismi e i facili scetticismi – scrisse Gobetti, parlando per la «nuova generazione» – sapremmo distaccarci da noi stessi e interessarci all'autobiografia come a un problema».[338] Del resto, affermava con semplicità Berneri: «Non è il problema della razionalità del mondo che mi interessa bensì quello della razionalità della mia azione».[339] E questo sforzo di analisi autobiografica ritroviamo nei frammenti manoscritti del suo *Esilio*, opera che Berneri intendeva come una «sintesi introspettiva di ormai dieci anni di passione, di fallimenti mostruosi e di esperienze strazianti e di una quasi quotidiana lotta con la vita».

Prendendo a prestito alcune categorie elaborate da Eric J. Leed, il principale storico anglosassone dell'«esperienza vissuta», l'esilio di Berneri sembra raccogliere in sé i caratteri del «viaggio antico» e del «viaggio moderno».[340] L'esilio, innanzitutto, come viaggio all'insegna di

338. Gobetti, *La Rivoluzione Liberale*, p. 4.

339. Berneri, *Irrazionalismo e Anarchismo*, in ABC. Si tratta di un testo non datato e inedito all'epoca, ma collocabile nella primavera-estate 1936. Si inseriva, infatti, all'interno di una polemica tra Berneri e la redazione de «L'Adunata dei Refrattari», sorta in seguito a un suo articolo: Camillo Berneri, *I principii*, in «L'Adunata dei Refrattari» (New York), XV, n. 23, 13 giugno 1936, p. 4.

340. Leed, *La mente del viaggiatore*.

costrizione e sofferenza. Un viaggio antico, che sottopone a dura prova. L'identità di chi lo affronta si riduce agli elementi essenziali, permettendo di vedere quali essi siano:

> Ho conosciuto le nostalgie che pochissimi soffrono e che, a dirle, avrebbero mosso al riso; ho incespicato in trame poliziesche e in viltà di galantuomini;
> ho conosciuto i momenti bui nei quali le anime generose si contano sulle dita, mentre le anime caute sciamano via, per ritornare a mano tesa quando appare l'arcobaleno;
> mi sono visto negare da alcuni che consideravo superiori e che amavo con cuore fraterno il gesto pronto e benigno che imbalsama la piaga aperta e bruciante;
> sono stato sputacchiato, rinserrato fra quattro muri, da rappezzatori di menzogne, da cialtroni sboccati, da gaglioffi fraudolenti senza che i galantuomini insorgessero;
> ho ritrovati in esilio sfiguriti[341], appuzzati e contaminati uomini che avevo conosciuti in Italia ardimentosi e generosi;
> ho visto deformare il mio pensiero, misconoscere le mie intenzioni, irridere ai miei sforzi molti «compagni di fede e di battaglia»;
> ho dubitato che talune mie polemiche scaturissero da uno sterile rancore di discadimento[342] più che da un odio feroce figlio di un appassionato amore;
> ho conosciuto sollievi di speranza che avrei voluto esprimere con la danza e abbattimenti da suicidio;
> ho sognato costruire solido ed arioso edificio, ma ho constatato che il mio soffio[343] è breve;
> ho pesato il mio cervello, radiografato il mio cuore, e sono ora avvilito, ora orgoglioso.
> Mi domando se la mia attività politica non sia un rimestare senza costrutto nelle foglie secche di un'ideologia al suo tramonto;
> la fede che era di un bel verde tenero e ricco è ora rossiccia come le vigne d'autunno, ché la ruggine dell'esilio l'ha corrosa al punto da disperare nei grappoli opulenti indorantesi al sole;
> sento il peso dell'esilio diventare schiacciante e poiché non ho un solo cuore, sono al bivio: disertare, o sortir di trincea, con un bel balzo in avanti.

Ma, dal punto di vista culturale, l'esilio si rivelò per Berneri anche un'opportunità di scoperta e arricchimento. Un viaggio moderno, che permette di accedere a qualcosa di nuovo. In effetti, in un provvisorio indice

341. Così nel testo, forse per assonanza con il francese «défigurés».
342. Così nel testo, forse influenzato dal francese «décadence».
343. Scelta lessicale dovuta, con ogni probabilità, al francese «souffle»: respiro.

dell'opera, il capitolo settimo sarebbe stato dedicato a un «Elogio dell'esilio». In alcune note a margine dell'indice, Berneri ricordava la «scoperta della patria», e poi frequentazioni, occasioni di incontro e scoperte culturali di quel decennio passato fuori dall'Italia, sintetizzate dai nomi di: Sigmund Freud (ancora una volta), Gaetano Salvemini, il leader anarchico ucraino Nestor Makhno, morto a Parigi nel 1934, gli anarchici italiani Luigi Fabbri, Torquato Gobbi, Ugo Fedeli, i tedeschi Rudolf Rocker, Fritz Kater, Augustin Souchy, Erich Mühsam, la coppia russo-lituana Alexander Berkman-Emma Goldman, il francese Sébastien Faure del «Libertaire» e i repubblicani socialisti Fernando Schiavetti, Antonio Chiodini, Francesco Volterra, animatori del periodico «Problemi della rivoluzione italiana» di Marsiglia.

E Berneri si sentiva davvero intellettuale impegnato europeo, rimanendo fedele a questo suo sentimento anche quando il continente gli aveva rifiutato cittadinanza. In una lettera databile intorno alla metà del 1930 (di poco successiva al processo parigino del 4 giugno, il primo riguardante la cheddite), aveva scritto a Luigi Fabbri: «In America non voglio andare, né al Nord né al Sud. Ormai non m'è possibile occuparmi, fattivamente, dell'antifascismo [...]. Ho bisogno di farmi un po' dimenticare, sarebbe pericoloso per me e per altri rimanessi in primo piano, ma non voglio rinunciare alla lotta. Come soldato semplice e per conto mio posso ancora essere utile».[344] Ai nostri occhi, Berneri conclude questa riflessione in una lettera alla figlia Maria Luisa: «Credo che un europeo possa far molto di più in un paese che conosce a fondo».[345]

Arriviamo al 1936, anno spartiacque nella vita di Berneri. Quella estate, infatti, egli decideva di «sortir di trincea» – proprio per riprendere una immagine usata nel suo *Esilio* –, raggiungendo Barcellona. Qui, nel quadro della progressiva sovietizzazione della Spagna repubblicana, sarebbe stato assassinato il 5 maggio 1937.

Ma andiamo con ordine. In Francia, le elezioni politiche della primavera 1936 vennero vinte dal Fronte popolare, l'alleanza dei partiti di sinistra guidata dal leader socialista Léon Blum. In giugno Marie Louise prese parte a una grande manifestazione antifascista a Parigi, con oltre mezzo

344. Lettera di Camillo Berneri a Luigi Fabbri, s.l., [estate 1930], in ABC, documento non catalogato.

345. Lettera di Camillo Berneri a Maria Luisa Berneri, s.l., s.d. [ma, Barcellona, notte 3-4 maggio 1937], in ABC, documento non catalogato. Lettera pubblicata parzialmente in Berneri, *Pensieri e battaglie*, pp. 278-281, da cui riprendiamo la datazione.

milione di persone. Era contenta di vedere tanta gente unirsi contro il fascismo, e così descriveva a Vernon le dinamiche interne al corteo:

> Sai, i comunisti sono proprio noiosi. Hanno impedito agli anarchici di entrare nel corteo. Il gruppo anarchico aveva una bandiera, la polizia ha voluto prendere la bandiera, gli anarchici l'hanno difesa e hanno voluto rientrare nel corteo, allora i comunisti si sono presi per mano per impedirgli di passare. Stessa cosa per i comunisti dissidenti! Da casa abbiamo visto il corteo che passava dalle 2 alle 9, quanta gente, quante bandiere.[346]

Nelle stesse settimane uscirono in Francia e Inghilterra alcuni numeri di un giornale antifascista realizzato da Camillo Berneri e Vernon Richards: «Italia Libera/Free Italy», giornale redatto a Parigi, ma rivolto all'emigrazione italiana in Inghilterra. Ne furono pubblicati quattro numeri tra l'aprile e il giugno 1936. All'inizio di luglio, Berneri scriveva all'editore anarchico Frigerio:

> Vorrei fare un'edizione *tutta italiana* dell'I.L. ma non trovo i soldi; non volendo farne un giornale di "movimento", che me lo sciuperebbe come fece di U.[manità] N.[ova] [...] Vedo la necessità di esporre con calma le mie idee: in una serie di opuscoli o in un libro. Comunque stiano le cose, vedo la necessità (necessità per me, ben inteso, ché il mondo ruzzolerebbe male egualmente) di precisare il *mio* anarchismo.[347]

Nel corso della prima metà del 1936 – secondo «riservate informazioni» giunte a Roma –, continuarono i «frequenti contatti» con Rosselli e la partecipazione alle riunioni organizzate da Giustizia e Libertà, insieme allo stesso Rosselli, a Garosci, a Cianca.[348] Berneri, «sovente», andava «a vedere personalmente Rosselli», al di fuori delle riunioni.[349] Il 10 febbraio, ad esempio, i due ebbero «un lungo conciliabolo» in casa di Rosselli.[350]

346. Maria Luisa Berneri a Vernon Richards, Paris, 27.6.1936, in ABC, FVR.

347. Lettera di Camillo Berneri a Carlo Frigerio, Parigi, 6 luglio 1936, in ABC, FCB, cassetta I.

348. Telegramma-posta dell'Ambasciata d'Italia a Parigi, 11.3.1936, in ACS, CPC, b. 537, Berneri Camillo, fasc. III. Si veda anche, nello stesso fascicolo, l'appunto, Roma 18.6.1936, della Divisione polizia politica per la Divisione affari generali e riservati.

349. Informazione confidenziale, Parigi, 1.5.1936, in ACS, MI, PS, DAGR-AG, Categorie permanenti, G1, b. 285, fasc. 756-38, s.fasc. 6 (Francia, Giustizia e Libertà, 1936).

350. Nota della Direzione generale della pubblica sicurezza per l'Ambasciata d'Italia a Parigi, Roma, 29.2.1936, in ACS, CPC, b. 4421, Rosselli Carlo Alberto, sottofascicolo del 1936.

All'inizio di marzo, venne segnalata una conferenza di Berneri nella sala di GL.[351] Inoltre, la presenza dell'intellettuale anarchico venne notata alle riunioni di Giustizia e Libertà del 19 gennaio, 1° febbraio, 29 febbraio, 14 marzo e 25 aprile.[352] Probabilmente, Aldo Garosci ripensava a queste occasioni, quando, all'inizio degli anni Cinquanta, scriveva di Berneri: «Nel movimento anarchico resta la figura più attraente e originale».[353]

Nel complesso, in quei mesi, Berneri sembrò svolgere una funzione di *trait d'union* tra il movimento Giustizia e Libertà di Carlo Rosselli e Azione Repubblicana e Socialista (ARS), recentemente fondata da Fernando Schiavetti. Anche in questo caso non mancano le relazioni degli informatori della polizia politica italiana, che prontamente si infiltrarono nel gruppo parigino di ARS,[354] partecipando alle riunioni e constatando, di conseguenza, come Berneri fosse quasi un ospite fisso.[355] Il suo obiettivo era quello di facilitare un accordo tra GL, ARS, socialisti non allineati e anarchici, per riuscire a opporre una forza politica significativa, almeno sul piano culturale e ideale, al fronte unico social-comunista.

Ormai da un paio d'anni, infatti, lo scenario dell'antifascismo in esilio era profondamente cambiato. La Concentrazione si era sciolta nel 1934. Il nuovo perno attorno a cui ruotava l'opposizione al regime di Mussolini era rappresentato dall'alleanza stretta tra comunisti e socialisti. Sotto la scorta di un appello del Comintern di poco successivo alla vittoria del nazismo in Germania (appello volto alla ricerca di accordi fra i singoli partiti comunisti e socialisti), il Partito Comunista d'Italia, nel marzo 1933, aveva rivolto a socialisti e repubblicani, escludendo GL, la proposta di un fronte unico. Nell'agosto 1934, comunisti e socialisti firmavano un patto di unità d'azione. Giustizia e Libertà si era trovata emarginata, in una situazione nella quale

351. Copia del telegramma-posta dell'Ambasciata d'Italia a Parigi al Casellario politico centrale, 11.3.1936, in ACS, MI, PS, DPP, Fascicoli per materia, b. 127, fasc. 1, s.fasc. D. Il Casellario politico centrale inviava questa copia alla Polizia politica.

352. Si vedano, nel sottofascicolo appena citato, le informazioni confidenziali provenienti da Parigi del 20.1.1936, 2.2.1936, 2.3.1936; cfr., poi, l'informazione confidenziale, Parigi, 15.3.1936, in ACS, MI, PS, DAGR-AG, Categorie permanenti, G1, b. 285, fasc. 756-38, s.fasc. 6, ins. 1; nell'inserto 2 del sottofascicolo 6 si veda, infine, l'informazione confidenziale datata Parigi 27.4.1936.

353. Garosci, *Storia dei fuorusciti*, p. 256.

354. Signori, Tesoro, *Il verde e il rosso*, p. 153.

355. Informazione confidenziale, Parigi, 24.1.1936, in ACS, MI, PS, DPP, Fascicoli per materia, b. 144, fasc. 1 (Azione Repubblicana Socialista), s.fasc. «Costituzione del movimento»; informazione confidenziale, Parigi, 25.2.1936, ivi, s.fasc. «Gruppo di Parigi».

il patto poneva al centro delle relazioni fra gli esuli antifascisti il peso determinante dell'alleanza socialcomunista.[356] In una situazione simile si venne a trovare il nuovo movimento di repubblicani dissidenti fondato da Schiavetti. In tale contesto, l'alleanza alternativa tra i non allineati a cui pensava Berneri – che teneva presenti anche i massimalisti, cioè quei militanti del PSI che nel 1930 avevano rifiutato la riunificazione con il PSULI riformista – poteva avere effettivamente un senso. Ma l'azione politica di Berneri, quella di ponte tra i movimenti di Rosselli e Schiavetti, non trovò un terreno favorevole. I rapporti tra GL e ARS erano spesso più polemici che fattivi.[357]

Esistevano, del resto, delle divergenze di fondo nel pensiero politico di Rosselli e Schiavetti. Quest'ultimo, infatti, accentrando il proprio interesse soprattutto su quelle tematiche della dottrina repubblicana più suscettibili di sviluppo in senso socialista (ad esempio il concetto di proprietà privata come «funzione» e non come diritto) era giunto ad accettare, in buona sostanza, la prospettiva collettivistica. Di fatto, con l'unica riserva dichiarata di non voler tradurre le sue convinzioni in "dogma", aveva finito per far proprio il metodo della lotta di classe, ribadendo la centralità del proletariato nella lotta antifascista e democratica. Dunque, pur salvaguardando una piena autonomia di giudizio e di critica nei confronti degli interpreti ortodossi del socialismo classista, egli dimostrava di essere ormai affine a quell'universo, proprio nello stesso momento in cui Rosselli contestava sempre più radicalmente il sistema marxista.[358]

L'atteggiamento operaista distinse senz'altro Schiavetti tanto da Rosselli quanto da Berneri, che nel 1934 aveva pubblicato *L'operaiolatria*, testo nel quale si esercitava a demolire tutta la retorica, la simbologia e la ritualità legate all'immagine della fabbrica e della classe operaia.[359]

Tra Berneri e Schiavetti, inoltre, si precisò una sensibile distanza sull'idea di fronte unico antifascista. Disaccordo già emerso nell'ottobre 1935, quando – secondo un'informazione confidenziale –,[360] su insisten-

356. Gentile, *Fascismo e antifascismo*, pp. 346-347, 350, 364.

357. Si veda, ad esempio, l'articolo intitolato *A.R.S.*, in «Giustizia e Libertà» (Parigi), 14 febbraio 1936; il ritaglio è conservato in ACS, MI, PS, DPP, Fascicoli per materia, b. 144, fasc. 1 (Azione Repubblicana Socialista), s.fasc. «Gruppo di Parigi».

358. Signori, Tesoro, *Il verde e il rosso*, pp. 39-40.

359. Camillo Berneri, *L'operaiolatria*, Brest, Gruppo d'edizioni libertarie, [1934]).

360. Informazione confidenziale, Parigi, 15.10.1935, in ACS, MI, PS, DPP, Fascicoli per materia, b. 144, fasc. 1 (Azione Repubblicana Socialista), s.fasc. «Costituzione del movimento».

za di Lussu, Schiavetti era passato a Parigi per incontrare Rosselli, in vista di una possibile alleanza.

Lussu sosteneva che per raggiungere lo «*scopo*» dell'«unità politica del proletariato rivoluzionario» occorresse, come prima tappa, «un convegno fra i dirigenti di "G. e L.", Massimalisti e Azione R. e S.» che portasse alla «creazione di un movimento *unitario-socialista rivoluzionario*». Da qui, si sarebbe dovuto muovere verso «l'unità generale» con socialisti – attraverso un «*Congresso Unitario Socialista*» – e comunisti, utilizzando come pontiere Angelo Tasca. Alla fine di ottobre, Lussu informava Schiavetti di aver scritto «un letterone» a Rosselli «per incitarlo» alla costituzione di un comitato a tre: «"G. e L.", voi, massimalisti». «Se vi si arriva – proseguiva Lussu –, è il primo passo serio verso la formazione di un grande movimento s.r. [socialista rivoluzionario] Vedremo che cosa ne verrà fuori».[361]

In quel frangente, a Parigi,[362] si svolse una «importante riunione amichevole», durante la quale Schiavetti formulò un «appello alla unità di azione». Gli invitati, qualche decina, appartenevano a tutti i partiti. Da parte sua, Berneri, «presente con numerosi amici», rimarcò, invece, l'impossibilità di accordarsi coi comunisti. Li caricò, anzi, violentemente: «che la smettano – queste le sue parole riportate dall'informatore della polizia politica italiana – di farci prendere e pagare tessere. È possibile un accordo di persone di buona volontà, non è possibile un accordo di partiti». I

361. I documenti citati sono: biglietto autografo di Emilio Lussu a Fernando Schiavetti, s.d., in ISRT, AFS, sez. III, b. 29, fasc. 73 (Azione Repubblicana-Socialista), s.fasc. 25 (Corrispondenza varia), ins. 8; cartolina postale di Emilio Lussu a Fernando Schiavetti, s.l., 24 ottobre [1935], ivi, sez. I, b. 6, fasc. 33 (Lussu Emilio); lettera di Emilio Lussu a Carlo Rosselli, Clavadel (Davos, Svizzera), 25.10.1935 (timbro postale), in AGL, FCR, b. 1, fasc. 1, s.fasc. 69 (Emilio Lussu). In una lettera a Salvemini del febbraio 1936, Rosselli mostrò una certa freddezza verso il tentativo di alleanza promosso da Lussu, scrivendo: «Lussu promette nuove difficoltà per il Convegno; svaluta tutto ciò che facciamo; voleva e forse vorrebbe un accordo massimalisti-schiavettisti-G.L. per lanciare il vero socialismo [...] Solamente che sbaglia se crede che il futuro convegno lo seguirà pedissequamente. La sua concezione militare trotzkista della rivoluzione non seduce» (lettera di Carlo Rosselli a Gaetano Salvemini, Cannes, 29 febbraio 1936, in AGL, FCR, b. 2, fasc. 1, s.fasc. 103, Gaetano Salvemini).

362. Schiavetti passò a Parigi il 15 ottobre. Ritornava da Bruxelles, dove aveva preso parte, come rappresentante dell'ARS, al Congresso contro la guerra di Etiopia (12-13 ottobre) organizzato da comunisti e socialisti. Si vedano i documenti presenti in ISRT, AFS, sez. III, b. 29, fasc. 73, s.fasc. 28.

capi comunisti presenti non aprirono bocca. Rosselli non prese la parola. Il «violento intervento» di Berneri scombussolò Schiavetti, facendogli concludere: «Parigi è un ambiente molto difficile».[363]

A proposito di unità d'azione, risulta particolarmente interessante la posizione assunta da Rosselli. Si tratta di una posizione che mostrava una larga comprensione di tutte le correnti dell'antifascismo con un forte accento posto sull'azione diretta anziché sul dibattito ideologico. Rosselli la espose a Schiavetti poco prima dell'incontro di Parigi[364] e l'articolò più compiutamente in un documento di Giustizia e Libertà della fine di novembre. Affinché l'unità di azione risultasse una cosa «seria» era necessario «portare la discussione su un terreno concreto». Rosselli pensava a una «Alleanza rivoluzionaria italiana», in grado di condurre una «azione comune in Italia». La guida politica sarebbe stata nelle mani di un «*direttorio*» composto da due rappresentati ciascuno dei seguenti organismi: Partito comunista, Partito socialista, massimalisti, Partito repubblicano, Giustizia e Libertà, Gruppi anarchici. Alle dipendenze del direttorio, ma dotato di «larga autonomia», avrebbe agito un «esecutivo di azione» formato da elementi «attivi, energici, scelti non tanto sulla base di un dosaggio politico, ma della capacità e volontà di agire». [...] Per quanto concerne i metodi di azione nessuno era escluso: «stampa, propaganda, organizzazione e agitazione di massa, azioni di sostegno, iniziative di piccoli nuclei, iniziative isolate». Essenziale all'accordo, proprio in nome della concretezza, sarebbe stato «un impegno immediato dei partiti e gruppi tradotto in cifre, per dotare l'Alleanza di un fondo minimo di guerra».[365]

Nonostante l'apertura verso un accordo testimoniata da documenti come quello appena citato, l'unità d'azione continuava a essere impedita da persistenti divergenze. Esse emergono con precisione, all'inizio di dicembre, nella risposta di Giustizia e Libertà a una «dichiarazione» dei comunisti:

363. Informazione confidenziale, Parigi, 15.10.1935. Si veda anche la lettera di Enrico Brichetti a Fernando Schiavetti, [Parigi], 9 ottobre 1935, in ISRT, AFS, sez. I, b. 3, fasc. 15, dove si legge dei preparativi per l'arrivo di Schiavetti a Parigi.

364. Lettera di Carlo Rosselli a Fernando Schiavetti, Parigi, 20 settembre 1935, in ISRT, AFS, sez. I, b. 9, fasc. 43 (Rosselli Carlo).

365. Lettera di Giustizia e Libertà ai delegati alla riunione per concordare l'unità d'azione, Parigi, 29 novembre 1935, dattiloscritto con correzioni autografe di C. Rosselli, in ISRT, AGL, FGL, b. 6, fasc. 2 (Trattative della direzione di Giustizia e Libertà con personalità, partiti e associazioni politiche), n. 39.

Nel redigere la vostra dichiarazione ci sembra che non abbiate tenuto abbastanza conto, per quanto concerne i metodi di azione, del grande sforzo di avviciamento che abbiamo fatto verso le vostre tesi; talché ritornate puramente e semplicemente alle formulazioni iniziali. La «subordinazione» delle altre forme di azione alla lotta sistematica di massa, che cosa significa? Che sino a che le masse non si siano messe in movimento (e quando si saranno poste in movimento vorrà dire che lo Stato totalitario è a terra), non si dovrà ricorrere alle altre forme di azione? Oppure che queste altre forme di azione, da adottarsi immediatamente, debbono essere efficaci ai fini del risveglio e della messa in movimento delle masse?
Anche qui occorre essere chiari per non veder rinascere eternamente in seno all'eventuale organismo comune le stesse discussioni.[366]

Nonostante le continue difficoltà di dialogo tra giellisti e comunisti, il disegno politico di Berneri – cioè, quell'alleanza tra GL, ARS e socialisti non allineati, che egli sperava di contrapporre al fronte unico social-comunista – non riuscì a guadagnare terreno. Ne fu chiaro segnale il fatto che in occasione del congresso parigino dell'Azione Repubblicana e Socialista (12-13 aprile 1936), Fernando Schiavetti intervenne affermando – secondo l'attenta relazione di un informatore – che «aspetto delicato» della alleanza tra ARS, GL e massimalisti era la «necessità manifesta di non creare un contro-altare al fronte già in atto Socialista-Comunista». Bisognava quindi farla apparire – insistette – «non come fine a se stessa ma come un primo passo tendente all'unità generale».[367] Una settimana più tardi, Schiavetti ribadiva, per iscritto, la posizione assunta al convegno.[368]

In quel periodo, Berneri incontrava nuovamente delle difficoltà a confrontarsi sia con i repubblicano-socialisti sia con i giellisti, sempre a causa del suo intransigente anticomunismo. Il riferimento è, in questo caso, a una «riunione indetta dagli anarchici-gruppo Berneri», alla qua-

366. Lettera di Giustizia e Libertà ai compagni del Partito Comunista italiano, Parigi, 5 dicembre 1935, dattiloscritto in ISRT, AGL, FGL, b. 6, fasc. 2, n. 41.

367. Relazione di un informatore sul congresso ARS, Parigi, 12-13 aprile 1936, in ACS, MI, PS, DAGR-AG, Categorie permanenti, G1, b. 305, fasc. 1047-2. La relazione della spia corrisponde al Resoconto della discussione del convegno, in ISRT, AFS, sez. III, b. 29, fasc. 73, s.fasc. 30, ins. 1. Abbiamo verificato le citazioni. Il congresso ARS fu preceduto da «uno scambio di idee» tra Schiavetti e Rosselli: cfr. appunto, Roma 7.5.1936, della Divisione polizia politica per la Divisione affari generali e riservati, in ACS, CPC, b. 4421, Rosselli Carlo Alberto, s.fasc. «1936».

368. Fernando Schiavetti, *Il convegno di Parigi*, circolare ARS del 17.4.1936, dattiloscritto in ISRT, AFS, sez. III, b. 29, fasc. 73, s.fasc. 24, ins. 9.

le erano presenti Magrini (Garosci) «ed un altro per "G.L."», Brichetti «ed un altro per i repubblicani-socialisti».[369] Vi erano poi dei comunisti dissidenti. Era la seconda riunione di quel tipo. La prima «era stata inconcludente a motivo dell'opera dei bordighisti – questa volta esclusi per volere unanime – e la seconda ha dato risultati poco dissimili, per la volontà di Berneri di non togliere dalla sua mozione gli apprezzamenti sulla Rivoluzione russa e sui... suoi... derogati. I troskisti domandavano modifiche e furono con loro d'accordo i *r.s.* ed i giellisti. Niente di concluso. Avrà luogo un'altra riunione». Lo stesso anno, Berneri scrisse, in maniera ancora più esplicita:

> Leninisti, trockisti, bordighisti, centristi non sono divisi che da diverse concezioni tattiche. Tutti i bolscevichi, a qualunque corrente o frazione essi appartengano, sono dei fautori della dittatura politica e del socialismo di Stato. Tutti sono uniti dalla formula: «dittatura del proletariato».[370]

Quella primavera, come detto, il Fronte popolare vinse le elezioni. La vittoria ebbe effetti anche nell'ambiente del fuoruscitismo. Uno di questi fu, probabilmente, quello di avviare al tramonto il progetto politico perseguito da Camillo Berneri nei mesi precedenti. Il successo elettorale e il nuovo protagonismo dei social-comunisti francesi diede nuova consistenza e maggiore autorità anche al fronte unico antifascista. «I trozkisti e gli anarchici hanno molto da temere da questo nuovo stato di cose» – si commentava negli ambienti di ARS –, mentre Giustizia e Libertà era «lasciata in disparte».[371]

Non a caso, in quella situazione, Berneri e Rosselli si ritrovarono fianco a fianco e diedero vita a Parigi a una sorta di «consiglio di cultura»: un comitato di una ventina di persone che si impegnò a costituire un nuovo circolo animato da «personalità apartito». Tornava in mente il salveminiano «circolo di cultura» di Firenze dei primi anni Venti.[372] Rosselli e Berneri

369. Informazione confidenziale, Parigi, 20.4.1936, in ACS, MI, PS, DPP, Fascicoli per materia, b. 25, fasc. 1 (Francia, Anarchici italiani).

370. Queste parole le citiamo da Santi Fedele, *Una breve illusione. Gli anarchici italiani e la Russia sovietica. 1917-1939*, Milano, FrancoAngeli, 1996, p. 171n.

371. Lettera di Enrico Brichetti a Fernando Schiavetti, Parigi, 28 giugno 1936, in ACS, MI, PS, DPP, Fascicoli per materia, b. 144, fasc. 1 (Azione Repubblicana Socialista), s.fasc. «Costituzione del movimento». Abbiamo verificato le citazioni sull'originale autografo in ISRT, AFS, sez. I, b. 3, fasc. 15.

372. Alla fine di maggio, Rosselli scriveva a Salvemini (atteso a Parigi): «Ritroverai nella Sigla [GL] lo spirito del circolo di cultura fiorentino. Minore preparazione, ma mag-

si diedero da fare per affittare dei locali, dove tenere le conferenze, allestire una biblioteca e alcune sale di lettura aperte in permanenza.

Si può dire che, a metà del 1936, l'iniziativa più consistente che vedeva impegnato Berneri fosse proprio il Circolo di cultura nato sotto gli auspici di Giustizia e Libertà.[373] In quell'ambiente, verso la metà di giugno, si riunì nuovamente un gruppo ristretto formato, oltreché da Rosselli e Berneri, da rappresentanti di ARS, massimalisti e trotzkisti. Nel suo intervento, Berneri osservò come mai prima di allora il fascismo avesse potuto contare su una tale potenza in Italia: «Noi non siamo più niente. Siamo quasi esclusi dalla realtà dell'oggi. Se c'è l'amnistia, specie in questo momento nel quale lo spirito di xenofobia risuscita violento in Francia, saranno migliaia e migliaia gli italiani che torneranno in Italia».[374]

Accolte le dure parole di Berneri, Rosselli invitava a «reagire»: «Forse la situazione interna è diversa da quanto crediamo. Perciò la necessità dell'inchiesta». Il riferimento era a uno dei primi lavori messi in cantiere dal circolo di cultura parigino: una «inchiesta sul fascismo e la società italiana», che era stata particolarmente sostenuta da Rosselli.[375] Più tardi, Berneri riprese la parola per definire «ignobile», da parte di antifascisti italiani, lo spingere all'aggravamento delle sanzioni contro l'Italia. «Un italiano non ha il diritto di chiedere questo». Sulle sanzioni, la posizione di Berneri si avvicinava a quella di Schiavetti. Quest'ultimo al Congresso di Bruxelles dell'ottobre 1935 contro la guerra in Etiopia si era opposto alla posizione del «blocco socialcomunista», che invitava la Società delle Nazioni ad applicare le sanzioni economiche contro l'Italia fascista.[376]

giore combattività» (lettera di Carlo Rosselli a Gaetano Salvemini, Parigi, 28 maggio 1936, in ISRT, AGL, FCR, b. 2, fasc. 1, s.fasc. 103).

373. Nota su carta intestata del Ministero dell'interno, Roma, 31.7.1936, in ACS, MI, PS, DAGR-AG, Categorie permanenti, G1, b. 311, fasc. 1128 (Circolo di cultura, 1936).

374. Informazione confidenziale, Parigi, 12.6.1936, ivi.

375. Appunto della Divisione polizia politica per la Divisione affari generali e riservati, Roma, 18.9.1936, in ACS, MI, PS, DAGR-AG, Categorie permanenti, G1, b. 311, fasc. 1128. Abbiamo verificato le citazioni in base al programma del Consiglio di cultura (Parigi), dattiloscritto con correzioni autografe di C. Rosselli, in ISRT, AGL, FGL, b. 6, fasc. 2, n. 60.

376. Bollettino interno ARS, n. 4, ottobre 1935, dattiloscritto in ISRT, AFS, sez. III, b. 29, fasc. 73, s.fasc. 24, ins. 4. Schiavetti espresse pubblicamente la sua posizione in un articolo apparso ne «Il nuovo Avanti» del 2 novembre 1935. L'articolo fu ampiamente citato da Berneri in un suo intervento, firmato L'Orso, ne «L'Adunata dei Refrattari» (New York), XIV, n. 49, 7 dicembre 1935, p. 7. L'articolo di Berneri venne inviato a Schiavetti da Brichetti: «Accludo un ritaglio di giornale. L'*orso* è Berneri, il quale m'incarica di salu-

In fondo, la verità era che la cornice del circolo di cultura e le continue riunioni per cercare di stringere una qualche unità di azione, che sembrava comunque non avere sbocchi pratici di alcun tipo, costituivano nel loro complesso una situazione che andava ormai stretta a molti. Sicuramente logorava Berneri, che continuava a guardare alla necessità di un'organizzazione che educasse e preparasse i rivoluzionari «all'azione pratica».[377] Il circolo di cultura doveva, insomma, riuscire a essere anche «Scuola Rivoluzionaria Italiana, indispensabile alla preparazione dei quadri pensanti e agenti dell'antifascismo».[378] E, in effetti, un'occasione di riscatto stava per arrivare.

Pochi giorni prima della rivolta franchista in Spagna e dell'improvvisa partenza del marito per Barcellona, Giovanna Caleffi rientrò momentaneamente in Italia, per fare visita ai parenti di Gualtieri. Nonostante la «buona condotta morale e politica» dei Caleffi, la presenza di Giovanna giustificò, da parte della polizia, la predisposizione di una «opportuna vigilanza».[379] Interessa, qui, notare che verso la fine del mese di luglio, presso la casa dei genitori, Giovanna ricevette la visita di Cesare Zaccaria e della moglie Maria Lombardini, entrambi anarchici, provenienti da Napoli.[380]

Nato in provincia di Genova, Zaccaria era del 1897, coetaneo di Camillo Berneri e Giovanna Caleffi, e si era avvicinato, come Berneri, all'anarchismo durante la Prima guerra mondiale. Entrambi attivi nell'ambito della propaganda antimilitarista, poi impegnati a Firenze nel movi-

tarti» (biglietto di Enrico Brichetti a Fernando Schiavetti, s.l., 16 dicembre 1935, originale autografo in ISRT, AFS, sez. I, b. 3, fasc. 15).

377. Cfr. lettera di Enrico Brichetti a Fernando Schiavetti, Courbevoie (Seine), 30 maggio 1936, in ISRT, AFS, sez. I, b. 3, fasc. 15. Brichetti riassumeva gli interventi della riunione.

378. L'idea di Berneri venne accolta, almeno in parte, da Rosselli. Si veda, infatti, il già citato programma del Consiglio di cultura (Parigi), nel quale si legge che il nuovo organismo, costituito a Parigi «ad opera di rivoluzionari italiani di ogni tendenza», intendeva «contribuire alla fondazione di una Scuola Rivoluzionaria Italiana». L'opera principale del Consiglio, comunque, sarebbe consistita «nelle riunioni settimanali», dove discutere «temi politici, economici, culturali, pratici» (ISRT, AGL, FGL, b. 6, fasc. 2, n. 60).

379. «La perquisizione eseguita nei suoi confronti a Domodossola è stata negativa» (comunicazione della prefettura di Reggio Emilia, 17.7.1936, in ACS, CPC, b. 948, Caleffi Giovanna).

380. «I coniugi Zaccaria-Lombardini [...] si trattennero tre o quattro giorni in casa della Caleffi, senza mostrarsi affatto in pubblico. Quest'ultima, durante la permanenza a Gualtieri, non ebbe altre visite, e condusse vita ritirata». Era ripartita per la Francia il 3 agosto (cfr. comunicazione della prefettura di Reggio Emilia, 12.8.1936, ivi).

mento anarchico, erano stati collaboratori, sia l'uno che l'altro, della rivista «L'Iconoclasta» di Pistoia e sarebbero rimasti a lungo in corrispondenza.[381] Anche Zaccaria si era sposato giovane, nel 1919, con la toscana Maria Lombardini, insegnante elementare: lo stesso mestiere di Giovanna. Molte analogie avevano avvicinato, in una forte amicizia, i due giovani intellettuali anarchici, che completavano nel dopoguerra i loro studi superiori. Berneri si laureava in filosofia e cominciava le supplenze nei licei del centro Italia, mentre Zaccaria intraprendeva tra Genova e Napoli una brillante carriera nel settore dell'ingegneria navale.

Era stato il 1926 l'anno che aveva visto divaricarsi i percorsi, fino ad allora quasi paralleli, dei due compagni. Mentre Berneri, espatriato in Francia, moltiplicava tra mille difficoltà i propri sforzi per combattere il regime fascista, Zaccaria, trasferitosi quello stesso anno a Napoli, si immergeva nel nuovo lavoro presso la «Società anonima bacini e scali napoletani», dove era addetto alle riparazioni navali. Sul finire degli anni Venti, attraverso un collega, l'ingegner Alberto Azzi, aveva avvicinato l'ambiente culturale di Benedetto Croce, che, solo pochi anni più tardi, Zaccaria avrebbe definito «maestro della sua formazione spirituale».[382] Ma le uniche noie con il regime gliele aveva procurate la corrispondenza con Berneri, continuata (e sequestrata) anche dopo l'esilio dell'amico.[383]

Infatti, lo scambio epistolare tra i due era proseguito in modo fraterno e, secondo le carte di polizia, era stato particolarmente intenso proprio alla

381. Alcuni spunti sul percorso biografico di Zaccaria in Pier Carlo Masini, *Quando nacque «Volontà»*, intervista a cura di Lorenzo Pezzica, in *Cinquant'anni di «Volontà». Indici 1946-1996*, numero speciale di «Volontà», [1998], pp. 7-18 (in part., pp. 8-10).

382. Cfr. relazione dell'alto commissariato per la città e provincia di Napoli, 30.12.1929, in ACS, CPC, b. 5486, Zaccaria Cesare. Le parole citate vennero pronunciate da Zaccaria durante un interrogatorio seguito alla scoperta della sua corrispondenza con Berneri. In quella sede, Zaccaria «aggiunge di essersi recato dal predetto Croce cinque o sei volte, ma di essersi poi astenuto dal frequentarne il salotto, per il carattere troppo strettamente letterario delle conversazioni colà tenute abitualmente».

383. ACS, CPC, b. 5486, Zaccaria Cesare, con particolare riferimento alle relazioni dell'alto commissariato per la città e provincia di Napoli, in data 18.12.1929, 30.12.1929, 16.10.1934 e 3.8.1935. Nello stesso fascicolo, si veda, infine, la comunicazione della questura di Napoli del 26.2.1943. L'unico autore a intraprendere una seria riflessione sul pensiero di Zaccaria è stato Pietro Adamo, *Cesare Zaccaria, l'anarchismo e l'America*, in *Giovanna Caleffi Berneri e la cultura eretica di sinistra nel secondo dopoguerra*, pp. 124-158.

fine degli anni Venti.[384] Nel 1929, l'abitazione di Zaccaria veniva perquisita, con il conseguente sequestro di alcuni fogli manoscritti. Tra questi, la minuta di una lettera indirizzata a Berneri, nella quale la polizia politica aveva trovato conferma del progressivo disimpegno di Zaccaria:

> Dal testo di tale lettera, che ad opportune contestazioni lo Zaccaria ha riconosciuto essere diretta al noto Camillo Berneri, si rilevano elementi di giudizio invero notevoli circa l'attuale stato d'animo dello Zaccaria ed il suo attuale orientamento politico. Dopo avere, infatti, trattato questioni intime e formulato dei progetti sulla sua attività professionale, lo Zaccaria nello scritto di cui trattasi polemizza col Berneri e coll'antifascismo in genere, riconoscendo al Regime Fascista delle doti di forza e di chiarezza mai possedute dai precedenti governi e dalle caste politiche che lo hanno preceduto. Benvero egli, evidentemente ispirato alle sue ideologie rivoluzionarie, riconosce sussistere una ragione per cui il Regime Fascista va combattuto: cioè in omaggio alla negazione di ogni «autorità» non necessaria: ma aggiunge che questa è la ragione unica e fondamentale, riconoscendo all'attuale periodo, che egli dice «senza libertà», «un gran valore costruttivo nell'ossatura materiale della Nazione... ed un ancor più grande valore pedagogico nella formazione spirituale della Nazione stessa».[385]

Quali che fossero le precise posizioni di Zaccaria (il frammento in esame non è sufficiente a determinarle), quel che sembra certo è che la sua amicizia con la famiglia Berneri non venne mai meno, se è vero che nel 1936 non perse l'occasione, insieme alla moglie, di raggiungere Giovanna Caleffi a Gualtieri. Un lungo viaggio, da Napoli, intrapreso sicuramente per avere notizie del vecchio amico Camillo. Probabilmente la corrispondenza tra i due era cessata alla fine degli anni Venti, a causa dell'intervento poliziesco. Lo fa pensare il fatto che quando, nel 1935, Zaccaria aveva chiesto il passaporto per motivi professionali, lo aveva potuto ottenere sia per le insistenze dell'armatore Achille Lauro (presso il quale lavorava), sia perché era ormai dal 1929 che le autorità di polizia non aveva motivo di lamentarsi della sua condotta.[386]

384. Cfr. comunicazione della prefettura di Napoli, 21.8.1936, in ACS, CPC, b. 5486, Zaccaria Cesare.

385. Relazione dell'alto commissariato per la città e provincia di Napoli, 18.12.1929, ivi.

386. Zaccaria doveva occuparsi delle riparazioni alle navi di Lauro durante le loro soste nei porti esteri. Nell'agosto 1935, ad esempio, si recò a Rotterdam (si vedano, a que-

Giovanna Caleffi si fermò a Gualtieri per un paio di settimane, grossomodo dalla metà di luglio ai primi giorni di agosto. In quel lasso di tempo Camillo Berneri, rimasto a Parigi, decise repentinamente di partire verso il confine spagnolo con la volontà di combattere contro il golpe franchista e per la rivoluzione libertaria.

4. *L'improvvisa possibilità di riscossa: speranza e tragedia della guerra di Spagna*

Nell'estate del 1936 la Spagna divenne il simbolo della speranza per tutti gli antifascisti. Finalmente, si arrivava alla lotta sul campo contro il fascismo. Decine di migliaia di volontari di varie nazionalità, si precipitarono in Spagna per combattere in difesa della Repubblica.

La vicenda spagnola interveniva, in particolare, a risollevare la sorte degli antifascisti italiani, che vivevano ormai la condizione dell'esilio come fosse un destino di sconfitta, uno stato di impotenza e di fallimento esistenziale, oltreché politico. Molti di loro, e tra questi Camillo Berneri, erano all'estero da dieci anni o più e sentivano progressivamente affievolirsi la loro capacità di analizzare e interpretare il proprio paese d'origine; una realtà dalla quale erano ormai lontani e separati da tempo.

I più lucidi intellettuali antifascisti erano perfettamente consapevoli che i pochi rapporti che gli esuli avevano con la società italiana e con piccoli gruppi di antifascisti operanti clandestinamente nel paese toccavano zone limitate dell'opinione pubblica e si prestavano con molta facilità a generalizzazioni arbitrarie. «Il fatto che – scriveva Fernando Schiavetti nel 1935 – circa 12 milioni di italiani (ossia quelli che stanno fra i 16 e i 30 anni) sono completamente o quasi completamente estranei al nostro mondo e alle nostre passioni, questo fatto val più nella sua terribile oggettività di mille elucubrazioni e supposizioni».[387] Tra gli antifascisti che avevano lasciato il paese negli anni Venti e le giovani generazioni cresciute sotto il fascismo sembrava esserci una frattura irrimediabile.

sto proposito, due comunicazioni dell'alto commissariato per la città e provincia di Napoli, 16.10.1934 e 3.8.1935, ivi).

387. Questo passo di Schiavetti, tratto da un articolo pubblicato sul «Nuovo Avanti» (Parigi) del 2 novembre 1935, venne citato da Camillo Berneri in un suo articolo pubblicato il mese successivo: L'Orso [C. Berneri], *Rilievi*, in «L'Adunata dei Refrattari» (New York), XIV, n. 49, 7 dicembre 1935, p. 7.

Il discorso pronunciato da Carlo Rosselli a Radio Barcellona nel novembre 1936, *Oggi in Spagna, domani in Italia*, sintetizzava lo slancio di speranza che mosse tanti militanti lungo il percorso che lì portò dall'esilio antifascista all'impegno in Spagna.

Nel «carnaio» della «tragedia spagnola» (per usare le parole di Georges Bernanos)[388] troviamo non solo molti antifascisti del nostro paese, ma anche migliaia e migliaia di soldati e ufficiali italiani mandati dal regime di Mussolini a sostenere il generale Franco, in nome della «crociata antibolscevica» (come ripeteva ossessivamente la propaganda di regime). Il sostegno di Mussolini, e in particolare dell'aviazione e della marina italiana, fu importante fin dall'inizio per i franchisti. Durante il conflitto sarebbero passati dalla Spagna almeno 80 mila tra soldati e ufficiali italiani, all'interno del cosiddetto Corpo truppe volontarie italiane (CTV), e circa 18 mila tedeschi. Conclusa la guerra di Etiopia, fu la campagna di Spagna il nuovo banco di prova attraverso il quale Mussolini intendeva forgiare il carattere degli italiani e saggiare la capacità della macchina propagandistica e militare del regime di mobilitarsi e allinearsi prontamente seguendo le direttive provenienti dal governo. «Quando finirà la Spagna – confidava Mussolini a Ciano –, inventerò un'altra cosa; ma il carattere degli italiani si deve creare nel combattimento».[389] Peraltro, nel marzo 1937, con la sconfitta nella battaglia di Guadalajara, il prestigio del fascismo subì un colpo gravissimo. Le truppe fasciste, non supportate adeguatamente dalle forze franchiste, vennero sconfitte dalle forze repubblicane e dalle Brigate Internazionali, all'interno delle quali giocarono un ruolo fondamentale gli antifascisti italiani della Brigata Garibaldi. In quella battaglia si affrontarono per la prima volta in campo aperto italiani fascisti e antifascisti, in una sorta di piccola guerra civile nella guerra civile.

Alla mobilitazione dell'Italia fascista e della Germania nazista non risposero le potenze democratiche. Le grandi democrazie liberali, Francia e Gran Bretagna, fecero mancare un sostegno attivo alla causa repubblicana. Il governo conservatore inglese (guidato da Stanley Baldwin) fece una scelta partigiana filo-franchista, nel senso che preferiva un regime nazionalista guidato dai militari a una repubblica progressista; il governo francese di fronte popolare (presieduto da Léon Blum), politicamente più vicino alla repubblica spagnola, non si poteva tuttavia permettere di

388. Georges Bernanos, *I grandi cimiteri sotto la luna* [1938], Milano, SE, 2017.

389. Citato in Marie-Anne Matard-Bonucci, *L'Italia fascista e la persecuzione degli ebrei*, Bologna, il Mulino, 2008, p. 127.

rompere l'asse franco-britannico rimanendo da solo davanti alla montante aggressività della Germania. In Spagna, intervenne invece ben presto l'Unione Sovietica con l'invio di armi, mezzi e uomini. E vedremo le profonde implicazioni di questo intervento.

Per la grande mobilitazione del volontariato antifascista e per il pronto intervento di Italia e Germania al fianco di Franco, i problemi spagnoli vennero subito interpretati secondo parametri europei, parlando, ad esempio, di sfida tra fascismo e antifascismo. In realtà la crisi spagnola aveva cause specifiche.[390] La Spagna degli anni Trenta aveva le caratteristiche di un paese arretrato, ancora ampiamente agricolo. Uno Stato debole all'interno del quale l'esercito si considerava tradizionalmente la quintessenza del potere e il rappresentante dell'autentica «volontà generale» indipendentemente dalle evoluzioni di un incerto sistema politico. Così quando nel febbraio del 1936 la coalizione repubblicano-socialista del Fronte popolare spagnolo conquistò un'ampia maggioranza parlamentare rilanciando un progetto riformatore, una parte delle forze conservatrici decise che quella del golpe militare era l'unica strada da percorrere. Il golpe guidato dal generale Franco iniziò tra il 16 e il 17 luglio 1936 con il sollevamento di alcune guarnigioni di stanza nel Marocco spagnolo (l'armata d'Africa era l'élite dell'esercito spagnolo), la notizia cominciò a circolare in tutta Europa un paio di giorni più tardi. Il 18 luglio le truppe si sollevarono anche sul territorio nazionale, ma il golpe militare, il tentativo cioè di occupare in breve tempo i centri nevralgici del paese, sostanzialmente fallì. Nelle zone non cadute in mano agli insorti, ogni sindacato e forza politica si affrettò a organizzare le proprie milizie. Il governo repubblicano acconsentì alla distribuzione delle armi ai resistenti. In alcune parti del paese, con l'affievolirsi dell'autorità statale, si scatenò un vero e proprio movimento rivoluzionario. Fu soprattutto a Barcellona, e in Catalogna, che le milizie furono organizzate con maggiore autonomia: qui con la nascita, il 21 luglio, del Comitato centrale delle milizie antifasciste, la regione si dotò di un organismo di autogoverno, il cui scopo era organizzare e gestire lo sforzo bellico. La crisi dell'autorità statale, lo slancio rivoluzionario, la mobilitazione popolare, tutto questo fu accompagnato a un esercizio spesso indiscriminato di violenza e brutalità: una delle principali vittime fu il clero, identificato come un pilastro della Spagna conservatrice e tradizionalista, che pagò un tributo di sangue altissimo con circa 6.800 assassinii in tutto il paese.

390. Cfr. Harry Browne, *La guerra civile spagnola*, Bologna, il Mulino, 2000.

La «guerra civile spagnola» non fu dunque solo «guerra», fu anche rivoluzione: la «rivoluzione spagnola», una espressione usata soprattutto nel lessico degli anarchici. Una rivoluzione, che secondo le parole di un osservatore d'eccezione come Nicola Chiaromonte, già in contatto con Berneri a Parigi e di nuovo in corrispondenza con lui anche a Barcellona,[391] aveva caratteristiche peculiari e affascinanti: una rivoluzione, scriveva Chiaromonte a Tasca nell'agosto 1936, «con caratteristiche sue proprie, e, devo dire, assai attraenti».[392] Peculiarità dovute, in buona sostanza, alla tradizionale forza del movimento anarchico e libertario in Spagna. Barcellona fu la capitale della nuova Spagna rivoluzionaria, per la forza che lì avevano la Federazione anarchica iberica (FAI) e la CNT, la confederazione sindacale libertaria con base in Catalogna.

Una diversità, una alterità, quella della rivoluzione spagnola, che si misurava rispetto a ciò che era dal 1917 il modello prevalente di rivoluzione sociale: quello di stampo marxista-leninista che aveva come proprio riferimento, con tutte le approssimazioni del caso, l'Unione Sovietica guidata da Stalin.

L'anti-centralismo e il federalismo libertario degli anarchici, da una parte, e il socialismo di Stato e l'idea di un partito-guida, dall'altra, richiamavano una diversità di "scuole" e di correnti politiche che era sempre esistita all'interno del movimento operaio e socialista, fin dal XIX secolo in un dibattito spesso aspro, ma mai mortale, tra le varie posizioni contrapposte. Nell'Europa degli anni Venti e Trenta, però, molto era cambiato rispetto a questa ricca storia fatta di varietà e differenze. La nascita del totalitarismo sovietico, l'allineamento dei partiti comunisti all'URSS e la forza di attrazione esercitata dall'Internazionale comunista anche all'interno del variegato mondo dei partiti socialisti mise violentemente ai margini

391. Si veda la lettera di Camillo Berneri ad Angelo Tasca, Barcellona, [1936], in FGF, FAT, Corrispondenza, fasc. 35 «Camillo Berneri-Giovanna Berneri Zaccaria», dove si legge: «Caro Tasca, ricevo una lettera di Chiaromonte nella quale mi domanda notizie di Giua. L'ho incontrato una quindicina di giorni or sono a Puccerda, ma essendo partito per Barcellona con una colonna automobilistica mentre egli è partito con il treno, l'ho perso di vista. Per rintracciarlo ho fatto inserire un comunicato in «Solidaridad Obrera», ma senza risultato. Cercherò di avere notizie. Domani partono due sezioni di mitraglieri italiani che sono qui, nella milizia della CNT, e da costoro e da altri che sono al fronte spero sapere qualche cosa. In tale caso mi affretterò a comunicarvela. Dì a Chiaromonte che lo vedrò molto volentieri, anche perché presumo potergli essere utile per la mia messe di esperienze spagnole».

392. Cesare Panizza, *Nicola Chiaromonte e la guerra civile spagnola*, in «Memoria e Ricerca», 39 (2012), pp. 157-174: 164.

e finì per togliere brutalmente di mezzo, all'interno della stessa sinistra, posizioni giudicate eccentriche. Questo accadde in Spagna tra il 1936 e il 1939, quando per il movimento anarchico lo scontro con il comunismo si rivelò mortale. Particolarmente segnato fu l'anarchismo italiano che perse a Barcellona, nel maggio 1937, per mano comunista, il suo esponente di maggior spicco, Camillo Berneri.

Ciò naturalmente avveniva nella cornice di un continente messo «a ferro e fuoco», in un clima di scontro di civiltà, nel quale la continua ascesa del nazismo e dei fascismi stava preparando la Seconda guerra mondiale.[393] Un richiamo alla cronologia risulta utile. Risale all'autunno 1936, proprio nel quadro della collaborazione militare nella guerra di Spagna, l'accordo diplomatico (denominato «Asse») firmato da Germania e Italia. L'anno successivo, il 1937, sarebbe stato il più terribile della vicenda dell'antifascismo internazionale e della lotta contro le dittature. Il 27 aprile di quell'anno, la morte di Antonio Gramsci, logorato dal carcere fascista; il 5 maggio quella di Berneri, nell'ambito della battaglia fratricida interna alla sinistra durante la guerra civile spagnola, e il 9 giugno dei fratelli Rosselli trucidati in Francia da sicari appartenenti all'estrema destra transalpina. Sempre nel '37 si intensificano le purghe staliniane. Il 1938, poi, è l'anno cruciale nel quale si diffuse, in Europa, l'antisemitismo di Stato. Alla sua vigilia solo la Germania nazista aveva una legislazione antiebraica, al suo termine provvedimenti legislativi persecutori nei confronti degli ebrei si ritrovavano in Austria e nei Sudeti (dopo l'occupazione tedesca), Italia, Romania e Ungheria. Nel 1939 viene firmato il «patto d'acciaio» tra Italia e Germania (maggio). In settembre, con l'invasione tedesca della Polonia, scoppia la Seconda guerra mondiale.

Sono questi gli anni della Guerra di Spagna. Chiarito a grandi linee il contesto, torniamo a quella lettera dell'agosto 1937 nella quale Nicola Chiaromonte descriveva ad Angelo Tasca, già dirigente del Partito comunista d'Italia poi espulso per la sua critica allo stalinismo, il proprio impatto con la «rivoluzione spagnola». Nelle righe che seguono compare la figura di Pietro Nenni e la virulenza con la quale il leader socialista romagnolo si scagliava contro gli anarchici. Scriveva, dunque, Chiaromonte il 14 agosto 1936:

> Caro Tasca, sono qui [a Madrid] da due giorni, dopo un rapido passaggio a Barcellona. Ho visto Nenni, e le dico che i suoi "propos" mi hanno fatto una pessi-

393. Cfr. Enzo Traverso, *A ferro e fuoco. La guerra civile europea (1914-1945)*, Bologna, il Mulino, 2008.

ma impressione. È "montato" contro gli anarchici in modo del tutto incongruo e direi anche mediocre. Ora la CNT è la forza che lei sa. La FAI è padrona della Catalogna. Ci vuole un grado incredibile di leggerezza per andar dicendo, come Nenni, «la prima cosa da fare sarà di fare i conti con gli anarchici». Ora io non sono ancora in grado di emettere giudizi, ma le posso dire che tutti i militanti spagnoli che ho visto pensano che è possibilissimo ragionare con gli anarchici. Purtroppo l'opinione di Nenni deve rispecchiare quella di molti "dirigenti". Io penso che bisogna fare tutto per impedire la circolazione di idee stolte, cioè per impedire lo scempio della rivoluzione spagnola.[394]

Il primo gruppo di italiani a combattere in Spagna, e uno dei primi gruppi di volontari in assoluto a entrare in combattimento, fu la Sezione Italiana della Colonna Ascaso, che afferiva alla CNT.[395] Questa piccola colonna partì da Barcellona alla volta del fronte aragonese già la sera del 19 agosto 1936. I suoi promotori erano due figure di primo piano dell'esilio antifascista italiano: l'anarchico Camillo Berneri e il fondatore e leader di Giustizia e Libertà, Carlo Rosselli. Insieme a loro il repubblicano, Mario Angeloni, la cui moglie, Giaele Franchini, figlia dell'avvocato Enrico Franchini, repubblicano ed ultimo sindaco di Cesena prima del fascismo, si impegnò in prima persona in Spagna e fu, in particolare, corrispondente e collaboratrice di Berneri a Barcellona.

Il Patto fondativo della colonna dei volontari italiani, stretto a Barcellona il 17 agosto 1936 da Berneri, Rosselli e Angeloni, affondava le sue radici nell'intenso confronto politico e culturale che si era svolto negli anni precedenti a Parigi, quando, come si è visto, Berneri si era impegnato in un profondo rinnovamento del movimento anarchico, guardando con particolare simpatia sia al movimento di Giustizia e Libertà, fondato da Carlo Rosselli, sia a quei militanti repubblicani e socialisti più autonomi e indipendenti dalle posizioni dei rispettivi partiti.

Berneri era partito per Barcellona il 27 luglio 1936, «appena scoppiata la rivoluzione» in Spagna.[396] Insieme a lui si mossero anche alcuni membri

394. Lettera citata in Panizza, *Nicola Chiaromonte e la guerra civile spagnola*, p. 164.

395. Esperienza sulla quale si veda l'ottimo studio di Enrico Acciai, *Antifascismo, volontariato e guerra civile in Spagna. La Sezione Italiana della Colonna Ascaso*, Milano, Unicopli, 2016.

396. Caleffi Berneri, Profili biografici di Camillo Berneri. Una curiosità: Berneri ebbe la tessera numero 1 del Grupo Anarquista Italiano «Errico Malatesta» (gruppo di Barcellona aderente alla FAI). La suggestiva tessera è conservata in ABC, FCB, cassetta I.

del gruppo parigino di GL.[397] Il 1° agosto, prima di varcare il confine, Berneri si fermò a Tolosa da Silvio Trentin, delegato di Giustizia e Libertà in quella città, dove gestiva una libreria sempre ricca di titoli riconducibili ai temi dell'antifascismo. I due si conoscevano da tempo e avevano in comune una passione per Pierre-Joseph Proudhon, uno dei classici del pensiero anarchico ottocentesco, del quale apprezzavano soprattutto l'elaborazione federalista; frequentazioni e temi sui quali avremo modo di tornare più avanti.

Sabato 1° agosto, dunque, Berneri era di passaggio a Tolosa, dopodiché partì alla volta di Narbonne. Domenica mattina, insieme a due compagni spagnoli, raggiunse Barcellona in aeroplano.[398]

Circa due settimane più tardi, come si anticipava, venne fondata la Sezione Italiana della Colonna Ascaso. Anarchici e giellisti si trovarono quindi a condividere il primo intervento dell'antifascismo italiano in Spagna. Ecco come venne riassunta la genesi di quell'esperimento politico-militare dallo stesso Berneri:

> I non anarchici, segnalatamente gli elementi di «Giustizia e Libertà», proponevano una colonna mista autonoma, ossia integrata da antifascisti italiani d'ogni tendenza ed indipendenti da qualsiasi organizzazione politico-sindacale. Carlo Rosselli, giunto a Barcellona il 28 luglio, era nettamente favorevole ad una colonna con tali caratteri di eterogeneità e di autonomia, ma egli urtava con il fatto compiuto che gli anarchici, senza i quali non si sarebbe potuto costituire una vera colonna, [avevano aderito] alle milizie della C.N.T. [...]. Egli espose il suo criterio ad Angeloni [...]. Angeloni, accettata l'idea della colonna mista, la trasmise immediatamente a Camillo Berneri, il quale si trovò sostanzialmente d'accordo. Fu Berneri a propugnare in seno agli anarchici una formazione nei quadri della quale tutti gli antifascisti avessero accesso. Si pervenne, perciò, ad una mutua transazione, indispensabile a qualsiasi iniziativa di carattere unitario. I non anarchici accedevano ad integrare una colonna patrocinata dalla Confederazione Generale del Lavoro (C.N.T.). Gli anarchici rinunciavano a loro volta a conferire alla colonna un carattere specifico, corrispondente alla loro ideologia.[399]

397. Informazione confidenziale, Parigi, 28.7.1936, in ACS, CPC, b. 538, Berneri Giliana.

398. Telespresso del Ministero degli Affari esteri, Roma, 27.8.1936, in ACS, MI, PS, DAGR-AG, Categorie permanenti, G1, b. 287, fasc. 756-38, s.fasc. 9 (Francia, Giustizia e Libertà, 1936-1937).

399. [Camillo Berneri], *Le basi della colonna*, in ABC, FCB, cassetta IV. Nel testo si ripercorrono le vicende che portarono all'*Atto costitutivo della colonna italiana di Barcel-*

La colonna comprendeva «elementi rivoluzionari di diverse provenienze politiche»: l'adesione non era di gruppi politici, «ma di uomini».[400] A questo proposito, lo statuto precisava: «Tutti gli antifascisti, senza eccezione di tendenza, sono ammessi alla Colonna, purché presentino le necessarie garanzie morali e politiche [...]. L'organizzazione militare e la sua direzione dovranno essere informate ad un criterio eminentemente tecnico». Comunque, la colonna – è bene sottolinearlo – era in collegamento con le milizie della CNT e della FAI. Rosselli ne assunse il comando militare e Berneri, dopo una breve parentesi da combattente al fronte, quello di delegato (o commissario) politico.[401]

Affinché il patto della Colonna Italiana fosse accettato dalla collettività degli anarchici riuniti a Barcellona in seduta plenaria, Berneri dovette mettere in campo tutta la sua autorevolezza politico-culturale. Non mancarono, infatti, fin dall'inizio alcune opposizioni di intransigenti, che non erano favorevoli alla creazione di una colonna mista. «I più intelligenti e politici, come Berneri, si spingevano evidentemente più in là sulla via delle concessioni, anche per senso di solidarietà antifascista; ma dovevano pur tener conto di uno stato d'animo intransigente che, se a volte sopito, si ridesta sempre alla prima occasione. Né gli accordi presi a Parigi potevano contar molto, nella diversa atmosfera di Barcellona».[402]

Nel settembre 1936, Berneri così accennava alla sua vita a Barcellona: «Da qualche tempo non sto bene, ma vivo degli anni in un giorno solo. E questo è tutto».[403] Una espressione così semplice e intensa per esprimere la ricchezza di un momento politico la si può ritrovare nella biografia di un altro rivoluzionario anarchico, distante da Berneri di diverse generazioni. Il riferimento è al Bakunin del febbraio 1848. «I primi giorni che seguirono la rivoluzione di febbraio furono i più belli nella sua vita», così Aleksandr Her-

lona (17 agosto 1936), concordato da Berneri, Rosselli e Angeloni. Vi si leggono anche i termini del suddetto patto.

400. Nel dattiloscritto, accanto alla parola «uomini», si può leggere, parzialmente cancellata, quella «individui».

401. Sul comando militare della colonna si veda Aldo Garosci, *La vita di Carlo Rosselli*, Roma-Firenze-Milano, Edizioni U, [1945], vol. II, pp. 173-176.

402. Ivi, vol. II, pp. 172-173.

403. Lettera di Camillo Berneri a Giaele Franchini Angeloni, s.l., s.d., [ma, Barcellona, settembre 1936], in ABC, FCB, cassetta I.

zen ricordava l'amico a Parigi all'inizio del Quarantotto, mentre respiravano insieme l'entusiasmo esploso con la proclamazione della repubblica.[404]

Prima di stabilirsi a Barcellona con l'incarico di commissario politico, Berneri era stato, per un breve periodo (alla fine di agosto), miliziano al fronte. Ma le sue precarie condizioni di salute non gli permisero di continuare.[405] In particolare, Berneri stava progressivamente diventando sordo. A questo proposito, è perfino divertente la testimonianza del giellista Umberto Calosso sulla battaglia di Monte Pelato (Aragona) del 28 agosto 1936: «Il più calmo di tutti è Berneri, il quale non sente i colpi essendo un po' sordo e ogni tanto un compagno lo costringe a schiacciar la testa per terra».[406] Dopo aver preso atto della propria impossibilità a combattere, qualche settimana più tardi scriveva, divertito, da Barcellona alla figlia Giliana, a proposito dell'incarico di commissario politico:

> In un orecchio, ti dirò che la sola cosa che mi fa piacere in quest'affare è di pensare alla faccia di Rosselli quando gli ho annunciato che da quel giorno in poi avrei avuto il controllo politico della sezione. È un piacere meschino, ma per un milite vedere la smorfia di un "generale" è sempre una gran bella cosa.[407]

La Sezione Italiana della Colonna Ascaso, che si sarebbe sciolta otto mesi dopo nell'aprile 1937, coinvolse in quel breve periodo di vita un numero complessivo di 650 volontari: 382 anarchici, 89 comunisti, 42 giellisti, 40 socialisti, 18 repubblicani, 3 trotskisti, 1 sindacalista rivoluzionario e alcune decine di antifascisti non meglio specificati. Circa il 50% dei miliziani della Sezione Italiana aveva preso la via dell'esilio antifascista già negli anni Venti. La maggior parte di loro aveva un'età compresa tra i 30 e i 40 anni; giovani, ma non giovanissimi, proprio per via di una biografia che li vedeva già fuorusciti da una decina di anni. Per un esempio differente, basti pensare che tra i volontari britannici in Spagna la maggior parte aveva un'età compresa tra i 20 e i 30 anni: erano ragazzi più giovani, più inesper-

404. Ettore Zoccoli, *L'anarchia. Gli agitatori – le idee – i fatti. Saggio di una revisione sistematica e critica e di una valutazione etica*, ristampa integrale dell'edizione del 1907, Milano, Bocca, 1944, p. 92.

405. Cfr. Caleffi Berneri, Profili biografici di Camillo Berneri.

406. Umberto Calosso, *La battaglia di Monte Pelato*, in *No al fascismo*, a cura di Ernesto Rossi, Torino, Einaudi, 1957, pp. 239-253: 249.

407. Lettera di Camillo Berneri a Giliana Berneri, s.l., s.d. [ma, Barcellona, estate-autunno 1936], in ABC, documento non catalogato.

ti, che partivano direttamente dalle loro case, dal loro paese di origine, che non conoscevano l'esilio.[408]

Gli antifascisti italiani oltre alla Sezione Italiana fondarono anche la centuria Gastone Sozzi – dal nome del giovane dirigente comunista cesenate seviziato e ucciso dai fascisti nel 1928 –, costituitasi il 3 settembre nella caserma Karl Marx di Barcellona e inquadrata nella colonna del Partito socialista unificato di Catalogna (PSUC), nato nel luglio 1936 dalla fusione di quattro gruppi marxisti catalani filostalinisti. La Sozzi avrebbe raccolto una ottantina di comunisti e si sarebbe sciolta in autunno una volta formatesi le Brigate Internazionali. Queste ultime furono istituite per decisione di Mosca, e con un ruolo attivo di Palmiro Togliatti, tra fine settembre e inizio ottobre 1936. Il Battaglione Garibaldi, parte delle Brigate Internazionali, venne fondato a fine ottobre da comunisti e socialisti raccogliendo circa 500-600 volontari italiani. In esso confluirono la centuria Gastone Sozzi, che si sciolse, e anche i comunisti e socialisti che erano momentaneamente entrati nella Sezione Italiana; questi ultimi vennero richiamati all'ordine da Giuseppe Dozza, celebre sindaco di Bologna nel secondo dopoguerra, che a nome della segreteria del Partito comunista d'Italia li invitava, in buona sostanza, a non perdere tempo nella Sezione Italiana degli anarchici.[409]

In autunno, Marie Louise Berneri andò a trovare il padre e si fermò in Spagna per circa una settimana (dal 26 ottobre al 3 novembre 1936), sostando soprattutto a Barcellona e a Valencia. Prima di partire si era premurata di comprare un apparecchio acustico per Camillo, che aveva problemi crescenti di udito («ne ha proprio bisogno perché fatica tanto a sentire tutta quella gente che viene a parlargli»),[410] e appena giunta a Barcellona scriveva a Richards:

> Vero caro, eccomi qua dopo un 20 ore di viaggio fatte in buone condizioni e pronta a ripartire domani sera per Valencia. Sono stata tanto contenta di vedere il papà che mi sembra magro, un po' stanco, ma non malato in qualsiasi modo. Vedo tanti compagni che vanno o che ritornano dal fronte. Nella stanza vicina c'è riunione, io sono nell'ufficio del papà in quel magnifico palazzo della FAI. Spero di vedere, di imparare certe cose sulla rivoluzione che po-

408. Acciai, *Antifascismo, volontariato e guerra civile in Spagna*, p. 70 e sgg.

409. Punto di riferimento è sempre lo studio di Acciai, *Antifascismo, volontariato e guerra civile in Spagna*, pp. 44, 210-211.

410. Maria Luisa Berneri a Vernon Richards, Paris, 24.10.1936, in ABC, FVR.

tranno servire se c'è un colpo duro in Francia, ma il papà ha poco tempo di parlare con me e gli altri compagni non mi istruiranno di sicuro.[411]

Intorno alla metà di novembre, Berneri lasciò, momentaneamente, Barcellona e raggiunse Parigi.[412] Si fermò in rue de Terre Neuve (presso la famiglia) per circa una settimana.[413] Di questo breve soggiorno e del successivo ritorno in Spagna giunsero a Roma alcuni particolari:

[Berneri] ha avuto contatti con Alberto Cianca di «Giustizia e Libertà» ed altri antifascisti locali.[414] È incaricato del collegamento fra la «federazione anarchica iberica» ed i gruppi libertari di Parigi.[415] Ha fatto ritorno in Spagna il 22 dello stesso mese e trovasi presentemente a Barcellona ove, quale commissario politico, farebbe la spola tra Barcellona ed il fronte.[416]

Più in particolare, a Parigi, Berneri e Cianca si occuparono del reclutamento per la colonna italiana, con l'intenzione di realizzare «una serie di conferenze di propaganda, accompagnate da proiezioni di film della rivoluzione».[417] L'obiettivo era quello di costituire «comitati misti di arruolamento volontario», formati da gruppi anarchici, GL, ARS e LIDU, diffusi nelle città francesi.[418]

411. Maria Luisa Berneri a Vernon Richards, Barcelona, 27.10.1936, ivi.

412. Nota della Divisione polizia politica per la Divisione affari generali e riservati, Roma, 7.11.1936, in ACS, CPC, b. 537, Berneri Camillo, fasc. III. Il giorno 9, Rosselli scriveva a Cianca: «Berneri conta tornare a Parigi il 13 mattina e si tratterrà al massimo una settimana. *Dovresti subito intervenire perché gli fosse rinnovato il permesso di soggiorno, scaduto il 27 agosto* e perché non gli fossero recate noie. Vedi di occuparti con sollecitudine della questione, che interessa tutti in sommo grado». Lettera di Carlo Rosselli ad [Alberto Cianca], s.l., 9 novembre [1936], in ISRT, AGL, Appendice, Piccoli fondi privati, Carte John Rosselli, b. 1, fasc. 2 bis (Carte depositate in archivio nel 1995), s.fasc. 8.

413. Telegramma del Ministero degli Affari esteri, Roma, 23.11.1936, in ACS, CPC, b. 537, Berneri Camillo, fasc. III.

414. *Ibidem.*

415. Telegramma-posta, dicembre 1936 (il giorno è illeggibile), dell'Ambasciata d'Italia a Parigi, ivi.

416. Nota della Divisione polizia politica per la Divisione affari generali e riservati, Roma, 17.12.1936, ivi.

417. Lettera di Rosselli a [Cianca], s.l., 9 novembre [1936]. Rosselli informava Cianca degli accordi presi con Berneri prima che quest'ultimo partisse per Parigi.

418. Si veda, anche, la precedente lettera di Carlo Rosselli ad Alberto Cianca, Fronte Aragona, 8 settembre [1936], in ISRT, AGL, Appendice, Piccoli fondi privati, Carte John Rosselli, b. 1, fasc. 2 bis, s.fasc. 8.

Se il 1936 fu l'anno della speranza e del lavoro febbrile, il 1937 rappresentò il momento dei conti con la realtà, nel quale tutti i nodi vennero al pettine. Si ricorderà la bella espressione con cui Berneri aveva sintetizzato il primo periodo in Spagna: «vivo degli anni in un giorno solo». Era settembre. Tre mesi dopo, nel dicembre 1936, il tono e lo stato d'animo di Berneri erano molto cambiati:

> Sono mezzo idrofobo e mezzo cretino e noiato di udir sempre parlare di sezione, di comitati, di rapporti, ecc. tanto che, per evadere un poco, vado al cinematografo, me ne sto a letto e frequento i caffè concerto.
> Rosselli sta meglio? Capisco che ce l'ha con me, che passo per il suo "avvocato". Ma io ho fatto l'abitudine a vedermi addossare responsabilità che non mi spettano e non mi scompongo. So di aver fatto il possibile per tener in piedi la sezione, ma un insieme di circostanze conduce e condurrà quella all'omogeneità politica.
> Risultato? Non lo so. Ma sono pessimista... e dimissionario dalle funzioni di delegato. Riprenderò il ruolo, forse, con maggiore autonomia ed autorità da "pieni poteri". Vedremo.[419]

Cos'era accaduto? Già nel settembre, Berneri faceva approvare dalla maggioranza (anarchica) della colonna un ordine del giorno che denunciava i primi attriti tra le componenti della sezione mista. È interessante citare questo documento, poiché focalizza i termini del problema: «La Sezione Italiana della Colonna Ascaso constata che il giornale "Giustizia e Libertà" ha presentato e continua a presentare la Sezione come Colonna Italiana autonoma; mentre questa fa parte della Milizia C.N.T.-F.A.I.». Gli anarchici chiedevano, pertanto, che fosse pubblicato sopra il foglio di GL un «comunicato chiarificatore» e che «il rispetto del Patto d'Intesa» fosse affidato «ad un Comitato con rappresentanza proporzionale dei vari gruppi politici».[420] La Sezione Italiana, come formazione mista, si sfaldò nel dicembre; così ne parlava Libero Battistelli in una lettera a Berneri:

> Ero informato da tempo che parecchi compagni anarchici desideravano dare alla Sezione una maggiore omogeneità trasformandola da sezione mista in sezione anarchica. Intento legittimo e comprensibile. Che non fu enunciato però francamente (forse per opposizioni interne). Tuttavia lo stato d'animo che ori-

419. Lettera di Camillo Berneri a Giaele Angeloni, s.l., s.d. [ma, Barcellona, dicembre 1936], in ABC, FCB, cassetta I.

420. *Ordine del giorno* presentato da Camillo Berneri alla Sezione italiana della Colonna Ascaso contro il giornale «Giustizia e Libertà», [settembre 1936], in ABC, FCB, cassetta IV.

ginava questo progetto persisteva e si manifestava con attriti continui. L'ultimo e più grave ha reso impossibile la convivenza. [...] Alcuni compagni anarchici, dopo alcune critiche militari (!) a Rosselli hanno dichiarato di non riconoscerlo più come comandante, aggiungendo che volevano un comandante anarchico e ufficiali anarchici. [...]. Rosselli ha naturalmente presentato le sue dimissioni. Io l'ho seguito sia per doverosa solidarietà politica, sia perché il procedimento nei suoi riguardi era stato particolarmente offensivo.[421]

Tra fine novembre e inizio dicembre 1936 la leadership militare di Rosselli fu duramente attaccata dagli anarchici, per colpa di una sconfitta bruciante subita in quei giorni. Il 6 dicembre, Rosselli presentò le sue dimissioni – «definitive ed irrevocabili», come le definì lui stesso.[422] Prese a pretesto una flebite che lo tormentava da qualche tempo e rientrò definitivamente in Francia. L'8 dicembre, scriveva a Cianca: «Pare impossibile che per una esigua minoranza di anarchici intransigenti un così bello episodio di lotta e di idealismo debba naufragare».[423] Con l'uscita di Rosselli (seguito dagli altri giellisti), e il passaggio già avvenuto di socialisti e comunisti nelle Brigate Internazionali, la Sezione Italiana rimase sostanzialmente un gruppo esclusivamente anarchico, che avrebbe mantenuto la propria identità fino all'aprile 1937 per poi disperdersi in mille rivoli. Tutto questo spiega lo stato d'animo di Berneri alla fine del 1936:

Sono tornato stasera a Barcellona, reduce dal viaggio a Valencia [...]. Al ritorno ho trovato molte novità, tra queste Rosselli dimissionario come capo di colonna. Ho l'impressione che la sezione sia finita, come sezione mista. E quanto prima vi saranno nuovi malcontenti e nuovi urti. Sono proprio disgustato. L'unica cosa che mi tiene alto il morale è la frequente possibilità di rendermi utile in vari campi. Se non ci fosse questo, non saprei resistere.[424]

421. Lettera di Libero Battistelli a Camillo Berneri, s.l., [dicembre 1936], in ABC, FCB, cassetta II.

422. Garosci, *La vita di Carlo Rosselli*, vol. II, p. 226; la lettera di dimissioni è stata pubblicata in appendice a Umberto Marzocchi, *Carlo Rosselli e gli anarchici*, in *Giustizia e Libertà nella lotta antifascista e nella storia d'Italia. Attualità dei fratelli Rosselli a quaranta anni dal loro sacrificio*, Firenze, La Nuova Italia, 1978, pp. 399-408: 406-407.

423. Biglietto di Carlo Rosselli ad Alberto Cianca, s.l., 8 dicembre [1936], in ISRT, AGL, Appendice, Piccoli fondi privati, Carte John Rosselli, b. 1, fasc. 2 bis, s.fasc. 8.

424. Cartolina di Camillo Berneri a Giovanna Caleffi Berneri, Barcellona, [dicembre 1936], in ABC, documento non catalogato. In una lettera a Cianca, Rosselli imputò a Berneri proprio la sua assenza nel momento decisivo: «Quant à Camillo je ne veux pas m'indigner! Mais son absence totale a été caractéristique» (Carlo Rosselli ad Alberto Cianca,

Il tema che caratterizza il secondo anno della guerra civile spagnola, il 1937, è la «sovietizzazione della Spagna repubblicana», cioè l'egemonia conquistata tra le forze repubblicane dai comunisti, consapevoli di avere tra le mani l'arma potente dell'aiuto russo.[425]

Il principale fornitore della Repubblica spagnola era l'Unione Sovietica. Furono i russi a disporre i piani per il reclutamento dei volontari internazionali e, attraverso il Comintern, a dirigere le Brigate. L'influenza comunista trovava riflesso nel sistema dei commissari politici e nella rigorosa linea di partito che caratterizzava le Brigate Internazionali; una linea dalla quale era imprudente e spesso pericoloso dissentire. Dalla Russia arrivarono i «consiglieri militari» che spesso assunsero la funzione di veri e propri comandanti sul campo. La maggior parte degli equipaggiamenti più moderni usati dalla Repubblica era di provenienza russa: carri armati e aerei. L'Unione Sovietica, tra l'altro, non usò verso la Repubblica molta generosità concedendo crediti a lungo termine come fecero i tedeschi e gli italiani con Franco. Le forniture andavano pagate e il costo venne coperto trasferendo in Russia le riserve auree della Banca di Spagna.

Berneri cominciò a percepire pericolose contraddizioni già alla fine del 1936. Intellettuali critici come lui sono preziosi proprio nella misura in cui riescono ad esprimere una peculiare intelligenza della propria epoca, fornendo spunti e intepretazioni che aiutano, anche a distanza di molto tempo, a comprendere dinamiche storiche fondamentali. Terminata l'esperienza della colonna mista, in un articolo della metà di dicembre, Berneri esprimeva tutta la sua inquietudine per lo scenario creato dalla guerra: «Già da oggi, la Spagna è posta fra due fuochi: Burgos e Mosca», equiparando di fatto la città sede del governo franchista e la capitale del comunismo:

> Un assedio. Un accumularsi di nuvole nere all'orizzonte e una nebbia che acceca. Aguzziamo lo sguardo e teniamo il timone con mano d'acciaio. Siamo in alto mare e vi è tempesta. Ma noi [anarchici] sappiamo fare miracoli.[426]

s.l., 13.12.1936, in ISRT, AGL, Appendice, Piccoli fondi privati, Carte John Rosselli, b. 1, fasc. 2 bis, s.fasc. 8).

425. Cfr. Gabriele Ranzato, *L'eclissi della democrazia. La guerra civile spagnola e le sue origini, 1931-1939*, Torino, Bollati Boringhieri, 2004.

426. Camillo Berneri, *La guerra e la rivoluzione*, in Id., *Guerra di classe in Spagna, 1936-37*, Genova, RL, 1979, pp. 18-20: 20. Articolo apparso in «Guerra di classe» (Barcellona), I, n. 6, 16 dicembre 1936.

Nel gennaio 1937, il console russo in Catalogna Antonov-Ovseenko si lamentò ufficialmente per gli scritti di Camillo Berneri su «Guerra di Classe». Furono gli articoli scritti da Berneri a far decidere – «in linea di massima, aspettando l'occasione» – la sua soppressione.[427]

Sempre in gennaio, nell'ambito di un breve soggiorno in Francia, Berneri passò a Tolosa per vedere l'amico Silvio Trentin,[428] che si stava impegnando nella raccolta di fondi a favore degli spagnoli di parte repubblicana.[429] L'affinità e la simpatia umana e culturale tra Berneri e Trentin aveva trovato espressione anche in uno scambio epistolare del mese precedente, al quale probabilmente era da ricondurre una delle ragioni di quella visita a Tolosa da parte di Berneri:

> Ti scrivo oggi – così iniziava la lettera di Trentin – particolarmente per pregarti di un grosso favore. Un candidato al Dottorato alla Facoltà di Diritto di Tolosa vorrebbe fare, su mio consiglio, una tesi sull'anarchismo spagnolo o meglio catalano. Il professore, che è mio amico, ha accettato la proposta. Perché il progetto possa realizzarsi bisognerebbe però poter disporre *qui* di un materiale abbastanza abbondante. Potresti tu ottenere dagli amici di Barcellona l'invio delle opere fondamentali e dei documenti più interessanti?
>
> Credo che sarebbe bene far penetrare nelle vecchie e ermetiche aule delle facoltà francesi, sia pur per interposta persona, una folata di aria libertaria.[430]

427. Informazione confidenziale, Parigi, 2.6.1937, in ACS, MI, PS, DPP, Fascicoli per materia, b. 147, fasc. 3 (Dissidi fra comunisti e anarchici). Si veda anche Acciai, *Antifascismo, volontariato e guerra civile in Spagna. La Sezione Italiana della Colonna Ascaso*, p. 226.

428. Cartolina di Camillo Berneri a Giovanna Caleffi Berneri, Toulouse, 11 gennaio 1937 (timbro postale), in ABC, documento non catalogato. La cartolina riporta l'immagine della libreria di Trentin (46, rue du Languedoc, Toulouse): si trattava, evidentemente, di cartoline fatte stampare da Trentin stesso. Berneri scriveva velocemente: «Visto Trentin, proseguo viaggio». Nel corso della stessa giornata, indirizzava una seconda cartolina alla moglie: «Ti scrivo da Perpignan dove sono in attesa del treno per Cerbera. Trentin mi ha detto che la frontiera è già chiusa ai volontari, ma spero passare egualmente dato che il passaporto me ne dà il diritto. [...] Non vedo l'ora di essere a Barcellona» (Camillo Berneri a Giovanna Caleffi Berneri, Perpignan, 11 gennaio 1937 [timbro postale], ivi).

429. Nota della Divisione polizia politica per la Divisione affari generali e riservati, Roma, 6.3.1937, in ACS, CPC, b. 5206, Trentin Renzo Silvio. Si vedano anche: il telegramma-posta, 29.7.1936, del Consolato d'Italia a Tolosa, ivi; l'informazione confidenziale, Toulouse, 2.12.1936, in ACS, MI, PS, DPP, Fascicoli per materia, b. 28, fasc. 5 (Tolosa, Fuorusciti e sovversivi italiani).

430. Lettera di S. Trentin a C. Berneri, [Tolosa], 10 dicembre 1936, originale autografo in AFB, cassetta III. Documento pubblicato, con errori di trascrizione, in *E.I*, pp.

Tornato a Barcellona,[431] negli ultimi, drammatici, mesi della sua vita, Berneri si aggrappò al lavoro per «Guerra di classe»,[432] il giornale che dirigeva nella città catalana dall'ottobre 1936: «Il giornale è un "lavoro grosso" ma lo faccio con piacere, sperando poterlo migliorare».[433] L'impegno di Berneri, però, si inseriva in un contesto sempre più sfavorevole. La nuova situazione dell'antifascismo era descritta, efficacemente, da Fernando Schiavetti in una circolare dell'ARS (aprile 1937). Nel giro di qualche mese si era compiuto un profondo cambiamento negli equilibri politici e simbolici. Il prestigio internazionale della Russia, dovuto all'appoggio dato alla Spagna repubblicana, stava favorendo anche la visibilità del movimento comunista italiano e una parte dell'antifascismo (socialisti, repubblicani, GL) sembravano «piegarsi, polverizzarsi, perdere la propria personalità per unirsi in una massa amorfa e disorientata»; un'altra parte, invece, anarchici, socialisti e comunisti dissidenti (massimalisti e trotzkisti) si ostinavano lungo una strada di opposizione senza uscita.[434]

Durante quei mesi Berneri cercava sempre più spesso rifugio e conforto negli affetti familiari. Scriveva soprattutto a Marie Louise, rallegrandosi ad esempio di pensarla immersa nella lettura di «quei libri» che anche lui avrebbe voluto tenere più spesso tra le mani. Ma la militanza in quel momento sembrava non lasciare spazio a nient'altro: «Questa mobilitazione culturale mi pesa, a volte, tanto che evado con qualche "scappata": ad es. ho letto un altro volume di Proust».[435] Di tanto in tanto, Camillo riusciva a fare visita a

141-142.

431. Già nella seconda metà di gennaio: si veda la nota della Divisione polizia politica per la Divisione affari generali e riservati, Roma, 21.1.1937, in ACS, CPC, b. 537, Berneri Camillo, fasc. III.

432. «Guerra di classe» era la testata storica dell'Unione Sindacale Italiana, pubblicata prima a Bologna, poi, in esilio, in un primo momento a Parigi (Fontenay-sous-Bois) e in seguito a Bruxelles (complessivamente dal 1930 al 1933). A questo proposito, si veda Bettini, *Bibliografia dell'anarchismo. Volume I, tomo 2.*

433. Cartolina di Camillo Berneri a Giovanna Caleffi Berneri, Barcellona, 20 ottobre 1936 (timbro postale), originale autografo in ABC, documento non catalogato.

434. [Fernando Schiavetti], *Situazione attuale dell'antifascismo*, circolare ARS del 23.4.1937, in ISRT, AFS, sez. III, b. 29, fasc. 73, s.fasc. 24, ins. 12. In questa situazione, concludeva Schiavetti, l'ARS doveva rimanere aperta a qualsiasi alleanza, in vista della creazione, «in seno al proletariato italiano», di quel «partito socialista rivoluzionario» che sapesse «riassumere e far valere tutti i motivi e tutte le esigenze rivoluzionarie del nostro risorgimento».

435. Lettera di Camillo Berneri a Maria Luisa Berneri, s.l., s.d. [ma, Spagna, aprile 1937], in ABC, documento non catalogato.

qualche libraio: «Oggi ho comprato per te un *Don Chisciotte* in castigliano (ediz. rivista sul testo) e sogno di leggerlo anch'io, accanto al fuoco». Ma in quel momento plumbeo e scuro non era possibile: «Io sono diventato un bruto che lavora disperatamente per non sentire tutto il peso delle sue nostalgie».[436] All'inizio di maggio, le scriveva con un'impronta socratica:

> Cara mia, non essere umiliata di non avere idee precise su tutto [...] Fino a quando si sa di non sapere e si teme di non capire si è a posto. Vuol dire che non si è imbecilli. D'altra parte ti accorgerai che molte cose non si sono capite perché non vi era niente da capire e che altre non meritavano di essere capite. È la consolazione alla mia sordità la convinzione che il 90% delle cose che non odo non meriterebbero di essere udite. [...] Se avessi meno lavoro ti scriverei delle lettere chilometriche. Vorrei scriverti a lungo su vari problemi di vita: fra questi quello dell'economia delle energie intellettuali nel periodo di formazione in cui tu sei ora. Vorrei poterti profittare di tutto quanto so con certezza: è poco, ma è il risultato, capitalizzato da un certo senso critico ed una costante curiosità, di quarant'anni di vita.[437]

Con lo stesso stile intellettuale, pochi mesi prima aveva scritto a entrambe le figlie: «Vivo in una foresta di punti interrogativi».[438] Il dialogo con le figlie non fu solo di carattere personale e culturale, ma riguardò anche la situazione politica. Giliana, ad esempio, fin dall'estate del 1936 – d'accordo con Camillo – si era impegnata a raccogliere fondi a favore degli antifascisti che partivano per la Spagna.[439] Maria Luisa, da parte sua, aveva contribuito all'organizzazione del reclutamento e Camillo le raccomandava di far presente a tutti i compagni la necessità di selezionare solamente «i tecnici» e gli elementi con «particolare preparazione militare». Molte persone giunte in Spagna allo sbaraglio, infatti, «avrebbero potuto tranquillamente restare» in Francia.[440]

436. Lettera di Camillo Berneri a Maria Luisa Berneri, s.l., s.d. [ma, Spagna, febbraio 1937], ivi. Documento parzialmente pubblicato in Berneri, *Pensieri e battaglie*, pp. 258-259; riprendiamo la datazione proposta dai curatori di quella pubblicazione.

437. Lettera di Camillo Berneri a Maria Luisa Berneri, s.l., s.d. [ma, Barcellona, notte 3-4 maggio 1937], in ABC, già citata in precedenza.

438. Cartolina di Camillo Berneri a Maria Luisa e Giliana Berneri, Barcellona, 25 febbraio 1937 (timbro postale), in ABC, documento non catalogato.

439. Informazione confidenziale, Parigi, 28.7.1936, in ACS, CPC, b. 538, Berneri Giliana.

440. Lettera di Camillo Berneri ai famigliari («Cara Maria Luisa, 1° hai fatto bene...»), s.l., s.d. [ma, Barcellona, estate 1936], in ABC, documento non catalogato.

Nel fuoco della rivoluzione spagnola, e cioè negli ultimi mesi della sua vita, Berneri portò a termine quel ruolo di mediazione interna con il quale aveva accompagnato, passo dopo passo, Maria Luisa e Giliana lungo il cammino che le stava conducendo all'impegno e alla militanza: un intervento di tipo culturale, fatto di letture suggerite e di studi consigliati, ma anche di esempi concreti di azione sul campo e di riflessione politica sulle trasformazioni del proprio tempo.[441]

Scrivendo a Giliana dopo le prime settimane trascorse in Spagna, Camillo si era perfino divertito nell'analizzare un «curioso fenomeno» politico: «È certamente nuovo nella storia che gli anarchici abbiano interesse a sostenere lo Stato e questo a favorire gli anarchici».[442] Lo Stato repubblicano si presentava, in quel frangente, come «organo indispensabile» per il «collegamento delle varie formazioni di difesa e dei nuovi organismi amministrativi». Berneri si riferiva allo *Stato* come strumento tecnico-amministrativo, esplicitamente separato dal *governo* inteso come potere politico: «Non fu tanto il governo quanto lo Stato che fu accettato», scriveva in un'altra sede.[443]

Il dialogo con le figlie consente di precisare fin da ora un elemento, che verrà sviluppato nel capitolo dedicato al pensiero politico. In Berneri, come risulta chiaro anche da queste parole, non troviamo la negazione dell'organizzazione statale propria della tradizione anarchica. Lo Stato come puro «organismo amministrativo» con il compito di coordinare le autonomie era, a suo modo di vedere, indispensabile.[444]

La schiacciante influenza esercitata dai comunisti sulle forze repubblicane aveva però cambiato, nel giro di pochi mesi, la percezione di Berneri. In una celebre lettera aperta «alla compagna Federica Montseny» – una dei quattro dirigenti anarchici entrati come ministri (nel novembre 1936) all'interno del governo repubblicano guidato da Largo Caballero, retto da una ampia coalizione che comprendeva comunisti, socialisti e liberaldemocratici –, lettera pubblicata su «Guerra di Classe» e poi ripresa da

441. Cfr. De Luna, *Donne in oggetto*, cit., pp. 181-182, ma più in generale pp. 178-198 (il cap. «La famiglia»).

442. Lettera di Berneri ai famigliari, s.l., s.d. [ma, Barcellona, estate 1936].

443. Camillo Berneri, *Guerra e rivoluzione*, in Id., *Guerra di classe in Spagna, 1936-37*, pp. 38-41, p. 38. Articolo apparso in «Guerra di classe» (Barcellona), a. II, n. 13, 21 aprile 1937.

444. *Anarchismo e federalismo. Il pensiero di Camillo Berneri*, in «Pagine libertarie» (Milano), a. II, n. 14, 20 novembre 1922, pp. 431-432.

numerose testate anche fuori dalla Spagna, Berneri andava dritto al punto, come nel suo stile, e scriveva: «Bisogna parlare alle masse [...]. Chiamarle a giudicare la complicità morale e politica del silenzio della stampa anarchica spagnola sui delitti dittatoriali di Stalin, dalle persecuzioni contro gli anarchici russi al mostruoso processo contro l'opposizione leninista e trotskista».[445] In quel momento cruciale, le severe critiche di Berneri non risparmiarono neppure i compagni di fede, colpevoli, a suo modo di vedere, di una larvata quanto inutile complicità.

I fatti successivi si incaricarono di dare tragicamente ragione alla critica intransigente di Berneri. A Barcellona, fulcro delle forze libertarie, la tensione tra anarchici e comunisti raggiunse il punto di crisi all'inizio di maggio, a causa di una manovra del governo repubblicano per assumere il controllo della centrale telefonica; punto nevralgico dal quale passavano tutte le comunicazioni con l'esterno e che sin dall'inizio della guerra era nelle mani dei militanti della CNT. La manovra governativa cominciò il 3 maggio 1937. La contesa armata, in cui morirono 500 persone, si concluse il 6 maggio. E sotto la cortina di fumo di quelle giornate, la polizia segreta russa colse l'occasione per eliminare diversi oppositori.

Il significato politico delle giornate di maggio a Barcellona fu essenzialmente quello di perseguire una politica di centralizzazione nel campo repubblicano, mettendo violentemente in riga i due principali gruppi dissidenti: quelli rappresentati dalla CNT e dal POUM (Partido obrero de unificación marxista), un piccolo ma vivace partito marxista antistalinista.

Il 17 maggio 1937, il capo del governo repubblicano, il socialista Largo Caballero si dimise, perché non accettò un'ulteriore richiesta proveniente dal partito comunista spagnolo, cioè mettere fuori legge il POUM. Se la "legalità" repubblicana significava introdurre in Spagna i processi politici e la caccia alle streghe sul modello dei metodi stalinisti, il leader socialista spagnolo non era disponibile a condurre la linea di governo a una conclusione così antidemocratica. Fu sostituito da Juan Negrin, anch'egli socialista, ma più gradito ai comunisti.

Tornando agli scontri di Barcellona, le vittime più illustri tra gli italiani furono Camillo Berneri e Francesco Barbieri. Ma anche altri anarchici rimasero uccisi: ad esempio, nella notte tra il 3 e il 4 maggio furono fer-

445. Camillo Berneri, *Lettera aperta alla compagna Federica Montseny*, in Id., *Guerra di classe in Spagna, 1936-37*, pp. 32-37: 37. Articolo apparso in «Guerra di classe» (Barcellona), a. II, n. 12, 14 aprile 1937.

mati e fucilati da una pattuglia del PSUC due giovani reduci della Colonna Italiana, Adriano Ferrari e Renzo De Peretti. Vennero bloccati perché portavano al collo il fazzoletto rosso e nero degli anarchici e uccisi mentre tornavano nel piccolo hotel dove alloggiavano. Molti reduci della Sezione Italiana furono vittime della repressione, braccati, isolati e arrestati.

L'ufficio stranieri del PSUC di Barcellona, controllato dai vertici del Comintern, fu il centro nevralgico della repressione che colpì libertari e dissidenti ancora residenti in città. Negli archivi di Mosca è conservata una lista di stranieri, datata luglio 1937, membri o vicini al POUM che avrebbero dovuto essere «liquidati».[446]

In uno degli ultimi interventi pubblici tenuti a Barcellona ai primi di maggio 1937, Berneri parlò della «rivoluzione tradita», della guerra condizionata e della sconfitta certa, «ma prima di morire – disse – compiamo un gesto che giustifichi il nostro sacrificio»; nel pronunciare quelle parole ricordò la figura di Carlo Pisacane, del quale l'anno precedente aveva pubblicato a puntate un profilo biografico su «Guerra di classe».[447]

Isolato, Camillo Berneri fu assassinato a Barcellona nella notte tra il 5 e il 6 maggio 1937. Nel tardo pomeriggio del 5 venne arrestato nel suo appartamento, insieme all'anarchico Barbieri, da un gruppo di «una dozzina fra militi dell'UGT» – l'unione sindacale social-comunista – con il loro «bracciale rosso», accompagnati da «poliziotti armati, più uno vestito in borghese». L'accusa nei loro confronti? Erano stati giudicati «elementi controrivoluzionari». I cadaveri di Barbieri e di Berneri furono raccolti dalla Croce Rossa poche ore dopo, «il primo sulla Rambla ed il secondo nella Piazza della Generalità».[448]

Il 29 maggio, ne «Il Grido del Popolo» di Parigi, organo del partito comunista italiano in esilio, apparve un editoriale che lasciava pochi dubbi sulle responsabilità politiche dell'omicidio di Berneri. Vi si leggeva, infatti,

446. Cfr. Acciai, *Antifascismo, volontariato e guerra civile in Spagna. La Sezione Italiana della Colonna Ascaso*, p. 248 e sgg.

447. Si veda la testimonianza riportata in una lettera di Bruno Sereni a Giovanna Caleffi Berneri, Barga, 13.1.1959, in ABC, FGB, Epistolario. Nel secondo dopoguerra, Sereni dirigeva il mensile «Giornale di Barga».

448. Cfr. *Un nuovo «affare Matteotti». L'assassinio dei compagni Berneri e Barbieri*, in «Guerra di classe» (Barcellona), supplemento al n. 15, 9 maggio 1937. Questo resoconto fu ripubblicato in appendice a Berneri *Pensieri e battaglie*, pp. 296-298.

che Camillo Berneri era stato «giustiziato [...] dalla Rivoluzione democratica, a cui nessun antifascista può negare il diritto di legittima difesa».[449]

Intervenendo il 5 agosto 1937 sulla «Voce degli italiani», Nenni arrivò in sostanza a giustificare l'esecuzione di Berneri condividendo un'assunzione di responsabilità politica con i comunisti, sia pure in un quadro di grande rispetto per il defunto. I socialisti più critici dell'alleanza con il partito comunista, come Angelo Tasca e Alberto Jacometti, commemorarono invece il barbaro assassinio sul «Nuovo Avanti» del 15 maggio.[450]

Togliatti, leader dei comunisti italiani e massimo rappresentante del Comintern, con ogni probabilità aveva approvato l'editoriale apparso sul «Grido del popolo», con il quale il partito del Migliore aveva apertamente rivendicato e giustificato l'omicidio. Tuttavia nel 1950, rispondendo a un articolo di Gaetano Salvemini, che ricordava Berneri «soppresso in Spagna dai comunisti nel 1937», scriveva su «Rinascita» che Berneri era semplicemente caduto in uno scontro a fuoco durante le convulse giornate di Barcellona. Scomparivano da questa ricostruzione sia l'arresto che la condanna a morte come controrivoluzionario. Il clima era cambiato ovviamente, e il PCI era impegnato a legittimarsi nell'Italia democratica.[451]

L'autopsia praticata sul cadavere di Berneri dimostrò la facilità con la quale gli assassini avevano agito. Il corpo presentava «una ferita per arma da fuoco al livello della settima costola orificio di entrata dietro e uscita davanti e dall'alto in basso». Il cadavere dell'anarchico italiano presentava inoltre «un'altra ferita nella regione temporale occipitale destra, con direzione dall'alto in basso e da dietro in avanti». Valutando la situazione delle «labbra delle piaghe» esse erano state prodotte da colpi esplosi «a corta distanza e a meno di 75 centimetri».[452] La polizia politica sovietica s'era sbarazzata così di quello che veniva ritenuto uno dei suoi peggiori nemici.

449. *Bisogna scegliere*, in «Il Grido del Popolo» (Parigi), 29 maggio 1937. Il ritaglio di questo articolo è conservato in ABC, FCB, cassetta I.

450. Cfr. Pietro Adamo, *La morte di Berneri e le responsabilità di Togliatti*, in «MicroMega», 1 (2001), pp. 85-111.

451. Roderigo [Palmiro Togliatti], intervento nella rubrica «A ciascuno il suo», in «Rinascita» (Roma), VII, n. 3, marzo 1950, p. 129; Gaetano Salvemini, *Una pagina di storia antica*, in «Il Ponte» (Firenze), VI, n. 2, febbraio 1950, pp. 116-131 (p. 116).

452. L'autopsia è contenuta nella già citata informazione confidenziale, Parigi, 2.6.1937, in ACS, MI, PS, DPP, Fascicoli per materia, b. 147, fasc. 3.

Il 10 maggio, Louis Lecoin, amico di famiglia dei Berneri, si recava al Consolato d'Italia a Parigi per ottenere l'estensione alla Spagna dei passaporti di Giovanna Caleffi e Maria Luisa Berneri. Scriveva il console a Roma:

> Le due donne sperano di potersi recare a Barcellona con l'aiuto della Prefettura francese ma ad ogni buon fine avrebbero pregato il Lecoin di ottenere da questo R° Ufficio il visto per l'ingresso in Catalogna [...] Venne naturalmente risposto al Lecoin che la situazione attuale in Catalogna non permette di aderire alla domanda per la quale in ogni caso sarebbe necessaria la presenza delle due interessate.[453]

I funerali di Camillo Berneri e Francesco Barbieri si svolsero a Barcellona l'11 maggio, insieme a quelli di Adriano Ferrari, Lorenzo De Peretti e Pietro Macon, altri tre anarchici uccisi durante le giornate di maggio. Mentre la compagna di Barbieri seguì i feretri fin dalla partenza del corteo, Giovanna Caleffi e la figlia maggiore ebbero la possibilità di unirsi al corteo funebre solo a metà strada. Come si è appena visto, infatti, il consolato italiano a Parigi aveva frapposto degli ostacoli a quel viaggio a Barcellona e solo all'ultimo momento Giovanna e Maria Luisa erano riuscite a partire, arrivando inevitabilmente in ritardo.

Rientrarono presto a Parigi per non lasciare sola Giliana. Nelle settimane successive, la tenace determinazione delle figlie riempiva d'orgoglio Giovanna Caleffi, che in una lettera indirizzata alla sorella Maria, a Gualtieri, scriveva:

> Le bambine sono in pieno lavoro, ma solo da pochi giorni hanno potuto mettercisi un po' seriamente. Nonostante il periodo terribile che hanno attraversato, Giliana è la prima della classe e Marisa [Maria Luisa], che ha dati 3 esami quest'ultima settimana, ha ottenuto il diploma di pedagogia con una menzione. [...]. Maria Luisa e Vero si erano offerti di rimandare la loro unione, ma sai che non voglio che gli altri facciano rinunce per me. Sarà ritardata solo di qualche mese (cioè per il sett. o l'ottobre). Noi non diamo nessuna importanza a ciò che è formalità e come non abbiamo messo lutto (per rispettare le idee Sue) così non vedo perché si dovrebbe rimandare l'unione di Vero e Marisa. Tanto più, che anche indipendentemente dalle dolorose circostanze in cui ci troviamo, non avremmo fatto niente di par-

453. Nota del Consolato d'Italia a Parigi per il Ministero degli Affari esteri e per il Ministero dell'Interno, 10.5.1937, in ACS, CPC, b. 537, Berneri Camillo, fasc. III.

ticolare. Né un invito né un pranzo. Si sposerà a Londra e accetterà questa formalità per avere la cittadinanza inglese.[454]

Nonostante tutto, dunque, Maria Luisa era riuscita a conseguire, alla fine di maggio, un diploma universitario in pedagogia.[455] Negli stessi giorni partecipò a Parigi a un affollato meeting in memoria di suo padre, ma la tragedia familiare le faceva ora valutare con più disincanto il facile entusiasmo degli attivisti, che spesso nascondevano ambiguità e ipocrisie:

> Ieri sera sono stata al meeting. È riuscito bene c'erano un 6.000 persone, la sala era troppo piccola. C'erano Fidel Miro e Cortes. Un oratore ha parlato del Papà, hanno anche distribuito dei manifesti in francese come quello di Guerra di Classe. La sala sembrava entusiasta, ma adesso non mi fanno più piacere quegli entusiasmi, mi domando sempre fino a che punto bisogna fidarcene. Gli oratori hanno evitato naturalmente di parlare dei ministri anarchici. Al meeting c'era un giornalista trotskista inglese, che mi ha detto di conoscere Emma Goldman e mi ha parlato di Sp. and the W.[456]

Il riferimento finale al periodico «Spain and the World» consente di fare il punto su questa importante esperienza editoriale, iniziata nei mesi precedenti. A promuoverla era stato il compagno italo-inglese della giovane Berneri, Vernon Richards; il primo numero aveva visto la luce nel dicembre 1936. «Quanta roba in quelle quattro pagine», gli scriveva Marie Louise. Del resto, lei stessa collaborava al giornale e alla sua diffusione in Francia, in attesa di raggiungere, ogni volta che era possibile, il fidanzato a Londra:

> Il 26 [dicembre] spero essere a Londra e resterò fino al 3 [gennaio]. Sono tanto contenta. 7 o 8 giorni con te, che gioia. Ti aiuterò per le spedizioni del n. 2 e per il n. 3, che bellezza! Per il n. 2 però bisognerà spedirlo immediatamente perché io l'abbia il 24 e faccia le spedizioni per la Francia prima di Natale, sennò le farà la mamma, io avrò preparato tutto.[457]

454. Lettera di Giovanna Caleffi Berneri a [Maria Caleffi], [Parigi], 1.6.[1937], in ACS, CPC, b. 948, Caleffi Giovanna. Allegati alla lettera, si trovano 5 ritagli del giornale «Guerra di classe» relativi alla morte di Camillo Berneri. Questa lettera è ora pubblicata in Caleffi Berneri, *Un seme sotto la neve. Carteggi e scritti*, pp. 6-7.

455. Maria Luisa Berneri a Vernon Richards, Paris, 27-28.5.1937, in ABC, FVR.

456. Maria Luisa Berneri a Vernon Richards, Paris, 29.5.1937, ivi.

457. Maria Luisa Berneri a Vernon Richards, Paris, 13.12.1936, ivi. Solitamente, Marie Louise raggiungeva Vernon a Londra anche durante le vacanze estive, come mostrano i timbri sul suo passaporto (conservato in ABC, FVR).

Nel 1937 Marie Louise era ormai una militante a tempo pieno; scherzava con Vernon: «La camarade Berneri ha dovuto fare atto di presenza a un meeting protestando contro il processo trotzkista di Mosca».[458] E scriveva regolarmente su «Spain and the World»: «Ti mando qualche nota sulla militarizzazione della giovinezza, spero che le pubblicherai».[459]

Al giornalismo militante affiancava l'impegno nelle iniziative di intervento sociale e, in particolare, collaborava con il Comitato anarchico italiano pro-Spagna di Parigi in opere di soccorso ai bambini spagnoli rimasti orfani durante la guerra civile. Quelle iniziative erano sostenute dal «Libertaire», ma anche da «Spain and the World». In marzo, Marie Louise sollecitava Vernon a raccogliere e mandare soldi da Londra e scriveva che sua madre, Giovanna Caleffi, sognava di vendere la piccola bottega di Parigi per occuparsi a tempo pieno del soccorso a quei bambini.[460]

Ancor prima dell'assasinio di Berneri, dalla Spagna arrivavano quasi quotidianamente notizie di amici e compagni morti, come nel caso dell'anarchico Antonio Cieri, che prima di partire aveva affidato i suoi due figli alle cure di Giovanna:

> C'è arrivata la notizia che Cieri era morto. Stamattina una lettera del papà ce l'ha confermata. I bambini hanno perso così la mamma e il papà nello stesso anno. [...]. Quanti morti, Vero. È terribile e saranno utili tutti questi sacrifici?[461]

In quella situazione gli studi universitari sembravano a Marie Louise un lusso poco giustificabile. In aprile prese la decisione di sposarsi al più presto con Vernon, trasferirsi a Londra e lavorare insieme a lui alle iniziative della casa editrice anarchica Freedom Press, rinunciando così alla laurea a Parigi:

> Non preoccuparti della mia situazione. Tutti questi giovani studiano durante anni come matti per farsi una «posizione» e sono stupiti di non trovarne. Io almeno avrò la soddisfazione di non averla mai cercata. Troverò da sbrogliarmi. Non credere che abbia scherzato, trovo che questa vita è durata abbastanza e che ho deciso che deve finire al mese di luglio.[462]

Nell'attesa provava a organizzare conferenze politiche all'università, riuscendo solitamente a raccogliere poche decine di persone, ma tutto

458. Maria Luisa Berneri a Vernon Richards, Paris, 27.1.1937, ivi.
459. Maria Luisa Berneri a Vernon Richards, Paris, 12.3.1937, ivi.
460. Maria Luisa Berneri a Vernon Richards, Paris, 16.3.1937, ivi.
461. Maria Luisa Berneri a Vernon Richards, Paris, 11.4.1937, ivi.
462. Maria Luisa Berneri a Vernon Richards, Paris, 16.4.1937, ivi.

sommato – commentava – «non c'è male, sai, quando si pensa che ci sono cinque o sei studenti anarchici». Relativamente al progetto di vivere insieme a Londra e ai prevedibili problemi economici, tranquillizzava il suo compagno:

> Credo che non soffrirò mai di non aver soldi perché sono sempre stata abituata a fare delle economie e che mi abituerei benissimo a vestirmi con poco, o meno di adesso di non andare al cinema ecc. Che cosa farà quello se sarò con te, se ci occuperemo del giornale, se riceveremo dei soldi per i bambini spagnoli.[463]

In giugno arrivò la notizia della morte dei fratelli Rosselli. «Sono stata così indignata di pensare che osavano ammazzare così freddamente gli antifascisti, che poco a poco se ne andavano tutti e che Mussolini restava più potente che mai... Questo nuovo assassinio ci fa pensare ancor di più alla morte di papà».[464] E in luglio informava Vernon di profonde spaccature all'interno nella federazione anarchica francese, riconducibili a una frattura generazionale tra i dirigenti, da una parte, e una minoranza di studenti (ai quali apparteneva Marie Louise) dall'altra:

> Sono passata al «Libertaire» dove ho trovato una grande effervescenza. L'Unione anarchica è divisa in due parti. Una alla testa, che dice che non bisogna fare nessuna critica sulla Spagna, e l'altra che vuole che si dica la verità. Vincerà la prima perché è composta da tutti i pezzi grossi che minacciano di partire [cioè di andarsene] se si vuol dire qualche cosa e anche perché sono loro che fanno il giornale. Ti assicuro che ci si domanda a che cosa avranno servito tanti morti. Non potevo dormire pensando a tutto questo, al Papà, e ho acceso e ho scritto quello che avrei detto a quegli anarchici che vogliono fare delle ipocrisie per ragioni politiche, per paura delle critiche comuniste (come se i comunisti avessero bisogno che dessimo loro delle armi per criticarci).[465]

In una lettera a Richards del settembre 1937 sono contenuti importanti dettagli sulla morte del padre.[466] Marie Louise trascriveva a Vernon un articolo apparso su «Le Réveil» di Ginevra il 29 maggio 1937. In quell'articolo si ricordava che Berneri aveva pubblicato a Barcellona nel novembre 1936 un intervento nel quale rivendicava il dovere e il coraggio di dire interamen-

463. Maria Luisa Berneri a Vernon Richards, Paris, 22.4.1937, ivi.
464. Maria Luisa Berneri a Vernon Richards, Paris, 14.6.1937, ivi.
465. Maria Luisa Berneri a Vernon Richards, Paris, 19.7.1937, ivi.
466. Maria Luisa Berneri a Vernon Richards, Paris, 3.9.1937, ivi.

te la verità sulla presenza sovietica in Spagna.[467] «Mais dire entièrement la vérité – commentava la redazione del giornale – n'est pas chose que puisse convenir aux dictateurs, aussi la Pravda traduisit, nous ne savons combien fidèlement, l'article de Berneri le faisant suivre de commentaires on ne peut plus virulents. A son tour le Consul général de l'URSS à Barcelone écrivit au Comité régional de la CNT-FAI une lettre disant que l'auteur de l'article dont nous venons de parler, soit Berneri, *ne pouvait être qu'un agent provocateur ou un imbécile*». Come si è già avuto modo di notare, si trattava probabilmente di una delle premesse che aveva portato all'assassinio di Berneri.

Grazie alla presenza e al lavoro quotidiano di Giovanna Caleffi, la vita di Marie Louise riconosceva ancora, in quel tragico 1937, momenti di normalità e di tranquillità familiare («sento la mamma che incomincia a chiudere la bottega, devo andare giù e poi andrò a mettere in posta la mia lettera», scriveva a Vernon il 5 luglio).[468] Molto presto, la giovane Berneri si sarebbe trasferita definitivamente a Londra, affermandosi in pochi anni come intellettuale di punta del movimento anarchico inglese.

A Londra, infatti, come si vedrà meglio nel quarto capitolo, svolgerà una intensa attività nel giornalismo politico, in qualità di ispiratrice e redattrice – insieme a Richards – di tre periodici anarchici: il già citato «Spain and the World» (1936-1938), «War Commentary» (1939-1945) e, infine, «Freedom» dal 1945 in poi. Marie Louise e Vernon, entrambi ventenni o poco più (Richards era del 1915), riuscirono ad attirare verso il movimento anarchico molti giovani radicali, segnando con la loro attività una intera stagione dell'anarchismo inglese, quella compresa tra gli anni Trenta e gli anni Cinquanta.[469]

Mentre, in modi diversi, Maria Luisa e Giliana – anche quest'ultima attiva nel movimento anarchico, ma progressivamente più concentrata sugli studi universitari di medicina e psichiatria – spiccavano il volo verso la loro vita adulta, anche Giovanna Caleffi aprì un nuovo capitolo della propria esistenza. Dopo la morte del marito, senza indugi, si impegnò a tenerne viva e a difenderne la memoria, contribuendo a promuovere a Parigi il Comitato Camillo Berneri, che iniziò la propria attività con la diffusione di

467. Camillo Berneri, *Una svolta pericolosa: attenzione!*, in Id., *Guerra di classe in Spagna, 1936-37*, pp. 12-15. Articolo apparso in «Guerra di classe» (Barcellona), a. I, n. 4, 5 novembre 1936.

468. Maria Luisa Berneri a Vernon Richards, Paris, 5.7.1937, in ABC, FVR.

469. Cfr. George Woodcock, *L'Anarchia. Storia delle idee e dei movimenti libertari*, Milano, Feltrinelli, 1971, p. 400.

«una cartolina fotografica», attraverso la quale raccogliere i soldi necessari alla pubblicazione dei suoi lavori più interessanti. Spiegava Giovanna a un compagno italo-americano:

> Il lavoro di preparazione è fatto dalla famiglia Berneri. Nessuno più di noi ha conosciuto Camillo e può mettere insieme quello che è stato il suo lavoro di più di vent'anni. Naturalmente c'è un gruppo di compagni competenti che esaminerà gli scritti prima di pubblicarli.[470]

Lei che non aveva mai svolto, in precedenza, attività militante cominciò a partecipare a Parigi alle riunioni degli anarchici italiani. La via alla politica di Giovanna Caleffi fu simile a quella percorsa da molte donne vicine agli ambienti antifascisti. Motivavano l'intervento politico il senso del dovere verso la famiglia e il bisogno di salvaguardare la sua integrità.[471] Avrebbe ricordato Giovanna in alcune note autobiografiche:

> Fino alla morte di Camillo io ho sentito per l'anarchia quella simpatia che derivava dal fatto che Camillo, che amavo e stimavo e trovavo così coerente in tutte le sue idee, era anarchico. I doveri di mamma e il lavoro per guadagnare da vivere per tutta la famiglia non mi permettevano di prendere una maggiore conoscenza delle idee anarchiche, di leggere, di partecipare a riunioni ecc. ecc. Il dolore per la perdita di Camillo mi spinse ad abbracciare le sue idee. Era un modo di non perderlo, era il modo di sentirmi accettata dalla famiglia anarchica, era un modo di riattaccarmi solidam[ente] a tutta la vita di C[amillo]. E la mia opera di assistenza, che era già incominciata presso i compagni che erano andati a combattere in Spagna, si intensificò: mi sostituii a Camillo nella corrispondenza con i compagni d'America che si servirono sin d'allora di me, per distribuzione di danaro alle varie iniziative anarchiche.[472]

Nelle parole di Caleffi Berneri, l'idea di famiglia si allargava, in quei mesi, fino a comprendere l'intera «famiglia anarchica».[473] L'epistolario testimonia il progressivo radicarsi dell'impegno culturale e politico; una

470. Giovanna Caleffi Berneri a Domenico Olivieri-Sgattoni, [Parigi], 25.10.1937, in ABC, FGB, Epistolario, cassetta III. Domenico Olivieri-Sgattoni era tra gli animatori di «Germinal», foglio militante di Chicago.

471. Cfr. Gabrielli, *La solidarietà tra pratica politica e vita quotidiana*, pp. 46-47.

472. Caleffi Berneri, Note autobiografiche indirizzate a Ugo Fedeli.

473. Si veda anche la lettera di Giovanna Caleffi Berneri a Domenico Olivieri-Sgattoni, Parigi, 20.6.1937, in ABC, FGB, Epistolario, cassetta III, ora in Caleffi Berneri, *Un seme sotto la neve. Carteggi e scritti*, pp. 8-9.

nuova dimensione pubblica che scaturisce inizialmente dalla difesa della memoria del marito.[474]

Giovanna lavorava «12 e 14 ore per giorno» e le rimaneva sempre molta corrispondenza da sbrigare.[475] «Ho tanto lavoro!», questa esclamazione tornava spesso nella corrispondenza di quei mesi e così la motivava ai suoi interlocutori: «Lavoro per il pane quotidiano e lavoro per riordinare gli scritti di Camillo. Quest'ultimo [impegno] è quello che m'interessa di più, perché mi dà l'illusione ch'egli viva ancora».[476] Intanto, la figlia minore, Giliana, attraversava un periodo di esaurimento e l'ansia per la sua salute contribuiva ad appesantire quell'inverno 1937-1938.[477]

Nella primavera 1938 usciva, a cura del Comitato Camillo Berneri, l'antologia *Pensieri e battaglie*, con una bellissima prefazione di Emma Goldman, che era stata vicina a Berneri negli ultimi mesi a Barcellona.[478] Acutamente, Goldman leggeva la storia d'Europa di quegli anni attraverso la tragedia dei rifugiati politici, vero e proprio simbolo del Novecento, in grado di riassumere tutte le ombre che avvolgevano il vecchio continente. Un «tragico fato» al quale non erano sfuggiti Camillo Berneri e la sua famiglia, come molti di quelli che non avevano voluto «piegarsi agli ordini dei dittatori o diventare complici dei loro delitti».[479]

474. Cfr. lettera di Giovanna Caleffi Berneri a Carlo Frigerio, Parigi, 24.12.1937, in ABC, FGB, Epistolario, cassetta II, ora in Caleffi Berneri, *Un seme sotto la neve. Carteggi e scritti*, pp. 19-21.

475. Lettera di Giovanna Caleffi Berneri a Domenico Olivieri-Sgattoni, [Parigi], 26.1.1938, in ABC, FGB, Epistolario, cassetta III, ora in Caleffi Berneri, *Un seme sotto la neve. Carteggi e scritti*, pp. 22-23.

476. Lettera di Giovanna Caleffi Berneri a Domenico Olivieri-Sgattoni, [Parigi], 25.10.1937, in ABC, FGB, Epistolario, cassetta III, ora in Caleffi Berneri, *Un seme sotto la neve. Carteggi e scritti*, pp. 15-17.

477. Cfr. lettera di Caleffi Berneri a Olivieri-Sgattoni, [Parigi], 26.1.1938.

478. Si vedano le lettere di ringraziamento, per l'invio del volume, di Francesco Volterra (Nancy, 1.6.1938), Gaetano Salvemini (Parigi, 10.6.1938) e Angelo Tasca (Parigi, 12.6.1938), in ABC, FGB, Epistolario, ora in Caleffi Berneri, *Un seme sotto la neve. Carteggi e scritti*, pp. 26-29.

479. Emma Goldman, prefazione a Berneri, *Pensieri e battaglie*, p. 15. Sulla Goldman si vedano gli studi di Bruna Bianchi: *Negazione dei diritti civili, deportazione ed esilio negli scritti e nei discorsi pubblici di Emma Goldman (1917-1934)*, in «DEP. Deportate, esuli, profughe», 8 (2008); *Il pensiero anarcofemminista di Emma Goldman*, prefazione a Emma Goldman, *Femminismo e anarchia*, Pisa, BFS, 2009, pp. 5-24.

In realtà, gli amici del Comitato Berneri di Parigi avevano insistito con Giovanna perché fosse proprio lei a scrivere la prefazione di *Pensieri e battaglie*, ma – come confessò più tardi – non si sentì «all'altezza di farla, pur desiderandola di tutto cuore». Non aveva mai scritto, fino ad allora, sulla stampa anarchica e, anzi, ricordava che

> quando discutendo con Camillo esponevo idee che gli sembravano interessanti e lui mi diceva: perché non le scrivi, mi pareva che la cosa fosse tanto assurda. Camillo aveva una facilità grande per scrivere, ed io avrei, con fatica, detto male quello che lui sapeva dire con tanta efficacia.[480]

Nel giugno 1938, dopo aver ricevuto e letto *Pensieri e battaglie*, Gaetano Salvemini delineava, attraverso il destino di Berneri – e mostrando una sensibilità culturale analoga a quella di Emma Goldman –, i contorni di un'intera epoca:

> Ho letto con commozione profonda il libro di Camillo, appena l'ho ricevuto. Mi è parso di rivedermelo innanzi. [...]. Che un uomo come quello abbia potuto essere assassinato in quel malvagio modo, è concepibile solo in un mondo che è sceso all'ultimo gradino della barbarie.[481]

480. Caleffi Berneri, Note autobiografiche indirizzate a Ugo Fedeli.

481. Gaetano Salvemini a Giovanna Caleffi Berneri, Paris, 10.6.[1938], in ABC, FGB, Epistolario, cassetta XX, ora in Caleffi Berneri, *Un seme sotto la neve*, pp. 27-28.

Fig. 1. Adalgisa Fochi Berneri insieme al figlio Camillo, nel 1908.

Fig. 2. Camillo Berneri in zona di guerra, 1918.

Fig. 3. Giovanna Caleffi con la piccola Maria Luisa (Arezzo, 1918).

Fig. 4. Giovanna Caleffi con le due figlie, Maria Luisa e Giliana (Firenze, 1922).

Fig. 5. Maria Luisa e Giliana Berneri a una festa in maschera a Camerino, nel 1925.

Fig. 6. Giovanna Caleffi a Camerino, 1925 ca.

Fig. 7. Camillo Berneri in una foto della metà degli anni Venti.

Fig. 8. Camillo Berneri e Giovanna Caleffi in esilio a Parigi (fine anni Venti).

Fig. 9. Camillo Berneri e Giovanna Caleffi in Lussemburgo, estate 1929.

Fig. 10. Giovanna Caleffi con le figlie Maria Luisa (a destra) e Giliana (a sinistra). Francia, primi anni Trenta.

Fig. 11. Parigi, Lycée Victor Hugo, anno scolastico 1934-1935, Maria Luisa Berneri è la seconda da destra nell'ultima fila in alto.

Fig. 12. Parigi, Lycée Victor Hugo, [1934-1935], Giliana Berneri è la prima da sinistra nella terza fila dal basso.

Fig. 13. Crescere a Parigi: Maria Luisa Berneri nella capitale francese, intorno alla metà degli anni Trenta.

Fig. 14. Camillo Berneri con alcuni componenti della Sezione Italiana della Colonna Ascaso a Monte Pelato (Aragona), agosto 1936.

Fig. 15. Barcellona, 11 maggio 1937. «Funerali di Berneri e compagni».

Fig. 16. Giliana Berneri insieme a una amica di scuola. Sullo sfondo il ritratto del padre. Parigi, [1937-38].

Fig. 17. Giliana Berneri sulla neve. Francia, gennaio 1938.

Fig. 18. Maria Luisa (a destra) e Giliana Berneri (a sinistra) insieme alla madre, Giovanna Caleffi, in una foto scattata alla fine degli anni Trenta.

Fig. 19. Maria Luisa Berneri con un gruppo di rifugiati spagnoli, reduci della guerra civile. Londra, fine anni Trenta-inizio anni Quaranta.

Fig. 20. Maria Luisa Berneri, Londra, 1945.

Fig. 21. Giovanna Caleffi e Cesare Zaccaria a Civitavecchia nel 1945.

Fig. 22. Giovanna Caleffi e Giliana Berneri a Portovenere (La Spezia), agosto-settembre 1945.

Fig. 23. Carrara, settembre 1945, primo congresso della Federazione anarchica italiana (FAI). Giovanna Caleffi è accanto a Pio Turroni (al centro con la cartella in mano). Si riconoscono anche Cesare Zaccaria (con il cappello a tesa larga) e, vicino a lui, Giliana Berneri.

Fig. 24. «Casa Serena» di Cesare Zaccaria a Piano di Sorrento, prima sede della Colonia «Maria Luisa Berneri» (anni Cinquanta).

Fig. 25. Giovanna Caleffi in una foto degli anni Cinquanta.

Fig. 26. Giliana Berneri con la figlia Hélène Senninger, nata nel 1950.

Fig. 27. Giovanna Caleffi in spiaggia insieme ai nipoti, Hélène e Franck Senninger (Genova-Nervi, agosto 1959).

Fig. 28. La Colonia «Maria Luisa Berneri» a Ronchi di Massa (primi anni Sessanta).
Fig. 29. Giovanna Caleffi sul balcone della sua casa di Genova-Nervi (1960).

3. Seconda guerra mondiale e ricostruzione civile: assistenza, educazione e libertà

1. *Reti di solidarietà in guerra*

Nel 1939-1940, Giovanna Caleffi si adoperò per costruire e animare, sul territorio francese, reti di solidarietà e reciproco sostegno che servirono a soccorrere esuli e rifugiati politici, prevalentemente anarchici, stretti tra la fine disgraziata della Spagna repubblicana e l'avanzata dell'esercito tedesco in Francia. Nei primi due mesi del 1939, infatti, i nazionalisti spagnoli avevano conquistato la Catalogna e all'inizio di aprile Franco poteva annunciare la fine della guerra. Poco più tardi, nel settembre 1939, con l'invasione tedesca della Polonia, era scoppiata la Seconda guerra mondiale, che a partire dalla primavera 1940 interessò direttamente il fronte occidentale con lo sfondamento delle truppe tedesche in territorio francese.

Attraverso il «Comitato anarchico italiano pro' Spagna» di Parigi, Giovanna era a conoscenza, già all'inizio del 1939, delle condizioni dei campi profughi di Argeles e St. Cyprien, poco lontani da Perpignan, dove si ammassavano i rifugiati della guerra civile. Dagli Stati Uniti i militanti dell'*Anti-Fascist Committee Pro-Spanish People's Front* davano una grossa mano, agevolando l'assistenza con donazioni in denaro.[1]

Le preoccupazioni di Giovanna e i suoi propositi si trovano riflessi in una lettera a un militante italo-americano di Chicago, Domenico Olivieri-Sgattoni. Nella missiva Giovanna faceva cenno al piccolo negozio di ali-

1. Si vedano le lettere di Giovanna Caleffi Berneri a Domenico Olivieri-Sgattoni del 17 aprile 1939 e del 7 giugno 1939, entrambe da Parigi, in ABC, FGB, Epistolario, cassetta III, ora in Caleffi Berneri, *Un seme sotto la neve. Carteggi e scritti*, pp. 32-36.

mentari che, dal 1933, gestiva alla periferia di Parigi e che tanta importanza aveva avuto per il sostentamento della sua famiglia:

> Quantunque il nostro commercio vada peggio e io debba lavorarci molto di più per arrivarci, non manchiamo del necessario ed abbiamo mezzo di dare un po' della nostra solidarietà ai compagni che sono in condizioni miserevoli. È così che durante la guerra di Spagna, ho fatto del mio meglio per inviare pacchetti ai compagni che erano laggiù, ed ora posso fare qualche cosa per quelli che sono espulsi. Ma i bisogni sono tanti e i nostri mezzi così limitati. Ti metto qui una circolare (è la brutta copia, ma non ne ho altre) che fece mia figlia [Giliana] dopo aver visitati i campi. Ti potrai rendere meglio conto della triste condizione dei nostri. Se costì è possibile raccogliere un po' di soldi per venire loro in aiuto, farete opera buona.[2]

Olivieri-Sgattoni riuscì a raccogliere del denaro e a inviare un vaglia a Parigi. Giovanna gliene dava riscontro immediatamente:

> Il tuo vaglia di 377^{fr},35 che ho ricevuto ieri andrà tutto in favore dei rifugiati. Probabilmente lo passerò al Comitato anarchico di Marsiglia che svolge un lavoro intenso di solidarietà verso i compagni clandestini, verso quelli che fuggono dai campi o che cadono nelle grinfie della polizia. In ogni modo ti farò sapere, più tardi, l'impiego esatto di questo danaro che, rappresentando i sacrifici di compagni, deve essere adoperato nel miglior modo possibile.[3]

La situazione dei rifugiati in Francia, proseguiva Giovanna, era peggiorata sensibilmente. Le «leggi contro gli stranieri» venivano applicate rigorosamente, senza «nessun sentimento di umanità». Erano numerosi i «casi tragici» di anarchici che non sapevano più dove andare, senza un lavoro, lontani dalla famiglia, sotto la minaccia costante del carcere:

> E quello che addolora è il vedere che una reazione così spietata si compie in mezzo ad una indifferenza generale. Qualche anno fa l'arresto di un compagno provocava delle proteste e dell'indignazione. Oggi gli arresti sono troppo numerosi per commuovere la gente. L'egoismo di questi francesi è veramente grande. Non ti parlo poi dei compagni che sono nei campi di concentramento, la sorte dei quali non è migliorata. Anzi con la stagione estiva è da temere che molti di coloro che sono nei campi saranno vittime di malattie contagiose. Le partenze per il Messico dei rifugiati spagnoli sono fatte sotto il monopolio dei comunisti: sicché ben pochi dei nostri compagni potranno partire.[4]

2. Caleffi Berneri a Olivieri-Sgattoni, [Parigi], 17.4.1939.
3. Caleffi Berneri a Olivieri-Sgattoni, [Parigi], 7.6.1939.
4. *Ibidem*.

In quel periodo, Giliana Berneri – che intanto si era rimessa in forze e portava avanti con eccellenti risultati i suoi studi di medicina – visitò per conto del comitato parigino i due campi di Argeles e St. Cyprien. Giliana ne scrisse uno splendido resoconto pubblicato dall'«Adunata dei Refrattari», importante giornale anarchico italo-americano edito a New York, che aveva visto a lungo la collaborazione del padre.[5] Le sue impressioni si trovano riflesse anche in una lettera della madre:

> Mia figlia è andata due volte a trovare i compagni italiani che erano in Ispagna e che ora sono nei campi ed ha potuto rendersi conto della loro miserabile condizione. E nonostante manchino di tutto, e siano esposti al vento, alla pioggia, e non abbiano mezzo di curarsi se malati o feriti, hanno un ottimo morale. Sono tutti pronti a ricominciare la lotta non appena le circostanze glielo permetteranno. Come vedi questi compagni insegnano a tutti quelli che sono liberi, ed hanno una famiglia, un tetto, come si è anarchici.[6]

Nel giugno 1939, Giovanna riuscì a procurarsi un contatto con un insegnante di Orthez, che era disposto a mantenere una comunicazione regolare con il vicino campo profughi di Gurs, ai piedi dei Pirenei, e a portare così quei soccorsi che lei riusciva a raccogliere a Parigi. Nel giro di un paio di settimane a Orthez e Pau si crearono dei comitati d'aiuto per i rifugiati rinchiusi nei campi.[7]

Vale la pena notare che, l'anno precedente, nella primavera del 1938, un'altra donna impegnata, Margherita Zoebeli, pedagogista svizzera di formazione socialista e protestante, attiva nel Soccorso operaio elvetico, aveva salvato dalla Catalogna, attanagliata dalla guerra civile, un centinaio di bambini, portandoli al sicuro in Francia.[8] Come vedremo, Zoebeli e Caleffi Berneri si sarebbero conosciute in Italia nel dopoguerra, nell'ambito dei circuiti minoritari dell'intervento sociale ed educativo di stampo laico e libertario.

Poco dopo lo scoppio della Seconda guerra mondiale, e precisamente nel novembre-dicembre 1939, Giovanna chiuse il negozio di rue Terre Neuve e si trasferì a Rennes, dove la figlia Giliana stava proseguendo gli

5. G.B. [Giliana Berneri], *Nel campo di concentramento*, in «L'Adunata dei Refrattari» (New York), 18.3.1939, pp. 1-2.

6. Giovanna Caleffi Berneri a Domenico Olivieri-Sgattoni, [Parigi], 17.4.1939.

7. Si veda la corrispondenza di G. Caleffi Berneri con M. Catalogne del giugno 1939, in ABC, FGB, Epistolario, cassetta VI, ora in Caleffi Berneri, *Un seme sotto la neve. Carteggi e scritti*, pp. 36-38.

8. Cfr. De Maria, *Lavoro di comunità e ricostruzione civile in Italia*, pp. 39-40.

studi di medicina iniziati a Parigi (si era trasferita all'ateneo di Rennes proprio all'inizio dell'anno accademico 1939-1940). Ormai nella sua bottega alimentare, come constatava lei stessa, non si lavorava «niente niente» e, soprattutto, in quello scenario di guerra, Rennes era più sicura di Parigi. Scriveva ad una amica, nell'ottobre 1939:

> Il fatto ch'io non lavoro in negozio significa che molta gente ha lasciato Parigi e continua a rimanere lontana dalla capitale. Sono momenti molto brutti: io ho passato un mese e mezzo da sola con il pensiero della famiglia sparsa un po' ovunque. Tuttavia non mi sono scoraggiata: ho cercato di occuparmi molto di tutti gli amici del campo [profughi] e così l'occupazione non ha lasciato campo alla malinconia.[9]

Giliana era a Rennes dall'inizio di settembre. L'altra figlia, Maria Luisa, viveva stabilmente a Londra con suo marito, il giornalista anarchico Vernon Richards, mentre la suocera, Adalgisa Fochi, aveva trovato una buona sistemazione a Bordeaux, presso persone di fiducia. Maria Luisa e Vernon avevano anche pensato di costituire, in Francia, una «colonia di giovani compagni» che fornisse un approdo ai militanti anarchici reduci dalla Spagna, ma – al di là delle difficoltà immense, comunque insite in quel progetto – la «minaccia della guerra» li aveva fatti desistere e ripiegare, invece, su una attività di soccorso da realizzare a Londra, dove si trovavano almeno una cinquantina di anarchici fuggiti da Madrid.[10]

Ormai da mesi la prospettiva della guerra incombeva sull'Europa, seppellendo ogni progetto. Giovanna, ad esempio, aveva in cantiere un'altra raccolta di testi del marito. Lo aveva confidato a Olivieri-Sgattoni in giugno:

> ma finché in Europa c'è quest'atmosfera di guerra non potrò far niente. E temo che questa volta non eviteremo la catastrofe. Viviamo proprio come se la guerra dovesse scoppiare da un momento all'altro. Ti assicuro che non è bello oggi vivere in Europa. E se avessimo le possibilità (cioè passaporto e autorizzazione per venire in America) lasceremmo senza rimpianto questo vecchio continente. Così, invece, dobbiamo rimanere qui e subire gli avvenimenti.[11]

9. Lettera di Giovanna Caleffi Berneri ad Armida Mioli, [Parigi], 13.10.1939, in ABC, FGB, Epistolario, cassetta II, ora in Caleffi Berneri, *Un seme sotto la neve. Carteggi e scritti*, pp. 38-30.

10. Lettera di Giovanna Caleffi Berneri a Carlo Frigerio, [Parigi], 18-19.4.1939, in ABC, FGB, Epistolario, cassetta II.

11. Lettera di Caleffi Berneri a Olivieri-Sgattoni, [Parigi], 17.4.1939.

Il consolato italiano continuava a negare il passaporto sia a lei, che a Giliana, di conseguenza Giovanna aveva pensato di iniziare le pratiche per ottenere la nazionalità francese per sé e la figlia, ma la prima risposta delle autorità alla domanda di naturalizzazione era stata negativa, a causa del «dossier» relativo alla loro «attività politica».[12] Del resto, l'impegno militante di Caleffi Berneri era ormai ben noto anche alla polizia fascista, che fin dall'inizio del 1939 era informata della sua partecipazione alle riunioni degli anarchici italiani, «per esaminare le modalità di azioni da compiere in direzione Italia».[13]

Tra la fine del 1939 e la primavera del 1940, Giovanna tenne una fitta corrispondenza con l'amica Armida Mioli, che viveva nella *banlieue* di Parigi insieme alla figlia Libera, mentre il marito si trovava rinchiuso nel campo di Gurs. Tenendo le fila dei rapporti tra i comitati di assistenza e i rifugiati, Giovanna riusciva ad avere anche sue notizie e le trasmetteva puntualmente alla moglie e alla figlia. L'unica possibilità di farlo uscire dal campo era dimostrare che avesse un impiego, ma le pratiche per l'assunzione dei lavoratori stranieri erano diventate difficilissime, a causa di nuove restrizioni legislative. Giovanna si offrì di seguire la pratica relativa a Mioli, ma senza molta fortuna. Il tempo passava e in primavera sollecitò Armida e Libera a lasciare Parigi, ormai diventata troppo pericolosa per via della guerra, e a raggiungerla a Rennes o a trovare rifugio in qualche località di campagna.[14]

L'epistolario di Giovanna Caleffi si interrompe tra la primavera e l'estate 1940, per riprendere solamente un anno e mezzo più tardi, nell'autunno 1941, quando, già confinata in Irpinia da alcuni mesi, scriveva all'Ufficio confinati politici del Ministero dell'Interno, per informarsi sui tempi del suo rilascio. È, dunque, dalle carte di polizia e dalle sue testimonianze successive che sappiamo di un percorso infernale fatto di arresti e transiti da prigione a prigione.

A Rennes, Giovanna rimase fino al luglio-agosto del 1940, gestendo, in modo del tutto precario, una piccola pensione per studenti, «tipo fami-

12. Lettera di Caleffi Berneri a Olivieri-Sgattoni, [Parigi], 7.6.1939.

13. Comunicazione del Ministero dell'Interno, Direzione generale della pubblica sicurezza, al Ministero degli Affari esteri, 10.4.1940. Si veda, anche, l'analoga comunicazione del Ministero dell'Interno, Direzione generale della pubblica sicurezza, al Casellario politico centrale, 10.2.1939, entrambi i documenti in ACS, CPC, b. 948, Caleffi Giovanna.

14. Si vedano le lettere di Giovanna Caleffi Berneri ad Armida e Libera Mioli del maggio 1940, in ABC, FGB, Epistolario, cassetta II, ora in Caleffi Berneri, *Un seme sotto la neve. Carteggi e scritti*, pp. 48-51.

glia», non dichiarata alla polizia. Una cartolina spedita a Carlo Frigerio a fine giugno fu, probabilmente, l'ultimo aggiornamento inviato da Rennes:

> Caro Frigerio, volevo già scriverle qualche tempo fa [...]. Poi gli avvenimenti e la posta che non ha funzionato per 15 giorni me l'hanno impedito. Oggi mi affretto a inviarle poche righe perché avrei bisogno di un piacere. Non potendo scrivere a Maria Luisa e a Vero, vorrebbe avere lei la gentilezza di tranquillizzarli sul conto nostro? E dir loro che stiamo bene e che la bufera è passata senza che noi ne soffrissimo. La ringrazio in anticipo. [...]. Affettuosi saluti da me e da Giliana.[15]

Giovanna Caleffi decise, infine, di tornare a Parigi, dove comunque erano ancora la sua casa e il suo negozio. Quest'ultimo rappresentava, per lei e per Giliana, l'unica fonte certa di sostentamento. Riuscì a riaprirlo, «con sforzi immensi, data la scarsità di viveri», ma fu arrestata dagli occupanti tedeschi il 28 ottobre 1940.[16]

All'inizio del mese di ottobre, la polizia politica italiana aveva predisposto «tre elenchi di sovversivi pericolosi, residenti in Francia» e li aveva trasmessi alla polizia tedesca «perché qualora rintracciati nella zona occupata [fossero] arrestati e consegnati alle nostre autorità di polizia di frontiera».[17] Tra di loro, Giovanna Caleffi Berneri, unica donna nelle liste predisposte dalla polizia fascista. La notizia del suo arresto giunse a Roma in novembre, ma la consegna alle autorità italiane fu tutt'altro che immediata.

Giliana rimase in uno stato di angosciante incertezza sulla sorte della madre, che sapeva nelle mani della *Gestapo*. Chiese notizie al consolato italiano di Parigi, ma ancora nel giugno 1941 le autorità italiane non seppero dirle nulla di preciso, se non che Giovanna Caleffi non era ancora stata trasferita in Italia.[18]

Dapprima incarcerata a Parigi, poi deportata in Germania (febbraio 1941), Giovanna fu, infine, consegnata alle autorità italiane il 27 giugno,

15. Cartolina di Giovanna Caleffi Berneri a Carlo Frigerio, Rennes, 30.6.1940, in ABC, FGB, Epistolario, cassetta II.

16. Verbale dell'interrogatorio di Giovanna Caleffi Berneri presso la prefettura di Reggio Emilia, 11.7.1941, in ACS, CPC, b. 948, Caleffi Giovanna; si veda, anche, il ricorso da lei presentato alla commissione di appello per gli assegnati al confino, 31.8.1941, in ACS, MI, PS, DAGR, Ufficio confino di polizia (UCP), b. 174, Caleffi Giovanna.

17. Comunicazione della Divisione polizia politica, 5.10.1940, in ACS, CPC, b. 948, Caleffi Giovanna.

18. Telespresso del Consolato d'Italia a Parigi al Ministero degli Affari esteri e, per conoscenza, al Ministero dell'Interno, Direzione generale di pubblica sicurezza, 19.5.1941, ivi.

presso l'ufficio di pubblica sicurezza di confine del Brennero, e condotta al carcere di Reggio Emilia.[19] Durante i cinque mesi trascorsi nelle carceri tedesche, «nel più completo isolamento», le fu del tutto impossibile comunicare sia con la figlia, rimasta sola a Parigi, sia con i genitori in Italia:

> I miei fratelli non poterono comunicarmi la notizia della morte di mio padre, avvenuta nell'aprile di quest'anno. Oltre a questi grandi dolori morali, ho avuto degli ingenti danni materiali. Il negozio che avevo a Parigi è chiuso ed è perduto. E con il negozio ho perduto quella situazione economica che mi procurava da vivere.[20]

Alcuni ricordi frammentari della detenzione in Germania, e più precisamente nella prigione di Treviri, sono legati alla «triste fine» di un compagno anarchico, Leonida Mastrodicasa:

> Come sapete egli faceva parte del gruppo di compagni che furono arrestati dai tedeschi per conto delle autorità italiane fasciste. Venne trasferito da Parigi a Trier in Germania, con altri. Il gruppo italiano essendo numeroso ingombrava troppo la piccola prigione di Trier dove c'erano continui arrivi di arrestati per conto della Gestapo, e venne quindi mandato nel campo di concentramento di Lond-Lacher-Hinzest. Questo campo era un vero inferno, sia per il lavoro estenuante a cui erano sottoposti dei prigionieri che da mesi erano sottoalimentati, sia per le brutalità che dovevano subire da parte delle autorità del campo. Il povero Mastrodicasa che aveva già passati parecchi mesi in prigione, che era malato, non poteva sopportare il lavoro duro ch'era obbligatorio per tutti e, per l'insistenza dei suoi compagni, gli fu permesso di attendere ai lavori più leggeri. Ciò però non gli evitò ogni genere di sevizie. In fin di vita venne trasportato a Trier ed è là che finì il suo calvario.
> Povero Mastrodicasa! Quando c'incontrammo alla prigione della Santé per essere deportati in Germania, fu il solo che io vidi piangere. Egli si separava dalla moglie, da una figliola e da un bimbo molto piccolo e doveva sentire che le sue forze non l'avrebbero sostenuto lungo il tristissimo viaggio che

19. Minuta di una comunicazione del Ministero dell'Interno al Ministero degli Affari esteri, 8.7.1941, ivi. Si veda, anche, la lettera di Giovanna Caleffi Berneri all'Ufficio confinati politici, Lacedonia, 19.10.1941, in ACS, MI, PS, DAGR, UCP, Fascicoli personali, b. 174, Caleffi Giovanna, ora in Caleffi Berneri, *Un seme sotto la neve. Carteggi e scritti*, pp. 51-52.

20. Sono parole tratte dal già citato ricorso presentato alla commissione di appello per gli assegnati al confino, 31.8.1941. I cinque mesi trascorsi da Giovanna nelle carceri tedesche non hanno lasciato, purtroppo, alcuna traccia tra le carte dell'Ufficio rapporti con la Germania (presso il Ministero dell'Interno, Direzione generale della pubblica sicurezza, Divisione affari generali e riservati).

> stavamo intraprendendo. Più tardi cercava di sorridermi tutte le volte che io potevo arrampicarmi su fino ad una finestra per fare un cenno di saluto ai miei compagni di sventura che, nello stretto cortile della prigione di Trier, facevano, in rotondo, i loro dieci minuti di passeggiata. Ed ora ripensandolo trovo quel sorriso ancora più triste di quello che mi appariva già allora.
> Dimentico la censura! e la mia lettera sta diventando troppo lunga. Ma non vorrà il censore essere indulgente verso persone che sono rimaste separate per degli anni e che hanno bisogno di aprire il loro cuore? Io lo spero.[21]

A Reggio Emilia, Giovanna Caleffi venne lungamente interrogata e successivamente condannata, con ordinanza del 25 agosto 1941, a un anno di confino, per l'attività sovversiva svolta all'estero. Fu spedita a Lacedonia, in provincia di Avellino, dove erano segregati, in conseguenza della guerra, numerosi cittadini stranieri, insieme a molti italiani mandati laggiù per motivi politici.[22] La condanna sarebbe terminata nel giugno successivo, a un anno esatto dalla sua consegna alle autorità italiane. Fu vano, infatti, ogni tentativo di farsi "riconoscere" gli otto mesi di carcere scontati in mano alla *Gestapo*, tra Francia e Germania.[23]

L'esperienza del rimpatrio forzato e del confino sono condensate in un commento che, nel 1956, Giovanna Caleffi rivolse ad Ernesto Rossi, dopo la pubblicazione del suo *La pupilla del Duce*:

> Mi permetto di farle qualche considerazione sul suo ultimo libro. A rendere più completa la letizia del «confino politico», avrebbe potuto accennare ai confinati provenienti dall'estero. Arrestati quasi tutti dopo che l'esercito di Hitler aveva occupato una grande parte della Francia, strappati alle loro famiglie – senza motivazione alcuna – venivano rimpatriati, via Germania-Austria, con «transiti» in molte prigioni (io ne feci 14 prima di arrivare confinata a Lacedonia), con le «traduzioni cellulari» e quando arrivavano davanti alla Commissione provinciale per il confino, c'era chi aveva fatto anche più di un anno di prigione. E non tutti arrivavano perché – fu il caso di Mastrodicasa – c'era chi moriva in qualche campo di concentramento tedesco dove era

21. Lettera di Giovanna Caleffi Berneri a Ernesto Bonomini, Napoli, 14.2.1945, in ABC, FGB, Epistolario, cassetta I.

22. Si veda il quadro fornito dalla prefettura di Avellino al generale di corpo d'armata Antonio Basso, comandante delle Forze armate della Campania, 25.11.1943, in ACS, Governo del Sud, b. 1, fasc. 1/5.

23. Si leggano le due lettere da Lacedonia di Giovanna Caleffi Berneri all'Ufficio confinati politici del 19 e 31 ottobre 1941, in ACS, MI, PS, DAGR, UCP, Fascicoli personali, b. 174, Caleffi Giovanna, ora in Caleffi Berneri, *Un seme sotto la neve. Carteggi e scritti*, pp. 51-54.

di «transito». E durante la prigionia in Germania erano stati tagliati fuori da tutti: persino dalle famiglie che vissero mesi di ansia non conoscendo quale sorte avessero avuto.[24]

Durante la forzata permanenza a Lacedonia, Giovanna ottenne dal questore di Avellino il permesso di corrispondere con i coniugi Zaccaria, che erano amici di famiglia (come si è visto nel capitolo precedente) e vivevano tra Napoli e Sorrento. Cesare Zaccaria e Maria Lombardini avevano un figlio adottivo, Giorgio, allora tredicenne, con gravi problemi di salute. Giovanna chiese e ottenne dalla questura irpina il permesso di occuparsi di lui:

> Il ragazzo, oltre ad una salute delicata, ha il sistema nervoso in cattive condizioni per cui ha bisogno di vivere in un paese tranquillo e lontano da località che possono essere bombardate. I genitori, quindi, l'hanno condotto a Lacedonia, dove si trova in una pensione di famiglia. Desidererei, signor Questore, che voi mi concedeste l'autorizzazione di occuparmi di questo ragazzo, di poterlo istruire ed educare. Questo mi darebbe il mezzo di darmi ad un lavoro stabile durante il tempo in cui rimarrò confinata a Lacedonia.[25]

Dietro parere favorevole delle autorità locali, la definitiva autorizzazione giunse da Roma nei primi giorni del 1942.[26] Attraverso il piccolo Giorgio, si consolidarono quei rapporti di stima e fiducia tra Giovanna e Cesare Zaccaria che si trasformarono negli anni successivi in un sodalizio sentimentale, oltreché politico e culturale.

Come previsto, Giovanna Caleffi poté lasciare Lacedonia il 27 giugno 1942. Già in aprile, avvicinandosi il termine della condanna, aveva interpellato l'Ufficio confinati politici, chiedendo che le fosse concesso di tornare a Parigi, dove – a causa dell'arresto dell'ottobre 1940 – era stata costretta ad abbandonare sia la casa che gli affari, «senza che mi fosse lasciato il tempo di sistemare questi ultimi e senza che mi fosse concesso di portare con me, rimpatriando, danaro e indumenti». Non avendo ricevuto

24. Giovanna Caleffi Berneri a Ernesto Rossi, Genova, 12.12.1956, in ABC, FGB, Epistolario, cassetta III. Il riferimento è al volume di Ernesto Rossi, *La pupilla del Duce*, Parma, Guanda, 1956.

25. Lettera di Giovanna Caleffi Berneri al questore di Avellino del 23 novembre 1941, in ACS, MI, PS, DAGR, UCP, Fascicoli personali, b. 174, Caleffi Giovanna, ora in Caleffi Berneri, *Un seme sotto la neve. Carteggi e scritti*, pp. 54-55. Giorgio Zaccaria Colombari, figlio adottivo di Cesare Zaccaria e Maria Lombardini, era nato a Bologna il 29 settembre 1928.

26. A questo proposito, la comunicazione della prefettura di Avellino, 4.1.1942 e la risposta del Ministro dell'Interno, 12.1.1942, entrambi i documenti in ACS, MI, PS, DAGR, UCP, b. 174, Caleffi Giovanna.

alcuna risposta, in luglio scriveva nuovamente al Ministero, questa volta dalla casa di Gualtieri, scelta come domicilio obbligatorio.[27]

Dalla prefettura di Reggio Emilia arrivò parere negativo, il Ministero dell'Interno concordò senza difficoltà e Giovanna Caleffi venne informata del divieto di espatrio a metà settembre.[28] Nell'impossibilità di raggiungere Parigi, decise di tornare da Zaccaria, a Napoli. In quella città visse in clandestinità fino all'arrivo degli Alleati, nell'ottobre 1943.

Più tardi, Giovanna avrebbe fatto un inventario di quanto lasciato a Parigi durante la guerra:

> Al momento del mio arresto a Parigi, il 28 ottobre 1940, avevo la proprietà e la gestione di un negozio di generi alimentari e specialità italiane, impiantato in un immobile preso in affitto a: 20 rue de Terre Neuve-Parigi XX, che si componeva: di due grandi negozi, uno di frutta e verdura, con tutti gli articoli per le varie necessità domestiche; un altro di alimentari con specialità italiane, vini e liquori fini. I due negozi erano modernamente arredati, con scaffalature su tutte le pareti, banchi di vendita, tre vetrine, tre bilance automatiche, un'affettatrice, due pompe per l'olio, una ghiacciaia e gli altri corredi minori d'uso. Al momento del mio arresto il negozio era in normale attività, con le sue scorte di merci. L'arresto improvviso mi tolse ogni possibilità di trattare la cessione dell'azienda che dovetti abbandonare, autorizzando successivamente mia figlia – allora ventenne, rimasta sola a Parigi e studente di medicina – a cederlo per la somma irrisoria di Frs. 20.000, pur di liberarla dai carichi residui della pigione, delle tasse e della patente d'esercizio, ecc. Calcolo approssimativamente che il valore del negozio nel 1941 fosse di Frs. 500.000.[29]

2. *La breve speranza di una «rinascita anarchica»*

L'arresto a Parigi, la detenzione nelle prigioni francesi, tedesche e italiane, poi il confino, avevano reso Giovanna «più solida», confermandole

27. Si leggano le lettere di Giovanna Caleffi Berneri all'Ufficio confinati politici del 29 aprile e 20 luglio 1942, la prima in ACS, MI, PS, DAGR, UCP, Fascicoli personali, b. 174, Caleffi Giovanna; la seconda in ACS, CPC, b. 948, Caleffi Giovanna; entrambe ora in Caleffi Berneri, *Un seme sotto la neve. Carteggi e scritti*, pp. 56-58.

28. L'iter della domanda si può ricostruire attraverso il carteggio intercorso tra la prefettura di Reggio Emilia e la Direzione generale della pubblica sicurezza, nei mesi di luglio, agosto e settembre 1942, in ACS, CPC, b. 948, Caleffi Giovanna.

29. Comunicazione di Giovanna Caleffi Berneri al Ministero del Tesoro, Direzione generale danni di guerra, Napoli, s.d. [1945-46 ca.], in ABC, FGB, Epistolario, cassetta II.

«che non era solo un attaccamento sentimentale» quello che lei aveva per le idee anarchiche («il bisogno di conservare Camillo il più possibile vivo dentro di me»), ma «convinzione della verità di esse». Tanto è vero che,

> finita la guerra, nonostante che il mio arresto mi avesse fatto piangere amaramente perché finiva per me la famiglia, perdevo la casa, il mio mezzo per vivere, benedii mille volte quell'arresto che mi faceva trovare prima fra i primi ad assistere ed a collaborare alla rinascita del movimento anarchico. Con quanta volontà, fede, speranza io abbia lavorato allora, e con che rimpianto io pensi a quegli anni, solo io lo so.[30]

Il dopoguerra nelle regioni del Mezzogiorno iniziò già nell'autunno 1943. A fine settembre, l'occupazione tedesca era ormai terminata in Sicilia, Calabria, Basilicata e Puglia. Anche gran parte del territorio campano era libero, a eccezione della provincia di Caserta. A metà gennaio 1944, l'esercito tedesco si attestò lungo la linea Gustav. Poi vi fu il lungo stallo di Montecassino. Il Sud visse, quindi, una vicenda separata e autonoma rispetto al Centro-Nord, almeno fino al 25 aprile 1945, quando si avrà la riunificazione del paese.

Sul piano delle dinamiche politico-istituzionali, il quadro è rapidamente delineato. Gli Alleati favorirono la ricostituzione di un piccolo Stato italiano, molto debole, il Regno del Sud, che di fatto era subordinato agli anglo-americani. Si trattava di una formula di governo indiretto, per consentire una transizione indolore al postfascismo e per garantire il controllo del territorio durante la campagna d'Italia. Il sistema amministrativo italiano si era dissolto con il crollo del regime fascista e gli Alleati attinsero, soprattutto, al personale politico prefascista, creando un polo moderato monarchico. In definitiva, il Regno del Sud si strutturò sulla base di equilibri che davano autorevolezza e legittimità a figure consolidate nella tradizione politica italiana, come quella del prefetto, il quale operava in sintonia con le gerarchie ecclesiastiche e con le forze dell'ordine, in primo luogo i carabinieri. Si creò così una forma di collaborazione, definita «coalizione badogliana», che era destinata a prolungarsi ben oltre i mesi del Regno del Sud. L'occupazione alleata si combinava inoltre con un elemento di specificità del contesto meridionale: la debolezza dei partiti antifascisti, che non erano legittimati dalla partecipazione alla Resistenza. A differenza di quanto sarebbe avvenuto in Toscana e, poi, nel Nord, i CLN erano deboli, senza mordente.

30. Caleffi Berneri, Note autobiografiche indirizzate a Ugo Fedeli.

La situazione sociale era in movimento, magmatica. Tensioni e conflitti si combinavano con le necessità della sopravvivenza. I contadini poveri avevano urgenza di lavoro e di cibo, e le occupazioni di terra dilagarono fin dal 1944. Il mondo delle campagne presentava, dunque, nell'immediato dopoguerra, elementi di dinamicità, una propensione al mutamento capace di infrangere lo schema di un Sud statico e arretrato, quale ci consegnerebbe un approccio tutto politico-istituzionale alla storia di quegli anni.[31]

In un contesto nel quale il vuoto di potere conviveva con la ricostituzione di un apparato in forte continuità con il passato, si inseriva la breve esperienza de «La Rivoluzione libertaria», organo dei gruppi anarchici dell'Italia meridionale, fondato a Napoli, nel giugno 1944, da Giovanna Caleffi e Cesare Zaccaria. Sulla testata del periodico, per sviare le autorità, era segnalato un falso luogo di edizione, Bari:

> Pensando ad un giornale nostro ci rendemmo subito conto che le Autorità Alleate non ci avrebbero dato l'autorizzazione necessaria. Già a Cosenza era stata negata ai compagni di quella città l'uscita di «Libero Accordo», la ripubblicazione di *Fra contadini* di Malatesta. E sapevamo che qualche altra domanda di pubblicazione di giornali nostri in Sicilia era stata respinta. Non c'era altro da fare che uscire senza autorizzazione. Ed è quello che facemmo. Dopo gli accordi presi con i gruppi esistenti uscimmo con «Rivoluzione libertaria», organo dei Gruppi libertari dell'Italia meridionale, che figurava stampata a Bari da un'inesistente Tipografia Cooperativa ma che in realtà era redatta e stampata a Napoli, messa in vendita persino nei chioschi ed inviata con tutti i possibili mezzi di fortuna in molti paesi del Meridione. Dal 30 giugno al 10 settembre riuscimmo a farne uscire cinque numeri. Dopo ci trovammo in difficoltà ancora più grandi per le severe misure che gli Alleati presero contro la stampa clandestina, misure che colpivano prima di tutto i tipografi. Noi non eravamo abbastanza ricchi per poter comperare la loro paura. Il nostro giornale diventò ancora più clandestino, il suo formato ancora più ridotto perché stampato davvero con mezzi di fortuna, e non ne poterono uscire che altri due numeri.[32]

31. Questo quadro del Mezzogiorno nell'immediato dopoguerra, fa riferimento soprattutto a Gloria Chianese, *«Quando uscimmo dai rifugi». Il Mezzogiorno tra guerra e dopoguerra (1943-46)*, Roma, Carocci, 2004; Ead., *Sindacato e Mezzogiorno: la Camera del lavoro di Napoli nel dopoguerra (1943-1947)*, Napoli, Guida, 1987 (con una bella introduzione di Vittorio Foa, pp. 7-16); *L'altro dopoguerra. Roma e il Sud. 1943-1945*, a cura di Nicola Gallerano, Milano, FrancoAngeli, 1985.

32. Giovanna Berneri, *Rinascita anarchica nel Sud*, in «Volontà», a. IX, n. 1-2-3, 1 luglio 1955, pp. 5-24, p. 12.

Il primo numero era aperto da una citazione di Camillo Berneri: «I tempi richiedono una nostra mobilitazione culturale. Vi è un mito bolscevico da sventrare. Vi è il sistema capitalistico in stato fallimentare da analizzare. Vi sono i problemi della rivoluzione da discutere. Vi sono gli equivoci socialdemocratici da mandare in aria. E tante altre battaglie di idee da combattere». A Berneri era dedicato anche un profilo commemorativo firmato con lo pseudonimo Giovanna Fedele, attribuibile con sicurezza alla Caleffi.[33] Insieme all'anarchico, venivano ricordati, con alcune citazioni poste ben in rilievo, i nomi di Ignazio Silone e Gaetano Salvemini. In quel modo, essi sembravano acquisire, accanto a Berneri, il ruolo di intellettuali di riferimento del periodico.

Fin dalle prime uscite, il foglio di Giovanna Caleffi e Cesare Zaccaria insistette sull'importanza dell'autogoverno, del «libero comune», riprendendo la tradizione della critica libertaria al centralismo statale. In modo puntuale, veniva richiamata la necessità di semplificare il processo amministrativo, facendolo nascere localmente, «dove la vita associata è una realtà sensibile per tutti, dove tutti hanno modo di intendere di criticare di farsi esperienze». La ricostruzione sociale del paese doveva, cioè, avvenire intorno al fulcro delle autonomie:

> Per ricostruire l'Italia bisogna prima di tutto ricostruire gli italiani. Prima di costruire la nuova casa della nostra vita sociale bisogna ricostruirne le fondamenta in questo povero paese su cui sta passando il terremoto ed il diluvio. E nuove fondamenta si possono costruire soltanto nelle sedi locali. [...] I liberi Comuni, su cui nessuna autorità estranea avrà più potere, si raggrupperanno in Regioni, per la gestione dei servizi che superano le possibilità locali. E le Regioni ed i Comuni concordi definiranno il campo ristretto dei servizi la cui gestione debba impiantarsi in sede nazionale. Quel minimo di amministrazione centrale, di tecnici al servizio dei cittadini, senza alcun potere politico, nascerà così per un processo naturale, in libertà.[34]

Gli animatori della «Rivoluzione libertaria» raccoglievano il filo rosso del pensiero federalista, che da Cattaneo, sul versante della democrazia risorgimentale, e Proudhon, su quello anarchico, arrivava a Salvemini, poi a Berneri, Rosselli e Trentin, fino alle posizioni – rimaste minoritarie – del

33. Giovanna Fedele, *Uomini: Camillo Berneri*, in «La Rivoluzione libertaria», a. I, n. 1, 30 giugno 1944, p. 3.
34. *Il mito del governo*, in «La Rivoluzione libertaria», a. I, n. 2, 19 luglio 1944, p. 1 (editoriale non firmato).

Partito d'Azione.[35] Non è, dunque, un caso che alla distribuzione clandestina del giornale partecipassero anche alcune sezioni del PdA, ad esempio quella di Vibo Valentia.[36]

Tra i temi principali agitati dalla «Rivoluzione libertaria», anche quello della pedagogia d'avanguardia, che ruotava intorno al nome di John Dewey,[37] il teorico americano dell'attivismo pedagogico, una sensibilità che ritroveremo, lungo gli anni Cinquanta, nel mensile «Volontà».

Pur tra molte difficoltà, i primi numeri della «Rivoluzione libertaria» fornirono un punto di riferimento per i Gruppi libertari dell'Italia liberata, che nel settembre 1944 si riunirono in convegno, a Napoli, in casa di Armido Abbate, dando vita a una più definita Alleanza Gruppi Libertari (AGL).[38] Figura chiave dell'anarchismo nell'area napoletana, Abbate era un militante di vecchia data, con alle spalle numerose esperienze di lotta nel sindacato ferrovieri, che gli erano costate la perdita del posto di lavoro durante il fascismo. Fu per Giovanna Caleffi e Cesare Zaccaria una presenza fondamentale, per le reti che era riuscito a mantenere «con i pochi compagni che vivevano nella città e nei dintorni».[39]

Le cinquemila copie della «Rivoluzione libertaria» andavano sempre esaurite, con un'area di diffusione che copriva l'intero Mezzogiorno: dalla Puglia e dalla Calabria al Lazio, raggiungendo anche Sicilia e Sardegna.

Fin dal settembre 1944, Caleffi Berneri inoltrò al Psychological Warfare Branch, l'ufficio alleato che aveva il controllo sulle pubblicazioni e sui giornali che uscivano nell'Italia liberata, la domanda di autorizzazione per un settimanale dal titolo «Volontà», «rinunciando a quello a noi caro di "Rivoluzione libertaria" perché non potevamo ovviamente ricollegarci in sede ufficiale ad un giornale clandestino». L'autorizzazione venne ne-

35. Per un inquadramento storiografico, Ettore Rotelli, *L'eclissi del federalismo. Da Cattaneo al Partito d'Azione*, Bologna, il Mulino, 2003; Corrado Malandrino, *Federalismo. Storia, idee, modelli*, Roma, Carocci, 1998.

36. Cfr. G. Bardari a G. Caleffi Berneri, Vibo Valentia, 6.10.1944, in ABC, FGB, Epistolario, cassetta IV. La lettera è su carta intestata «Partito d'Azione. Sezione di Vibo Valentia».

37. «La Rivoluzione libertaria», a. I, n. 3, 7 agosto 1944, p. 3, pubblicò in traduzione italiana un testo di W.J. Durant su John Dewey, intitolato *America: John Dewey, educatore*.

38. Il convegno napoletano si tenne nei giorni 10-11 settembre, ne dava notizia «La Rivoluzione libertaria», a. I, n. 6, 3 ottobre 1944, p. 4. Alcuni cenni in Fabrizio Giulietti, *Il movimento anarchico italiano nella lotta contro il fascismo. 1927-1945*, Manduria, Lacaita, 2003, pp. 368-370, 373.

39. Giovanna Berneri, *Rinascita anarchica nel Sud*, p. 9.

gata per lungo tempo e arrivò solamente dopo che il Sottosegretariato alla stampa del governo italiano poté assumere i poteri anche per Napoli, non rendendo più necessario il beneplacito degli Alleati.[40]

Sopportate notevoli lungaggini burocratiche, il 1° luglio 1945 poteva finalmente uscire «Volontà. Giornale anarchico», che riuscì a mantenere una periodicità grosso modo quindicinale.[41] «Finalmente, noi dell'Italia a sud di Roma, avevamo una voce nostra».[42] Per ricollegarsi alle esperienze precedenti, la prima uscita portava il n. 9. Faceva, infatti, seguito ai sette numeri della «Rivoluzione libertaria» e al numero unico «Risveglio libertario», uscito a maggio, in ricordo dell'assassinio di Camillo Berneri.[43]

Pochi mesi più tardi, nel settembre 1945, nasceva al congresso di Carrara la Federazione anarchica italiana (FAI), nella quale si riunirono i gruppi anarchici e libertari che si erano costituiti in varie parti d'Italia.[44] La sua sede centrale era Milano, dove si pubblicava «Umanità Nova». In quei giorni di intensa militanza, Giovanna ebbe, finalmente, la gioia di riabbracciare dopo 5 anni di separazione la figlia Giliana, che – come sappiamo – era rimasta sola a Parigi quando i tedeschi avevano arrestato la madre per deportarla in Italia. Scriveva Giovanna:

> Dopo tante vicende ed una così lunga separazione è stata veramente una cosa bella ritrovarci. Soltanto è rimasta poco qui con me perché ha finito gli studi da dottoressa ma vuole rimanere in un ospedale di Parigi per fare pratica e

40. Cfr. ivi, p. 18.

41. Il sottotitolo «giornale anarchico» comparve a partire dalla seconda uscita, quella del 22 luglio 1945.

42. Giovanna Berneri, *Rinascita anarchica nel Sud*, p. 20.

43. «Abbiamo inoltrato la domanda per uscire con un numero unico, per il 5 maggio, che vorremmo dedicare alla memoria di Camillo, del quale ricorre l'anniversario del suo assassinio. Ricordarlo significherebbe rompere il silenzio che tutti hanno fatto intorno al suo nome perché si ha paura di indicare gli assassini, e significherebbe anche farlo conoscere ai compagni d'Italia, in quella parte della sua azione e della sua attività intellettuale che sono le più belle e le più grandi di tutta la sua vita, che ha svolto in terre straniere» (Giovanna Caleffi Berneri al Comitato nazionale pro vittime politiche, [Napoli], 17.4.[1945], in ABC, FGB, Epistolario, cassetta I).

44. Per un resoconto ministeriale sul congresso di Carrara (15-19 settembre 1945) e sui primi passi della FAI, si veda una relazione del Ministero dell'Interno indirizzata alla Presidenza del Consiglio dei ministri, 20.3.1946, in ACS, Partiti politici, b. 101, fasc. «Finanziamento da parte dello Stato». Cfr., inoltre, Pasquale Iuso, *Gli anarchici nell'età repubblicana: dalla Resistenza agli anni della contestazione, 1943-1968*, Pisa, BFS, 2014; Antonio Senta, *Utopia e azione. Per una storia dell'anarchismo in Italia (1848-1984)*, prefazione di Claudio Venza, Milano, Elèuthera, 2015.

acquistare più conoscenze per la sua professione. Mi ha detto che anche in quella città i nostri compagni si danno da fare.[45]

Non molto tempo prima era arrivata anche la notizia che Maria Luisa aveva pubblicato, a Londra, un libro sulla condizione operaia in Unione Sovietica, riempiendo di orgoglio la madre: «Ho visto un libro di Maria Luisa sulla Russia: non l'ho ancora letto, ma mi ha fatto piacere vedere quel nome Berneri e sentire che è Camillo che vive attraverso sua figlia».[46]

A Carrara, il gruppo napoletano fu incaricato di dar vita a una rivista mensile. In seguito alle decisioni congressuali, il giornale «Volontà» cessò le pubblicazioni con il numero del 15 maggio 1946 (a. II, n. 10), lasciando nei suoi artefici un ricordo «infinitamente caro», perché legato a «un'atmosfera di grandi speranze» e «di spontanea solidarietà fra tutti».[47] Nel frattempo, alla fine di gennaio, era uscito, sotto forma di opuscolo, il *Programma di lavoro* per «Volontà. Rivista anarchica», firmato da Giovanna Berneri e Cesare Zaccaria.[48]

La nuova rivista intendeva lasciare la polemica contingente e di breve respiro ai giornali del movimento, impegnandosi, invece, in «un ruolo puramente costruttivo». Particolare attenzione sarebbe andata alla promozione di nuove forme di lavoro cooperativo e alle esperienze non convenzionali nel settore dei servizi sociali ed educativi. Rifiutando le concezioni materialistiche degli epigoni di Marx, si volevano ritrovare, nella pratica, «gli infiniti atti determinati da volontà non-economiche o anti-economiche», per ridare «la giusta evidenza alle volontà di libertà che son la vera radice di tutti i nostri sforzi sociali».[49]

Il Gruppo Volontà, che rappresentava la sezione napoletana del movimento anarchico, contava nel 1951 appena 150 iscritti (considerando non solo Napoli, ma tutta la Campania).[50] Questo numero esiguo può esemplificare, con efficacia, tutta la difficoltà della battaglia culturale e politica che

45. Giovanna Caleffi Berneri a Domenico Olivieri-Sgattoni, Spezia, 2.10.1945, in ABC, FGB, Epistolario, cassetta III.

46. Giovanna Caleffi Berneri a Osvaldo Maraviglia, Napoli, 6.12.1944, ABC, FGB, Epistolario, cassetta II. Il riferimento è a Marie Louise Berneri, *Workers in Stalin's Russia*, London, Freedom Press, 1944.

47. Giovanna Berneri, *Rinascita anarchica nel Sud*, p. 21.

48. Datato «Napoli, gennaio 1946», il *Programma di lavoro* uscì come supplemento al giornale «Volontà», a. II, n. 3, 31.1.1946.

49. Si vedano, in particolare, i paragrafi 4, 8 e 11 del *Programma di lavoro*, appena citato.

50. Cfr. comunicazione della prefettura di Napoli, 14.8.1951, in ACS, Partiti politici, b. 101, fasc. «Federazione anarchica italiana», s.fasc. «Napoli».

Giovanna Caleffi e la sua rivista sostennero, con così scarsi appoggi, lungo gli anni Cinquanta. Fin dall'inizio, infatti, fu proprio lei ad assumersi il maggior peso del lavoro pratico e di coordinamento della redazione, mentre Zaccaria ne costituiva piuttosto il punto di riferimento intellettuale.[51]

Per oltre quindici anni, durante la "stagione" di Giovanna Caleffi (1946-1962), le pagine della rivista diedero spazio alla riscoperta e alla rivalutazione di «tutti i motivi della tradizione anticonformista».[52] Nel corso del tempo, «Volontà» conquistò l'attenzione degli ambienti culturali vicini a Salvemini e Silone.[53] Del resto, Giovanna considerava Gaetano Salvemini come «quello tra gli amici di Camillo che ho sempre stimato maggiormente»[54] e giudicava, senza incertezze, «Tempo presente» (1956-1968) di Silone e Chiaromonte «la più bella rivista italiana d'oggi».[55]

Le lettere che giungevano in redazione confermavano che la rivista non interessava solo «i vecchi anarchici», ma anche un variegato panorama di «intellettuali che simpatizzano per l'anarchismo». E si poteva aggiungere, tra l'altro, che questi ultimi fossero, spesso, gli unici a pagare regolarmente l'abbonamento: «anche questo ha la sua importanza».[56] La rivista, insomma, era «apprezzata da intellettuali di altri partiti (ad eccezione dei comunisti, si capisce)». La tiratura, all'inizio degli anni Cinquanta, oscillava tra le 2.500 e le 3.000 copie, tutte distribuite «con parsimonia».[57]

In questa prospettiva, è da rilevare il rapporto di scambio di idee e di collaborazione che Giovanna Caleffi ebbe con il primo Partito radicale, nato nell'ambiente della redazione del «Mondo» di Mario Pannunzio a metà degli anni Cinquanta,[58] così come va messa nel giusto rilievo la sensibilità

51. Nei primi 5 numeri di «Volontà» si legge: «Gli articoli, le lettere, le comunicazioni varie debbono essere indirizzate a: Giovanna Berneri – Via Chiatamone, 3 – Napoli». Dopo l'indicazione diviene più impersonale: «Gli articoli, le lettere, le comunicazioni varie debbono essere indirizzate a: Volontà – Casella postale 348 – Napoli».

52. Gino Bianco, *Ricordo di Giovanna Berneri*, in «Il Lavoro nuovo», 16.3.1962, p. 3.

53. Cfr. Masini, *Quando nacque «Volontà»*, p. 16.

54. Giovanna Caleffi Berneri ad Armando Borghi, Napoli, 7.12.1944, in ABC, FGB, cassetta 1.

55. Giovanna Caleffi Berneri a Ignazio Silone, Genova-Nervi, 10.2.1959, in ABC, FGB, Epistolario, cassetta III.

56. Giovanna Caleffi Berneri a Giovanni Baldelli, Napoli, 5.12.1950, ABC, FGB, Epistolario, cassetta I.

57. *Ibidem*.

58. Sulla nascita del Partito radicale «come conseguenza dell'impegno civile di redattori e collaboratori» del «Mondo», si veda Elena Savino, Introduzione a Mario Boneschi, *Le libertà locali*, Milano, FrancoAngeli, 1998 (1ª ed. Milano, Rosa e Ballo, 1946). Mario

della stessa Caleffi per la difesa dell'autonomia spirituale e della «libertà religiosa», in polemica con l'inclusione del Concordato nella Costituzione repubblicana, tema sul quale aveva come punti di riferimento principali la figura di Aldo Capitini e la rivista «Il Ponte» di Calamandrei.[59]

Sono questi alcuni dei circuiti minoritari, prevalentemente laici e libertari, nei quali si articolò l'instancabile attività di Giovanna Caleffi e del gruppo di «Volontà», in un contesto nel quale, dopo la liberazione del Nord e negli anni del secondo dopoguerra, la vita pubblica italiana fu sostanzialmente polarizzata intorno alle due principali aree di riferimento: la Democrazia cristiana e il Partito comunista. Nel contesto dello scontro ideologico e della Guerra fredda, il cosiddetto «collateralismo» – cioè, la diretta dipendenza degli organismi associativi dai partiti – fece sì che anche nelle pratiche sociali la disciplina di parte precludesse spesso la strada dell'autonomia e della libertà d'iniziativa.

Per questa ragione gli spazi per le iniziative libertarie, tese all'autodeterminazione individuale e all'autogestione dell'intervento sociale, erano molto ristretti e tuttavia, come si vedrà, non insignificanti.

3. *La campagna per i metodi contraccettivi e la colonia «Maria Luisa Berneri»*

Quando in Italia ancora nessuno ne parlava fu «Volontà» ad affrontare il problema del «controllo delle nascite», dei metodi contraccettivi e

Boneschi (1907-1991), giurista, studioso di Cattaneo, già impegnato nel Partito d'azione e in quello repubblicano, fu tra i fondatori del Partito radicale nel 1956. Giovanna Caleffi dedicò attenzione a un volume che Boneschi scrisse insieme a Leopoldo Piccardi ed Ernesto Rossi, *Verso il regime*, Bari, Laterza, 1960, recensendolo sia in «Volontà», a. XIII, n. 6, giugno 1960, pp. 411-413, che su «Il Lavoro nuovo», 14 giugno 1960, p. 3, ora in Caleffi Berneri, *Un seme sotto la neve. Carteggi e scritti*, pp. 557-561. Alcuni spunti sui rapporti che negli anni Cinquanta si svilupparono tra settori liberal-radicali e settori anarchici, soprattutto attraverso le figure di Ernesto Rossi e Giovanna Caleffi Berneri, si ricavano da Rodolfo Vittori, *Elogio dell'eresia. Ernesto Rossi e gli anarchici*, in «Rivista storica dell'anarchismo», 1 (2003), pp. 5-48. Su questi temi è intervenuto anche Stefano d'Errico, *L'influenza di Giovanna Caleffi e del lascito berneriano nelle battaglie per le libertà civili in Italia*, in *Giovanna Caleffi Berneri e la cultura eretica di sinistra nel secondo dopoguerra*, pp. 171-198.

59. Si veda la recensione, firmata da Giovanna Caleffi, del volume di Aldo Capitini, Cesare Magni, Lamberto Borghi, Giorgio Peyrot, *La libertà religiosa in Italia*, in «Volontà», a. X, n. 7, 1 aprile 1957, pp. 411-412, ora in Caleffi Berneri, *Un seme sotto la neve. Carteggi e scritti*, pp. 473-475.

dell'educazione alla padronanza del proprio corpo da parte delle donne,[60] in anni nei quali erano ancora vivi gli effetti della propaganda demografica fascista («il numero è potenza»). L'argomento sembrava non interessare neppure gli «uomini politici "progressisti"», che preferivano tacere anche sulla piaga degli aborti clandestini.[61]

I vecchi slogan del regime trovavano ancora riscontro in un articolo del codice penale (art. 553) in base al quale si considerava «reato» ogni forma di propaganda contro la procreazione. In quel contesto, nel novembre 1947, Caleffi affrontò in un denso articolo il problema del contenimento delle nascite:

> In Italia, bene o male, i mezzi antifecondativi sono usati già estesamente: ma quasi soltanto dai ricchi, cioè proprio da coloro che potrebbero anche permettersi di avere famiglie numerose. Tra la povera gente, invece, è assai diffuso l'aborto, che rappresenta l'estremo e disperato rimedio a cui ricorre la donna per interrompere una gravidanza fuori tempo. E, quando invece le gravidanze ed i figli si susseguono senza nemmeno le pause innaturali dell'aborto, si hanno i molti figli di cui pochi sopravvivono con la rovina fisica della donna e senza alcuna residua utilità sociale, oppure sopravvivono deboli, malati, votati alla stessa vita di miseria dei loro padri.[62]

Questo articolo costituì la premessa per l'opuscolo *Il controllo delle nascite*, pubblicato l'anno successivo insieme a Cesare Zaccaria, in tremila copie.[63] Basandosi soprattutto sulle esperienze pratiche e sulla letteratura medica dei paesi anglosassoni, il primo aspetto ad essere trattato fu quello educativo, con una ordinata e nitida esposizione dei metodi anticoncezionali più diffusi, «poiché questo urgeva in un paese dove i

60. Veniva anticipato, così, un tema centrale del femminismo degli anni Settanta, come ha rilevato Tiziana Pironi, *L'impegno pedagogico di Giovanna Caleffi Berneri nell'Italia del secondo dopoguerra*, in *Giovanna Caleffi Berneri e la cultura eretica di sinistra nel secondo dopoguerra*, pp. 51-69.

61. Giovanna Berneri, *Il controllo delle nascite*, in «Volontà», a. II, n. 5, 1.11.1947, pp. 52-55, ora in Caleffi Berneri, *Un seme sotto la neve. Carteggi e scritti*, pp. 326-331. Il problema dell'interruzione clandestina della gravidanza, circa un milione di casi ogni anno nel nostro paese secondo una stima approssimativa, cominciò a riecheggiare sulle pagine di tutti i giornali tra la metà degli anni Cinquanta e l'inizio degli anni Sessanta. Su questi temi, si veda Giambattista Scirè, *L'aborto in Italia. Storia di una legge*, Milano, Bruno Mondadori, 2008, pp. 1-24.

62. Giovanna Berneri, *Il controllo delle nascite*, p. 327.

63. L'opuscolo uscì nel 1948 per le edizioni RL di Napoli, le stesse che stampavano «Volontà».

problemi relativi al sesso erano dei tabù ed erano circondati da ignoranza e pregiudizi».[64]

Solamente a quel punto arrivarono le reazioni di coloro che si credevano «depositari della morale, del buon costume», ma giunse in compenso anche la solidarietà di alcune importanti personalità del mondo della cultura e della politica. Un sostegno testimoniato dalle lettere e dai nomi di Gaetano Salvemini, Ignazio Silone, Vittoria Olivetti,[65] Anna Garofalo,[66] Ernesto Rossi, Aldo Garosci, Umberto Calosso, Alberto Jacometti, e altri ancora.[67]

Denunciato dall'Azione cattolica come «delittuoso», *Il controllo delle nascite* fu oggetto di sequestri e di processi davanti ai tribunali di Napoli (1949-1450) e Milano (1955). Si trattava dei primi processi di quel genere in Italia e gli imputati si resero perfettamente conto dell'importanza che potevano avere per «svegliare i dormenti» ed «eccitare pensieri e propositi e iniziative nella stagnante società italiana, ammalata di ubbidienza e di conformismo». Giovanna Caleffi e Cesare Zaccaria ritenevano urgente che venissero fondate nel paese «libere associazioni per il controllo delle nascite», capaci di «contenere la gelida frenesia di potere della Chiesa cattolica» e di combattere l'inerzia del governo.[68]

64. G.B., recensione di Robert Latou Dickinson, *Tecniche del controllo del concepimento*, Firenze, Parenti, 1959, in «Volontà», a. XII, n. 11, novembre 1959, pp. 663-665.

65. Alcuni anni più tardi Caleffi recensì un volume curato dalla stessa Olivetti, *Il controllo delle nascite*, Milano, Avanti!, 1957 («Volontà», a. XI, n. 4, aprile 1958, pp. 219-221). In appendice a quel volume, Olivetti riportava le sentenze assolutorie dei tribunali di Napoli e Milano nei riguardi di Giovanna Caleffi e Cesare Zaccaria per l'attività di propaganda a favore del controllo delle nascite.

66. Come ha notato Sandro Bellassai (*La legge del desiderio. Il progetto Merlin e l'Italia degli anni Cinquanta*, Roma, Carocci, 2006, p. 17n), Anna Garofalo è una autrice fondamentale per la ricostruzione della condizione femminile in Italia negli anni Cinquanta. Si veda la sua corrispondenza con Giovanna Caleffi (ABC, FGB, Epistolario, cassette II e XI) e le recensioni che quest'ultima dedicò ai suoi libri: G.B., recensione ad Anna Garofalo, *Cittadini sì e no*, Firenze, La Nuova Italia, 1956, in «Volontà», a. X, n. 2, 1 settembre 1956, pp. 125-127; G.B., recensione ad Anna Garofalo, *L'Italiana in Italia*, Bari, Laterza, 1957, in «Volontà», a. XI, n. 4, aprile 1958, pp. 217-219. Lettere e articoli sono ora pubblicati in Caleffi Berneri, *Un seme sotto la neve. Carteggi e scritti*, pp. 451-455, 502-510, 593.

67. Cfr. Caleffi Berneri, *Un seme sotto la neve. Carteggi e scritti*, passim.

68. Giovanna Berneri, Cesare Zaccaria, postilla all'articolo di Noemi Lucarelli, *Controllo delle nascite*, in «Volontà», a. IV, n. 2, 15 agosto 1949, p. 107. Si veda, anche, la lettera di Giovanna Caleffi Berneri a Noemi Lucarelli, Napoli, 29.8.1949, in ABC, FGB, cassetta «Controllo nascite», fasc. «Processo contro Giovanna Caleffi Berneri e Cesare Zac-

In entrambe le occasioni, i giudici riaffermarono i veri fini della pubblicazione, quelli di insegnamento e di serena divulgazione, assolvendo gli autori dalle accuse di propaganda e incitamento contro la procreazione. I magistrati, in definitiva, mostravano di avere «più buon senso» dei legislatori e assestavano – come scriveva Giovanna Caleffi a commento della prima sentenza del 1950 – un «primo formidabile colpo» contro una legge fascista: «E dire che la nuova Costituzione è stata fatta con la collaborazione dei parlamentari socialisti, comunisti e repubblicani!!».[69]

Il processo di Napoli era iniziato in un frangente drammatico per Giovanna, appena raggiunta dalla notizia della morte improvvisa della figlia Maria Luisa, a Londra.

Già indebolita e intimamente tormentata dalle conseguenze di un parto che si era concluso in modo tragico con la morte della sua bambina, Maria Luisa si era ammalata di polmonite, in una forma inizialmente «leggera», ma poi aggravatasi perché trascurata dai medici, ed era morta il 13 aprile 1949. La situazione era precipitata così velocemente che la madre non la sapeva «neppure ammalata» e dovette, improvvisamente, apprendere del suo decesso.[70] Ancora prostrata dal dolore, Giovanna scriveva a Gaetano Salvemini: «Lei conosce l'unità della nostra famigliuola: la venuta di Vero l'aveva accresciuta e più tardi la mia unione con Cesare l'aveva cementata, dopo la perdita crudele di Camillo. Ora è stata infranta per sempre e non desidero più ormai che chiudere questa vita di già troppo lunga per me. Per fortuna che Giliana e Cesare m'impediscono di affondare nel mio dolore».[71]

Nel poscritto della stessa lettera, Giovanna Caleffi ringraziava Salvemini per il contributo economico che aveva inviato a sostegno delle spese processuali. Lo stesso Salvemini, come del resto Ignazio Silone, Roberto Pane, Adele Croce e altri, si era reso disponibile a testimoniare in favore della difesa.[72]

caria per la pubblicazione dell'opuscolo *Controllo delle nascite*», ora in Caleffi Berneri, *Un seme sotto la neve. Carteggi e scritti*, pp. 134-136.

69. Giovanna Caleffi Berneri a Luce Fabbri, Napoli, 8.3.1950, ABC, FGB, Epistolario, cassetta I.

70. I particolari si ricavano da una lettera di Giovanna Caleffi Berneri a Gaetano Salvemini, Napoli, 2.6.1949, in ISRT, AGS, Corrispondenza, scatola 93, fasc. «Berneri Giovanna».

71. *Ibidem.*

72. Cfr. Giovanna Caleffi Berneri a Gaetano Salvemini, Napoli, 2.3.1950, in ISRT, AGS, Corrispondenza, scatola 93, fasc. «Berneri Giovanna». Si veda, anche, la lettera ad

Nella prima metà degli anni Cinquanta qualcosa cominciò a muoversi anche nel parlamento italiano, dove venne presentata una proposta di legge firmata da 23 deputati, appartenenti principalmente ai gruppi socialdemocratico, repubblicano, liberale e socialista, tesa ad abrogare l'articolo 553 del codice penale. Giovanna Caleffi notava, ironicamente, che «persino» alcuni comunisti erano tra i firmatari del progetto di legge: «fino a poco tempo fa costoro ridevano solo a sentir parlare di "controllo delle nascite"».[73]

Il secondo processo, quello del 1955, riguardò una nuova edizione dell'opuscolo di Caleffi e Zaccaria, pubblicata l'anno precedente per iniziativa dell'Associazione italiana di educazione demografica (AIED), fondata a Milano da Guido Tassinari, intellettuale laico che aderirà al Partito radicale.[74] Attraverso Vittoria Olivetti e l'ambiente dell'AIED, i due redattori di «Volontà» ebbero l'opportunità di incontrare a Roma nel settembre 1954, a margine dei lavori della Conferenza mondiale dell'ONU sulla popolazione, un rappresentante della *International Planned Parenthood Federation*. Anche in Italia cominciava a delinearsi un movimento impegnato a diffondere le idee e i metodi del *birth control*.[75]

Il dibattito si era ormai allargato a livello nazionale, ma che quella battaglia fosse partita, sette anni prima, da Napoli non era casuale. Riflettendo sui rapporti tra soggettività femminili e identità culturali, meritano infatti una analisi particolare proprio i legami che si stabiliscono tra biografie

Adriano Buzzati Traverso del 4 marzo 1950 e, più in generale, tutta la corrispondenza compresa tra il marzo 1949 e il marzo 1950, in Caleffi Berneri, *Un seme sotto la neve. Carteggi e scritti*, pp. 114-138.

73. Giovanna Berneri, *Controllo delle nascite*, in «Volontà», a. VIII, n. 8, 15.12.1954, pp. 448-453, ora in Caleffi Berneri, *Un seme sotto la neve. Carteggi e scritti*, pp. 429-435. Sui lavori parlamentari, si veda anche la recensione di Luigi Rodelli al volume di Rinaldo De Benedetti, *Il problema della popolazione in Italia*, Milano, Comunità, 1954, in «Il Ponte», a. X, n. 12, dicembre 1954, p. 1973.

74. Giovanna Berneri, Cesare Zaccaria, *Il controllo delle nascite*, Milano, Ethos, 1954. Si trattava di una edizione ridotta rispetto a quella del 1948. Per un breve cenno biografico dedicato a Tassinari, cfr. Massimo Teodori, *Storia dei laici nell'Italia clericale e comunista*, Venezia, Marsilio, 2008, p. 358, mentre per una presentazione dell'attività dell'AIED, si veda «Il Ponte», a . X, n. 1, gennaio 1954, pp. 161-162.

75. Si veda la lettera di Vittoria Olivetti a Giovanna Caleffi Berneri, Milano, 11.6.1954, in ABC, FGB, Epistolario, cassetta XVII, ora in Caleffi Berneri, *Un seme sotto la neve. Carteggi e scritti*, pp. 207-208. Per quanto riguarda i rapporti della redazione di «Volontà» con l'AIED, cfr. Caleffi Berneri, *Un seme sotto la neve. Carteggi e scritti*, pp. 198-205.

e luoghi.[76] In una lettera a Lamberto Borghi del 1952, Giovanna Caleffi descriveva Napoli come «una città in cui la miseria è spaventosa ed a soffrirne di più sono proprio i bambini».[77] Erano i bambini morti letteralmente di fame a muovere, in quegli stessi anni, anche l'azione sociale di Danilo Dolci in Sicilia.[78] I redattori di «Volontà» lo sostennero senza esitazioni, fino ad affermare che Dolci – abbandonate «le comode giostre ideologiche e le ancor più comode assemblee deliberanti delle città», rifiutati «i meccanismi costituiti e cristallizzati» dello Stato – era «di fatto un anarchico». Recensendo l'inchiesta del 1954, *Fare presto (e bene) perché si muore*, Caleffi e Zaccaria misero in rilievo il suo insegnamento soprattutto in termini di «socialità» e «solidarietà»:

> [Dolci] ci addita quali sono le piaghe peggiori del nostro paese e con la sua solidarietà fattiva ha anche indicato una strada aperta in concreto a chiunque veramente voglia operare per almeno il poco che può. La sua inchiesta in parecchie famiglie della zona di Montelepre, riportata nel libro, è fatta con amore, con la volontà di accostare e conoscere il proprio prossimo per aiutarlo. L'angoscioso problema del nostro Mezzogiorno vi si mostra nei suoi aspetti più tragici. Perciò il suo libro è come una campana a martello, più efficace degli altri tanti più dotti che dissertano attorno al «problema». Egli, così, fa sentire che c'è per tutti un compito, o grande o piccolo, al quale non ci si può sottrarre senza diventare dei disertori sul piano umano e sociale.[79]

L'imperativo ad agire rappresentato dai problemi dell'infanzia nell'Italia uscita dal fascismo e dalla guerra – una azione non solo assi-

76. Cfr. G. Musetti, S. Lampariello Rosei, *Soggettività femminili e identità culturali*, saggio introduttivo a *Donne di frontiera. Vita società cultura lotta politica nel territorio del confine orientale italiano nei racconti delle protagoniste (1914-2006)*, volume primo, a cura di Gabriella Musetti *et al.*, Trieste, Il Ramo d'Oro, 2006, pp. 17-34, p. 28: «Il legame tra memoria femminile e memoria dei luoghi sembra testimoniare una cura specifica nel trovare collegamenti tra "paesaggio interiore" che si costruisce o si ricostruisce dopo vicende difficili e drammatiche e paesaggio esteriore, luogo concreto dove si svolge il proprio vissuto».

77. Lettera di Giovanna Caleffi Berneri a Lamberto Borghi, Napoli, 30.12.1952, in ABC, FGB, Epistolario, cassetta I, ora in Caleffi Berneri, *Un seme sotto la neve. Carteggi e scritti*, pp. 178-180. Si veda, anche, la lettera a Mario Tassoni del 16 febbraio 1951, ivi, pp. 145-146.

78. Cfr. Aldo Capitini, Danilo Dolci, *Lettere 1952-1968*, a cura di Giuseppe Barone e Sandro Mazzi, Roma, Carocci, 2008.

79. G. e C. [Giovanna Caleffi e Cesare Zaccaria], recensione di Danilo Dolci, *Fare presto (e bene) perché si muore*, Torino, De Silva, 1954, in «Volontà», a. VIII, n. 1, 1 maggio 1954, pp. 59-60, ora in Caleffi Berneri, *Un seme sotto la neve. Carteggi e scritti*, pp. 426-429.

stenziale, ma profondamente imperniata sul nesso tra educazione e libertà – avvicinò Giovanna Caleffi a Lamberto Borghi, caposcuola della pedagogia laica italiana di quegli anni e suo principale punto di riferimento tra i «pedagogisti-nuovi».[80] Incontri e riflessioni che accompagnarono la nascita, nei primi anni Cinquanta, della Colonia «Maria Luisa Berneri», promossa da Giovanna con l'intento di dare seguito alla passione per la pedagogia e la psicologia infantile che era stata della figlia maggiore, precocemente scomparsa.

In un primo momento, si pensò di impiantare la colonia sulla costa romagnola, a Cesenatico, ma il denaro raccolto non era sufficiente ad acquistare il terreno individuato e a realizzare le strutture necessarie. Dalla federazione anarchica di Carrara venne segnalata la disponibilità a finanziare l'impresa, ma solo se avesse avuto sede in quella provincia. In tal caso la Colonia «Maria Luisa Berneri» si sarebbe fusa con una iniziativa parallela già allo studio in zona: il tentativo – che aveva conosciuto una prima sperimentazione l'anno precedente – di dare «assistenza libera» a diverse centinaia di ragazzi. La situazione di incertezza si sbloccò tra l'agosto e il settembre del 1950, quando Cesare Zaccaria decise di mettere a disposizione una sua proprietà nella campagna di Sorrento, composta da «una casa con annesso terreno ben coltivato ed impianti».[81] Il fatto che si fosse pensato in un primo momento alla Romagna contribuì, comunque, ad avvicinare Giovanna Caleffi all'esperienza del Centro educativo italo-svizzero di Rimini, fondato nel 1946 dal Soccorso operaio svizzero e diretto da Margherita Zoebeli; una esperienza che stava diffondendo in Italia scelte pedagogiche radicalmente nuove per il nostro paese.[82]

Le occasioni per corrispondere furono tante. Ad esempio, nella ricerca di personale preparato ai ruoli di assistenti ed educatori, Caleffi si avvalse, per superare i limiti del volontarismo militante dei compagni, anche dell'esperienza maturata in campo socio-educativo dal Centro di Margherita Zoebeli e, attraverso di esso, si avvicinò ai CEMEA, i Centri di esercitazione ai metodi dell'educazione attiva, che nati in Francia negli anni Trenta erano da poco arrivati in Italia grazie alla mediazione

80. Si veda la corrispondenza di Giovanna Caleffi Berneri con Lamberto Borghi, in Caleffi Berneri, *Un seme sotto la neve. Carteggi e scritti*, *passim*.

81. *Colonia «Maria Luisa Berneri»*, in «Volontà», a. V, n. 2-3, 1 ottobre 1950, p. 120.

82. Si veda la corrispondenza di Giovanna Caleffi Berneri con Margherita Zoebeli e Barbara Seidenfeld, in Caleffi Berneri, *Un seme sotto la neve. Carteggi e scritti*, *passim*.

culturale degli ambienti pedagogici fiorentini che facevano riferimento a Ernesto Codignola e Margherita Fasolo.[83]

Il termine «scuola attiva» richiamava un sistema educativo improntato al rinnovamento sulla base di determinati elementi: ruolo attivo dell'allievo; rispetto della sua personalità; contatto con la natura e l'ambiente umano circostante; stimolo alla creatività, alla cooperazione, al lavoro comunitario, alla gioiosa accettazione delle diversità; coinvolgimento e collaborazione dei genitori; permanente perfezionamento professionale degli insegnanti; liberazione della fantasia dei ragazzi tramite scrittura, disegno, canto, danza. Il fine ultimo era quello di avviare la società a una trasformazione che avesse come punto di riferimento ideale quello di un libero socialismo in equilibrio fra individuo e comunità, costruito con il lavoro, per il beneficio reciproco.[84]

La colonia «Maria Luisa Berneri» entrò in funzione a Sorrento, presso «Casa Serena» di Zaccaria, nell'estate 1951. Si cominciò, dunque, con una colonia estiva, ma «avendo in programma di derivarne via via una comunità permanente e in certo senso sperimentale», che divenisse «l'impresa pilota per altre iniziative del genere ma di maggiore ampiezza». Dal 1° luglio al 30 settembre di quell'anno la colonia si animò di «vita intensa», con tre gruppi di 13 bambini provenienti da diverse regioni d'Italia:

> Ciascun gruppo è rimasto un mese con noi. E ciascun gruppo era decisamente complesso. Per dare un'idea della costituzione dei gruppi, diciamo com'era composto il primo: una bambina lombarda, sei toscani tra maschi e femmine, due romani e quattro meridionali, e tra essi, in generale, figli di molto poveri, ma anche di benestanti, di ignoranti e di colti, senza nessuna regola limitatrice.[85]

I bambini venivano accettati dalla colonia sulla base delle segnalazioni provenienti dai gruppi anarchici di tutto il paese, «senza nessun criterio di esclusione», se si eccettuavano l'età (che doveva essere compresa tra i 6 e i 12 anni) e la sana costituzione (i bambini dovevano essere «immuni da mali contagiosi»). Molto spesso la colonia pagava ai suoi ospiti i vestiti e anche il viaggio, per supplire alle «condizioni di estrema miseria»

83. Per una messa a punto, si rimanda a De Maria, *Lavoro di comunità e ricostruzione civile in Italia*, p. 153 e sgg.

84. Cfr. ivi, p. 20.

85. Giovanna Berneri, *Colonia M.L. Berneri*, in «Volontà», a. VI, n. 2-3, 15 gennaio 1952, pp. 147-149 (in part., p. 148).

delle loro famiglie. Ai bambini era garantita una alimentazione buona e abbondante, una regolare assistenza medica, possibilità di svago con gite e giochi, ma senza che si creassero mai – secondo le parole di Giovanna Caleffi – «rapporti di subordinazione tra chi riceve e chi dà, cioè senza le caratteristiche autoritarie e filantropiche delle comunità in cui gruppi di adulti pretendono dai ragazzi, in cambio del cibo e dell'insegnamento, che si lascino modellare secondo le loro idee».

In altre parole, la colonia non doveva avere scopi «puramente assistenziali», ma si proponeva di assumere i contorni di «un piccolo saggio di azione sociale», un luogo dove «tutti i ragazzi si sentissero veramente persone libere ed uguali tra di loro, e liberi anche verso gli adulti, col massimo di rapporti d'amicizia e di affetto». I risultati del primo anno furono, in questo senso, molto incoraggianti. Gli educatori della colonia – tra loro spiccava Giovanna Gervasio, una giovane operatrice sociale e insegnante di formazione libertaria che lavorava durante l'anno presso il CEIS di Margherita Zoebeli – seppero creare

> un'atmosfera tale per cui anche ragazzi che erano all'arrivo scontrosi, taciturni, chiusi, dopo poco si aprivano manifestandosi interamente. E lo stesso – nei limiti del possibile con un sol mese di vita in comune – è accaduto per i ragazzi violenti o pigri o bugiardi, coi ragazzi, insomma, «difficili».[86]

L'anno successivo il numero dei bambini accettati per ogni turno mensile venne leggermente incrementato (da 13 a 15), arrivando complessivamente a 45. Resisteva la speranza che la colonia potesse diventare una comunità permanente, «una forma libera di convivenza e di cooperazione sociale». Le difficoltà non erano solo d'indole finanziaria, ma consistevano, soprattutto, nel trovare persone adatte e competenti che se ne assumessero in modo continuativo la responsabilità.[87]

86. Ivi, p. 149. Si veda, anche, la circolare di Giovanna Caleffi Berneri agli amici della Colonia «Maria Luisa Berneri», Genova-Nervi, 22.3.1959, in ABC, Colonia MLB, b. 1, fasc. «Lettere e materiale per l'iscrizione». Sul percorso di Giovanna Gervasio tra Rimini e Napoli, si veda De Maria, *Lavoro di comunità e ricostruzione civile in Italia, passim.*

87. Cfr. Giovanna Berneri, *Colonia M.L. Berneri*, in «Volontà», a. VI, n. 12, 31 gennaio 1953, pp. 701-702: «Noi abbiamo sempre detto che ci rifiutiamo di considerare questa iniziativa solo sotto l'aspetto della solidarietà. Per noi ha un valore e degli scopi più grandi. Essa è un piccolo saggio di una forma libera di convivenza e di cooperazione sociale dove molte delle nostre idee sono collaudate. Si è sempre troppo tentati di rimandare a domani, cioè a dopo la rivoluzione, tutte le soluzioni dei problemi sociali, molti dei quali potrebbero essere affrontati sin da ora, in modo da non trovarci impreparati quando le condizioni saranno cambiate e

Negli anni successivi il numero dei bambini accolti in colonia rimase costante, nella convinzione che le «piccole comunità» fossero preferibili «alle grandi» e che, dunque, piuttosto che allargare quella di Sorrento fosse opportuno crearne di analoghe in altre zone d'Italia. Le dimensioni limitate consentivano di poter funzionare «senza finanziatori grossi, e quindi senza condizioni poste dal di fuori». L'iniziativa era portata avanti «da piccoli contributi spontanei, e dal lavoro spontaneo di un piccolo numero di ragazze e di giovani di buona volontà».[88]

Il progetto più ambizioso, quello della costituzione di una comunità permanente, si spense gradualmente, a causa del disimpegno di molti che, inizialmente, avevano garantito entusiastico appoggio all'iniziativa. Ad aggravare la situazione intervenne, intorno alla metà degli anni Cinquanta, la fine del rapporto con Cesare Zaccaria. La decisione di Giovanna di separarsi da lui arrivò nel 1955, ma già da due anni, benché fosse continuata la convivenza, la relazione poteva dirsi conclusa, a causa della costante infedeltà del compagno. Nel 1956, Giovanna Caleffi lasciò Napoli per trasferirsi a Genova, dove portò anche la redazione della rivista. Rispetto alla capitale del Mezzogiorno, la città ligure era più vicina alla Francia e a Parigi, dove Giliana viveva con il marito Serge Senninger, dirigente della federazione anarchica francese, e i figli Hélène e Franck. In questi termini, infatti, Giovanna motivava con Ernesto Rossi la decisione di trasferirsi in Liguria:

> Ormai io mi sono fissata definitivamente a Genova-Nervi, la città italiana che ha un clima possibile e che è la più vicina a Parigi. Proprio oggi, la mia famigliola parigina mi ha lasciato, dopo un mese e mezzo che era qui con me. E naturalmente la casa è molto vuota.[89]

Questa sensazione di vuoto, di dolorosa lontananza dagli affetti, Giovanna doveva averla vissuta tante volte nella sua vita e in momenti ben più drammatici e incerti di quello. Erano sentimenti ed esperienze che la fa-

permetteranno di ricostruire in senso nuovo la società. Ecco perché, per noi, l'esperimento di questa piccola comunità ha una grande importanza e perché chiediamo la collaborazione di tutti i competenti in questa materia e l'aiuto di coloro che credono nella sua utilità» (p. 702).

88. Giovanna Berneri, *Colonia M.L. Berneri*, in «Volontà», a. VII, n. 8, 15.11.1953, pp. 432-436 (in part., pp. 433-434).

89. Giovanna Caleffi Berneri a Ernesto Rossi, Genova-Nervi, 4.9.1957, in ABC, FGB, Epistolario, cassetta III, ora in Caleffi Berneri, *Un seme sotto la neve. Carteggi e scritti*, pp. 239-240.

cevano sentire immediatamente vicina ad altre donne che avevano vissuto l'esilio antifascista. Così, ad esempio, si era rivolta nel 1953 a Vera Modigliani, che aveva raccontato la sua vicenda autobiografica nel libro *Esilio*:

> Non ci siamo mai viste né mai scritto, ma spero di non essere del tutto una sconosciuta per lei. Sono la vedova di Camillo Berneri e dopo il mio ritorno forzato in Italia, attraverso le prigioni francesi, tedesche ed italiane, mi sono messa al lavoro per continuare, con le mie modeste capacità, ma con molta volontà, l'opera del mio Scomparso.[90]

E con grande coinvolgimento emotivo aveva recensito su «Volontà» il volume di Joyce Lussu, *Fronti e frontiere*:

> Il libro rievoca figure femminili incontrate per caso in queste vicende vissute e narrate dalla Lussu. Ad esse è dedicato, per riparare a quell'ingiustizia per cui le donne, «donne nel pieno senso umano e non solamente amoroso e sentimentale», sono così dimenticate nella letteratura italiana. A riparare questa ingiustizia contribuisce efficacemente l'attività ed il pensiero della Lussu, che non temono il confronto con quelli dei migliori «uomini».[91]

Nel frangente della definitiva separazione da Zaccaria e del trasferimento a Genova, Giovanna sceglieva di rivolgersi all'amico dei momenti più difficili. Così, nel gennaio 1956, prendeva carta e penna per scrivere a Gaetano Salvemini, mettendolo al corrente dei cambiamenti intercorsi nella sua vita:

> Non mi sono fatta viva in questi ultimi tempi perché ho passato più di due mesi da Giliana che mi ha regalato un bel nipotino. Sono stata, quindi, tutta assorbita dai miei doveri di mamma e di nonna. Ora desidererei tanto vederla per sapere come sta, ed anche per salutarla. Ben presto mi stabilirò a Genova ed allora non avrò più tante occasioni di incontrarla.
>
> Debbo darle, purtroppo, una cattiva notizia che non Le ho detto prima perché c'è sempre tempo per affliggere gli amici. Nella vita di Zaccaria è entrata un'altra donna ed io debbo andarmene. Ho portato pazienza due lunghi anni pensando che si trattasse di un "fuoco di vecchiaia". Ma non è così e non c'è altro da fare che separarci. Sono contenta di dirglielo oggi, perché il pe-

90. Giovanna Caleffi Berneri a Vera Modigliani, Napoli, 4.10.1953, in ABC, FGB, Epistolario, cassetta II, ora in Caleffi Berneri, *Un seme sotto la neve. Carteggi e scritti*, pp. 195-196; Vera Modigliani, *Esilio*, Milano, Garzanti, 1946.

91. G.B., recensione di Joyce Lussu, *Fronti e frontiere*, «Volontà», a. II, n. 7, 1.1.1948, pp. 61-62, ora in Caleffi Berneri, *Un seme sotto la neve. Carteggi e scritti*, pp. 331-333; Joyce Lussu, *Fronti e frontiere*, Firenze, Edizioni U, 1945.

riodo più brutto di sofferenze è passato. Ora penso con abbastanza serenità al mio avvenire e sono quasi certa che ritroverò nel lavoro, nelle amicizie, nella famigliuola di Giliana, il mio equilibrio di sempre. Perdoni questa mia confidenza, ma mi sarebbe dispiaciuto che proprio Lei, che mi ha dimostrato sempre stima ed affetto, lo venisse a sapere da altri.[92]

Il lavoro di Zaccaria per «Volontà» si limitava ormai da tempo ai soli articoli da lui firmati. Insomma, non era altro che un «collaboratore», mentre il lavoro redazionale – come, fin dall'inizio, quello di amministrazione della rivista – pesava soprattutto sulle spalle di Giovanna:

La sua collaborazione è da parecchio limitata ai soli articoli che lui scrive. Non è altro che un collaboratore. È un peccato perché se penso a quanto egli ha saputo dare in altri tempi, alla forza del suo ingegno, so che a «Volontà» è venuto a mancare il suo pilastro più forte. Ma che cosa si può fare?[93]

Da sempre abituata a svolgere un «lavoro pratico» e spesso di «facchina», quello che lei stessa preferiva, Giovanna Caleffi confessava – non senza ironia – quanto le fosse gravoso assumersi responsabilità crescenti nella elaborazione intellettuale che stava dietro alla rivista:

I miei scritti sono cose molto semplici e di buon senso. Io non sono la studiosa, né ho cultura, dato che nella mia vita ho lavorato materialmente sempre in un modo molto duro. [...] Pensa – scriveva a un amico – che da due mesi ho una lettera di Albert Camus in cui mi dice che è pronto a darmi uno scritto per «Volontà», che gli mandi un questionario e non l'ho ancora fatto perché... perché mi è difficile trovare domande che mi diano la certezza che non siano stupide o che possano interessare lo scrittore francese. Speriamo che lo faccia quanto prima perché è davvero un peccato non approfittarne. Tanto più che A. Camus è uno scrittore che io stimo molto.[94]

92. Giovanna Caleffi Berneri a Gaetano Salvemini, Napoli, 21.1.1956, in ISRT, AGS, Corrispondenza, scatola 93, fasc. «Berneri Giovanna». Sul trasferimento a Genova si veda, anche, Giovanna Caleffi Berneri a Ernesto Rossi, Genova-Nervi, 4.9.1957, in ABC, FGB, Epistolario, cassetta III.

93. Giovanna Caleffi Berneri a Giovanni Furlotti, Genova-Nervi, 25.9.1957, in ABC, FGB, Epistolario, cassetta II. Questi aspetti emergevano già nella corrispondenza con Pio Turroni del 1954, in Caleffi Berneri, *Un seme sotto la neve. Carteggi e scritti*, pp. 209-213. Zaccaria si allontanò sempre più dal movimento anarchico e uscì definitivamente da «Volontà» nel 1958-59 (Giovanna Caleffi Berneri ad Alfonso Failla, Genova-Nervi, 11.1.1959, in ABC, FGB, Epistolario, cassetta I).

94. Caleffi Berneri a Furlotti, Genova-Nervi, 25.9.1957. Altrove scriveva: «Non avendo l'elasticità mentale che ha l'intellettuale, fatico enormemente a esprimermi e la mia poca

Dopo sette estati passate a Sorrento (1951-1957), erano venute meno le condizioni per poter proseguire l'esperienza della Colonia Berneri a «Casa Serena», dove del resto Zaccaria aveva intrapreso, con la nuova compagna, una iniziativa analoga.[95]

Incoraggiata da aiuti provenienti da più direzioni (importanti, ad esempio, i contributi degli anarchici italiani emigrati in Canada, che ogni anno organizzavano una festa in favore della colonia),[96] Giovanna si rimise all'opera e comperò, nel 1959, «una modesta casetta e un bel pezzo di pineta nelle vicinanze di Carrara».[97] La casa risultava troppo piccola per lo scopo cui doveva servire, ma si sperava di poterla presto ingrandire. Intanto, l'intenzione era quella di aiutarsi con una tenda da campo, che venne in effetti donata da Adriano Olivetti, poco prima della sua scomparsa.[98]

Nel rilanciare, dopo appena due anni di interruzione, l'iniziativa della Colonia «Maria Luisa Berneri», Giovanna Caleffi rivendicava, orgogliosamente, il «contenuto morale» di quell'esperienza, che era «molto più grande di quello che la modestia dell'esperimento potrebbe far credere». Erano i problemi dell'educazione e della socialità a essere sollevati e a poter trovare in quel luogo «una soluzione pratica». Entravano in gioco idee e metodi, da sperimentare quotidianamente, e la colonia doveva appunto servire anche a «promuovere discussioni tra di noi, a dare avvio alla compilazione di programmi didattici-pedagogici, per metterci anche noi in

attitudine per lo scrivere mi rende ingrato tale lavoro. [...]. Mi sono messa troppo tardi a fare questo lavoro di ripensamento, di letture, di idee e di analisi di situazioni. Ho sempre preferito [il] lavoro pratico ed anche quello di facchina che c'è sempre (e ne faccio molto) nelle nostre iniziative» (Giovanna Caleffi Berneri a Giovanni Baldelli, Genova-Nervi, 18.12.1958, ABC, FGB, Epistolario, cassetta I).

95. Si veda, a questo proposito, la lettera di Giovanna Caleffi Berneri a Gaetano Salvemini, Genova-Nervi, 11.7.1957, in ISRT, AGS, Corrispondenza, scatola 93, fasc. «Berneri Giovanna», ora in Caleffi Berneri, *Un seme sotto la neve. Carteggi e scritti*, pp. 236-237.

96. Si legga la corrispondenza con Attilio Bortolotti del giugno 1957, in Caleffi Berneri, *Un seme sotto la neve. Carteggi e scritti*, pp. 232-236.

97. Giovanna Caleffi Berneri a Sam Ferrari e Italo Giannini, Genova-Nervi, 22.3.1960, in ABC, FGB, Epistolario, cassetta II. Si veda, anche, la circolare agli amici della Colonia «Maria Luisa Berneri», Genova-Nervi, 30.7.1958, pubblicata in «Volontà», a. XI, n. 7, luglio 1958, pp. 401-402.

98. Cfr. Giovanna Berneri, *La comunità M.L. Berneri*, in «Volontà», a. XIII, n. 7, luglio 1960, pp. 556-561, p. 558. Si legga la lettera di Giovanna Caleffi Berneri ad Adriano Olivetti, Genova-Nervi, 22.2.1960, in ABC, FGB, Epistolario, cassetta III, ora in Caleffi Berneri, *Un seme sotto la neve. Carteggi e scritti*, pp. 288-290.

condizioni di poter portare il nostro contributo di idee e di esperienze in un campo tanto importante qual è quello dell'educazione».[99]

L'estate del 1960 vennero accolti, nella nuova sede di Marina di Massa, i primi gruppi di bambini. Nel frattempo, per la ricerca degli assistenti e degli educatori, Giovanna Caleffi aveva instaurato un rapporto sempre più solido con i CEMEA:

> Trovare giovani, in Italia, preparati per vivere in una comunità libera di ragazzi è abbastanza difficile. Il problema «assistenti» è stato sempre uno dei più spinosi anche quando la colonia era a Sorrento. Tra i nostri compagni, poi, è quasi impossibile trovarne dei preparati per svolgere questo lavoro, per quanto ce ne siano parecchi insegnanti. Ciò dipende dal fatto che il campo educativo-pedagogico non ha tra noi l'importanza che dovrebbe avere. Si esalta, si rende omaggio a Francisco Ferrer, con dei discorsi o degli scritti, mentre l'omaggio migliore e più efficace sarebbe quello di portare più in là quello che fu la sua opera.[100]

Il primo nucleo italiano dei CEMEA era stato fondato a Firenze tra il 1950 e il 1951 da Margherita Fasolo, allieva e assistente di Ernesto Codignola, appena tornata da un periodo di ricerca in Francia, dove i Centri erano radicati e diffusi. Negli anni successivi, i metodi dell'educazione attiva – provenienti da Francia e Svizzera – si erano diffusi anche nel nostro paese, attraverso iniziative promosse da gruppi e associazioni di pedagogisti e di insegnanti d'avanguardia. Si trattava di un movimento spontaneo, emergente dal basso, con ispirazione laica e intendimenti sociali. In sede di analisi, Lamberto Borghi ne sottolineò la valenza etica e, più precisamente, l'opposizione al principio d'autorità e al confessionalismo.[101]

99. *La Colonia M.L. Berneri continuerà*, in «Volontà», a. XII, n. 6, giugno 1959, pp. 381-383. Il testo era firmato dal «comitato esecutivo provvisorio», guidato da Giovanna Berneri. Nella parte conclusiva si portava una testimonianza dei «benefici risultati» della colonia: «Il compagno Fradà di Messina (e potremmo citare il nome di tanti altri compagni nostri che hanno in passato inviato i loro ragazzi alla colonia M.L. Berneri) ha voluto dirci, inviandoci il suo contributo, che sua figlia ricorda il soggiorno a Sorrento non tanto per la bellezza del luogo, per le cure materiali, il vitto abbondante che vi ha trovato, ma per la carica affettiva, l'atmosfera di libertà che regnavano nella piccola comunità: "A distanza di anni, egli aggiungeva, mia figlia è in grado di giudicare negativamente altre istituzioni del genere ed altri metodi negativi"».

100. Giovanna Berneri, *La Comunità M.L. Berneri*, in «Volontà», a. XIII, n. 7, luglio 1960, pp. 556-561 (in part., pp. 559-560).

101. Cfr. Lamberto Borghi, Introduzione ad AA.VV., *L'educazione attiva oggi: un bilancio critico*, Firenze, La Nuova Italia, 1984, pp. VII-XXVIII (in part., pp. XXIII-XXIV).

Fin dal 1953, corsi CEMEA erano iniziati a Rimini, presso il Centro educativo italo-svizzero di Margherita Zoebeli, con cadenza annuale. I corsi del 1958 e del 1959 vennero dedicati proprio alla «formazione dei monitori di colonie».[102] Uno di questi vide la partecipazione di Goffredo Fofi, che ha ricordato quell'esperienza in alcune pagine autobiografiche.[103]

Ormai, la Colonia «Maria Luisa Berneri» era guardata «con simpatia ed interesse» anche al di fuori dell'ambiente anarchico.[104] Gianni Bosio, ad esempio, chiedeva a Giovanna alcune cartelle «proprio minuziose» sulla storia della colonia, da pubblicare nell'«Almanacco socialista» delle Edizioni Avanti.[105]

Ma era tutta l'attività giornalistica di Giovanna Caleffi che si era ampliata e la sua firma, verso la fine degli anni Cinquanta, compariva ormai di frequente sul «Mondo», «un settimanale che mi piace assai ma che è troppo serio e la gente purtroppo non legge», e soprattutto sul quotidiano socialista di Genova «Il Lavoro nuovo», dove trovava «la più larga ospitalità», anche grazie agli ottimi rapporti con il direttore, Sandro Pertini (che aveva conosciuto Camillo Berneri in esilio), e con il vice Francesco Fancello, già militante di Giustizia e Libertà.[106]

Tuttavia, nell'autunno 1960, confidava ad Armando Borghi la sensazione di non riuscire più a lavorare come prima. Poteva forse trattarsi della «stanchezza accumulata quest'estate» in colonia, ma più probabilmente si

Nello stesso volume, si veda anche il contributo di Idana Pescioli, *La formazione dell'insegnante della scuola di base: il contributo del movimento dell'educazione attiva*, pp. 87-101 (in part., pp. 92-93).

102. Cfr. De Maria, *Lavoro di comunità e ricostruzione civile in Italia*, p. 153 e sgg.

103. Cfr. Goffredo Fofi, *Le nozze coi fichi secchi. Storie di un'altra Italia*, Napoli, L'Ancora del Mediterraneo, 1999, pp. 152-157 (il cap. "Una maestra svizzera a Rimini").

104. G. Berneri, *La Comunità M.L. Berneri*, in «Volontà», luglio 1960, p. 560.

105. Lettera di Gianni Bosio a Giovanna Caleffi Berneri, [Poveromo, Massa Carrara, agosto 1961], in ABC, FGB, Epistolario, cassetta VI, ora in Caleffi Berneri, *Un seme sotto la neve. Carteggi e scritti*, pp. 298-299.

106. «Nei temi che tratto espongo liberamente le mie opinioni e tali scritti potrebbero (e molte volte lo sono) essere pubblicati anche sulle nostre pubblicazioni anarchiche», così Giovanna Caleffi si riferiva alla sua collaborazione con il quotidiano di Genova (Giovanna Caleffi Berneri a Manlio Maradei, Genova-Nervi, 21.5.1960, in ABC, FGB, Epistolario, cassetta II). Tra le sue carte sono conservate anche le brevi corrispondenze con Pertini e Fancello, in ABC, FGB, Epistolario, cassette III, IX e XVII. Sulla figura di Fancello, di fatto il vero direttore del quotidiano (la carica di Pertini era più che altro formale), e sull'ambiente del «Lavoro nuovo» è utile l'intervento di Adriana Montini, moglie di Gino Bianco, sul mensile di interviste «Una città», 153 (2008), pp. 36-40.

trattava di un disagio «morale», con riferimento esplicito al «deserto che sento attorno al nostro lavoro».[107]

Il dover mandare avanti la rivista «da sola» – venuto meno l'apporto di Zaccaria e nonostante alcuni nuovi collaboratori – pesava e non poco sul suo stato d'animo.[108] Il movimento anarchico, nel suo complesso, si dimostrava più interessato a sostenere pubblicazioni strettamente militanti, come «Umanità Nova», che non ad aiutare una rivista aperta e indipendente come «Volontà»:

> Debbo dire che i compagni non si sono mai interessati di «Volontà». Quando io rimasi completamente sola ed abbattuta moralmente e fisicamente, nessuno si preoccupò di venirmi in aiuto. Così nessuno al di fuori dell'«Adunata» si è preoccupato del deficit della rivista ed ha fatto qualche cosa per rimediarvi. Mentre tante iniziative ci sono state per U[manità] N[ova] (a parte tutti i congressi o convegni in cui si parla soprattutto di U.N.).[109]

Mantenersi a Genova senza più l'appoggio di un compagno al proprio fianco pesava anche sulle condizioni economiche di Giovanna, fino al punto da dover confessare a Silone l'impossibilità di sottoscrivere l'abbonamento a «Tempo presente», che riceveva comunque in cambio di «Volontà», ma che fino ad allora aveva voluto pagare.[110] La stessa richiesta doveva fare ad Ernesto Rossi per il «Mondo»:

> Giacché ci sono oso farle una domanda: potrei avere «Il Mondo» in omaggio? Mi dispiace di fare questa richiesta, perché so quanto deve costare a tenerlo in vita, e perché in altri tempi, proprio in questi giorni, provavo una gioia grande offrendolo come regalo di capodanno a qualche amico all'estero. Ma essendo le mie condizioni economiche cambiate molto, non posso più permettermi quel piacere e, come vede, sono costretta a chiederglielo in omaggio e come cambio di «Volontà». (Invio credo due copie: una a «Il

107. «Da un po' non sono più capace di lavorare come prima. Non so se c'entri la stanchezza accumulata quest'estate o se non è una causa morale: il deserto che sento attorno al nostro lavoro. Persino le lettere stanno diminuendo assai, quindi non si sa più per chi si lavora e se serve rimanere attaccati al lavoro» (Giovanna Caleffi Berneri ad Armando Borghi, Genova-Nervi, 26.10.1960, ABC, FGB, cassetta I).

108. Giovanna Caleffi Berneri a Luce Fabbri, Napoli, 9.3.1959, in ABC, FGB, cassetta I.

109. Giovanna Caleffi Berneri a Ugo Fedeli, Genova-Nervi, 5.3.1961, in ABC, FGB, Epistolario, cassetta I.

110. Cfr. Giovanna Caleffi Berneri a Ignazio Silone, Genova-Nervi, 14.4.1958, in Fondazione di studi storici Filippo Turati (FFT), Fondo Ignazio Silone (FIS), Serie 1. Corrispondenza generale, b. 3, fasc. 20.

> Mondo» e l'altra al dott. Pannunzio). Però se questo non è possibile faccia conto che non gliene abbia parlato.[111]

Rimaneva per fortuna il calore e il sostegno affettivo della famiglia di Giliana, e a Parigi Giovanna tornava volentieri non appena poteva. Scriveva allo stesso Rossi:

> Sabato parto per Parigi (le metto qui sotto l'indirizzo nel caso avesse bisogno di corrispondere con me) e rimarrò presso mia figlia e i miei nipotini tutto il mese di dicembre. Sarà la mia vacanza di questo anno, dato che d'estate, per la comunità di ragazzi di cui mi occupo, non me ne posso prendere. E non vedo l'ora di essere un poco in famiglia.[112]

La spinta innovativa e, nello stesso tempo, aderente ai problemi della vita popolare, che riuscì ad avere – negli anni Quaranta e Cinquanta – la critica sociale di Giovanna Caleffi (si pensi, ad esempio, alla campagna di informazione sul «controllo delle nascite» e i metodi contraccettivi), come anche la sua capacità organizzativa e l'interesse costante per la concretezza (ne fu esempio luminoso la Colonia «Maria Luisa Berneri», esperienza che si esaurì velocemente dopo la sua morte) segnarono un periodo di vitalità della cultura e delle pratiche libertarie nel nostro paese, che sembra non aver avuto continuatori di eguale consapevolezza e tenacia.[113]

Giovanna Caleffi morì il 14 marzo 1962, a 65 anni, per una crisi cardiaca che la colpì mentre usciva da un ospedale di Genova, dove era stata ricoverata a causa di accertamenti per un sospetto tumore. Secondo quanto aveva disposto nel testamento, fu cremata, come la figlia Maria Luisa. Stava progettando, per l'estate successiva, un ampliamento della Colonia «Maria Luisa Berneri» e non aveva ancora rinunciato all'idea iniziale, quella di una comunità permanente di ragazzi.[114] Continuava, insomma, a

111. Giovanna Caleffi Berneri a Ernesto Rossi, Genova-Nervi, 14.12.1959, in ASUE, FER, Corrispondenza, fasc. 39.

112. Giovanna Caleffi Berneri a Ernesto Rossi, Genova-Nervi, 28.11.1961, in ASUE, FER, Corrispondenza, fasc. 39.

113. Interessanti osservazioni, a questo proposito, nella parte conclusiva del volume di Stefano d'Errico, *Anarchismo e politica. Nel problemismo e nella critica all'anarchismo del ventesimo secolo, il "programma minimo" dei libertari del terzo millennio. Rilettura antologica e biografica di Camillo Berneri*, Milano, Mimesis, 2007, p. 623.

114. Cfr. Giovanna Berneri, *Una libera comunità di ragazzi*, in «Almanacco socialista», 1962. Si veda, anche, la lettera di Giliana Berneri ad Aurelio Chessa del marzo 1962, in Caleffi Berneri, *Un seme sotto la neve. Carteggi e scritti*, pp. 308-309.

guardare al futuro con il suo radicale «buon senso». Tra i primi messaggi di cordoglio che raggiunsero la redazione di «Volontà», quello di Aldo Capitini, che ricordava la «persona nobilissima, preziosa per la sua umanità e attività intelligente».[115]

Accanto a Giovanna, in quegli ultimi momenti, fu costante la presenza di Aurelio Chessa, già da alcuni anni suo stretto collaboratore nella redazione di «Volontà». Giliana Berneri decise di affidare l'archivio di famiglia proprio a Chessa, che già a partire dal 1963-1964 si impegnò a mettere a disposizione di studiosi e militanti quel patrimonio documentario, adoperandosi altresì per ampliarne le raccolte. Nel corso degli anni, Chessa fu portato a trasferirne più volte la sede (Pistoia, Iglesias, Genova, di nuovo Pistoia, Canosa, Cecina) e solo dopo la sua morte, avvenuta nel 1996, l'ABC (Archivio Famiglia Berneri-Aurelio Chessa) ha conquistato una collocazione stabile, grazie all'interessamento della Biblioteca Panizzi di Reggio Emilia, dove è curato dalla figlia Fiamma Chessa.

115. Aldo Capitini alla redazione di «Volontà», Perugia, 21.3.1962, in ABC, FGB, Epistolario, cassetta XXIV, fasc. «Lettere di condoglianze per la morte di Giovanna Berneri». Sul percorso intellettuale e biografico di Capitini, è utile l'antologia: Aldo Capitini, *Opposizione e liberazione. Una vita nella nonviolenza*, a cura di Piergiorgio Giacchè, Napoli, L'Ancora del Mediterraneo, 2003.

4. Il pensiero e l'azione: critica sociale, impegno politico e reti internazionali

1. *L'anomalia di Camillo Berneri*

Nella prima metà del 1936, Camillo Berneri scrisse la presentazione di «Rivista Libera»,[1] periodico da lui progettato e mai realizzato. Finì per schizzare un autoritratto: la sua figura di intellettuale impegnato. «Questa rivista è mia», «libera dal controllo di comitati, di gruppi, di organizzazioni e di mecenati; libera da qualsiasi disciplina di setta». «Rivista anarchica? Sì, ma appunto perché anarchica gelosa della propria dignità di rivista libera. La presentazione è finita. E stà bene così: breve, onesta e personale». Berneri si sentiva anarchico, in quanto si voleva intellettuale liberamente critico. Preferiva muovere da una posizione individuale:

> Sono abbastanza modesto e cordiale per offrire ospitalità ai collaboratori che mi vanno ed andranno a genio, ma abbastanza presuntuoso ed orso per avvertire che sono disposto ad urtare la suscettibilità di molti pur di conservare a *Rivista Libera* il piano che le ho tracciato [...] Senza compiacermi ed esaltarmi in orgogliosa solitudine, sogno e mi propongo di poter esser sotto la tenda, nel cerchio di luce di una lampada discreta, un faticone solitario, tenacemente ed integralmente fedele al proprio proposito: dare alla rivista un carattere eminentemente monografico; evitare di pubblicare di quegli articoli che, soffiatane via la molta pula della verbosità, lasciano le mani vuote; [...] non imbozzolirmi in formule editoriali preconcette e fisse.

Quello di una propria rivista indipendente fu per Berneri il progetto, irrealizzato, di tutta la vita. Il 13 giugno 1931, così ne scriveva alla moglie, in una lettera dal carcere francese di Fresnes:

> J'espère, à ma sortie, de trouver un travail qui me laisse un peu de temps et d'energies pour "mon" travail. Je suis sûr cette fois de arriver, si je pourrai écrire le premier livre qui pourra resoudre le problème: [la] vie, pour quelques mois. Si je peux arriver à former la chaîne, je suis à cheval. Il s'agit, essentiellement, de

1. ABC, FCB, cassetta IV.

gagner ta confiance. Petit à petit je pourrais, dans ce cas, agrandir mon activité et réaliser mon vieux rêve éditorial d'un révue à moi (qui éditerait des livres, [des] brochures, etc). Je la vois et je l'aime comme une fillette, et lorsque je doute de la voir naître (qu'elle vivrait je ne suis sûr) je deviens triste à pleurer.[2]

Se, in sede di presentazione, è lecito introdurre Camillo Berneri come «intellettuale e militante anarchico», in sede di analisi diviene evidentemente opportuno esaltarne la singolarità, problematizzando questa definizione. Ci serviamo della lettera con la quale, nel 1929, Berneri si presentò al repubblicano Libero Battistelli. Emerge la figura di un intellettuale «capito e seguito da pochissimi» dei suoi compagni, ma «tollerato» per la sua attività di militante: «Quello che è certo è che sono un anarchico sui generis, tollerato dai compagni per la mia attività, ma capito e seguito da pochissimi».[3] Nel 1932, poi, sulla rivista anarchica «L'Adunata dei Refrattari», in un articolo intitolato *Del Diritto alla Critica*, Berneri scriveva:

Tutta la mia attività intellettuale in seno al movimento nostro, comunque sia giudicabile dal punto di vista ortodosso, è stata sempre ed è tuttora improntata ad uno sforzo di impostazione realistica dei problemi, ad un *problemismo* per nulla ideologico, che ha diretto le mie simpatie verso *La Critica Politica* di Zuccarini, *L'Unità* di Salvemini e *La Rivoluzione Liberale* di Gobetti, in quanto espressioni di una tendenza *positivista*.[4] E aggiungo *L'Ordine Nuovo*, rivista.[5]

Berneri fu, insomma, un caso anomalo, isolato. Scriveva a Battistelli: «Ho abbandonato il movimento socialista perché continuamente mi sentivo dare

2. Lettera di Camillo Berneri a Giovanna Caleffi Berneri, prigione di Fresnes (Francia), 13 giugno 1931, in ABC, documento non catalogato.

3. Lettera di Camillo Berneri a Libero Battistelli, s.l., [1929], in ABC, FCB, cassetta I. Berneri aveva, purtroppo, l'abitudine di non datare le sue lettere. Questo irritava un poco anche i suoi corrispondenti. Il repubblicano Pietro Montasini, rispondendogli, scrisse in una lettera: «Oggi ricevo la tua (senza data, secondo il tuo solito!)» (P. Montasini a C. Berneri, Parigi, 15 aprile 1929, in ABC, FCB, cassetta XXV, fasc. 7).

4. Con il termine «positivismo», applicato all'opera di Carlo Cattaneo, Berneri intendeva «impostazione di problemi, concretezza di analisi» (Berneri, *Carlo Cattaneo, federalista*, p. 5).

5. Camillo Berneri, *Del Diritto alla Critica*, in «L'Adunata dei Refrattari» (New York), XI, n. 27, 2 luglio 1932, pp. 6-7: 6. Berneri aveva giudicato «L'Ordine Nuovo» come «una delle migliori, e sotto certi aspetti la migliore, riviste d'avanguardia». Queste parole le citiamo (alla lettera) dal testo autografo della commemorazione di Antonio Gramsci che Berneri tenne alla radio della CNT-FAI di Barcellona il 3 maggio 1937, due giorni prima di essere assassinato (in ABC, FCB, cassetta VIII). Di Gramsci, Berneri disse: «Era un intellettuale nel senso più intero della parola, troppo sovente usata abusivamente per indicare chiunque abbia fatto gli studi. Lo dimostrò in carcere: continuando a studiare, conservando sino all'ultimo le sue eccezionali facoltà di critica e di dialettica».

dell'anarchico; entrato nel movimento an.[archico] mi sono fatto la fama di repubblicano federalista».[6] Berneri ironizzava orgogliosamente su questa giostra di etichette, che non riuscivano ad aderire alla sua figura: era stato sempre "inqualificabile", nella politica delle parti. Quel genere di politica che si impegnò a superare, in nome di un impegno fatto di impostazione attenta di problemi («problemismo») e di azione diretta: *Cattaneo e Salvemini, più Pisacane.*

Questa formula è di nostro conio, ma sintesi ardite di questo tipo furono proprie di Berneri. Ad esempio, nella lettera a Battistelli, così definiva, sinteticamente, la propria idea federale: «Cattaneo completato da Salvemini e dal Soviettismo».[7] E a proposito di Pisacane scriveva altrove: «L'eroe ed il maestro di vita è per noi Carlo Pisacane».[8]

In Berneri, la critica al settarismo diveniva critica della lotta politica in Italia dall'unità al fascismo:

> La storia del fascismo rimane un mistero se non si considera che in Italia l'80% dei militanti politici erano, psicologicamente, dei fascisti, nel senso di non tollerare l'opinione avversa. Le lotte tra rossi e gialli in Romagna, la dittatura... manuale delle maggioranze repubblicane sulle minoranze socialiste e viceversa, il grossolano anticlericalismo sgominatore d'inermi processioni e il sanfedismo cattolico nei paesi a maggioranza clericale: questo è un aspetto della lotta politica in Italia che per pietà dell'antifascismo il Salvemini ha trascurato ma che rimane, psicologicamente, la chiave di volta del fenomeno fascista. Forse io attribuisco a questo aspetto un valore eccessivo perché prima di buscarle dai fascisti le ho buscate dai repubblicani e dai socialisti, ma credo che, senza giungere a certe affermazioni eccessivamente educazioniste di Malatesta e di Fabbri, sarebbe bene promuovere ed alimentare un educativo esame di coscienze. Tema di auto-introspezione: Che cosa vi è in me che mi avvicina ad un fascista?[9]

Una simile critica al costume politico italiano era stata sintetizzata così da Piero Gobetti: «Il contrasto vero dei tempi nuovi come delle vecchie tradizioni non è tra dittatura e libertà, ma tra libertà e unanimità: il vizio storico della nostra formazione politica consisterebbe nell'incapacità di pesare le sfumature e di conservare nelle posizioni contraddittorie un'onesta intransigenza suggerita dal senso che le antitesi sono necessarie e la lotta le coordina invece che sopprimerle».[10]

6. Lettera di Berneri a Battistelli, s.l., [1929].
7. *Ibidem.*
8. Berneri, *Presentazione* della rivista «Vita Nova», già citata nel cap. 2.
9. L'Orso [C. Berneri], *Rilievi*, in «L'Adunata dei Refrattari» (New York), XIV, n. 40, 5 ottobre 1935, p. 8.
10. Gobetti, *La Rivoluzione Liberale. Saggio sulla lotta politica in Italia*, p. 9.

Berneri orientò, dunque, il proprio impegno politico in base all'analisi dei problemi del presente, del qui ed ora. Proprio per questo antepose il suo «anarchismo *attualista*»[11] all'utopismo anarchico (l'utopico è inattuale).

È il caso di notare come il termine «*attualista*», utilizzato da Berneri per qualificare la sua idea di anarchismo, richiami direttamente il termine «attualismo», proprio della riflessione filosofica di Giovanni Gentile. L'attualismo, come noto, ebbe un'enorme influenza sulla generazione dei filosofi italiani formatisi tra le due guerre. Senz'altro risentì di questa influenza lo stesso Berneri, studente di filosofia all'Università di Firenze, nei primi anni Venti. Nell'attualismo gentiliano, «l'attualità del pensiero pensante» si contrapponeva al «pensato».[12] Ciò è sufficiente per capire il significato «*attualista*» dell'anarchismo di Berneri: egli polemizzò contro il cristallizzarsi dell'anarchismo nel *già pensato* della tradizione anarchica.

Innamorato dell'azione diretta, Berneri fu intellettuale radicale. Non fu, però, utopista, e anzi continuò a impegnarsi per far sì che gli anarchici fossero «qualche cosa di meglio degli eterni chiacchieroni ipercritici ed utopisti».[13]

A proposito della tradizione anarchica, nel 1930 scriveva a Luigi Fabbri: «Ma tu e con te Bertoni, Malatesta, ecc. fate bene a continuare la tradizione ideologica, che corrisponde a certe mentalità ed ha la sua funzione. [...]. Per fortuna la nostra religione è più bella delle altre e questo la giustifica e mi fa sopportare i suoi dogmi e i suoi tomisti, e credo che rimarrò sempre, pure brontolando e mordendo, un buon credente. Il mio sogno è di suscitare l'esame di una grande serie di problemi».[14]

Con questo approccio positivo, Berneri si impegnò *nella* «città *attuale*» *per* la «città *prossima*», che egli cominciò a tratteggiare nella forma federale ed autonomista dello «Stato libertario»:

11. Camillo Berneri, *Sul Comunalismo*, in ABC, FCB, cassetta IV. Si tratta di due manoscritti di Berneri, che nel complesso esprimono il tentativo di formulare un programma minimo di tipo «comunalista», «autonomista» e «federalista». L'opera, inedita all'epoca, è senza data. Successivamente alla morte dell'autore, venne datata dalla moglie «Parigi 1926». La datazione di Giovanna Caleffi viene, sostanzialmente, confermata da un testo affine del 1928: Camillo Berneri, *Nord e Sud*, in «La Lotta umana», Parigi, I, n. 22, 30 settembre 1928, pp. 4-5; II, n. 1, 20 ottobre 1928, pp. 3-4 (riedito in «Volontà», Napoli, I, n. 11, 1 maggio 1947, pp. 14-20).

12. Cfr. Aldo Lo Schiavo, *Introduzione a Gentile*, Roma-Bari, Laterza, 1997, pp. 61-69, 173. Gentile delineò l'attualismo tra il 1911 e il 1923.

13. Lettera di C. Berneri a S. Spada, [Versailles, 15 novembre 1929], copia dattiloscritta da una spia, in ACS, MI, PS, DPP, Fasciscoli per materia, b. 68, fasc. 1.

14. Lettera di Berneri a [Fabbri], s.l., s.d., [ma, Parigi, novembre 1930], già citata nel cap. 2.

Come operaio e come cittadino vivo nella città *attuale* e il problema della mia libertà è riferibile ad una città *prossima*.[15] L'Anarchia è la città ideale, lo Stato libertario è la sua approssimazione storica. L'Anarchia è religione, lo Stato libertario è politica.[16]

Come stiamo per vedere, la sua prosa politica è caratterizzata dalla presenza di individui immersi nella società: il bottegaio di fronte, il vicino di casa, il compagno di lavoro, l'amico socialista; i concittadini, i connazionali. Del resto, durante l'esilio, scrisse di sé: «Le autobiografie sono le mie letture preferite. Preferisco un gendarme che parla della propria vita ad un filosofo che parla della vita».[17] Ed è questa attenzione alla forma individuo a fare del suo sguardo uno sguardo antiretorico e a rendere la sua critica sociale affine a quella di Carlo Rosselli in *Socialismo liberale*, libro che Berneri lesse nell'edizione parigina del 1930. Da rammentare, in particolare, è il passaggio dove Rosselli scriveva: «Si è troppo divinizzato il proletariato, facendone il rappresentante di tutte le più pure virtù [...]. Ragionando per astrazione si è perso il contatto con l'umanità concreta, coi viventi proletari».[18]

Uno dei testi più significativi e noti di Berneri, *L'operaiolatria*, opuscolo edito a Brest nel 1934, intese smascherare proprio quella retorica socialista che, perpetuata soprattutto dai comunisti, trovava la sua espressione nelle formule dell'«anima proletaria», della «coscienza proletaria» e della «cultura proletaria». Ebbene, la piccola opera di Berneri è aperta, non a caso, da una lunga citazione di *Socialisme libéral*, nella quale si legge: «la massa non è altra cosa di una somma di concrete individualità».[19] Berneri sottoscriveva queste parole. Del resto, smontare – come si proponeva di fare – la retorica socialista significava infrangere il suo effetto tipizzante: smascherato il tipo proletario, rimanevano degli individui. «*L'operaio*

15. Berneri, *Sul Comunalismo*.

16. Camillo Berneri, *La concezione anarchica dello Stato*, in ABC, FCB, cassetta IV. Il testo ci è giunto incompleto. Rimase inedito e non è datato. Lo collochiamo, comunque, nei primi anni dell'esilio, cioè nella seconda metà degli anni Venti. Infatti, vi ritroviamo quella critica del contrattualismo moderno e quell'attenzione per il fenomeno giuridico già presenti, seppur in modo meno articolato, nel testo *Sul Comunalismo*.

17. Camillo Berneri, *Maturità*, in Id., *Pensieri e battaglie*, pp. 105-117: 110.

18. Carlo Rosselli, *Socialismo liberale*, a cura di John Rosselli, Torino, Einaudi, 1997, p. 80 [*Socialisme libéral*, Paris 1930].

19. Berneri, *L'operaiolatria*, p. 5. Il passo tradotto e citato da Berneri lo ritroviamo in Rosselli, *Socialismo liberale*, p. 121.

ideale del marxismo e del socialismo è un personaggio mitico».[20] In altre parole, è un tipo menzognero, non certo individuo reale.

Il concetto di classe (il proletariato demolito da Berneri) costruisce l'astrazione generale, passando al di sopra delle individualità. Al contrario, il proposito di Berneri fu, generalmente, quello di porre l'accento su concrete individualità. Leggiamo, infatti, la prima parte di *Sul Comunalismo*:

> Società sono i compagni di lavoro che non vedono nel sindacato che un organismo per strappare qualche lira al padrone e nella corporazione che un organismo che tiene lontani i concorrenti; i cittadini della mia città che votano e voteranno per i socialisti perché abbassano le tasse; i miei connazionali che pensano allo Stato come ad una specie di enorme vacca dalla quale attingere il più possibile, attraverso i deputati. Società è il bottegaio di faccia che è contro la rivoluzione perché ha paura che gli portino via, come al tempo del moto per i caro-viveri, i prosciutti ed i fiaschi d'olio; è il mio vicino di casa, povero più di me, ma che dice che «i ricchi ci fanno lavorare»; è il mio vicino di officina che sogna il giorno in cui il partito comunista sarà padrone del governo e comanderà su tutti; è il mio amico socialista che darà il voto al deputato X perché ha fatto avere un sussidio governativo alle cooperative.
> Di fronte a me sta la società: con le sue idee fisse, con i suoi pregiudizî, con le sue meschinerie, con le sue brutalità.[21]

Come interpretare l'aspra presa di posizione di Berneri? Essa è realistica (antiretorica, appunto) – sì – ma c'è di più. A Berneri il concetto di classe non interessava, o, meglio, non bastava. La classe andava necessariamente considerata come insieme di ceti. Nel 1929, infatti, aveva scritto: «La classe operaia, la classe contadina: categorie ideologiche, espressioni di sintesi statistica. La realtà è la classe sfaccettata in ceti, la classe eterogenea socialmente e psicologicamente».[22]

Di fronte alla «inferiorità morale ed intellettuale delle maggioranze», Berneri pensò a «*élites*» che dessero «l'esempio dell'audacia, del sacrificio, della tenacia».[23] Nel 1934, chiudeva *L'operaiolatria* con una considerazione rabbiosa sull'attualità italiana: «Attendere che il popolo si risvegli, parlare di azione di masse, ridurre la lotta antifascista allo sviluppo e

20. Berneri, *L'operaiolatria*, p. 10.
21. Berneri, *Sul Comunalismo*.
22. Camillo Berneri, *Sulla difesa della Rivoluzione. Per impedire la formazione di un'armata bianca* [1929], in «L'Adunata dei Refrattari» (New York), XVI, n. 21, 29 maggio 1937, p. 5.
23. Berneri, *L'operaiolatria*, p. 6.

al mantenimento di quadri di partito e di sindacato invece di concentrare mezzi e volontà sull'azione rivoluzionaria che, sola, può rompere l'atmosfera di avvilimento morale in cui il proletariato italiano sta pervertendosi interamente, è viltà, è idiozia, è tradimento».[24]

La polemica di Berneri si riferiva alla tattica di azione sostenuta, proprio quell'anno, dai vertici del partito comunista italiano. Contro un regime che organizzava le masse in modo totalitario, affermava Togliatti nel 1934, la lotta «non può svilupparsi se non attraverso la penetrazione nei ranghi dell'organizzazione avversaria».[25]

Come Berneri, anche Carlo Rosselli, nel 1934, polemizzò con la valutazione dei comunisti, propugnando, secondo le sue parole, «un'azione di nuclei ristretti, di minoranze attive e battagliere».[26] Lo stesso anno, nell'ambito di un saggio su Carlyle, Berneri scriveva significativamente: «Non possiamo, se vogliamo rimanere con l'intelligenza aperta e la volontà tesa, rinchiuderci in una deterministica o gradualistica concezione storica, nella quale non ci sia posto per l'audacia, del pensiero o dell'azione, del singolo o dei pochi».[27]

1.1. *Il problema del linguaggio*

«La critica sociale ha una storia», ha scritto Walzer.[28] Essa ha, aggiungeremmo, delle tradizioni, che tendono a cristallizzarla in modelli. Questa osservazione nasce dalla lettura dei testi di Camillo Berneri, «anarchico sui generis», come amava definirsi, per il quale si pose, netto, il problema del linguaggio, cioè il problema della comprensibilità (e, quindi, dell'efficacia) di una peculiare critica sociale.

Berneri ebbe sempre in mente due interlocutori collettivi: uno costituito dai militanti (il movimento anarchico), l'altro, idealmente, dai suoi concittadini (la società e i suoi ceti, o, secondo l'immagine di Berneri, gli abitanti delle «città *attuale*»). Il dialogo con i militanti fu concreto, svol-

24. Berneri, *L'operaiolatria*, p. 16.

25. Citato in Gentile, *Fascismo e antifascismo*, p. 354.

26. *Ibidem*.

27. Camillo Berneri, *Carlyle*, in «L'Adunata dei Refrattari» (New York), a. XIII, n. 1, 6 gennaio 1934, p. 4; n. 2, 13 gennaio 1934, p. 4. Ripubblicato in «Volontà» di Napoli (a. VI, n. 4, 29 febbraio 1952, pp. 183-189). Già nel 1925, Berneri aveva scritto un articolo su Carlyle: Camillo Berneri, *Carlyle*, in «Vita» (Roma), I, n. 4, giugno-luglio 1925, pp. 3-4.

28. Walzer, *L'intellettuale militante*, p. 13.

gendosi sulle riviste anarchiche e nella corrispondenza epistolare. Quello con i concittadini fu, naturalmente, più immaginario che reale, ma Berneri se lo figurò continuamente. Il problema del linguaggio si pose, dunque, per Berneri, su due piani. Il suo intento fu, però, uno solo: quello di fare avanzare le ragioni della sua idea di libertà.

Per avviare l'analisi, leggiamo – questa volta per intero – la presentazione politica che, nel 1929, Berneri fece di sé al repubblicano Libero Battistelli:

> Ho abbandonato il movimento socialista perché continuamente mi sentivo dare dell'anarchico; entrato nel movimento an.[archico] mi sono fatto la fama di repubblicano federalista. Quello che è certo è che sono un anarchico sui generis, tollerato dai compagni per la mia attività, ma capito e seguito da pochissimi. I dissensi vertono su questi punti: la generalità degli an.[archici] è atea ed io sono agnostico; è comunista ed io sono liberista (cioè sono per la libera concorrenza tra lavoro e commercio cooperativi e lavoro e commercio individuali); è anti-autoritaria in modo individualista ed io sono semplicemente autonomista-federalista (Cattaneo completato da Salvemini e dal Soviettismo).

Queste parole sono del periodo dell'esilio: il periodo della maturità di Berneri. Si tratta, inoltre, di parole private, all'interno di una lettera chiusa. Esse sono, infine, rivolte a un intellettuale estraneo al movimento anarchico e alle sue polemiche. Per queste ragioni, la presentazione politica a Battistelli costituirà un riferimento utile nello studio del problema del linguaggio. Vediamo.

Militando in un movimento socialista – quale è quello anarchico – Berneri si confrontò, direttamente, con il termine «comunismo», o, meglio, nel caso particolare, «comunismo libertario». Prendiamo in esame *I problemi della produzione comunista*, risalente al periodo fiorentino.[29] L'autore poneva il seguente interrogativo:

> Come il comunismo libertario può conservarsi tale pur non rimanendo sordo alla realtà, superiore ad ogni formula programmatica?
> Ecco un ottimo argomento di discussione. Io mi propongo di esaminare qualche aspetto della questione, con la speranza che altri partecipi a questo scam-

29. C.d.L. [Camillo da Lodi], *I problemi della produzione comunista*, Firenze, Peri & Rossi, 1920. Come notava l'editore, l'opuscolo riproduceva, «con qualche modificazione», un articolo già pubblicato in «Volontà» (Ancona), a. II, 1920, n. 11.

bio di idee che può dare adito a discussioni pratiche da cui potrà scaturire una direttiva che apra al movimento nostro nuovi orizzonti di pensiero ed offra nuovi e vasti campi di azione.[30]

Da parte sua, Berneri affermava la necessità di combattere «l'unilateralità del comunismo e dell'individualismo», considerando «utopistica ogni pretesa di ridurre la produzione ad una sola forma, individuale od associata, dato che i bisogni umani sono troppo vari e complessi per adattarsi all'uniformità».[31] Più in generale – scriveva –, è necessario cercare «l'equilibrio tra le esigenze che l'individuo ha di fronte alla collettività e questa di fronte a quello», senza che venga «ad essere sacrificato quello che vi ha di caratteristico e di "unico" nella individualità». Fin dagli anni universitari, Berneri fu lettore di John Stuart Mill, e se ne sente qui chiaramente l'eco. Berneri citò il filosofo liberale britannico in *Morale e religione*,[32] di poco successivo a *I problemi della produzione comunista*. Inoltre, nel corso del tempo, ritagliò o ricopiò numerosi brani dei suoi testi, raccogliendoli in una busta, insieme a quelli tratti da altri autori (Stuart Mill fu, però, il più "ritagliato").[33]

Berneri auspicava la collettivizzazione della (grande e media) industria, che avrebbe fornito la comunità dell'indispensabile, ma lasciava «libero campo all'iniziativa individuale», poiché – scriveva –

> diverranno necessarie tante cose che oggi non lo sono dal *confort* familiare al teatro, dalla biblioteca domestica ai viaggi d'istruzione e di piacere. [...]. Molti prodotti nuovi non rispondono ad una sentita necessità generale ed immediata ma suscitano il desiderio apparendo sul campo della produzione e dello scambio e finiscono per diventare necessari.[34]

Inoltre, nonostante la collettivizzazione, il «lavoro individuale» sarebbe rimasto preferibile («offre una maggiore libertà») rispetto a quello in «officina»:

> La divisione del lavoro fa dell'individuo non più un tutto organico sufficiente a se stesso, ma una frazione che non può vivere e svilupparsi se non unita ad

30. C.d.L. [Camillo da Lodi], *I problemi della produzione comunista*, p. 3.
31. Cfr. ivi, p. 1.
32. Camillo da Lodi, *Morale e religione*, Roma, Fede, s.d. [ma, prima metà degli anni Venti], p. 5.
33. Cfr. «Motti», in ABC, documenti non catalogati.
34. Cfr. C.d.L. [Camillo da Lodi], *I problemi della produzione comunista*, pp. 4-5.

altre frazioni, in una totalità più ampia che la tiene avvinta a sé e molte volte la opprime [...] L'officina, per quanto perfezionata, non sarà mai paragonabile alla biblioteca ove si entra e si esce a piacere, come pretende Kropotkine. [...] Tutto sta nel dare un valore e nel porre dati limiti e dati metodi alla disciplina del lavoro.[35]

Il socialismo di Berneri fu caratterizzato da un approccio particolarmente attento all'individuo e alla vita privata. Il perdurare formale del termine «comunismo» appare problematico: il contenuto semantico varia rispetto all'uso tradizionale. Tanto che il comunismo libertario tratteggiato in questo testo giovanile non sembra, in fondo, molto distante dal liberismo (individualista e cooperativistico) accennato nella lettera a Battistelli.

Berneri dovette adoperarsi in un equilibrismo terminologico. Tale esercizio non significò doppiezza tra una posizione di intellettuale libero e una posizione di intellettuale militante: egli arrivò a esprimere le sue posizioni eterodosse anche sulla stampa anarchica e lo avrebbe fatto più compiutamente se fosse riuscito a pubblicare una propria rivista – una rivista di alto profilo culturale, libera dalle esigenze di propaganda del movimento. Nel 1928, in un articolo pubblicato dalla rivista anarchica «Germinal», scriveva a proposito della rivoluzione italiana:

Gli anarchici dovrebbero elaborare, ispirandosi a Proudhon e al Kropotkin e attingendo alla critica liberista, un programma economico che fissi i limiti e delinei i modi di una posizione di propaganda e di azione che, rispondendo alle generali condizioni economiche dell'Italia e agli interessi di larghi strati sociali, assicuri al movimento anarchico l'adesione della piccola industria e delle campagne.[36]

Nel 1930, scrivendo sempre della rivoluzione italiana, questa volta ne «L'Adunata dei Refrattari», Berneri calcava la mano sul lato collettivista del *suo* liberismo (qui inespresso):

Il fenomeno fascista è là a dimostrare che soltanto colpendo a morte la plutocrazia, soltanto riformando profondamente l'ossatura ed il funzionamento

35. Cfr. ivi, pp. 3-5. Berneri poneva la necessità di salvaguardare «il valore produttivo personale dell'operaio» (che doveva essere operaio qualificato), rispetto alla prepotenza degli «elementi oggettivi» della produzione. Della sua riflessione sul macchinismo ci occuperemo più avanti.

36. Camillo Berneri, *Il lavoro inutile*, in «Germinal» (Chicago), a. III, n. 5, 1 marzo 1928, pp. 2-3: 3.

dell'amministrazione, soltanto creando delle oasi fortificate di produzioni comuniste è possibile compiere una rivoluzione che garantisca realmente e durevolmente libertà e giustizia.[37]

Analizzando il problema del linguaggio, ci siamo limitati, finora, a un settore della critica sociale: quello economico. In realtà – come vedremo meglio tra poco –, nella riflessione di Berneri l'aspetto prevalente fu quello autonomista e federalista, cioè il terreno politico-giuridico. Arriviamo, così, alla formula presentata a Battistelli: «Cattaneo completato da Salvemini e dal Soviettismo». Nel 1932, su «L'Adunata dei Refrattari», Berneri scriveva similmente:

> In sede politica, il federalismo repubblicano di Cattaneo e del Ferrari mi pareva, fin dal 1918, passibile d'integrarsi col comunalismo libertario propugnato dalla 1.a Internazionale e con il *Soviettismo*, quale esperienza genuina, cioè prima che diventasse strumento della dittatura bolscevica.[38]

Per prese di posizione come questa, Berneri veniva tacciato dai militanti di essere «legalitario».[39] Non demorse. Pur non impiegando pubblicamente la sua formula politica più efficace, quella dello «Stato libertario», che rimase inedita e affidata a pagine manoscritte, espresse sulla stampa il rifiuto dell'assoluto antistatalismo (antiautoritarismo) della tradizione anarchica. Già nel 1922, su «Pagine libertarie», aveva scritto:

> Il nemico è là: è lo Stato. Ma lo Stato non è solo un organismo politico, strumento di conservazione delle ineguaglianze sociali; è anche un organismo amministrativo. Come impalcatura amministrativa lo Stato non si può abbattere. Si può cioè smontare e rimontare, ma non negarlo, poiché ciò arresterebbe il ritmo della vita della nazione, che batte nelle arterie ferroviarie, nei capillari telefonici, ecc. [...].
> Che cosa ci danno i maestri? Il presupposto del federalismo: la concezione antistatale, concezione politica e non impostazione tecnica, paura dell'accentramento e non progetti di decentramento. Ecco, invece, un tema di studio: lo Stato nel suo funzionamento amministrativo. Ecco un tema di propaganda: la critica sistematica allo Stato come organo amministrativo accentrato, quindi incompetente ed irresponsabile. [...]

37. Camillo Berneri, *Un aborto possibile*, in «L'Adunata dei Refrattari» (New York), a. IX, n. 32, 6 settembre 1930, pp. 4-5: 5.
38. Berneri, *Del Diritto alla Critica*, p. 6.
39. Berneri, *Sul Comunalismo*.

Una sistematica campagna di questo genere potrebbe attirare su di noi l'attenzione di molti che non si scomporrebbero affatto leggendo *Dio e lo Stato* [di Bakunin].[40]

Questa prosa, così concreta e tecnica, richiama alla mente quella di Carlo Cattaneo, una delle sue letture predilette. Berneri chiarì anche quale fosse l'esempio da seguire: «L'Unità» di Salvemini.[41]

Prima di concludere la riflessione sul problema del linguaggio, rimane un'altra questione da affrontare: l'astensionismo elettorale. Nel 1936, su «L'Adunata dei Refrattari», Berneri esponeva la sua critica all'astensionismo, quando inteso in modo assoluto:

Nel 1921 mi sono, per la prima volta, posto questo problema, in seguito a questa piccola avventura. [...] Le perquisizioni, gli arresti, il vedermi di frequente in compagnia di operai mi avevano cattivato la simpatia del «popolo» del quartiere.[42] Ma ecco che un pomeriggio vedo entrare nel mio studio il portalettere e altri giovanotti a me sconosciuti. Si era in giorni di elezioni politiche e venivano a prelevarmi come elettore. «Abbiamo l'automobile!» mi dicevano.

A quel punto, proseguiva Berneri, «tenni loro una lezione di anarchismo», ma capirono così poco che se ne andarono con dei: «Ce ne ricorderemo!».

Lo stesso giorno mi accorsi che il «popolo» del quartiere mi aveva giudicato: «disertore» e che la mia... popolarità era compromessa. Il guaio è che, per la prima volta, mi sono chiesto se l'astensionismo è sempre opportuno.[43]

Nell'impostare la sua critica sociale, Berneri partiva, una volta di più, dal suo contatto quotidiano con la società. Sulla rivista anarchica divampò la polemica. Prendiamo in esame un successivo articolo di Berneri, pubblicato dalla stessa «Adunata», nel quale si partiva da una riflessione sulla situazione politica francese alla vigilia delle elezioni politiche del 1936:

Leggo in un recente articolo di S. Faure: «Presto, presto, che il Fronte popolare prenda il potere! Presto, presto, che vi si dimostri incapace o di cattiva volontà!» Come è anarchico, questo desiderio! Ma come è discutibile, sul

40. *Anarchismo e federalismo. Il pensiero di Camillo Berneri*, in «Pagine libertarie» (Milano), a. II, n. 14, 20 novembre 1922, pp. 431-432.

41. Cfr. C.B., *La crisi dello Stato*, in «Umanità Nova» (Roma), a. II, n. 123, 3 settembre 1921, p. 3.

42. Berneri in quel periodo viveva a Firenze.

43. Camillo Berneri, *Astensionismo e anarchismo*, in «L'Adunata dei Refrattari» (New York), a. XV, n. 16, 25 aprile 1936, pp. 5-6.

piano della realtà. Se il governo del Fronte Popolare in Francia farà un grosso fallimento, l'anarchismo vedrà ingrossare le proprie file, ma questo non impedirà l'avvento del fascismo. [...] Storicamente, meglio Brüning che Hitler, meglio Giolitti che Mussolini, meglio Lenine che Staline, e via di seguito. [...]. Alla teoria del «tanto peggio tanto meglio» bisogna sostituire quella del «meglio il male attuale che uno peggiore».[44]

Amareggiato per l'ironia che si era fatta, sulla rivista, riguardo ai suoi trascorsi giovanili nelle file del socialismo prampoliniano, Berneri desiderò, infine, chiudere la polemica, con un delicato giro di parole: «Vi sono due astensionismi anarchici. Il primo non nega *a priori* che una situazione rivoluzionaria possa scaturire da un trionfo elettorale delle sinistre parlamentari». Il secondo astensionismo è assoluto». In precedenza, per quanto lo riguardava, Berneri aveva scritto più precisamente: «Come constato l'assoluta deficienza della critica antiparlamentare della nostra stampa, lacuna che mi pare gravissima, così non sono astensionista nel senso che non credo, e non ho mai creduto, all'utilità della propaganda astensionista in periodo di elezioni».[45]

Vi era il tentativo, qui, di non estraniarsi dal sentire popolare, dal comune sentire, con la consapevolezza che se questo tentativo fosse fallito, la critica sociale sarebbe risultata inefficace, perché mossa da troppo lontano.

Al termine di questo paragrafo, vogliamo proporre alcune conclusioni. Berneri assunse i termini della tradizione anarchica dando a essi una valenza eminentemente critica. E così il comunismo libertario diveniva critica della grande e media proprietà, l'antistatalismo critica dello Stato accentrato e interventista, l'astensionismo critica del parlamentarismo. Berneri mosse dalla tradizione, ma la superò, giungendo a definire una propria critica sociale: dal comunismo libertario al *suo* peculiare liberismo (individualista e cooperativistico, nello stesso tempo), dall'antistatalismo allo «Stato libertario», dall'astensionismo alle rappresentanze locali del suo anarchismo «autonomista e federalista». Si allontanò dalla tradizione anarchica per avvicinare la sua critica alla società, cioè, per essere comprensibile ai suoi concittadini. Questo, il tentativo.

44. Camillo Berneri, *Revisionismo elettorale dell'Anarchismo. Per finire*, in «L'Adunata dei Refrattari» (New York), a. XV, n. 25, 27 giugno 1936, pp. 4-5. Di questo articolo è conservato il manoscritto: Camillo Berneri, *Per finirla*, in ABC, FCB, cassetta IV.

45. Berneri, *Astensionismo e anarchismo*, p. 5.

Del resto, non fu certo l'unico critico della sua generazione a porre il problema della novità. Il riferimento è a quegli intellettuali nati negli anni intorno al 1900, spesso accomunati da posizioni fondamentalmente "irrequiete" rispetto agli schieramenti politici del primo Novecento; autori che si misurarono, durante la loro formazione, con la crisi della civiltà liberale e la parabola del fascismo. Le trasformazioni epocali iniziate con la Grande guerra li portarono a porre esplicitamente, da un punto di vista politico, il problema della novità, l'esigenza di un rinnovamento del pensiero politico e della militanza. Si pensi, ad esempio, alle formule inedite, e anomale rispetto alle corrispondenti tradizioni politiche di provenienza, coniate da Piero Gobetti («rivoluzione liberale»), da Carlo Rosselli («socialismo liberale»), da Aldo Capitini («liberalsocialismo»), da Adriano Olivetti («Stato federale delle comunità»); si pensi all'«anarchismo *attualista*» e allo «Stato libertario» di Berneri, ma anche al repubblicanesimo socialista di Fernando Schiavetti.

Come ha ricordato Nadia Urbinati, quando uscì *Socialismo liberale*,[46] Benedetto Croce obiettò – in modo molto significativo – che Rosselli era caduto nell'«errore logico di giustapporre» il liberalismo con il socialismo, coniando una «formula sintetica» che era un ossimoro.[47] Secondo le parole di Rosselli, invece, non era «morboso bisogno di nuovo, ma constatato fallimento di tutte le vecchie posizioni».[48] A proposito dell'attitudine all'eresia di questi intellettuali di confine, vale la pena leggere per esteso alcuni appunti di Rosselli (1933):

> La rivol.[uzione] ital.[iana] alla testa. Il senso del *primato*, della *originalità* della rivol. ital.
> *Non aver paura dell'eresia*, di camminare per sentieri non battuti. Dobbiamo conquistare i giovani, *convertire* i giovani. Problema immenso. Siamo tutti *conservatori*, tutti imprigionati nei *n[ostri]* schemi. Comunisti, soc.[ialisti] e democ.[ratici], anarch.[ici]... Siamo tutti prig.[ionieri] del *n[ostro]* passato, della *n[ostra]* coerenza; e pur di non confessarlo, pur di illuderci di aver avu-

46. Carlo Rosselli, *Socialisme libéral*, Paris 1930.

47. Cfr. Nadia Urbinati, *Il socialismo liberale nella tradizione politica italiana*, in *La sinistra e le due libertà*, «Quaderni dell'altra tradizione-2», Forlì, Una città, 2004, pp. 55-68, p. 67.

48. Carlo Rosselli, *Azione antifascista internazionale*, appunti autografi, agosto 1933, in AGL, FCR, b. 3, fasc. 4 (Appunti, discorsi e articoli), s.fasc. 10 (Riunioni del comitato centrale e congressi del movimento di GL, della LIDU e della Concentrazione antifascista).

to sempre ragione ci trascin.[iamo] dietro tutti i *n[ostri]* errori obblig.[ando] gli altri a fare altrett.[anto]
Bisogna ripensare originalm.[ente] tutti i problemi del *n[ostro]* tempo, restare aperti sull'avvenire.
Non è morboso bisogno di nuovo, ma constatato fallim.[ento] di tutte le vecchie posiz.[ioni]
Nessuna rivoluz.[ione] si è fatta in nome delle posiz.[ioni] e dei movim.[enti] precedenti.
Per *l'azione intern.[azionale] è essenziale questo rinnovamento.* Non relitti del *passato, ma anticipaz.[ione]* d'avvenire.
Questo per le direttive morali e politiche generali.[49]

1.2. *Un critico radicato: il «nazional-anarchismo»*

Berneri è credibile. La sua credibilità è dovuta al fatto che non fu un critico totale e non pretese di abbattere l'edificio sociale: quell'edificio era anche il suo e vi era legato.[50]

Egli rivendicò, anzi, la propria formazione culturale borghese e salvaguardò quelli che con Tzvetan Todorov[51] potremmo definire «i successi iniziali della classe media»: la vita privata e la piccola proprietà privata, proprio perché strettamente legati all'autonomia dell'individuo. In questo senso, appare significativa anche l'importanza attribuita al gruppo famigliare:

> La generalizzazione negativa è un arbitrio logico. Se il genitore A, quello B, quello C, ecc. non sanno educare i figli, non posso concludere: tutti i genitori non sanno educare i propri figli. E poiché l'autorità, coazione compresa, rientra nel sistema educativo possibile, sarà irrazionale l'illazione supplementare: l'autorità dei genitori è un male. Eppure tale generalizzazione ha fatto incontrare degli anarchici con dei socialisti ultra-statalisti nell'affermare la superiorità dell'educazione collegiale su quella privata.[52]

La famiglia, corpo intermedio non territoriale, era qui intesa come freno all'invadenza dello «Stato *pedagogo*» e alle conseguenti implicazioni totalitarie.

49. Rosselli, *Azione antifascista internazionale*.
50. La distinzione tra «critica totale» e «critica parziale» è di Michael Walzer, *L'intellettuale militante*.
51. Cfr. Tzvetan Todorov, *Memoria del male, tentazione del bene. Inchiesta su un secolo tragico*, Milano, Garzanti, 2001, p. 21.
52. Berneri, *La concezione anarchica dello Stato*.

Lungo gli anni dell'esilio, Berneri rifletté su *un* anarchismo che potesse radicarsi nella comunità nazionale, nella «realtà economica e psicologica dell'Italia». In alcuni appunti del 1935 lo denominò *Il nazional-anarchismo*. Significativamente, Berneri iniziava tratteggiando la propria formazione culturale e politica, evidenziandone la porosità a spunti e influssi di diversa provenienza:

> Dei residui patriottico-liceali a tinta mazziniana,[53] che richiamano l'infatuazione del primato alla Balbo e alla Gioberti; la coscienza dell'insufficienza del progr.[amma] repubbl.[icano] classico di fronte ai problemi attuali della vita ital[iana]; una viva e vaga simp.[atia] per il bolsc.[evismo] con riserve liberali per quanto è la strutt.[ura] politica sociale e [riserve] naz.[ionali] per quanto riguarda l'applicaz.[ione] italiana. [...].
> Il mio naz[ional]-an[archismo] – Cattaneo, letto e citato e consigl.[iato] con scandalo dei caporalucci dell'ortod.[ossia] kropot[kiniana]; simpatia per il protestant[esimo]; probl.[emismo] di Salv[emini]; critica liberista allo St[ato]; Gobetti – si richiama a Pareto, a Einaudi, ecc. ben più che ai liberali inglesi: naz.[ional] liberalismo; La Critic.[a] Pol.[itica]-nazional-repubbl[icana].[54]

Berneri proseguiva delineando, in maniera impressionistica, le caratteristiche di un paese, l'Italia, irriducibile a formule interpretative univoche: «Italia – civ.[iltà] mediterranea – ricca di storia, varia di clima, di terra»; «individual.[ismo] italico; artigianato e fordismo»; «Italia tra l'occidente industriale e l'occidente agricolo»; «il connubio tra l'utilità del nastro di

53. Anche altrove Berneri ricordò questa influenza nella sua formazione. Ad esempio, alla fine del 1936, nella prima parte di uno studio su Carlo Pisacane, scriveva: «[Gli scritti di Carlo Pisacane] avevano aumentato nella mia prima giovinezza la simpatia per la causa dell'emancipazione del proletariato e della rivoluzione sociale che in me era strettamente congiunta con un patriottismo repubblicano attinto da tradizioni famigliari» (Camillo Berneri, *Carlo Pisacane*, in «Volontà», Genova, X, n. 6, 1 febbraio 1957, pp. 314-318: 314; testo apparso a puntate in «Guerra di classe», Barcellona; per la citazione si veda: a. I, n. 5, 2 dicembre 1936).

54. «La Critica Politica» di Oliviero Zuccarini ebbe il merito di contribuire «a diffondere e ad elaborare il pensiero federalista del Cattaneo» (Berneri, *Carlo Cattaneo, federalista*, p. 29). Nel 1922, Berneri aveva scritto: «Che la generalità dei repubblicani abbia seguito, e segua tuttora, Mazzini, invece di Ferrari e di Cattaneo, è vero, ma è anche vero che vi è un forte gruppo di repubblicani che continuano la tradizione federalista, arricchendola ed elaborandola. Basta, per esempio, la lettura della rivista *La critica politica* per convincersene. I repubblicani federalisti hanno, bisogna riconoscerlo, fatto molto più di noi, nel campo teorico! Noi siamo ancora al federalismo di Bakunin» (Berneri, *Anarchismo e federalismo*, p. 432).

montaggio della F.I.A.T. fordizzata e la bellezza del vaso di Gubbio o del vetro di Murano».[55]

Questi pochi cenni al *Nazional-anarchismo* suggeriscono già alcune riflessioni in merito alla valenza politica del radicamento di Berneri, tema solamente accennato all'inizio del paragrafo. Ripartendo proprio da lì, notiamo come l'importanza del gruppo familiare – vale a dire dell'ammaestramento dei genitori, della fedeltà a certe persone, della ricchezza di una tradizione ereditata, della continuità tra le generazioni – fosse parte in Berneri della centralità del «mondo dell'associazione involontaria»: così Michael Walzer ha definito l'insieme formato da gruppo familiare, comunità nazionale, classe sociale, genere, appartenenza religiosa.[56] «Si tratta di vere e proprie unioni involontarie, dalle quali conseguono diritti e responsabilità».[57]

Potremmo dire che esse costituiscono il *dato* sul quale si fonda (si radica) l'*individuo*, divenendo *persona* (con i suoi legami sociali, culturali ed economici).[58] Ai fini del nostro discorso, risulta particolarmente efficace la definizione di «persona» che è stata data da Alessandro Ferrara: «Individuo "preso con tutta la zolla", considerato cioè in congiunzione con quel nesso di relazioni di riconoscimento reciproco che lo fanno essere quel "chi" unico e irripetibile che è».[59]

La sensibilità per le modalità della finitudine richiama (e sostanzia) l'opposizione ai regimi totalitari e al volontarismo politico – inteso come

55. Berneri, *Il nazional-anarchismo* («Appunti, 1935»), in ABC, FCB, cassetta I. Questi appunti sono affini alle seguenti parole di Carlo Rosselli: «Se v'è un paese in cui le formule [economiche] facili ed univoche si spuntano contro la insormontabile varietà dei climi, delle culture, delle forme e delle forze economiche, questo paese è l'Italia, madre di almeno due Italie: di un'Italia moderna, cittadina, industriale, e di un'Italia antica e rurale» (Rosselli, *Socialismo liberale*, p. 138).

56. Cfr. Michael Walzer, *L'associazione involontaria*, in Id., *Ragione e passione. Per una critica del liberalismo*, Milano, Feltrinelli, 2001, pp. 13-36:15 e 27. In generale, Walzer si impegna in una «correzione comunitaria» al liberalismo, come anche ad apportare un correttivo al razionalismo liberale (cfr. pp. 7-9, 84).

57. Ivi, p. 15.

58. Il «mondo dell'associazione involontaria» ricorda, decisamente, la «radice» di cui scrisse Simone Weil (nel 1942-43): la «partecipazione naturale» – «cioè imposta automaticamente dal luogo, dalla nascita, dalla professione, dall'ambiente» – alla vita di una collettività (Simone Weil, *La prima radice. Preludio ad una dichiarazione dei doveri verso l'essere umano*, trad. di Franco Fortini, Milano, SE, 1990, p. 49).

59. Alessandro Ferrara, Presentazione del fascicolo di «Parolechiave», 10/11 (1996), dedicato al termine «persona» (pp. 9-12: 9).

onnipotenza verso il dato – che li caratterizza.[60] Questa la valenza politica del radicamento dell'intellettuale impegnato.

Conviene, ora, notare con François Furet come l'aggettivo «totalitario» – fin dal suo diffondersi negli anni Venti con il fascismo italiano – sia carico di «un doppio significato».[61] Da un lato, esso esprime il volontarismo politico (la «volontà totalitaria» proclamata da Mussolini), dall'altro, indica il punto estremo al quale il fascismo porta l'idea di Stato, elaborata nel corso di quattro secoli di pensiero politico europeo: «uno Stato che controlla l'intera vita sociale».[62]

Diviene, allora, possibile individuare con estrema chiarezza i temi della critica sociale di Berneri. Al totalitarismo, egli oppose, da una parte, le associazioni involontarie e, dall'altra, l'autonomismo e il federalismo, inteso come strumento per dare il massimo possibile di autonomia dai pubblici poteri alla società civile e per ridurre il peso dello Stato sulla vita dei cittadini; per ampliare, insomma, l'autonomia della società dalla politica.

La riflessione di Berneri ebbe al suo centro l'individuo immerso, come produttore e cittadino, nella società e nei suoi corpi intermedi, territoriali e non territoriali (famiglia, Comune, sindacato ecc.). Un individuo *radicato* in antagonismo con la società, piuttosto che un individuo *assoluto* – eroe astratto del liberalismo e dell'anarchismo – "preso" e contrapposto allo Stato. La riflessione sull'individuo radicato in società conduce a una dimensione giuridica, fatta di diritti e responsabilità. «*Ubi societas, ibi ius*», scrisse Berneri,[63] avendo in mente «la società, con tutte le sue istituzioni: familiari, economiche, religiose, politiche, ecc.»[64] e:

> intendendo le *leggi* come le norme morali e civili che sono più universalmente accettate come base di un'ordinata convivenza, e come quelle necessarie costrizioni della libertà individuale che sono la condizione necessaria della sicurezza e libertà individuali e collettive.[65]

Lo «Stato libertario» (o «Stato anarchico»), che è «sintesi direttiva di comunità autonome e federate» – quindi, «sistema di rappresentanze,

60. Cfr. Alain Finkielkraut, *L'humanité perdue*, Paris, Seuil, 1998, pp. 80-81.

61. Furet, *Il passato di un'illusione*, p. 186. Nelle pagine sul Novecento di François Furet troviamo anche una precisa definizione di volontarismo politico: la tendenza a immaginare il sociale come un puro prodotto della volontà politica (ivi, pp. 93, 187).

62. Ivi, p. 187.

63. Berneri, *Sul Comunalismo*.

64. Berneri, *La concezione anarchica dello Stato*.

65. *Ibidem*.

di organi di collegamento e direttivi» –, si presenta come emanazione della società.[66] «La società è per propria natura giuridica», scrive Berneri.[67] Lo «Stato libertario», dunque, è Stato di diritto. Ma non è legislatore. Leggiamo, infatti, un passo de *La concezione anarchica dello Stato*:

> Vi è Stato in qualsiasi società i cui membri sono governati da leggi. Nello Stato anarchico al: sono governati, si sostituisce il: si governano. Intendendo le *leggi* come le norme morali e civili che sono più universalmente accettate come base di un'ordinata convivenza, e come quelle necessarie costrizioni della libertà individuale che sono la condizione necessaria della sicurezza e libertà individuali e collettive. E sostituendo al potere legislativo quello esecutivo, che è possibile, però, soltanto con una, sia pure minima, autorità dei rappresentanti e dirigenti.

Questo *minimo* potere esecutivo è quello applicato dallo Stato per garantire la coesistenza delle autonomie. Nello «Stato libertario» a legiferare non è un parlamento centrale, ma sono gli enti locali, ad esempio i consigli comunali: «La legge A, quella B, quella C, ecc. sono leggi assurde o avverse al popolo. Ciò non implica: Tutte le leggi sono assurde e dannose. Assurdo e dannoso è che sia un Parlamento a promulgarle, che sia uniforme la loro applicazione, ecc. Ma vi sono leggi opportune».

Proprio la coscienza dell'importanza del diritto si configura come antidoto alla presa esercitata dalle ideologie.[68] Nella seconda metà degli anni Trenta, un autore molto lontano da Berneri, José Ortega y Gasset, scriveva: «Il diritto, la realtà "diritto" – non le idee del filosofo, del giurista o del demagogo sul diritto – è, se mi si consente l'espressione barocca, secrezione spontanea della società e non può essere altro».[69] Il diritto è, dunque, emanazione della società, come lo sono la «consuetudine» e il «costume», di

66. *Ibidem*. Nella prima parte del testo il lettore trova la formula «Stato anarchico», nella seconda parte si afferma, invece, quella «Stato libertario». Tra le due non vi è alcuna differenza sostanziale. Entrambe prefigurano una struttura federale e prevedono un sistema rappresentativo, un'impalcatura amministrativa, l'esercizio di una pur minima autorità statale. Preferiamo insistere, con Berneri, sulla formula «Stato libertario» che si differenzia in modo più chiaro da «Anarchia».

67. *Ibidem*.

68. Cfr. Mariuccia Salvati, *Hannah Arendt e la storia del Novecento*, in *Nazismo, fascismo, comunismo. Totalitarismi a confronto*, a cura di Marcello Flores, Milano, Mondadori, 1998, pp. 219-257 (p. 249).

69. José Ortega y Gasset, *La ribellione delle masse* [1930], SE, Milano 2001. Citiamo dal «Prologo per i francesi» del 1937, pp. 11-43, p. 17.

cui – secondo le parole di Ortega – «è il fratello minore ma più energico». Forse lo Stato gli procura «un certo perfezionamento», ma «il diritto esiste senza lo Stato e senza un'attività legislativa».[70]

Il diritto, insomma, per Ortega, «è operazione spontanea della società». Su questo punto fermo si innestava la sua critica sociale: «L'Europa è oggi *desocializzata* o, in altri termini, manca di principi di convivenza che siano davvero in atto, ai quali si possa far ricorso».[71]

Mancava il diritto, «l'autentico potere sociale», «indipendente da qualsiasi gruppo o individuo determinato».[72] Di fronte al totalitarismo, Ortega y Gasset, come Berneri, dava risalto al fenomeno giuridico.[73] Rispetto a questa affinità, la lontananza politica tra i due passa – ai nostri occhi – in secondo piano. Siamo, del resto, confortati dallo stesso Ortega, che notava come la persistenza dei «qualificativi» sinistra e destra non potesse ormai che trarre in inganno: «Dal momento che si sono capovolte le esperienze politiche a cui corrispondono, come dimostra il fatto che oggi le destre promettono rivoluzioni e le sinistre propongono tirannie».[74]

Con consonanza sorprendente, Ortega y Gasset e Berneri rifiutarono il contrattualismo moderno. Secondo le parole del primo (maggio 1937):

> Uno degli errori più gravi del pensiero «moderno», di cui sentiamo ancora gli ultimi riverberi, è stato quello di confondere la società con l'associazione, che è più o meno il suo contrario. Una società non si costituisce per un accordo delle volontà. Al contrario, ogni accordo di volontà presuppone l'esistenza di una società, di gente che convive, e l'accordo non può consistere che nel precisare questa o quella forma di tale convivenza, di tale società preesistente.[75]

Scrisse a sua volta Berneri:

70. Ivi, p. 226. Citiamo dall'«Epilogo per gli inglesi» del 1938, pp. 209-245.

71. Ivi, pp. 230-231.

72. *Ibidem.*

73. Simone Weil andò oltre. Nel 1942-43, la nozione di «diritto» non le sembrava più sufficiente. Preferì quella di «obbligo». L'obbligo al «rispetto» dell'essere umano in quanto tale. Mentre «i diritti appaiono sempre legati a date condizioni», «quest'obbligo è incondizionato»: «in esso nessun cambiamento nella volontà degli uomini può nulla modificare». Dal rispetto per l'essere umano deriva il rispetto per ogni collettività – «patria, famiglia o altro» –, «in quanto nutrimento di un certo numero di anime umane» (Weil, *La prima radice*, pp. 13-17).

74. Ortega y Gasset, *La ribellione delle masse*, pp. 31-32.

75. Ivi, pp. 16-17.

L'errore contrattualista consiste nel confondere l'associazione con la società. Il contratto sociale non fu la base di alcuna società, di alcuno Stato; né lo può essere. Il contratto sociale è lo stabilirsi di una forma politica basata sulla libera volontà dei consociati. È la società che si uniforma nel volere, la società che da natura e storia si fa *filosofia*. È società utopica che si fa associazione ideale.[76]

Potremmo dire che alla *volontà* del contrattualismo moderno i due autori contrapposero la *fatalità* del radicamento (della tradizione). A questo proposito, Ortega scriveva: «La vita non sceglie il suo mondo, ma vivere vuol dire trovarsi immediatamente in un mondo determinato e incommutabile: questo mondo. Il nostro mondo è la dimensione di fatalità che integra la nostra vita».[77]

La società, secondo le parole di Berneri, è «una cosa che si trova». Essa comprende un insieme di unioni involontarie, che richiamano un sistema di valori comuni: «la società sono i genitori, il paese di nascita». E in questo «non si può cambiare».[78] Nell'intento di delineare una netta contrapposizione tra società e associazione Berneri scriveva più compiutamente:

La società è per propria natura giuridica. L'*associazione* è essenzialmente contrattuale. [...]. L'*associazione* è l'amante, la moglie, il partito: una cosa che si sceglie. La società sono i genitori, il paese di nascita: una cosa che si trova, che non si può cambiare.

1.3. *Razionalismo in crisi e «problemismo»*

Berneri criticava gli «assolutismi mentali» e le concezioni universali del mondo in nome di una ragione che dubitasse di sé. «Quel che c'è di più vivo non è il pensiero sviluppato ma il frammento, l'accenno», scriveva già nel 1929.[79]

Per marcare la distanza dalle presunzioni del «razionalismo», negli anni successivi non esitò ad adottare un atteggiamento mentale che definì «*irrazionalista*». Ciò non significava, peraltro,

76. Berneri, *La concezione anarchica dello Stato.*
77. Ortega y Gasset, *La ribellione delle masse*, p. 80.
78. Berneri, *La concezione anarchica dello Stato.*
79. C.B., *La teiera del socialismo*, in «Germinal» (Chicago), a. IV, n. 6, 1 maggio 1929, pp. 2-3: 2.

essere un sostenitore dell'*irrazionale* bensì essere un diffidente nei riguardi delle *verità di ragione*. La fiducia eccessiva nella ragione è irrazionale per un irrazionalista.[80]

Come sappiamo, Berneri fu allievo di Salvemini. A proposito della sua lezione, Piero Gobetti, altro fondamentale riferimento di Berneri, scriveva: «[Salvemini] chiarì il suo illuminismo come problemismo; più che una fede un canone descrittivo, un mezzo di capire».[81] Il peculiare «razionalismo di Salvemini» fu alla base dell'approccio intellettuale di Gobetti, che si domandava nel suo modo folgorante: «Perché il sistema se crediamo solo più al problema?».[82]

Un razionalismo in crisi avrebbe potuto condurre allo scetticismo. A questa insidia Gobetti e Berneri risposero con un pensiero inteso come slancio morale: «Disprezzando i facili ottimismi e i facili scetticismi – scrisse Gobetti, parlando per la "nuova generazione" – sapremmo distaccarci da noi stessi e interessarci all'autobiografia come a un problema».[83] Più di dieci anni dopo, Berneri, a sua volta, scriveva:

> Che la realtà è infinitamente più vasta del pensiero, che non tutti i problemi sono solubili, è evidente e mi rassegno a questa evidenza. Ma non è il problema della razionalità del mondo che mi interessa bensì quello della razionalità della mia azione.[84]

Berneri proponeva un *suo* positivismo nella formula del «fenomenismo»: «dottrina che ritiene possibile soltanto la conoscenza empirica dei fenomeni».[85] Essa si fondava sul ragionamento induttivo, preferito a quello deduttivo: «L'uomo che "parte da principii" adotta il ragionamento deduttivo, il più infecondo ed il più pericoloso. L'uomo che parte dall'esame

80. Camillo Berneri, *Irrazionalismo e Anarchismo*, in ABC, FCB, cassetta IV. Si tratta di un testo non datato e inedito all'epoca, ma collocabile nella primavera/estate 1936. Si inseriva, infatti, all'interno di una polemica tra Berneri e la redazione de «L'Adunata dei Refrattari», sorta in seguito a un suo articolo: Camillo Berneri, *I principii*, in «L'Adunata dei Refrattari» (New York), XV, n. 23, 13 giugno 1936, p. 4.

81. Gobetti, *La Rivoluzione Liberale*, p. 80.

82. Ivi, pp. 4 e 82.

83. Ivi, p. 4.

84. Berneri, *Irrazionalismo e Anarchismo*.

85. Berneri, *Irrazionalismo e Anarchismo*. Secondo le parole di Berneri, «il positivismo non può essere che fenomenismo», contrapponendosi alla vecchia concezione del «positivismo *razionalista*» o «scientificista».

dei fatti per giungere alla formulazione di principii adotta il ragionamento induttivo: che è l'unico veramente razionale».[86]

Berneri si muoveva sulla traccia della «metodologia liberale» di Gobetti, che aveva contrapposto il «problemismo» salveminiano ai «dogmi» e alle «semplificazioni astratte» dei «progettismi».[87] Leggiamo la parte conclusiva di *Irrazionalismo e Anarchismo*:

> Chi parla di *verità* proprie e di *pregiudizi* altrui è incline a sopprimere con la forza le «ragioni» divergenti. E siccome le *ragioni pazze* non si possono correggere, come diceva il Bruno, se non «*con toglier[g]li via quel capo e piantargliene un altro*», non essendo gli uomini come le bambole, coloro che son giudicati teste cattive finiscono raccorciati dalla ghigliottina giacobina o dall'ascia hitleriana. La pretesa di possedere *la verità* conduce a tutti gli eccessi autoritari. Uno dei maggiori guai dell'umanità è costituito dal continuo sorgere di uomini, gruppi, partiti che vogliano farla felice di una determinata felicità: quella ascetica, quella epicurea, quella collettivista, quella comunista, ecc.[88]

L'obiettivo della polemica di Berneri era il pensiero utopico-totalitario.[89] Ovverosia ogni tentativo di introdurre con la forza l'utopia nel mondo reale:

> L'uomo cammina. Cammina con giri viziosi e su sabbie mobili, ma cammina. L'autoritario pretende guidarlo, il razionalista pretende sapere quale sia la sua meta. L'irrazionalista non ha queste presunzioni, ma è certo che l'uomo cammina verso una cima. [...] Io non pretendo fabbricare la giustizia perché non pretendo possedere la verità: quindi sarò per la libertà, che è la giustizia in marcia. [...] [L'irrazionalista] non nega la giustizia, bensì afferma che la giustizia è un *farsi* e non uno schema da imporre.[90]

1.4. *Riflessione sulla tecnica*

Nell'autunno del 1936, il giornale anarchico italo-americano «L'Adunata dei Refrattari» pubblicò a puntate *Il lavoro attraente* di Ca-

86. Berneri, *I principii*.
87. Gobetti, *La Rivoluzione Liberale*, p. 133.
88. Berneri, *Irrazionalismo e Anarchismo*.
89. Come ha scritto Tzvetan Todorov: «Il totalitarismo contiene una promessa di pienezza, di vita armoniosa e di felicità». Questa caratteristica «permette di identificare la famiglia a cui appartiene la dottrina totalitaria». Il totalitarismo teorico è un «utopismo». Cfr. Todorov, *Memoria del male, tentazione del bene*, p. 29.
90. Berneri, *Irrazionalismo e Anarchismo*.

millo Berneri, apparso, dopo la morte dell'autore, anche in opuscolo.[91] La riflessione sul macchinismo di Berneri è coeva e, in una qualche misura, convergente rispetto a quella di Simone Weil sulla condizione operaia. Entrambe le opere mostrano, ad esempio, una comune sensibilità nel porre al centro della trattazione «gli uomini che lavorano nella fabbrica», le situazioni concrete e individuali.

Per quanto sappiamo, Berneri e Weil non si conobbero, né di persona, né attraverso i loro scritti.[92] Possiamo dire che si sfiorarono. Ebbero, infatti, nel corso degli anni Trenta, a Parigi, delle frequentazioni in comune: luoghi e persone. In particolare, entrambi si avvicinarono all'ambiente della rivista anarchica parigina «Le Libertaire», conoscendovi Sébastien Faure e Louis Lecoin.[93] Al di là di questo, comunque, l'affinità che crediamo di individuare nelle riflessioni sul macchinismo di Weil e Berneri fu convergenza di percorsi indipendenti.

In Archivio Famiglia Berneri è conservata una versione autografa de *Il lavoro attraente*[94] dalla quale decidiamo di citare, visto che le versioni pubblicate presentano tra loro alcune differenze. Introducendo il suo studio, Berneri scriveva:

> Fra tanto imperversare di socialismo statolatra, di comunismo autoritario e di semplicismo economicista sarebbe compito specifico degli anarchici porre in termini concreti e chiari il problema della disciplina del lavoro, problema felicemente delineato dai maggiori teorici nostri per quanto riguardi l'affermazione dei diritti dell'uomo nella sfera della sua attività di produttore ma che, come qualsiasi altro problema sociale, va aggiornato sulla base delle

91. «L'Adunata dei Refrattari» (New York), a. XV, nn. 37-45. Nel 1938, il testo fu ripubblicato, a Ginevra, dall'editore anarchico Carlo Frigerio: Camillo Berneri, *Il lavoro attraente*, Ginevra, Frigerio, 1938.

92. Da notare, però, che il 15 maggio 1935, sulla rivista «Studi sociali» (Montevideo), Catilina, ovverosia Luigi Fabbri, recensiva insieme (a p. 8) *L'operaiolatria* di Berneri e *Riflessioni sulla guerra* di Simone Weil, editi entrambi dal Gruppo d'edizioni libertarie di Brest. L'articolo fu ritagliato e conservato da Berneri (lo si trova in ABC, FCB, cassetta XIV, fasc. 5, s.fasc.: «4 frammenti di recensioni a *L'operaiolatria*»). Fabbri presentava Simone Weil come «una compagna francese [...] che forse non è anarchica nel senso più nostro della parola, ma di certo è vicinissima a noi, ed in ogni modo espone qui delle idee sulla guerra che (a parte qualche accenno marxista) noi condividiamo completamente».

93. Su questa frequentazione di Simone Weil, cfr. Domenico Canciani *Simone Weil. Il coraggio di pensare. Impegno e riflessione politica tra le due guerre*, Roma, Lavoro, 1996, p. 178 e n.

94. Camillo Berneri, *Il lavoro attraente*, in ABC, FCB, cassetta X.

nuove tendenze tecniche, delle nuove esperienze economiche, fisiologiche e psicologiche [...]. Non essendo operaio che per ormai rara avventura e non mai qualificato, né essendo un tecnico e avendo, più che in ogni altra zona della mia cultura, larghe lacune per tutto quanto abbia attinenza con i problemi pratici del lavoro industriale, mi sono sempre astenuto dal trattare quell'ordine di problemi, aspettando che altri, più preparati, lo facessero. [...] Lo studio che segue non è che una specie di introduzione al tema: il lavoro attraente, tema sul quale vorrei veder attratta l'attenzione di quanti potrebbero apportare idee, esperienze personali, particolari conoscenze tecniche. Un competente avrebbe fatto di più e di meglio, ma dato che i competenti sono restii a utilizzare la propria preparazione, tocca ai più disinvolti il ruolo di sollevare i problemi.

Da notare come l'autore collocasse *Il lavoro attraente* in continuità con una tradizione di cultura politica francese, a partire da Fourier. A questo proposito, scriveva: «Fu il Fourier a sviluppare ampiamente e sistematicamente il principio del lavoro attraente, la cui prima condizione è da lui indicata nella varietà e la seconda nella breve durata. [...] Benoît Malon, Georges Renard, Jean Jaurès e altri socialisti francesi si mostrarono influenzati dalla concezione fourierista dell'organizzazione del lavoro».[95]

Riflettendo sui problemi della divisione del lavoro e del rapporto uomo/macchina, Berneri avanzava, da parte sua, l'esigenza di pensare una trasformazione tecnica. Da essa dipendeva la condizione operaia:

Bisogna esaminare il problema dell'automatismo e della specializzazione se si vuole giungere a conciliare le necessità tecniche della specializzazione con la possibilità di evitare le atrofie psichiche proprie della divisione del lavoro organizzata con criteri unilateralmente economici. [...]. La mistica della produzione, forma di illuminismo economicista che meriterebbe di essere esaminata e discussa lungamente, ha condotto la produzione sovietica ad una pseudo-razionalizzazione del lavoro che si ricollega ben più alla schiavitù fordista che al taylorismo. Di tale degenerazione è ricca di documenti la stampa stalinista. [...] Il movimento Stakanoff, attualmente in auge, è il trionfo del cottimismo, ben più che della razionalizzazione.

Alla «mistica della produzione, forma di illuminismo economicista», Berneri contrapponeva l'idea di «un reale progresso, ossia un progresso

95. Tra gli appunti presi in preparazione de *Il lavoro attraente*, Berneri annotò alcune parole di Jaurès: «Il faut que le travailleur ait l'intelligence constante de la machine qu'il dirige, de l'oeuvre d'ensemble à laquelle il concourt, des procédés qu'il emploie...» (in ABC, FCB, cassetta X).

che non sia puramente *produttivo* ma anche *umano*. L'uomo si emancipa mediante il lavoro *intelligente e libero* e non in un rapporto assoluto con il *massimo dominio sulla natura*».

Per Simone Weil, come per Camillo Berneri – ma, ora, usiamo le parole dell'autrice francese –, la «schiavitù completa» («oppressione»), propria della condizione operaia, non dipende direttamente dalla proprietà dei mezzi di produzione o dal profitto, ma «dai rapporti fra l'operaio e la macchina, fra l'operaio e i capi, e dalla più o meno grande potenza della direzione».[96]

> Se domani – scriveva S. Weil, all'inizio del 1937 – i padroni saranno cacciati, se si collettivizzeranno le fabbriche, ciò non muterà in nulla questo problema fondamentale, per il quale ciò che è necessario per far uscire il più gran numero possibile di prodotti non è necessariamente quello che può soddisfare gli uomini che lavorano nella fabbrica.[97]

Così, ricordandoci ancora Berneri, Weil invocava – secondo le parole di Domenico Canciani – l'impegno di «una élite di ingegneri e di tecnici» nella «progettazione di macchine capaci di garantire la dignità dell'operaio, restituendogli, almeno in parte, il governo del processo lavorativo e produttivo».[98] In definitiva,

> tutti i problemi della tecnica e dell'economia – scriveva Simone Weil, nel 1941 – debbono essere formulati in funzione di una concezione generale circa le migliori condizioni possibili del lavoro. Una tale concezione è la prima norma; tutta la società dev'essere anzitutto costituita in modo che il lavoro non tenda a degradare coloro che lo compiono.[99]

In questo senso, Weil aveva sviluppato, già da alcuni anni, la visione di «una economia decentralizzata», nella quale le «prigioni industriali» sarebbero state sostituite da «laboratori, disseminati un po' dovunque».[100] In modo affine, nel 1932, Berneri scriveva: «I bolscevichi sono infatuati della grande industria che considerano *a priori* come il tipo di produzione il più progredito e il più conciliabile con la civiltà socialista. Essi aspirano ad

96. Simone Weil, *La condizione operaia*, Milano, Comunità, 1965, pp. 149, 229-230.

97. Weil, *La condizione operaia*, p. 230.

98. Canciani, *Simone Weil*, pp. 168-170.

99. Weil, *La condizione operaia*, p. 287.

100. Citiamo le sue parole da Canciani, *Simone Weil*, p. 172.

impiantare artificialmente in tutta Italia la grande industria *statale*».[101] Al contrario, «noi, anarchici, a costo di essere accusati quali piccolo-borghesi, contro-rivoluzionari, ecc., consideriamo tali apriorismi come delle aberrazioni». Contro l'industrialismo dei comunisti, e dei socialisti marxisti in genere, Berneri propugnò, ancora una volta, l'attenzione per la «piccola industria» e le «campagne».[102]

1.5. *Il pensiero politico di un anarchico di frontiera: lo «Stato libertario»*

Per avviare la trattazione del pensiero politico di Camillo Berneri conviene partire dall'intima connessione che è stata individuata fra lo spirito della rivoluzione, così come si è manifestato tra età moderna e contemporanea, e il principio federale della divisibilità del potere.[103] Nella lettura di Hannah Arendt, a partire dalle due rivoluzioni del tardo Settecento, fino ad arrivare alla rivoluzione ungherese del 1956 – passando attraverso la Comune di Parigi, l'anno 1905 e il febbraio 1917 in Russia, gli anni 1918 e 1919 in Germania –, il principio federale si concretizzò nel sistema dei consigli, manifestatosi in diverse forme. Questa spontanea creazione non trova centralità nella riflessione di Marx e Lenin, «fermamente ancorati alla tradizione dello stato nazionale», mentre in Proudhon e Bakunin – secondo le parole di Arendt –,

> vi sono passi da cui risulta abbastanza chiaramente ch'essi erano consapevoli del sistema dei consigli. Ma la verità è che [...] erano singolarmente sprovveduti per affrontare un fenomeno il quale dimostrava così chiaramente che la rivoluzione non finiva affatto con l'abolizione dello stato e del governo ma al contrario mirava a fondare un nuovo stato e a instaurare una nuova forma di governo.

Uscendo dalle pagine della filosofa tedesca, troviamo un attento interprete del sistema consigliare proprio in Berneri, che ebbe cura di distinguere il sovietismo dal bolscevismo.

Nella riflessione di Berneri, la divaricazione tra bolscevismo e sovietismo interviene, netta, al momento dell'analisi della rivolta di Kronštadt

101. Camillo Berneri, *Anarchismo "reazionario" o demagogia comunista?*, in «Guerra di classe» (Bruxelles), n. 22, novembre 1932.

102. Camillo Berneri, *L'operaiolatria*, in «Guerra di classe» (Bruxelles), n. 18, 30 aprile 1932.

103. Hannah Arendt, *Sulla rivoluzione*, Milano, Comunità, 1996, pp. 295-310.

(marzo 1921), evento a cui prestò molta attenzione perché lo interpretò come la fine di ogni speranza democratica nell'esperienza della Rivoluzione russa. A partire dall'inizio degli anni Venti fino alla metà del decennio successivo, continuò a ritagliare e conservare articoli su questo argomento, prendendo anche diversi appunti.[104] Tanto che nel 1936 mise in cantiere un testo su «bolscevismo» e «sovietismo», che però non trovò compimento. Sarebbe stata sua intenzione partire dal primo Soviet fondato a Pietroburgo nel gennaio 1905.[105]

Tra le carte per *Bolscevismo e Sovietismo*, Berneri conservò un opuscolo mutilo che è per noi di particolare interesse. Si tratta di un numero della rivista «Problemi della rivoluzione italiana» di Marsiglia (quaderno n. 21-22, marzo 1934).[106] Il frontespizio annunciava interventi di Silvio Trentin, Alberto Jacometti e Antonio Chiodini. Insieme al frontespizio, Berneri conservò due pagine dell'intervento di Trentin, *Sugli obiettivi della rivoluzione italiana*. Ne sottolineò un paragrafo, che conviene leggere con attenzione: «La Repubblica dei Soviets, malgrado l'ingannevole foggia della veste costituzionale di cui essa si ammanta, è stata portata, forse per la forza stessa delle cose, a inquadrarsi dentro un regime a carattere nettamente accentratore. L'attività degli Stati federati e degli enti particolari non ha in fondo d'autonomo, nell'ambito di detto regime, che l'attributo

104. Appunti vari sulla Rivoluzione russa e in particolare sulla rivolta di Kronštadt (marzo 1921); Raccolta di articoli su *Kronstadt (marzo)*. Entrambe le cartelle in ABC, FCB, cassetta VI.

105. Raccolta di materiale su *Bolscevismo e Sovietismo*, ivi. Nel 1936, Berneri progettò un testo su «Bolscevismo e Sovietismo» e un altro su «Anarchismo e Sovietismo». Ma, già nel 1933, si era impegnato sul tema «Bolscevismo, Sovietismo e Anarchismo», svolgendolo in una conferenza che era stato invitato a tenere dalla Lega italiana dei diritti dell'uomo di Sartrouville, nei pressi di Parigi (si veda la corrispondenza con Carlo Frigerio del febbraio 1933, in ABC, FCB, cassetta I).

106. L'editore di questo periodico era ESIL (Edizioni Sala «Italia Libera»); editore con il quale Berneri, nel 1929, aveva pubblicato *Lo spionaggio fascista all'estero*. La rivista «Problemi della rivoluzione italiana» era sorta, a Marsiglia, nel 1931 per iniziativa dei repubblicani socialisti raccolti attorno a Fernando Schiavetti. Una sintetica descrizione della rivista la troviamo in una lettera (novembre 1937) di Francesco Volterra, stretto collaboratore di Schiavetti. Nella missiva si annunciava la ripresa della pubblicazione (interrotta alla fine del 1934): «Edita e vivente fuori dei partiti, la rivista si propone, come pel passato, di rafforzare negli antifascisti la conoscenza del complesso problema italiano». I principali collaboratori sarebbero stati: Schiavetti, Garosci, Trentin, Tasca, Chiaromonte, Faravelli, Saragat, Jacometti. La lettera di Volterra, 12.11.1937, si trova citata in una nota della Divisione polizia politica, 5.1.1938, in ACS, CPC, b. 5206, Trentin Renzo Silvio.

formale, costretta com'è a subire in ogni stadio del suo sviluppo il controllo oppressivo delle gerarchie del partito».

Alla luce dell'esito della Rivoluzione russa, Trentin formulava poi alcune considerazioni riguardo alla futura rivoluzione italiana: «L'ordinamento secondo cui verrà organizzandosi e stabilizzandosi la rivoluzione italiana dovrà far posto, ben più largamente di quello che sia stato concesso all'ordinamento della Rivoluzione russa, all'autonomia organica delle forze sociali, alla consacrazione della prerogativa dell'auto-governo in favore di tutti i soggetti molteplici spontaneamente costituitisi per il soddisfacimento delle esigenze primarie della vita di relazione».

Come Trentin, Berneri rifletté sulla rivoluzione italiana cercando di tenere presente anche l'esperienza russa. Basta, del resto, ricordare la formula con la quale aveva sintetizzato (scrivendo a Libero Battistelli nel 1929) la sua visione autonomista e federalista: «Cattaneo completato da Salvemini a dal Soviettismo».

Negli anni dell'esilio il federalismo libertario di Berneri trovò una importante sistemazione teorica nella già citata *Concezione anarchica dello Stato*:

> [L'anarchismo] è, essenzialmente, una scuola politica sorta contro l'ipertrofia burocratica, giudiziaria, poliziesca e militare dello Stato moderno, ma disposta ad accettare l'autorità, quando tutti partecipino a costituirla ed a controllarla. L'anarchismo nega lo Stato-governo, non nega lo Stato inteso come sistema di rappresentanze, di organi di collegamento e direttivi. L'Anarchia è la città ideale, lo Stato libertario è la sua approssimazione storica. L'Anarchia è religione, lo Stato libertario è politica.[107]

Lo «Stato libertario» è «sintesi direttiva di comunità autonome e federate». Emana dall'insieme delle autonomie, territoriali e sociali, come puro strumento tecnico di coordinamento delle stesse. È *Stato* ridotto a «impalcatura amministrativa» essenziale, «complesso di organi direttivi, tecnici ed amministrativi». E non deve essere altro che questo! La sua «sfera di azione» (di governo, di intervento) sulla società deve, cioè, ridursi al minimo. Al contrario lo «Stato-governo» rappresenta l'ipertrofia dello Stato moderno, è «lo Stato accentrato, organo di conservazione politica e sociale; cioè lo Stato nella sua attuale fase di sviluppo».[108]

107. Berneri, *La concezione anarchica dello Stato.*
108. *Ibidem.*

Nel modello di Stato abbozzato da Berneri, «Soviettismo» e «Comunalismo» si intrecciavano in un «programma minimo» che aveva come obiettivo basilare quello di «dare alla rivoluzione italiana un indirizzo autonomista, sul terreno sindacale e quello comunale».[109]

> Terreno politico. Funzione liberale-democratica. Scopo, la libertà dei singoli e la solidità degli enti amministrativi locali. Mezzo: l'agitazione su basi realistiche.[110]

Sarà sufficiente citare, a conferma, alcuni articoli della *Costituzione della Federazione Italiana Comuni Socialisti*, redatta da Berneri nel 1935 e rimasta inedita:

> Art. 1 – L'Italia è una Repubblica federale tendente a realizzare il massimo possibile di libertà e di giustizia. I suoi organi amministrativi, politici e giuridici emanano dal popolo, che ne controlla il funzionamento. La Repubblica è il complesso degli organi nazionali, regionali e municipali. [...]
> Art. 5 – Le leggi hanno estensione comunale, regionale e nazionale, a seconda del loro oggetto. Esse emanano dalle assemblee comunali, regionali e nazionali e sono approvate o abrogate mediante plebisciti comunali, regionali e nazionali. [...]
> Art. 64 – I Consigli Comunali sono eletti per suffragio universale, eguale, diretto e segreto; i Consigli provinciali sono eletti dai Consigli Comunali; i Consigli regionali sono eletti dai Consigli provinciali; i Consigli Nazionali sono eletti dai consigli regionali.[111]

Sul programma minimo «autonomista e federalista» va fatta un'ultima considerazione. Esso esemplifica uno sforzo continuo di Berneri: quello di pensare ogni azione politica concretamente inserita in un determinato contesto, quello nazionale.[112] Alla fine del 1935, discutendo con Carlo Rosselli, Berneri scriveva su «Giustizia e Libertà»:

109. Berneri, *Sul Comunalismo.*

110. *Ibidem.*

111. Camillo Berneri, *Costituzione della Federazione Italiana Comuni Socialisti – (F.I.C.S.)*, [1935], in ABC, documento non catalogato, La *Costituzione* non è datata, ma la collochiamo, con sicurezza, nel 1935. Infatti, in una delle carte che compongono *Il nazional-anarchismo* («Appunti, 1935») vi sono alcune note riguardanti la «Federaz. Comun. Soc. It. (F.C.S.I.)».

112. In una nota intitolata *Azione politica*, Berneri appuntò: «1 – che cosa vogliamo? 2 – con che mezzi possiamo realizzarlo? dove? come? quando? chi?» (Serie di piccole note, in ABC, FCB, cassetta IX).

> L'antitesi che mi pare non presumibile, come tu dici, bensì inevitabile, sarà: *comunismo dispotico centralizzatore* o *socialismo federalista liberale*. [...] Noi e voi abbiamo di fronte il problema di come imprimere alla rivoluzione italiana un indirizzo autonomista in politica e socialista-liberista in economia.[113]

Il problema dello Stato che emerge dal pensiero politico di Berneri viene illuminato dalla riflessione di Silvio Trentin, «una delle menti più lucide dell'emigrazione antifascista», secondo le parole dello stesso Berneri.[114] Leggiamo, a questo proposito, una pagina di *Stato – Nazione – Federalismo*, opera fondamentale nella storia del pensiero federalista tra le due guerre mondiali che Trentin scrisse nel 1940:

> La società è, per definizione, molteplicità: molteplicità di centri vitali, di sforzi, di realizzazioni, cui corrisponde il sempre mobile e necessario suo frazionamento in gruppi, in enti, in istituzioni. È così, e solo così, che nasce, del resto, il diritto: diritto che, per la sua essenza ha immediatamente vigore in quanto è *sociale*, indipendentemente da una sua *statuale* consacrazione. Esso altro non è che la disciplina che l'ente o l'istituzione dà a se stesso per il governo della propria esistenza. [...].
> Inizialmente, lo stato non è che un ordinamento, un sistema *costruito*, per garantire la coesistenza delle autonomie. Esso non risponde, in fondo, che ad una esigenza di carattere tecnico, il cui obiettivo specifico è semplicemente di fornire a ciascuno dei segmenti territoriali nei quali la società umana si è trovata ad un dato momento scomposta, lo strumento capace di contenere le concorrenti manifestazioni di tutti i centri e di tutti i soggetti di attività in esso racchiusi dentro l'osservanza di una comune regola di condotta.[115]

Introducendo *Stato – Nazione – Federalismo*, Norberto Bobbio ebbe modo di notare come la riduzione dello Stato a puro strumento tecnico fosse la più completa inversione della concezione etica dello Stato tipica dei totalitarismi.[116] Ma leggiamo direttamente le parole di Trentin:

113. *Discussione sul federalismo e l'autonomia. Intervento di Camillo Berneri*, in «Giustizia e Libertà» (Parigi), a. II, n. 52, 27 dicembre 1935.

114. L'Orso [C. Berneri], *La responsabilità della Socialdemocrazia Germanica*, in «L'Adunata dei Refrattari» (New York), XI, n. 43, 22 ottobre 1932, p. 3.

115. Silvio Trentin, *Stato – Nazione – Federalismo*, in Id., *Federalismo e libertà. Scritti teorici. 1935-1943*, a cura di Norberto Bobbio, Venezia, Marsilio, 1987, pp. 35-231: 68-69 (1ª ed. Milano, La Fiaccola, 1945).

116. Cfr. Norberto Bobbio, Introduzione a Trentin, *Federalismo e libertà*, pp. IX-XXXVII: XXIX-XXX.

Come lo stato hegeliano, lo stato socialista, nella prefigurazione attribuitagli dal marxismo ortodosso, pone se stesso come un'entità a se stante, perfetta e autarchica e confisca a proprio profitto tutte le fonti dell'autorità e del potere. Cosicché, di fronte all'uno come di fronte all'altro, l'attività umana si trova spogliata di ogni iniziativa e di ogni autonomia, siano esse materiali o spirituali. In questa collusione incosciente del materialismo dialettico con l'idealismo nell'impostazione e nella soluzione del problema dello stato, risiedono, ad un tempo, e una nuova causa e un'occasione nuova del dramma tremendo che oggi travolge le fondamenta della civiltà occidentale.
Essa soltanto può fornire un'attendibile spiegazione delle sorprendenti analogie le quali denunziano anche all'osservatore meno accorto, l'intima parentela esistente fra la tecnica del regime che Lenin creò *ex-novo in Russia*, in nome e per conto della rivoluzione proletaria e la tecnica del nazionalismo totalitaristico.[117]

Affrontando, tra le due guerre, il problema dello Stato, Trentin e Berneri espressero il medesimo rifiuto di una concezione statale come «entità a se stante, perfetta e autarchica», tendenzialmente totalitaria. Più in particolare, Camillo Berneri e Silvio Trentin furono accomunati da un progetto libertario. Ed ebbero gli stessi referenti: Carlo Cattaneo, la tradizione dell'anarchismo (in particolare, Proudhon) e il sovietismo. Naturalmente, ben diverso – e l'abbiamo visto – il livello della competenza giuridica.[118]

La negazione della valenza etica dello Stato accomuna sia Berneri che Trentin a Piero Gobetti, che prima di loro tematizzò compiutamente questo aspetto, parlando di «Stato-pubblica amministrazione», come strumento eminentemente tecnico:

È assolutamente erroneo – scrisse Gobetti – attribuire allo Stato-pubblica amministrazione che vive dei contrasti politici e interviene nelle vicende quotidiane, una funzione metafisica, coi diritti pratici che ne vogliono derivare. In politica, checché ne sembri ai filosofi, lo Stato è etico in quanto non professa alcuna teoria: questa posizione di equilibrio è la sola che non ci ponga di fronte all'insolubile problema di fissare quali siano gli organi di questa pretesa morale statale; e ci garantisce la possibilità che ogni etica, come ogni politica, sia da esso rispettata in quanto si rimette il giudizio della validità

117. Trentin, *Stato – Nazione – Federalismo*, p. 83.

118. Sulla formazione di giurista di Trentin: cfr. Bobbio, Introduzione a Trentin, *Federalismo e libertà*, pp. XIV-XV. Ma, ricordiamo che Berneri, intorno al 1925, aveva iniziato gli studi di diritto all'Università di Camerino.

sociale di cui ciascuna idea potrà menar vanto ai risultati della libera lotta e della storia imprevista.[119]

Se definiamo lo Stato amministrativo come un sistema politico in cui l'amministrazione, esercitata su basi di competenza, resti lontana dalle ideologie e dalle loro battaglie, allora è davvero all'interno di un tale contesto che Berneri pensò il suo progetto libertario. In una pagina de *La concezione anarchica dello Stato*, appare, infatti, chiaro come egli iniziasse a riflettere sul problema dello Stato, proprio partendo dal modello di uno Stato «ridotto a funzione di ente di pubblica utilità e necessità», liberato da qualificazioni ideologiche («borghese-comunista»).

> [Il] sovrapporsi del termine *Stato* indicante lo Stato nella sua forma politica (Monarchia, Repubblica) e nella sua funzione sociale (borghese-comunista) al termine *Stato* indicante quel complesso di organi direttivi, tecnici ed amministrativi, che costituisce per la società quello che gli organi vitali e il sistema osseo costituiscono per l'uomo, è necessario, ma è, quando non si distingue la diversità di contenuto, fonte di infinite prevenzioni contro il nostro programma e contro il nostro movimento.
> La società, con tutte le sue istituzioni: familiari, economiche, religiose, politiche, ecc. non può identificarsi con lo Stato, che rimane, anche se ridotto a funzione di ente di pubblica utilità e necessità, un organismo specifico, che è passibile di sviluppo appunto perché non comprende tutta la società. Appunto perché lo Stato, come organo specifico, tende a diventare una società nella società, con l'irrigidirsi del suo meccanismo, col moltiplicarsi del personale tecnico ed amministrativo tendente ad accrescere la propria autorità e ad acquistare privilegi, ecc. crediamo che la società, sfera più vasta di possibilità di rinnovamento evolutivo, con le sue esperienze e con le sue opposizioni, debba rimanere, per funzione storica, in una posizione antitetica di fronte allo Stato. Questo oggi, e fin quando lo Stato si riduca ad essere la sintesi direttiva di comunità autonome e federate.[120]

Pensando alla gestione dello «Stato libertario», Berneri vi mise al centro il «volontariato amministrativo» e la figura del tecnico locale super partes. A questo proposito, prendiamo in considerazione un altro scritto inedito, *Il valore civile del federalismo*:

> Che la partecipazione *diretta* dei cittadini alla vita amministrativa del proprio paese contribuisca a sviluppare e migliorare le loro capacità civili è, oggi,

119. Gobetti, *La Rivoluzione Liberale*, pp. 49-50.
120. Berneri, *La concezione anarchica dello Stato*.

ammesso da moltissimi. Ma pochi sono coloro che credono alla possibilità di un così decentrato sistema autonomista che ponga il cittadino nella posizione di amministratore di se stesso. Vi è tale possibilità? [...]
Supponiamo che una grande città sia organizzata su basi federali. In questo caso non formerebbe un unico Comune, ma dieci, venti Comuni [...]. In ciascuno di questi Comuni l'amministrazione non s'accentra in un unico consiglio, ma si scinde in parecchi consigli, ciascuno dei quali ha una propria amministrazione e un ben circoscritto compito da eseguire: istruzione, illuminazione, viabilità, igiene, ecc. Se tutte queste funzioni fossero accumulate in un solo consiglio, il cumulo di tanti affari diversi richiederebbe l'opera quotidiana di amministratori, che dovrebbero essere retribuiti. Il consiglio unico, inoltre, avendo tante responsabilità finirebbe per non averne nessuna. Invece nel sistema federale ogni consiglio, avendo un compito limitato ed omogeneo, potrà essere formato di poche persone, che, con qualche ora di occupazione al giorno, potranno sbrigare le loro faccende; molti impiegati vengono così ad essere eliminati e molte indennità abolite. Questi amministratori volontari hanno una ben definita responsabilità e sono sotto il controllo immediato e continuo degli elettori, che essendo interessati al buon funzionamento di quella data amministrazione terranno gli occhi ben aperti ed interverranno al primo inconveniente. [...]. Non è detto che il sistema sopra esposto escluda gli stipendiati. Quei servizi complessi richiedenti attitudini e preparazione speciali, o una completa disponibilità saranno affidati a tecnici e ad impiegati stipendiati.[121]

Il punto sul quale ci vogliamo concentrare è la figura del tecnico; figura che fu – come stiamo per vedere – una presenza insistente, in Berneri. Già nel 1924, scriveva:

I gruppi tecnici sono i nuclei di stabilità di iniziativa rivoluzionaria. Solo essi possono rendere possibile l'autonomia degli enti economici dalle superstrutture statali. L'autonomia è feconda negli organi autonomi quando v'è la possibilità di una vita propria, con struttura e funzionalità caratteristiche. L'anarchia presuppone la capacità di fare da sé. Tanto più l'ente locale (industriale, agricolo, amministrativo) ha la possibilità di vivere con forze e mezzi propri, tanto meno è possibile l'accentramento statale. Tanto più l'autorità è basata sulla competenza e tanto più è possibile una gerarchia articolata, rinnovabile, non oppressiva, non cristallizzata nel privilegio.[122]

121. Camillo Berneri, *Il valore civile del federalismo*, in ABC, FCB, cassetta XI. Lo collochiamo, indicativamente, nel periodo dell'esilio.

122. Camillo Berneri, *La cultura professionale*, in «Libero accordo» (Roma), a. V, n. 91, 15 marzo 1924, pp. 1-2.

Sempre quell'anno e sempre sulla rivista anarchica romana «Libero accordo», Berneri insisteva sulla «necessità che ha l'Italia di essere amministrata e diretta tecnicamente da organi locali e ben circoscritti», ammettendo – non senza difficoltà per un anarchico – un «sistema rappresentativo» articolato anche a livello regionale e nazionale per l'evidente necessità «di garantire al paese quelle opere e quei provvedimenti di interesse nazionale che solo degli organismi regionali e centrali possono dare».[123] Per quanto riguarda, in particolare, la dimensione locale, nel 1931, scriveva:

> Il Comune dovrebbe essere la coordinante dei consigli (di fabbrica, di abitazione, di consumo ecc.) e la sua amministrazione risultante dall'elezione di delegati *tecnici* e non *politici*. [...]. Negare la politicità nell'orbita di tutta la vita amministrativa è negare lo Stato nel senso politico, combattere lo Stato come governo e come accentramento di poteri e di funzioni.[124]

Ci piace, infine, passare dal piano teoretico a quello esistenziale. Nell'autunno 1936, dalla Spagna, Berneri teneva a precisare:

> Al mio arrivo a Barcellona mi si parlò di un Consiglio di Economia che avrebbe cominciato quanto prima i proprii lavori e alcuni compagni spagnoli avrebbero voluto fossi nominato assessore di uno dei membri del Consiglio. Quando seppi che si trattava non di un comitato della C.N.T. bensì di una specie di ministero, mi sottrassi da qualunque nomina del genere partendo per il fronte. Questo non per intransigenza politica bensì perché non sono economista, non conosco a fondo la Spagna e neppure la lingua del paese e, quindi, non posso decentemente occupare cariche alle quali non sono preparato.[125]

Da queste citazioni risulta chiaro che quando Berneri si trovò ad ammettere la necessità dell'autorità, della gestione del potere, la affidò – nei suoi piani – a tecnici. Concedendoci uno scherzo, potremmo sintetizzare,

123. C.B., *Il Parlamento del Lavoro*, in «Libero accordo» (Roma), a. V, supplemento al n. 99, 22-31 luglio 1924, pp. 1-2: 2. «Il Consiglio provinciale, eletto e controllato dai Consigli comunali. Il Consiglio regionale, eletto e controllato dai Consigli provinciali. Il Consiglio nazionale, eletto e controllato dai Consigli regionali» (Camillo Berneri, *Per le autonomie locali*, in «Vogliamo!», Biasca, a. I, n. 1, 1 agosto 1929).

124. C. Berneri, *Mali passi o fisime?*, in «Guerra di classe» (Fontenay-sous-Bois, Seine), n. 5, gennaio 1931, p. 3.

125. Camillo Berneri, *Avvertenza*, in «L'Adunata dei Refrattari» (New York), XV, n. 40, 10 ottobre 1936, p. 3.

con uno slogan: *Tutto il potere ai tecnici!* (naturalmente, delegati, controllati ed eventualmente sostituiti dagli elettori).

La centralità della figura del tecnico nella gestione dello «Stato libertario» richiama quell'attenzione che Berneri dimostrò nei riguardi dei «varî *ceti* intermedii» tra proletariato e borghesia.[126] Un'attenzione di cui abbiamo sentore fin dagli anni Venti, quando Berneri aveva accennato a Gobetti – in una cartolina postale – di essere già in possesso del libro di Luigi Salvatorelli da lui edito.[127] Berneri si era, ovviamente, riferito a *Nazionalfascismo* (Torino 1923), dove pagine acute sono dedicate alla piccola borghesia dei «professionisti tecnici».[128]

Ricordiamo, inoltre, che Berneri, a Parigi, frequentò Alberto Cianca e che uno dei temi caratterizzanti il «Mondo» di Amendola e dello stesso Cianca era stato proprio quello della centralità del ruolo politico e sociale dei ceti medi.[129]

Berneri insistette sulla figura del tecnico in quanto – ai suoi occhi – autorità al di sopra delle parti, estranea, cioè, alle rivalità dei partiti politici. Le rappresentanze tecniche locali sarebbero state estranee ad ogni eredità dello «Stato-governo» (Stato nazionale accentrato), di cui, invece, i partiti erano, comunque, delle componenti. All'esterno delle rappresentanze tecniche, alla cittadinanza – presumibilmente raccolta in circoli popolari locali – sarebbe spettato un compito di controllo e di stimolo.

In definitiva, Berneri cercò di esorcizzare con la presunta oggettività del tecnico l'arbitrarietà del potere. Vi fu, in questo tentativo, tutta la difficoltà di un pensatore libertario nell'affrontare il nodo del potere. E Berneri era ben consapevole che – per dirla con le parole di Barrington Moore – «l'eliminazione dell'autorità proposta dagli anarchici non costituisce affatto una soluzione»[130] («sfuggire l'autorità vale fuggire la società», come si ricorderà).

In conclusione, notiamo che, se nella riflessione di Berneri il tema politico-giuridico (autonomismo e federalismo) prevalse su quello socio-

126. Berneri, *Sul Comunalismo.*

127. Cfr. cartolina postale di Camillo Berneri a Piero Gobetti, Cortona, 5 febbraio 1924 (timbro postale), fotocopia dell'originale autografo in ABC, FCB, cassetta II.

128. Luigi Salvatorelli, *Nazionalfascismo*, Torino, Einaudi, 1977, p. 15.

129. Per una lettura del «Mondo» si veda: Antonio Sarubbi, *Il Mondo di Amendola e Cianca e il crollo delle istituzioni liberali (1922-1926)*, Milano, FrancoAngeli, 1986 (cfr., in particolare, pp. 9, 228, 236-238).

130. Barrington Moore jr., *Le basi sociali dell'obbedienza e della rivolta*, Milano, Comunità, 1983, p. 509.

economico, questo accadde, comunque, nell'ambito di un'attenzione simultanea che ebbe in mente il rapporto cittadino-Stato globalmente inteso. Del resto, «Cattaneo completato da Salvemini a dal Soviettismo» significa correzione del federalismo politico-territoriale in federalismo sociale. Temi e problemi che, guarda caso, erano stati attentamente dibattuti sulle pagine dell'«Unità» di Salvemini – una delle riviste preferite di Berneri – già nel biennio 1919-1920.[131]

1.6. *Interpretazione del fascismo*

Nel 1928, introducendo la propria opera *Le régime fasciste italien*, Francesco Luigi Ferrari, intellettuale cattolico-liberale conosciuto e stimato da Berneri, scriveva: «Fascismo e bolscevismo sono i due fenomeni che caratterizzano il periodo del dopoguerra»; entrambi caratterizzati dalla «disciplina delle masse sottomesse all'onnipotenza dello Stato e dei suoi governanti».[132]

Come sappiamo, nel pensare il suo progetto autonomista e federalista, Berneri cercò di tenere presente l'esperienza russa, da lui interpretata come divaricazione tra bolscevismo e sovietismo. Ma, indubbiamente, il suo «Stato libertario» fu, in primo luogo, una risposta all'esperienza dello Stato fascista; non diversamente da quanto accadde per Silvio Trentin.

Più in profondità, sia Berneri che Trentin interpretarono lo Stato fascista come esito dello Stato unitario accentrato. «Il prezzo autentico della libertà» diveniva allora – secondo le parole di Trentin – «la demolizione dello Stato monocentrico».[133]

Berneri, a sua volta, scrisse limpidamente: «Il fascismo è connesso con l'indirizzo monarchico-unitario prevalso nel processo di formazione dell'unità nazionale»: «il massacro fascista delle relative autonomie comu-

131. Cfr. Fabio Grassi Orsini, *Salvemini, i gruppi "unitari", la "Lega democratica per il rinnovamento della vita politica italiana" ed il federalismo sociale*, in *La costruzione dello stato in Italia e Germania*, a cura di Roberto Chiarini, Manduria, Lacaita, 1993, pp. 153-170. Il passaggio dal «federalismo politico-territoriale» al «federalismo sociale» (che, in sostanza, aggiungeva al precedente rappresentanze locali di categoria e consigli di fabbrica) era stato uno degli aspetti più qualificanti dell'ultima «Unità» di Salvemini nel biennio 1919-1920.

132. Ferrari, *Il regime fascista italiano*, p. 5. Il volume ripubblicato dalle Edizioni di Storia e Letteratura nel 1983, uscì in prima edizione francese nel 1928 (*Le régime fasciste italien*, Paris, Spes).

133. Trentin, *Stato – Nazione – Federalismo*, p. 227.

nali e provinciali è stato possibile per la ristrettezza e confusione di queste e per l'enorme potere del governo centrale».[134] Sempre sul piano giuridico, Berneri individuò la guerra mondiale come un passaggio rivelatore:

> Durante la guerra l'interventismo statale divenne mostruoso, con effetti disastrosi in tutti i campi della pubblica amministrazione, come non si stancò di illustrare sistematicamente il Salvemini nella sua *Unità*. L'abuso dei decreti legge, il sistema di sciogliere amministrazioni comunali per rimpiazzarle con commissari governativi, ed altre pratiche illiberali di governo cominciarono in tempo di guerra e, a guerra finita, l'indirizzo statale accentratore continuò a prevalere.[135]

A ben vedere, nell'interpretazione del fascismo di Berneri sono individuabili due piani. Un piano, che potremmo definire *giuridico*, di lungo periodo, che abbiamo già visto (lo Stato fascista come esito dello Stato unitario accentrato), e un piano, che definiremmo *politico*, che si incentra, invece, sul passaggio 1919-1920. Come introduzione agli «anni rossi», sono suggestive le seguenti parole dello stesso Berneri:

> In quel periodo quanti agitatori senza intelligenza, senza cultura, senza coraggio erano riusciti a diventare capi potenti. In quegli anni accadevano cose mai viste. Coloro che avevano lottato per tutta la vita per il loro partito erano soppiantati da giovani nuovi arrivati. Vi erano dei socialisti anarcheggianti e degli anarchici bolscevizzanti. Mi capitò di vedere, alla fine di un discorso da me pronunciato in una sezione socialista di Firenze, il segretario che proponeva il passaggio dell'intera sezione, cassa compresa, all'Unione Anarchica. E io non sono un oratore. Mi capitò di passare una giornata intera, a Carrara, con dei giovani repubblicani credendoli dei compagni. D'Annunzio mandava articoli al quotidiano anarchico e alcuni individualisti venivano arrestati a Milano per aver complottato con dei legionari fiumani. I sindacati cattolici praticavano il sabotaggio e il capo del futurismo, Marinetti, scriveva sui muri «Viva Malatesta!».
>
> Si viveva in una atmosfera incandescente, in cui gli estremi contrari si confondevano, in cui tutte le possibilità più contraddittorie si presentavano a catafascio, in cui tutti i miti si urtavano fra loro. In un momento simile, in un paese che usciva da una crisi profonda come quella della guerra e dopo quasi

134. Camillo Berneri, *Il problema delle autonomie locali*, in «Guerra di classe» (Bruxelles), n. 21, agosto 1932.

135. Camillo Berneri, *La guerra... rivoluzionaria*, in ABC, FCB, cassetta IV. In questo scritto, Berneri riprendeva e sviluppava un suo articolo apparso nel n. 771 (1929) de «Il Risveglio anarchico» (Ginevra).

due anni di lotte feroci, Mussolini poteva imporsi. Egli era giovane. Nel 1922 aveva venticinque anni di meno di D'Annunzio, quaranta anni meno di Giolitti. [...] Mussolini non è stato e non è che un attore della tragedia italiana. Grande attore, bisogna riconoscerlo.[136]

Berneri analizzò compiutamente il periodo 1919-1920 in un testo intitolato *Il fascismo, le masse, i capi* (1923)[137] e in altri scritti successivi. La sua analisi ruota intorno ad alcune parole-chiave: massa, demagogia, fascismo. Ed è bene notare che, nella lettura impietosa di Berneri, la demagogia è sia quella massimalista che quella fascista, senza molte differenze tra l'una e l'altra. Rileggiamo, infatti, un brano illuminante tratto da un suo articolo del 1936. Berneri ricordava di avere assistito, nel primo dopoguerra, a

> un discorso di Bombacci in cui si vaticinava la rivoluzione italiana come opera di un orso russo che sarebbe ruzzolato giù dalle Alpi [...] Ma quattromila persone applaudivano a tutto spiano e Bombacci intanto, riavviatosi col pettine delle cinque dita della destra la chioma lunga ed ondata che faceva la sua forza politica, si avventurava in nuove immagini [...]. A forza di seminare sciocchezze a piene manciate, a forza di provocare diarree di entusiasmo senza pensiero, a forza di lanciare delle trovate da ciarlatani invece che delle idee nette e ferme, siamo giunti al fascismo. [...] Oggi è costume ridere della retorica fascista. Ma siamo delle scimmie che ridono davanti ad uno specchio.[138]

Nella riflessione di Berneri, tra concezione di massa del socialismo massimalista e fascismo, inteso come regime plebiscitario di massa, non vi è eterogeneità. I piccoli capi del massimalismo, come, più tardi, il capo del fascismo, si rapportarono in modo demagogico con la massa. È sufficiente rivolgere la nostra attenzione a Carlo Rosselli, stretto interlocutore di Berneri, per trovare la centralità del problema delle masse. Nel 1934, egli scriveva:

136. Camillo Berneri, *Mussolini, grande attore*, a cura di Pier Carlo Masini, Pistoia, Archivio Famiglia Berneri, 1983, pp. 82-84. Berneri scrisse questo saggio nei primi anni Trenta (una prima versione era già pronta alla fine del 1930). Lo scrisse in lingua francese e il titolo originale è perciò: *Mussolini, grand acteur*. Il dattiloscritto è conservato in ABC, FCB, cassetta VIII. Nel 1934, fu pubblicato in spagnolo in versione ridotta: Camillo Berneri, *Mussolini, gran actor*, Valencia, Collecion Mañana. In italiano e in versione integrale, comparve solamente nel 1966, sempre a cura di Masini, ma con un titolo diverso: *Mussolini: psicologia di un dittatore* (Milano, Azione Comune).

137. Lo si veda in appendice a Berneri, *Mussolini, grande attore*, pp. 87-95. Era apparso in «Studi politici» (Roma), I, n. 6-7, giugno-luglio 1923.

138. Berneri, *L'oratoria onesta... e l'altra*.

> La grande importanza riconosciuta al problema della formazione di élites dirigenti non deriva [...] da uno spirito aristocratico del movimento [giellista], ma da una *profonda repugnanza per la vecchia concezione di massa del movimento socialista, per tutti gli aspetti numerici, indifferenziati, totalitari della vita moderna. Da questo punto di vista i fascismi si sono rivelati dei tipici regimi di massa plebiscitaria, cioè lo scoppio del peggior bubbone democratico.*[139]

È significativo il fatto che l'analisi del periodo 1919-1920 condotta da Berneri si avvicini molto, nei toni e nei contenuti, a quella del liberale Luigi Salvatorelli in alcune pagine di *Nazionalfascismo*. In particolare, vogliamo ricordare, di Salvatorelli, la critica al «fanatismo» del «massimalismo nostrano» e alla sua stolta tattica basata sull'azione di massa, fatta di «punzecchiature continue», «agitazioni sempre rinascenti», «scioperi a ripetizione». Tattica che non poteva che esasperare i ceti medi, gettandoli nelle mani della «reazione». Salvatorelli parlava di «*Massimalfascismo*».[140] Il testo di Berneri fu, inoltre, apprezzato da Gaetano Salvemini, che così scrisse all'allievo: «Molto buono il tuo articolo sul *Fascismo, le masse, i capi*. Ma c'è una lacuna. Tu non accenni alle responsabilità di Malatesta, Borghi e C., i quali esasperarono il disordine del dopo guerra, senza sapere neanch'essi quello che volevano».[141] Berneri recepì, a fatica, la critica di Salvemini e in una successiva stesura del suo scritto – questa volta intitolato *Le masse, il fascismo, i capi nel 1919 e 1920. Per evitare nel futuro gli errori del passato* – terminò scrivendo:

> Fra i capi responsabili della disfatta furono gli anarchici più influenti nel campo sindacale. Costoro non vedevano altro che scioperi generali, e la loro formula era: da cosa nasce cosa. [...] Ma la maggiore responsabilità storica rimane ai dirigenti dei partiti più vasti e meglio organizzati.
> Questi dirigenti sono ancora sul ponte di comando, quasi tutti. Che cosa hanno imparato dalla sconfitta? Nulla o ben poco. Hanno sconfessato il loro passato? No. Vivono in esilio come avanzi dell'Italia di Giolitti, senza chiarezza di idee, senza energia di propositi, senza ribellioni morali. Non occupiamoci delle larve. Lasciamo alle nicchie i santoni, agli uffici i mandarini. Ognuno di noi se ha influenza di parola o di esempio, è un dirigente. Senza false modestie, riconosciamo questa nostra posizione. E siamone degni, sempre più. A coloro che ad-

139. Citiamo le parole di Rosselli da Fedele, *Storia della Concentrazione antifascista*, p. 171.

140. Cfr. Salvatorelli, *Nazionalfascismo*, pp. 27-28, 32-33.

141. Lettera di Gaetano Salvemini a Camillo Berneri, Londra, 4 aprile 1926, in ABC, FCB, cassetta III.

> dormentano le anime e irridono all'entusiasmo opponiamo non sterili critiche personali, ma l'azione. Ai mille volte traditi offriamo la luce dell'esempio.[142]

Ritroviamo anche qui, una volta di più, l'elitarismo morale di Camillo Berneri.

2. *La democrazia italiana e il suo tenace conformismo: Giovanna Caleffi e la sinistra eretica del secondo dopoguerra*

> L'azione mette in moto delle energie creative, suscita interesse attorno, e aiuta tutti – e ciascuno di noi partecipanti per primi – a veder più chiaro ed a non lasciarsi soverchiare dal buio dei tempi in cui viviamo.[143]

Guardando al paese appena liberato e al popolo italiano uscito dalla Seconda guerra mondiale, Giovanna Caleffi non tardò a porsi un quesito che sentiva come «angoscioso». Il lavoro degli anarchici, al cui centro sono la «persona» e il «piccolo gruppo», avrebbe avuto ancora «un significato, una possibilità di riuscita», dopo la massificazione forzata e la spersonalizzazione della società italiana operata dal fascismo? Gli anarchici, cioè, erano forse «un intollerabile anacronismo», in una situazione nella quale «molta gente pur proclamandosi antifascista continuava a desiderare d'essere comandata», ed era pronta a «marciare ancora in colonna», come «individui assorbiti in una massa all'uso fascista, non già persone liberamente associate»?[144]

142. Camillo Berneri, *Le masse, il fascismo, i capi nel 1919 e 1920. Per evitare nel futuro gli errori del passato*, in «Il Martello» (New York), XIII, n. 14, 7 aprile 1928, p. 3. Il passo citato si legge, identico, anche in Camillo Berneri, *Le Masse, il Fascismo, i Capi nel '19 e '20*, in «L'Iniziativa» (Parigi), I, n. 1, 15 marzo 1928, pp. 4-5, p. 5.

143. Giovanna Caleffi Berneri, resoconto sull'attività della Colonia «Maria Luisa Berneri», in «Volontà», a. VI, n. 2-3, 15 gennaio 1952, p. 149.

144. Le parole citate sono tratte da un corposo dossier dedicato alla rinascita del movimento anarchico nel Mezzogiorno, esperienza della quale Caleffi Berneri fu grande protagonista: Giovanna Berneri, *Rinascita anarchica nel Sud*, in «Volontà», 17 luglio 1955. Ripercorrendo a distanza di dieci anni le vicende del 1944-1946, l'autrice ricordava: «Ci trovammo di fronte all'angoscioso quesito che tuttora ci tormenta: il nostro lavoro, al cui centro c'è la persona, il piccolo gruppo, la località in cui ciascuno di noi può svolgere meglio la sua attività, aveva ancora un significato, una possibilità di riuscita, dopo la collettivizzazione forzata e spersonalizzante della società italiana ad opera del fascismo, mentre molta gente pur proclamandosi antifascista continuava a desidera-

Giovanna Caleffi gettava uno sguardo antiretorico sul proprio paese e lo faceva alla luce della forte adesione che il regime aveva potuto vantare all'interno della comunità nazionale. Non era possibile distinguere una «Italia del popolo» dall'Italia fascista e, di conseguenza, l'opera di ricostruzione non avrebbe potuto accontentarsi degli aspetti materiali, politici e istituzionali, ma implicava una rigenerazione morale capace di formare gli italiani alla libertà. Un approccio al dopoguerra che mostrava, indubbiamente, molti punti di contatto con quello dell'azionismo.[145]

Se «le parate e l'ubbidienza» avevano finito per uccidere quella «indisciplina laboriosa» – la bella espressione è di Cesare Zaccaria – di cui era fatta la storia del movimento operaio e socialista, per quali vie sarebbe stato possibile rimediare? Era necessario ripartire dalle persone e fare appello alla

> articolazione infinita delle volontà di tutti, nella lotta e nella solidarietà. Solo così ciascun italiano può cominciare in se stesso la ricostruzione: liberandosi anzitutto delle abitudini di ubbidienza e di comando. Purificazione più agevole per chi ha duramente sofferto la servitù, nelle prigioni nelle isole nella gran galera Italia; e per chi combattendo contro i tedeschi ed i fascisti s'è rifatta la spina dorsale e la sensibilità. Ma insidiata da mille impulsi alla disciplina, che sono i sedimenti in noi del fascismo.[146]

Provando a fare leva sul senso di responsabilità di ciascuno («l'individuo, anche senza tessera, può agire nella storia»)[147] e puntando il dito sui rischi della continuità, insiti nel passaggio di regime, Caleffi Berneri e il gruppo della sua rivista, «Volontà», nata a Napoli nel 1946, coglievano nel

re d'essere comandata, di marciare ancora in colonna, individui assorbiti in una massa all'uso fascista, non già persone liberamente associate? Eravamo, forse, un intollerabile anacronismo, in quest'Italia dove il fascismo sotto forme e nomi diversi era destinato a sopravvivere, almeno per una generazione? Tuttavia, per la nostra peculiare parte del lavoro immenso che c'era da fare era impossibile rimanere isolati, chiusi nei nostri piccoli gruppi, ben difesi contro la realtà da un'orgogliosa intransigenza. Ma con chi trovare vie di azioni in comune? Gravi domande che attendono ancora oggi una risposta».

145. Cfr. Claudio Novelli, *Il Partito d'Azione e gli italiani. Moralità, politica e cittadinanza nella storia repubblicana*, Firenze, La Nuova Italia, 2000, pp. 89-101.

146. «Risveglio libertario» (Napoli), maggio 1945. Numero unico, «in memoria di Camillo Berneri», a cura della Alleanza gruppi libertari. Redattore responsabile: Giovanna Berneri. La citazione è tratta dall'editoriale, *Svolta*, non firmato, ma attribuibile a Cesare Zaccaria, nuovo compagno di Caleffi Berneri.

147. G. Berneri, *Il dialogo è possibile*, in «Volontà», a. X, n. 11, 30 settembre 1957, pp. 632-637: 635.

segno e trovavano elementi di consonanza anche all'esterno dell'ambiente anarchico.

Il paese ereditava dal fascismo un conformismo tenace e sarebbe stato proprio questo elemento, prima di ogni altro, a opporsi alla formazione di un vero costume democratico.[148] L'Italia del secondo dopoguerra era sicuramente una democrazia (secondo la definizione che gli scrittori politici danno di «regime democratico»); tuttavia qualcosa contrastava con quel modello. Arturo Carlo Jemolo parlava, all'inizio degli anni Sessanta, di un senso di «democrazia mancata», da ricondurre non tanto all'assenza di un avvicendamento dei partiti al potere, quanto a un altro elemento impossibile da fissare in una formula giuridica. «Il conformismo invade tutti i lati della vita, pubblica e privata», scriveva Jemolo, notando anche l'esistenza di «una serie di tabù» che nessuno osava scuotere o toccare. Il primo dell'elenco era quello «favorevole alla prolificità» e al «valore della famiglia numerosa».[149]

Vecchie leggi del periodo fascista limitavano ancora la libertà dei cittadini. La lentezza della macchina legislativa italiana nell'epurare i codici dagli anacronistici residui del Ventennio non si poteva che definire – con Ignazio Silone – come «demoralizzante».[150] Era il caso dell'articolo 553 del codice penale, in base al quale si considerava reato ogni forma di propaganda contro la procreazione. Proprio sulla diffusione dei metodi contraccettivi, sull'educazione sessuale e sulla possibilità di regolare la prole e pianificare la famiglia si concentrò la più importante battaglia culturale combattuta da Giovanna Caleffi negli anni Quaranta e Cinquanta. Un impegno che rappresentava, ai suoi occhi, sia una azione di carattere sociale (contro l'estrema povertà di tante famiglie numerose, specie nel Mezzogiorno), che un mezzo di emancipazione delle donne e di elevazione della loro dignità.

Giovanna Caleffi sperò che i processi seguiti al sequestro dell'opuscolo *Il controllo delle nascite*, pubblicato insieme a Cesare Zaccaria nel 1948 e successivamente riedito in forma ridotta,[151] servissero almeno ad agitare

148. Cfr. Arturo Carlo Jemolo, *Quindici anni di vita democratica*, in «Ulisse», 1961, n. 42, poi ricompreso in Id., *Tra diritto e storia (1960-1980)*, Milano, Giuffrè, 1982, pp. 15-31 (in part., pp. 15-16). L'espressione «tenace conformismo» è di Jemolo.

149. Ivi, p. 16.

150. Cfr. Ignazio Silone, *I misteri dei ministeri*, in «La Fiera letteraria», 7 aprile 1966, ora in Id., *Le cose per cui mi batto. Scritti su cultura e politica*, a cura di Alessandro Bresolin, Santa Maria Capua Vetere, Spartaco, 2004, p. 85.

151. Napoli, Edizioni RL, 1948; Milano, Ethos, 1954.

«le stagnanti acque della società italiana mortificata di conformismo fascista e comunista e cattolico».[152] Al PCI, in particolare, i redattori di «Volontà» rimproveravano il tradizionale disinteresse della cultura marxista-leninista verso i temi del privato, dell'intimità e della famiglia.[153]

Il retaggio del fascismo era evidente anche nelle dinamiche interne ai partiti di massa, dove i militanti diventavano «gregari ubbidienti», funzionali alle rispettive organizzazioni. «Il conformismo ed il gregarismo – scriveva Caleffi Berneri nel 1961 – sono diventati di obbligo per coloro che militano nei partiti (qualunque sia il colore di tali partiti)».[154] L'autrice invocava una necessaria «rivolta morale contro il persistente servilismo verso apparati e capi»[155] e giungeva a suggerire una contrapposizione tra «associazione» e «organizzazione», invitando gli anarchici a restare rigorosamente attaccati «all'affermazione di sempre, d'un personalismo associativo, combattivo e ricostruttivo per cui non occorrono né *slogans*, né strutture».[156]

Si trattava di una rivolta contro il proprio secolo, il Novecento, che con i suoi apparati di massa e la crescente complessità istituzionale aveva condotto a un progressivo indebolimento della responsabilità sociale e all'eclissi della creatività.[157]

Giovanna Caleffi seguiva il filo rosso di una vicenda familiare e politico-culturale che attraversava il secolo e si ricollegava idealmente alla critica sociale del marito, Camillo Berneri, che a metà degli anni Trenta, illustrando uno dei suoi tanti progetti editoriali rimasti irrealizzati, aveva

152. [Giovanna Caleffi Berneri, Cesare Zaccaria], *Controllo delle nascite*, in «Volontà», a. III, n. 12, 15 giugno 1949, ora in Caleffi Berneri, *Un seme sotto la neve. Carteggi e scritti*, pp. 344-345.

153. Cfr. Giovanna Berneri, *Controllo delle nascite*, in «Volontà», dicembre 1954, già citato nel capitolo precedente.

154. Giovanna Berneri, *Antifascismo di ieri e di oggi*, in «Volontà», a. XIV, n. 3, marzo 1961, pp. 156-160, ora in Caleffi Berneri, *Un seme sotto la neve. Carteggi e scritti*, pp. 567-574.

155. Giovanna Caleffi, *Conversazione con lontani*, in «Volontà», a. II, n. 8, 1 febbraio 1948, pp. 16-20, ora in Caleffi Berneri, *Un seme sotto la neve. Carteggi e scritti*, pp. 333-339.

156. Giovanna Berneri, *Anarchici all'opera. Il movimento anarchico francese*, in «Volontà», a. V, n. 12, 30 settembre 1951, pp. 630-640, ora in Caleffi Berneri, *Un seme sotto la neve. Carteggi e scritti*, pp. 380-394.

157. Si vedano, a questo proposito, le osservazioni di Pino Ferraris, *Politica e società nel movimento operaio. Appunti per una traccia storica*. E dello stesso Ferraris, *Osvaldo Gnocchi-Viani: un protagonista dimenticato*, saggio introduttivo a Osvaldo Gnocchi-Viani, *Dieci anni di Camere del Lavoro e altri scritti sul sindacato italiano. 1889-1899*, Roma, Ediesse, 1995, pp. 9-69.

annunciato la volontà di procedere a una serrata «critica dello Stato» che fosse attenta a tutte le declinazioni del potere pubblico: «lo Stato *industriale*, lo Stato *commerciante*, lo Stato *eugenista*, lo Stato *pedagogo*, ecc. ecc.».[158]

La riflessione sugli apparati e sulla loro logica intimamente violenta portava Caleffi Berneri a cogliere nella forma del partito di massa un fondamentale elemento di continuità tra fascismo e repubblica:

> Le stesse macchine dei partiti e delle organizzazioni sindacali sono antilibertarie, anche se si dicono di sinistra e pretendono di difendere gli interessi dei lavoratori. Infatti, anch'esse accettarono l'eredità del fascismo e si sostituirono ad esso facendo leva sull'inerzia, sul servilismo, sulle viltà residue, coltivando l'ubbidienza ed il conformismo.[159]

Nel contrasto tra le due «chiese», comunista e cattolica, trovavano nuovo impulso forme «religiose» di educazione politica, che avrebbero finito per creare un rapporto esclusivo tra militanti e rispettivi partiti: in cambio della fedeltà politica, si ricevevano possibilità di inclusione sociale, assistenza e distribuzione di risorse. La ricostruzione del paese passò anche attraverso queste modalità di coesione e comunicazione tra centro e periferia, ma si può ipotizzare – confortati anche dalla critica sociale di Giovanna Caleffi – che tutto ciò abbia fatto arretrare l'idea di un rapporto liberale tra individuo e istituzioni, compromettendo la possibilità di consolidare nel nostro paese un senso civico diffuso e ponendo in secondo piano la questione dei diritti civili.[160]

Un esempio lampante Caleffi Berneri lo ricavava dalla struttura verticistica del Partito comunista italiano, in un momento cruciale per i comunisti, quello che cadeva in corrispondenza dell'ottavo congresso del PCI, nel

158. Citato in Carlo De Maria, *Famiglia ed emancipazione agli occhi di un critico militante: Camillo Berneri*, in «Studi Urbinati», sezione B «Scienze umane e sociali», 2005, pp. 49-66, p. 54n.

159. Giovanna Berneri, *Tristezza delle celebrazioni*, in «Volontà», a. VIII, n. 11, 15 marzo 1955, pp. 658-662, ora in Caleffi Berneri, *Un seme sotto la neve. Carteggi e scritti*, pp. 435-442. È appena il caso di ricordare che alla «partitocrazia come lascito del fascismo» hanno dedicato attenzione, più recentemente, autori come Luciano Cafagna ed Ernesto Galli della Loggia. Si veda, a questo proposito, la messa a punto storiografica di Guido Crainz, *Autobiografia di una repubblica. Le radici dell'Italia attuale*, Roma, Donzelli, 2009, pp. 25-27.

160. Alcuni spunti interpretativi in questa direzione si ricavano da: Mariuccia Salvati, *Behind the Cold War: rethinking the left, the state and civil society in Italy (1940s-1970s)*, in «Journal of Modern Italian Studies», 2003, pp. 556-577; Mauro Boarelli, *La fabbrica del passato. Autobiografie di militanti comunisti (1945-1956)*, Milano, Feltrinelli, 2007.

dicembre 1956, dopo «l'indignazione quasi generale» provocata dall'intervento militare sovietico in Ungheria.[161]

Sul tema «apparati di partito e democrazia» Giovanna Caleffi trovava un riferimento privilegiato nelle pagine di «Tempo presente», rivista alla quale riconosceva il pregio di alimentare lo «spirito critico», contro «i banditori della verità unica e assoluta».[162] Ormai da tempo, testi di Nicola Chiaromonte e Ignazio Silone venivano presi a prestito e ripubblicati sulle pagine di «Volontà».[163]

All'inizio degli anni Sessanta, il riaccendersi nel paese del dibattito sulle autonomie locali, in vista della riforma che avrebbe introdotto le regioni a statuto ordinario, forniva l'occasione di chiarire un problema cruciale dell'autogoverno e del federalismo:

> Ci si lamenta, e giustamente, che non esistono autonomie locali. Ma a soffocarle non è stata soltanto l'azione deleteria dei prefetti, non è stato soltanto lo Stato che, accentratore per sua natura, spegne immediatamente qualsiasi fermento di vita locale, ma anche i partiti che con la loro propaganda di «massa» hanno finito per togliere agli individui il loro senso di responsabilità. E finché i politici faranno leva sull'elettore anziché aiutare i loro aderenti a partecipare di fatto all'amministrazione della cosa pubblica, non ci sarà mai avvio di vita comunale autonoma. Anche se si darà esecuzione alla Legge costituzionale e si creerà l'Ente Regione.[164]

Dopo aver trovato espressione in diverse anime dell'antifascismo e della Resistenza,[165] il tema delle autonomie si era scontrato proprio con la struttura verticale e centralistica delle maggiori formazioni politiche e

161. Cfr. Giovanna Berneri, *Il congresso del PCI*, in «Volontà», a. X, n. 5, 1 gennaio 1957, pp. 256-258, ora in Caleffi Berneri, *Un seme sotto la neve. Carteggi e scritti*, pp. 455-458.

162. G.B., *Tempo Presente*, in «Volontà», a. X, n. 8, 30 maggio 1957, pp. 474-476. Si veda, inoltre, la lettera di Ignazio Silone a Giovanna Caleffi Berneri, [Roma, maggio 1957], pubblicata in «Volontà», a. X, n. 9, 30 giugno 1957, p. 484, ora in Caleffi Berneri, *Un seme sotto la neve. Carteggi e scritti*, pp. 229-230.

163. Anche prima della nascita di «Tempo presente». Si vedano, ad esempio, Nicola Chiaromonte, *P.J. Proudhon, pensatore scomodo*, in «Volontà», a. III, n. 9, 15 marzo 1949, pp. 481-487; Id., *Tempo di malafede*, ivi, a. VI, n. 10-11, 15 dicembre 1952, pp. 553-557; Ignazio Silone, *Scrittori, società, Stato*, ivi, a. X, n. 2, 1 settembre 1956, pp. 97-102.

164. Giovanna Caleffi, *I paesi si trasformano*, in «Volontà», a. XIII, n. 11, novembre 1960, pp. 686-690: 690, ora in Caleffi Berneri, *Un seme sotto la neve. Carteggi e scritti*, pp. 561-567.

165. Per un inquadramento storiografico, Mariuccia Salvati, *Cittadini e governanti. La leadership nella storia dell'Italia contemporanea*, Roma-Bari, Laterza, 1997, pp. 6-7.

con il rapporto, a senso unico, instaurato con i cittadini-elettori. Istanze vive fino a pochi anni prima erano state velocemente dimenticate. Non dal gruppo di «Volontà», però, che nel 1950 aveva organizzato a Bologna, in occasione del 1° maggio, un convegno dedicato al federalismo libertario, per tentare di risvegliare «idee addormentate», «rimetterle in discussione e quindi in circolazione». Sarebbe un eufemismo dire che l'iniziativa non aveva suscitato grande attenzione nell'opinione pubblica, ma è comunque suggestivo oggi riprenderne in mano gli atti.[166]

La speranza che animava la redazione di «Volontà» era quella di stimolare «dibattiti determinati», «riferimenti a problemi concreti»: si richiamava l'importanza del «fare quotidiano», contro «l'ermetismo delle fantasie ideologiche». In questo senso, il punto di riferimento di Giovanna Caleffi rimaneva sempre l'atteggiamento pratico e antidogmatico di Errico Malatesta. Avrebbe scritto pochi anni dopo:

> Oltre a Camillo sento che ha contribuito molto a convincermi della verità dell'anarchismo Malatesta. L'assenza in lui di ogni dogmatismo e il profondo rispetto delle idee altrui, la concezione larga della libertà, il suo modo di affrontare i problemi da un lato pratico, non in un modo dottrinario, la sua profonda bontà mi fanno immensamente amare Malatesta.[167]

Iniziative come quella del convegno bolognese cercavano anche di arrestare il declino dell'anarchismo italiano, guardando al quale Caleffi Berneri non era per nulla ottimista o soddisfatta: «Innanzi tutto mi pare una menzogna parlare di movimento. Ci sono piccoli gruppi attivi di anarchici, questi gruppi lavorano ciascuno per proprio conto». Mancava il coordinamento e, dunque, non c'era azione fattiva. Il difetto principale dell'anarchismo italiano era quello di essere «un movimento chiuso, una piccola setta». Non c'era nessuna apertura verso altri «movimenti progressisti», poiché esisteva una vera e propria «paura dei contatti» e si rifiutava «in anticipo ogni possibile collaborazione con individui e gruppi per cui ci si potrebbe intendere per compiti specifici e limitati».[168]

166. Le relazioni presentate a Bologna nelle due giornate di lavoro del I Convegno sul Federalismo (30 aprile e 1° maggio 1950) vennero pubblicate in «Volontà», a. IV, n. 12, 15 giugno 1950. La pubblicazione di questo numero monografico venne annunciato nel fascicolo precedente (n. 11, 15 maggio 1950, p. 702), con alcune importanti note di commento della redazione.

167. Caleffi Berneri, Note autobiografiche indirizzate a Ugo Fedeli, in ABC, già più volte citate nel cap. 2.

168. *Ibidem.*

Al contrario, Giovanna Caleffi aveva «molta simpatia» – «trovandovi affinità al mio modo di concepire l'anarchismo» – verso il movimento anarchico inglese. Il suo favore andava, dunque, a una tradizione aliena da visioni astrattamente rivoluzionarie e legata, piuttosto, a un impegno pragmatico per l'ampliamento progressivo di quelle «sfere di azione libere» (l'espressione è di Colin Ward) già radicate nelle società occidentali: mutuo soccorso, associazioni volontarie, forme di decentramento sociale e politico, reti di relazioni informali, temporanee e autogestite improntate a uno spirito di aiuto reciproco e di cooperazione.[169]

Temi sollevati nel convegno bolognese sia da Cesare Zaccaria, impegnato in una relazione su William Godwin (*Federazione di persone*), sia da Carlo Doglio, che parlò del *Comunalismo* di Kropotkin e del suo anarchismo collettivista fondato sulla cooperazione volontaria.[170]

Attualizzando la lezione di Godwin, primo autore a sviluppare tra Sette e Ottocento una teoria anarchica, Zaccaria ne ricordava alcuni avvertimenti:

> Attenti a non lasciarsi prendere dalle strutture istituzionali in cui gli uomini sono intruppati ed organizzati per il comando e per l'ubbidienza; né dai tumulti in cui il giudizio personale si offusca; né dalle cospirazioni in cui esso accetta di subordinarsi; né infine dalle pseudo-associazioni (le associazioni con apparato gerarchie capi) in cui esso del tutto svanisce. Linea d'azione in gran parte accettabile anche per noi, seppure noi l'esprimiamo con un linguaggio diverso, in termini di azione diretta, di antipartito antichiesa antigoverno, di associazioni spontanee, di creazione dal basso, ecc.[171]

Attingendo alle origini del socialismo anarchico, il gruppo di «Volontà» voleva fuggire dalla polarizzazione tra collettivismo e individualismo. Una antinomia tra due astrazioni, fortemente alimentata in quegli anni dal-

169. Si rileggano, a questo proposito, le pagine dell'ultimo grande esponente della tradizione anarchica inglese: Colin Ward, *La pratica della libertà. Anarchia come organizzazione*, Milano, Elèuthera, 1996 [1973]. Si veda, anche, Giovanna Berneri, *Anarchici all'opera. Il movimento britannico*, in «Volontà», a. V, n. 11, 31 agosto 1951, pp. 584-591, ora in Caleffi Berneri, *Un seme sotto la neve. Carteggi e scritti*, pp. 369-378.

170. A proposito dell'influenza dell'ambiente laburista inglese sul pensiero di Kropotkin, per molti anni esule a Londra e ormai lontano dall'anarchismo insurrezionale di Bakunin, sono ancora utili le pagine della *Storia del socialismo. II. Dal 1875 al 1918*, a cura di Jacques Droz, prefazione di Gian Mario Bravo, Roma, Editori Riuniti, 1974, pp. 4-5, 14-15.

171. Cesare Zaccaria, *Federazione di persone. Godwin*, in «Volontà», a. IV, n. 12, 15 giugno 1950, pp. 707-723: 721. Sulla critica della violenza in Godwin, si veda Giampietro Berti, *Il pensiero anarchico. Dal Settecento al Novecento*, Manduria, Lacaita, 1998, p. 86 e sgg.

la sfida tra comunismo e capitalismo, che finiva però per far dimenticare come nell'esperienza vitale non possa esistere società senza individui, così come non esistono individui senza società.

In una lettera di Giovanna Berneri ad Albert Camus, troviamo elencati insieme «i sentimenti di giustizia, di libertà, di socialità, di solidarietà», quei sentimenti, cioè, propri di tutti gli «uomini sinceramente democratici»; ma come rivolgersi alla «gente comune» – si domandava Caleffi Berneri – perché arrivi a capire che «vivere significa esprimere il proprio pensiero e non ripetere quello di altri»?[172]

Pur privilegiando in modo dichiarato le minoranze, Giovanna Caleffi poneva in maniera molto netta il problema delle maggioranze. Era una questione ineludibile, dal momento che, mentre gran parte del popolo italiano non sembrava curarsene affatto, l'assillo di una «vera democrazia», fondata sui principi di responsabilità e autogestione, fu propria solo di alcuni gruppi che avevano animato l'antifascismo e vissuto le grandi speranze di rinnovamento del 1944-1946, anni di «lavori in corso»,[173] dei quali rimaneva il ricordo indelebile di una «tensione d'amicizia e di solidarietà», di «un'atmosfera di giovinezza, col senso miracoloso della vita che ricominciava», e «l'avvenire appariva carico di buone premesse».[174]

Molto di quel fermento democratico e dello sforzo di ristrutturare dalle fondamenta la società italiana rimasero ai margini della Costituzione repubblicana e della sua elaborazione, trovando espressione, invece, nel dopoguerra in esperienze radicali incarnate da figure non assimilabili alla «Repubblica dei partiti». Minoranze che negli anni Cinquanta furono particolarmente attive nell'impegno educativo, nell'assistenza sociale e nella lotta per il riscatto dalla povertà, sempre legate alla comune speranza di una mutazione positiva per tutti.

Il riferimento è al ricco panorama delle iniziative di tipo comunitario e di base che trovavano sostegno e punti di riferimento negli ambienti di Aldo Capitini, Guido Calogero, Adriano Olivetti, Ignazio Silone; alle esperienze della pedagogia d'avanguardia e dell'«educazione attiva» con in primo piano le figure di Ernesto Codignola e Lamberto Borghi; ai pochi

172. Lettera di Giovanna Caleffi Berneri ad Albert Camus, Genova-Nervi, 6.10.1957, in ABC, FGB, Epistolario, cassetta I, ora in Caleffi Berneri, *Un seme sotto la neve. Carteggi e scritti*, pp. 247-249.

173. Come li definì Vittorio Foa, *Lavori in corso 1943-1946*, a cura di Federica Montevecchi, Torino, Einaudi, 1999.

174. Giovanna Berneri, *Rinascita anarchica nel Sud*, p. 8.

intellettuali laici tanto antistalinisti quanto antidemocristiani (tra gli altri, Salvemini, Jemolo, Carlo Levi) e a tutto un movimento di «eretici» e non allineati rispetto alle istituzioni religiose e ai partiti della sinistra: da Ferdinando Tartaglia, in campo religioso, fino agli anarchici Armando Borghi, Ugo Fedeli e al gruppo di «Volontà».[175]

Una storia composita e plurale, che acquista senso e importanza generale non appena si abbia l'accortezza di ricostruirla prestando attenzione alla dimensione di rete e alle connessioni tra i nodi culturali e geografici che essa coinvolge. È inevitabile elencarne subito alcuni: Roma, con il Centro di educazione professionale per assistenti sociali (CEPAS) di Guido Calogero, Maria Comandini e Angela Zucconi e il Movimento di collaborazione civica vicino alla galassia socialdemocratica e azionista; Firenze, con Scuola-città Pestalozzi di Ernesto e Anna Maria Codignola e con la prima delegazione italiana dei CEMEA (Centri di esercitazione ai metodi dell'educazione attiva) fondata da Margherita Fasolo; Napoli, con il gruppo libertario animato da Giovanna Caleffi Berneri e Cesare Zaccaria e con la Colonia «Maria Luisa Berneri» da loro fondata a Sorrento, e più tardi con l'Associazione per il risveglio di Napoli (ARN) di Vera Lombardi e Fabrizia Ramondino. E ancora: Milano, con la sezione italiana del Soccorso operaio svizzero, diretta da Gabriella Seidenfeld Meyer, e il Centro pedagogico milanese di Elena Dreher e Rita Rollier; la Torino di Ada Prospero Gobetti (dall'impegno sulle tematiche assistenziali ed educative nella giunta della Liberazione alla fondazione del «Giornale dei genitori» nel 1959) e dell'Associazione per l'intervento sociale (AIS) guidata da Gigliola Venturi; Ivrea, con Adriano Olivetti e la Direzione servizi sociali della Società Olivetti affidata a Paolo Volponi; Rimini, con il Villaggio italo-svizzero costruito dal Soccorso operaio sotto la guida di Margherita Zoebeli; le Marche, e Fano in particolare, che furono la culla, insieme alla Toscana e a Firenze, del Movimento di cooperazione educativa (MCE); Perugia, con i Centri di orientamento sociale (COS) e l'azione nonviolenta di Aldo Capitini.[176]

L'elenco per sommi capi potrebbe continuare, procedendo sempre lungo connessioni orizzontali – mai verticali o gerarchiche – che mettevano in comunicazione grandi aree metropolitane con centri più piccoli e apparentemente periferici, a conferma di un tema centrale nella storia del

175. Cfr. Goffredo Fofi, *Pasqua di maggio. Un diario pessimista*, Genova, Marietti, 1988, pp. 17-28.

176. De Maria, *Lavoro di comunità e ricostruzione civile in Italia*, pp. 9-10.

nostro paese, le cui dinamiche culturali e politiche, sociali ed economiche, sono state spesso arricchite da ciò che è accaduto in una dimensione locale, ma non localistica; di provincia, ma non provinciale.[177]

Queste sperimentazioni e proposte sociali sono state poi largamente dimenticate, insieme ai loro protagonisti, in conseguenza della grande trasformazione antropologica portata dal miracolo economico, tra la fine degli anni Cinquanta e l'inizio del decennio successivo. A cadere in disuso fu proprio la parola «comunità» (tanto cara anche a Giovanna Caleffi),[178] che finì per essere abbandonata di fronte al prevalere delle ideologie dello sviluppo: soffocata tra «l'assoluto dello Stato» e «l'assoluto del benessere», esprimendosi con i termini di Capitini.[179]

La ricerca di migliori condizioni economiche, all'interno della società dei consumi e delle sue «frenesie acquisitive» (non è inutile ricordare il legame tra benessere, consumi e consenso), ebbe senz'altro la meglio sulle generose aspirazioni di rinnovamento sociale e morale, mentre l'impulso riformatore alimentato dalla progettazione politica del primo centro-sinistra si interrompeva prestissimo, «nel volger forse di mesi, più che di anni», con gravi conseguenze sulla vicenda successiva del paese.[180] Non sono certo inspiegabili, infatti, né le tensioni del 1968-1969 e degli anni Settanta, legate ai tanti problemi irrisolti che gravarono sul rapporto tra una società in movimento e una classe dirigente statica, né la negazione dei valori collettivi e l'esasperazione della soggettività che avrebbero segnato in profondità gli anni Ottanta e i successivi, consolidando tendenze presenti sin dal «miracolo economico».[181]

177. Alcuni spunti di riflessione in questo senso sono rintracciabili nel fascicolo di «Parolechiave», 38 (2007), dedicato a Danilo Montaldi. Dal punto di vista della storia dei movimenti di emancipazione, si potrebbe partire dal socialismo decentrato e autonomista, profondamente libertario, che cominciò a svilupparsi in Italia negli anni Settanta e Ottanta del XIX secolo.

178. Si vedano, a questo proposito, la circolare di Giovanna Caleffi Berneri ai sostenitori della Colonia «Maria Luisa Berneri», Napoli, 7.3.1955, in ABC, Colonia MLB, cassetta I, fasc. «Lettere e materiale per l'iscrizione», e l'articolo della stessa Giovanna Berneri, *Una libera comunità di ragazzi*, in «Almanacco socialista», 1962, ora in Caleffi Berneri, *Un seme sotto la neve. Carteggi e scritti*, pp. 216-218, 574-578.

179. Ripresi da Goffredo Fofi, *Strade maestre. Ritratti di scrittori italiani*, Roma, Donzelli, 1996, pp. 93-94.

180. Cfr. Guido Crainz, *Storia del miracolo italiano. Culture, identità, trasformazioni fra anni cinquanta e sessanta*, Roma, Donzelli, 2005 (1ª ed. 1996), pp. VII-XIV; Id., *Il paese mancato. Dal miracolo economico agli anni ottanta*, Roma, Donzelli, 2005 (1ª ed. 2003).

181. Cfr. Crainz, *Autobiografia di una repubblica. Le radici dell'Italia attuale*, p. 212 e sgg.

Il passaggio dagli anni Quaranta e Cinquanta agli anni Duemila è vertiginoso, ma esiste anche per gli storici la necessità di chiedersi – secondo le parole di Claudio Pavone – «dove abbiano trasmigrato le speranze che un tempo assumevano la veste della rivoluzione e che sembrano oggi non assumere più neppure quella della politica».[182]

3. *Marie Louise Berneri, l'anarchismo inglese e i network libertari transnazionali*

In Italia, Marie Louise Berneri è una figura poco conosciuta, anche se il suo nome e il suo ricordo circolarono fin dagli anni Cinquanta, tra le minoranze laiche e libertarie impegnate nell'intervento sociale ed educativo, soprattutto grazie all'esperienza della Colonia «Maria Luisa Berneri» fondata a Sorrento nel 1951 da Giovanna Caleffi e Cesare Zaccaria. E naturalmente l'opera di Marie Louise circolò sulle pagine della rivista «Volontà», mensile anarchico di cultura militante, che ebbe nella stessa Giovanna Caleffi per oltre quindici anni (1946-1962) la vera colonna portante.[183]

L'opera principale di Marie Louise Berneri, *Journey through Utopia*, edita sia a Londra che a New York nel 1950,[184] venne recensita l'anno successivo sulle pagine del «Mondo» di Pannunzio dall'intellettuale salveminiano Enzo Tagliacozzo[185] e attirò l'attenzione anche del pedagogista libertario Lamberto Borghi.[186] I diritti del libro vennero acquistati, sul finire degli anni Cinquanta, dalle Edizioni di Comunità, ma senza che ne seguisse alcun risultato editoriale. Una traduzione italiana del libro era

182. Claudio Pavone, Introduzione a Società italiana per lo studio della storia contemporanea, *Rivoluzioni. Una discussione di fine Novecento*, Atti del convegno annuale SISSCO (Napoli, 20-21 novembre 1998), a cura di Daniela Luigia Caglioti e Enrico Francia, Roma, Ministero per i beni e le attività culturali-Direzione generale per i beni archivistici, 2001, pp. IX-XVII: XVII. Nello stesso volume, anche il saggio di Mark Mazower, *Il destino della rivoluzione nell'Europa del XX secolo*, pp. 132-146.

183. Si veda, ad esempio, Giovanna Berneri, *Anarchici all'opera. Il movimento britannico.*

184. Marie Louise Berneri, *Journey through Utopia*, London, Routledge & Kegan, 1950; New York, Schocken Books, 1950.

185. Nel numero del 19 maggio 1951.

186. Lettera di Lamberto Borghi a Giovanna Caleffi, Firenze, 22.10.1951, in ABC, FGB, Epistolario, cassetta V, ora in Caleffi Berneri, *Un seme sotto la neve. Carteggi e scritti*, pp. 171-172.

già pronta ma rimase nel cassetto.[187] Solamente nel 1981, grazie all'iniziativa dell'Archivio Famiglia Berneri, allora guidato da Aurelio Chessa nella storica sede di Pistoia, si arrivò alla pubblicazione di *Viaggio attraverso Utopia*, in una edizione che rimase però chiusa nel circuito strettamente militante.[188]

Alcuni tratti della personalità della Berneri, e la sua importanza nell'ambiente anarchico londinese degli anni Quaranta, vennero restituiti al pubblico italiano solo in anni recenti, grazie alla traduzione per Elèuthera delle *Conversazioni* tra Colin Ward e David Goodway.[189] Sempre negli anni Duemila uscirono il profilo biografico a lei dedicato nel *Dizionario biografico degli anarchici italiani*[190] e l'antologia curata da Claudia Baldoli sul tema dei bombardamenti di massa durante la Seconda guerra mondiale, ospitata nella collana delle Edizioni Spartaco diretta da Piero Brunello.[191] Proprio l'antologia *Il seme del caos* è stata la prima pubblicazione di una certa consistenza dedicata in Italia alla figura di Marie Louise Berneri; importante sintomo di un maggiore spazio e di un nuovo interesse dedicati dalla storiografia alla riscoperta di autori, riviste e ambienti militanti minoritari del XIX e XX secolo, in precedenza a lungo marginalizzati dai classici del marxismo e da un prevalente approccio politico-partitico agli studi storici. Un segnale che è stato poi colto e sviluppato dal convegno internazionale *Maria Luisa Berneri e l'anarchismo inglese*, tenutosi a Reggio Emilia nel novembre 2011,[192] e da una successiva monografia di Giorgio Sacchetti.[193]

187. Lettera di Giovanna Caleffi a Ignazio Weiss, Genova-Nervi, 24.1.1959, in ABC, FGB, Epistolario, cassetta III, ora in Caleffi Berneri, *Un seme sotto la neve. Carteggi e scritti*, pp. 271-272.

188. Maria Luisa Berneri, *Viaggio attraverso Utopia*, edizione a cura del Movimento anarchico italiano, traduzione di Andrea Chersi, Pistoia, Archivio Famiglia Berneri, 1981.

189. David Goodway, *Conversazioni con Colin Ward. Lo sguardo anarchico*, presentazione di Goffredo Fofi, traduzione di Guido Lagomarsino, Milano, Elèuthera, 2003.

190. La voce «Berneri, Maria Luisa» di Fiamma Chessa e Giorgio Sacchetti, in *Dizionario biografico degli anarchici italiani*, diretto da Maurizio Antonioli, Giampietro Berti, Santi Fedele e Pasquale Iuso, vol. 1, BFS, Pisa, 2003, pp. 151-152, con la relativa bibliografia.

191. Marie Louise Berneri, Vera Brittain, *Il seme del caos. Scritti sui bombardamenti di massa (1939-1945)*, a cura e con introduzione di Claudia Baldoli, Santa Maria Capua Vetere, Spartaco, 2004.

192. *Maria Luisa Berneri e l'anarchismo inglese*, a cura di Carlo De Maria, Reggio Emilia, Biblioteca Panizzi-Archivio Famiglia Berneri, 2013.

193. Giorgio Sacchetti, *Eretiche. Il Novecento di Maria Luisa Berneri e Giovanna Caleffi*, Milano, Biblion, 2017.

Per quanto riguarda le carte di Marie Louise Berneri bisogna rilevare che non esiste un vero e proprio archivio personale che ne raccolga documenti di lavoro e corrispondenze. Tuttavia il suo epistolario e la sua attività politica si possono almeno in parte ricostruire attingendo ad alcuni archivi pubblici e privati. Conviene cominciare, naturalmente, dai nuclei documentari che compongono l'Archivio Famiglia Berneri di Reggio Emilia. Nel Fondo Serge Senninger[194] sono conservate alcune lettere di Maria Luisa alla madre, mentre nel Fondo Vernon Richards si trovano centinaia di missive scritte da Maria Luisa a Vernon dal 1932 in avanti, e da lui stesso donate all'Archivio Berneri. Per approfondire l'attività giornalistica e militante svolta da Marie Louise a Londra sono invece di fondamentale importanza alcuni fondi documentari conservati all'Istituto internazionale di storia sociale di Amsterdam. Il riferimento è, segnatamente, agli archivi del periodico «Freedom» e del Freedom Defense Committee e alle Carte di Vernon Richards (in gran parte depositate presso l'istituto olandese), che sono da affiancare alle collezioni dei periodici che Marie Louise Berneri contribuì a ispirare e realizzare, insieme al compagno di vita Vernon Richards: «Spain and the World» (1936-1938), «War Commentary» (1939-1945) e, infine, «Freedom» dal 1945 in poi.

Una ricerca sulla sua biografia non può trascurare neppure l'attenta indagine sulle fonti di polizia e giudiziarie consultabili presso l'Archivio centrale dello Stato a Roma e, soprattutto, presso i National Archives di Londra.

A emergere dal complesso di questa documentazione è l'ampia circolazione di scambi e dibattiti che si sviluppò intorno alla Berneri, trovando concreto riscontro nel fiorire di iniziative, riviste, progetti editoriali, che tentano di illuminare «le ombre dell'Europa» negli anni più bui. Si tratta, secondo le parole di Mariuccia Salvati, di una vera e propria

> rete di relazioni – vicine, costanti, ma anche indirette e distanti, frutto di vite condannate all'esilio – che, proiettata su una carta geografica ideale, produce una mappa estesa e ramificata che sembra sfidare i confini stessi degli Stati e dei regimi. È questa soprattutto una mappa dell'esilio, anarchico e non solo: del resto, fra le due guerre e oltre, è l'esilio la condizione comune di questi animatori di cultura alternativa, di cultori di una memoria che rischia di perdersi, di critici libertari di qualsiasi regime. Dal punto di vista metodologico, la mappa dell'esilio apre a nuove e ardite comparazioni storiche, alla scoperta di *transferts* culturali e di insondate affinità transnazionali. Così che gli stu-

194. Il marito francese di Giliana Berneri, che ha raccolto e depositato presso l'Archivio Berneri di Reggio Emilia una parte importante delle carte di famiglia.

di su queste vite contribuiscono a fornire strumenti per potenziali «studi di rete», per una possibile *network analysis*.[195]

Ricostruendo con pazienza queste strutture relazionali si esce dal campo strettamente anarchico e si può arrivare fino a una rivista come «politics» di Dwight Macdonald. A quel circolo culturale apparteneva, tra gli altri, George Woodcock che aveva discusso con Marie Louise Berneri il progetto editoriale di *Journey through Utopia*.

Il *Viaggio attraverso Utopia* della Berneri costituisce ancora oggi, nel giudizio definitivo di Giampietro Berti, «la più importate disamina anarchica del pensiero utopico».[196] Si tratta di un testo atipico, a metà tra il saggio critico e l'antologia ragionata, nel quale l'autrice si impegnò a distinguere le utopie autoritarie da quelle libertarie, avendo in mente naturalmente il problema del totalitarismo, sia nella forma dei fascismi, usciti sconfitti dalla Seconda guerra mondiale, sia di quell'Unione Sovietica che invece continuava a profilarsi come una minaccia (ma per molti a sinistra come una promessa) all'orizzonte dell'Occidente. Secondo le parole di Pietro Adamo, autore a sua volta di una coltissima disamina dell'opera di Marie Louise Berneri e dei suoi riferimenti culturali, l'autrice fu quindi «guidata da uno spirito critico» che avvicinava costantemente «utopia e totalitarismo», mostrando una diffidenza autenticamente libertaria per i modelli precostituiti, fossero essi etici, politici, filosofici, economici, religiosi, sessuali.[197]

È il titolo di uno dei suoi articoli più noti, *Neither East nor West*, pubblicato su «Freedom» nel 1947, a esemplificare al meglio, quasi con l'efficacia di uno slogan, la posizione politico-culturale di Marie Louise Berneri, sostanzialmente insoddisfatta di ogni regime e di ogni forma statuale. Importanti da questo punto di vista i contatti diretti e indiretti della Berneri, tra anni Trenta e Quaranta, con gli esuli russi a Parigi e a Londra;[198] città caratterizzate da un complesso universo multiculturale frutto della sintesi dei tanti esili e flussi migratori che avevano interessato queste capitali democratiche tra Otto e Nove-

195. Mariuccia Salvati, Conclusioni, in *Maria Luisa Berneri e l'anarchismo inglese*, pp. 175-183, p. 176.

196. Giampietro Berti, *Utopia e critica dell'utopia in Maria Luisa Berneri*, in *Maria Luisa Berneri e l'anarchismo inglese*, pp. 33-45, p. 33.

197. Pietro Adamo, *Maria Luisa Berneri, l'utopia e l'anarchismo britannico nella seconda metà degli anni Quaranta*, in *Maria Luisa Berneri e l'anarchismo inglese*, pp. 47-68.

198. Ricostruiti da Antonio Senta, *Neither East nor West. La critica sociale di Maria Luisa Berneri nell'Europa degli anni Quaranta*, in *Maria Luisa Berneri e l'anarchismo inglese*, pp. 159-174.

cento. Scambi che contribuirono a indirizzarla verso uno studio specifico da lei dedicato alla condizione operaia in Unione Sovietica, *Workers in Stalin's Russia* del 1944, che avrebbe visto più ristampe negli anni successivi. L'importanza di quell'opera è stata ricordata non molti anni fa da Colin Ward:

> Vi si sosteneva che il criterio fondamentale per giudicare qualsiasi regime politico era «In che condizioni si trovano gli operai?», e che, secondo questo criterio, il regime sovietico era un disastro, con gli stessi estremi di ricchezza e di povertà del mondo capitalista. Il libro era uscito in un momento in cui, per tacito accordo, la stampa britannica non criticava l'Unione Sovietica. Sono sicuro che le generazioni a venire non riusciranno mai a capire fino a che punto le idee marxiste e staliniste abbiano condizionato le teorie degli intellettuali inglesi e europei.[199]

La personalità e lo spirito di Marie Louise Berneri permearono tutte le iniziative di Freedom Press, la casa editrice londinese diretta da Vernon Richards. Intorno alle loro iniziative si raccolsero intellettuali come George Orwell, George Woodcock, Herbert Read, Alex Comfort e il giovanissimo Colin Ward. Il movimento anarchico inglese arrivò così a esercitare negli anni Quaranta «un'influenza reale, per quanto minoritaria, soprattutto da un punto di vista culturale».[200]

Il momento di svolta che avviò quella nuova stagione dell'anarchismo inglese fu la pubblicazione, a partire dal dicembre 1936, di «Spain and the World».[201] L'antimilitarismo e la critica della violenza che permearono la seconda fase di «Spain and the World», quella successiva alla repressione anti-anarchica del maggio 1937 a Barcellona, si ritroveranno con ancora maggiore consapevolezza negli articoli scritti da Marie Louise Berneri tra il 1940 e il 1945 contro i bombardamenti di massa degli Alleati. Quelli più appassionati, come ha rilevato Claudia Baldoli, furono rivolti alla condanna dei raid anglo-americani sull'Italia, soprattutto da quando essi si intensificarono dalla fine del 1942.[202]

199. Goodway, *Conversazioni con Colin Ward*, p. 38.

200. Pietro Di Paola, *Marie Louise Berneri e il gruppo di Freedom Press*, in *Maria Luisa Berneri e l'anarchismo inglese*, pp. 133-157.

201. Enrico Acciai, *L'esperienza della rivista «Spain and the World». La guerra civile spagnola, l'antifascismo europeo e l'anarchismo*, in *Maria Luisa Berneri e l'anarchismo inglese*, pp. 69-91.

202. Claudia Baldoli, *Maria Luisa Berneri e i bombardamenti di massa nella Seconda guerra mondiale*, in *Maria Luisa Berneri e l'anarchismo inglese*, pp. 93-106.

L'analisi della Seconda guerra mondiale presentata dagli articoli della Berneri su «War Commentary» – questo il nome della nuova rivista da lei promossa, insieme al marito, nella prima metà degli anni Quaranta – era fondata, sempre secondo le parole di Baldoli, «su uno studio attento della propaganda alleata» e si caratterizzava per «un legame emotivo con l'Italia che l'esperienza dell'esilio non aveva spezzato». Una denuncia dei bombardamenti «a tappeto» che – se si escludono alcune minoranze pacifiste e anticonformiste – rimase e rimane tuttora isolata in Gran Bretagna, dove la guerra «giusta» del 1939-1945, la guerra della democrazia contro i fascismi, è uno dei fondamenti dell'identità nazionale.[203]

Nel febbraio 1945 Maria Luisa Berneri e Vernon Richards furono arrestati con l'accusa di «incitamento diretto a membri delle forze armate a non compiere il proprio dovere» e rinviati a giudizio. Quella vicenda giudiziaria è stata ricostruita da Carissa Honeywell sulle carte dei National Archives.[204] I redattori di «War Commentary» riuscirono a trasformare il dibattimento processuale in una tribuna per le ragioni dell'anarchismo, facendo guadagnare a Freedom Press, grazie ai resoconti giornalistici, una certa popolarità nell'opinione pubblica progressista.

Dopo il processo, che si risolse con condanne lievi per Richards e altri due redattori, e con l'assoluzione della Berneri (secondo un cavillo giuridico dell'ordinamento britannico la moglie non poteva essere accusata o condannata per cospirare insieme al marito), il *Freedom Press Defence Committee*, nato per sostenere la causa degli imputati, si trasformò nel *Freedom Defence Committee*, un organismo per la tutela e la salvaguardia delle libertà individuali. Il Comitato, subito dopo la proclamazione della pace, lanciò una campagna per l'amnistia di tutti i disertori e detenuti condannati dalla legislazione speciale di guerra.

Nel 1948, Maria Luisa rimase incinta e approfittò del rallentamento dell'attività militante e giornalistica dovuta alla gravidanza per dedicarsi al lavoro di ricerca bibliografica e lettura sistematica necessario per la realizzazione di *Journey through Utopia*. La giovane Berneri morì a soli 31 anni nell'aprile 1949. Il libro, come detto, uscì postumo nel 1950.

203. *Ibidem*.

204. Carissa Honeywell, *Anarchism and the British Warfare State. The Prosecution of the «War Commentary» anarchists, 1945*, in *Maria Luisa Berneri e l'anarchismo inglese*, pp. 107-131.

Indice dei nomi

Finito di stampare
nel mese di marzo 2019
da The Factory srl
Roma